Currie · Niemand stirbt für allezeit

Ian Currie

Niemand stirbt für alle Zeit

Berichte aus dem Reich jenseits des Todes

C. Bertelsmann Verlag

Der Autor hat bei den Schlußfolgerungen, die er im vorliegenden Buch zieht, auf die Werke einer Reihe von Forschern zurückgegriffen. Er möchte jedoch nicht den Eindruck aufkommen lassen, daß diejenigen, deren Werke er zitiert, immer mit diesen Schlußfolgerungen oder seiner Auslegung der Phänomene, über die sie berichten, übereinstimmen. Für beide ist er allein verantwortlich.
In vielen Fällen haben Personen, die Forschern von ihren Erlebnissen berichtet haben, darum gebeten, nur mit ihren Initialen oder dem Vornamen genannt zu werden, um Beeinträchtigungen ihres Privatlebens zu vermeiden. Ihre Personalien liegen jedoch vor und sind jedem qualifizierten Forscher zugänglich.

Die amerikanische Originalausgabe erschien
im Verlag Methuen, New York/Toronto/London/Sydney,
unter dem Titel »You Cannot Die«
Aus dem Amerikanischen von Wolfgang Rhiel

Gesamtherstellung: Mohndruck Reinhard Mohn GmbH, Gütersloh
Printed in Germany ISBN 3-570-00157-1

Inhalt

Kapitel 2
Die Toten unter den Lebenden: Umgehende Geister 49

Kapitel 3
Der Geist in uns: »Out-of-the-body-Erlebnisse« 93

Kapitel 7
Geburt ist kein Anfang: Wiedergeburt 261

Allen gewidmet, die den Tod fürchten

Einführung: Der unglaubliche Wahn

Geburt ist kein Anfang, Tod kein Ende.
Chuang-tzu

... wenn mich ein Hochasiate früge, was Europa sei; so müßte ich ihm antworten: es ist der Welttheil, der gänzlich von dem unerhörten und unglaublichen Wahn besessen ist, daß die Geburt des Menschen sein absoluter Anfang und er aus dem Nichts hervorgegangen sei.
Schopenhauer

Kaum jemand weiß, daß der Tod, der älteste, rätselhafteste und unerbittlichste Widersacher des Menschen, in den letzten 100 Jahren systematisch von Wissenschaftlern erforscht worden ist, die auf den verschiedensten Gebieten tätig sind. Noch weniger Menschen wissen, daß die Ausbeute dieser Anstrengungen sich in einer Unzahl von Entdeckungen niedergeschlagen hat, die zwangsläufig zu vier Schlußfolgerungen führen:

- Menschliche Wesen überleben den Tod.
- Sie existieren nach dem Tod auf verschiedenen Bewußtseins- und schöpferischen Ebenen in einem Bereich weiter, der körperlichen Menschenwesen normalerweise nicht zugänglich ist.
- Dieser Bereich wird in bestimmten Abständen verlassen, wenn der Einzelne eine neue Gestalt annimmt, wobei die Erinnerung daran wie auch an frühere Leben ausgelöscht ist.
- Mehrmalige Rückkehr in die Körperlichkeit erfolgt nicht zufällig, sondern hängt anscheinend durch ein geheimnisvolles und gewaltiges Verursachungsprinzip zusammen.

Das sind ungeheuere Schlußfolgerungen. Was sie in sich bergen, läßt uns erschaudern. Und doch sind sie durch wissenschaftliche Forschung fest fundiert.

Von allen Geheimnissen, die die Wissenschaft untersucht hat, haben acht der packendsten den Beweis für diese außergewöhnlichen Behauptungen erbracht. Es sind folgende Phänomene:

- Erscheinungen
- Spuk
- Out-of-the-body-Erlebnisse
- Visionen auf dem Sterbebett
- Erlebnisse Wiederbelebter
- Erlebnisse Besessener
- Wiedergeburt
- Verbindung mit Medien

Wir sind die 2000. Menschengeneration, die von der grundlegendsten aller Fragen heimgesucht wird, der sich der Mensch stellen kann: »Warum bin ich hier? Warum lebe ich? Woher komme ich und was wird aus mir?«

Doch wir werden die letzte Generation sein, die auf diese Fragen keine Antworten hat.

Kapitel 1
Boten aus dem Land der Toten: Erscheinungen

»... jenem unentdeckten Land, aus dem kein Wandrer wiederkehrt.«

Shakespeare (über den Tod)

»Mein Gott, was tust du hier? Bitte, geh dahin zurück, wohin du gehörst!«

Eine Bekannte des Autors, die sich dreizehn Jahre nach dem Tod des Vaters an dessen Erscheinung wendet.

Im materiellen Körper des Menschen wohnt sein Astralleib – das wahre »Selbst«, das den leiblichen Tod überdauert. Zu Lebzeiten des Menschen kann sich dieses astrale Selbst aus dem lebenden, gesunden Körper lösen und anderen erscheinen; es kann ebenso beim Tod des Körpers oder Monate, Jahre, ja Jahrhunderte *nach* dem Tod erscheinen. Wenn der Astralleib für andere sichtbar wird, spricht man von Erscheinung. Demnach gibt es drei Arten von Erscheinungen: die der Lebenden, der Sterbenden und der Toten.

Erscheinungen der Lebenden

Mrs. L.: Wir bauten uns gerade ein Sommerhäuschen. Olle, eines der Nachbarkinder, fuhr in die Ferien, als das Fundament gelegt wurde, und das Haus wurde während seiner Abwesenheit fertig.

Eines Abends in der Dämmerung ... es war noch hell, sah ich einen Mann ... schräg über die Anhöhe auf das Haus zugehen, der einen hellblauen Pyjama trug und genau wie Olle aussah. Die Gestalt schritt *mitten durch die Fichten hindurch* zum Haus hinauf, wo sie verharrte und mit in die Seite gestemmten Händen das Haus betrachtete – und sich dann in nichts auflöste.

Einige Wochen danach schlenderte Olle genau dort entlang, wo die Gestalt im Pyjama hergegangen war, aber jetzt wich er den Fichten aus. Völlig entsetzt starrte er das Haus an und stieß hervor: »Aber das habe ich doch schon einmal gesehen!«

Olle: Die Familie L. hatte gerade damit begonnen, das Gelände für das Fundament einzuebnen, als ich fortfuhr. Ich konnte daher nicht wissen, wie das Haus aussehen würde, wenn es fertig war. Eines Nachts träumte ich, ich ging den Weg entlang, der ... zum Häuschen der L.s hinaufführte. Im Traum sah ich es, als ich es erreichte, ganz deutlich vor mir ... Ich ... sah Mrs. L. auf den Stufen stehen, als wolle sie mich begrüßen ...

Als ich von meiner Reise zurückkam, ging ich zu den L.s hinüber, um etwas mit ihnen zu plaudern. Ich war erschrocken, als ich das Haus erblickte; es war genauso, wie ich es im Traum gesehen hatte, und Mrs. L. saß auf der Treppe. Sie fragte, ob ich in der Nacht, als ich den Traum hatte, einen hellblauen Pyjama getragen hatte, was tatsächlich der Fall war. Auch die Zeit stimmte überein.[1]

Erscheinungen der Sterbenden

Als ich etwa 15 Jahre alt war, besuchte ich Dr. G. in England und ... freundete mich mit seinem Neffen, einem 17jährigen Jungen namens Bertie, an. Wir wurden unzertrennlich ... Eines Nachts schickte man nach Dr. G., er solle sich Bertie ansehen, der ganz plötzlich an einer schweren Lungenentzündung erkrankt war. Der arme Junge starb in der darauffolgenden Nacht. Man hatte mir nicht gesagt, wie schwer seine Krankheit war, so daß ich überhaupt nicht wußte, in welcher Gefahr er sich befand ... In der Nacht, als er starb, saß ich allein im Wohnzimmer ... und las beim Schein eines Feuers ... als ... Bertie ... hereinkam. Ich sprang auf und stellte einen Sessel in die Nähe des Feuers, da er verfroren aussah und keinen Mantel übergezogen hatte, und weil es schneite, schimpfte ich mit ihm, da er ohne seinen Schal herausgekommen war. Er sagte nichts, griff sich nur an die Brust und schüttelte den Kopf, was ich irrtümlich dahingehend deutete, ihm sei auf der Brust kalt und er habe seine Stimme verloren, die immer anfällig war. Ich tadelte ihn daher erneut wegen seiner Unbedachtsamkeit ... Er ging durch das Zimmer zur anderen Seite der Feuerstelle und setzte sich ... Ich stellte ihm bewußt keine Fragen, da er offensichtlich nicht in der Lage war zu sprechen, redete vielmehr selbst weiter, um ihn wieder zu Atem kommen zu lassen, der ihm aufgrund seiner Anfälligkeit öfter ausging ... In seinem Äußeren gab es nichts, das mir als ungewöhnlich an ihm auffiel, außer daß er blaß und still war ... Dr. G. trat ein und fragte mich, mit wem ich spreche. Ich erwiderte: »Sehen Sie sich diesen armen Jungen an, ohne Mantel und so erkältet, daß er nicht einmal mehr sprechen kann. Leihen Sie ihm einen Mantel und schicken Sie ihn nach Hause.«[2]

Aber Bertie war bereits seit einer halben Stunde tot gewesen. Und obwohl sein Körper mehrere Häuserblocks entfernt in einer Wohnung lag, wirkte sein Auftreten als Erscheinung dermaßen echt, daß sein Freund fünf Minuten lang mit ihm sprach, ohne zu merken, daß er nicht lebte.

Erscheinungen der Toten

An einem Nachmittag im November kam ich aus der Schule nach Hause, ging durch das Speisezimmer und bemerkte dabei meinen Großvater, der im Wohnzimmer mit meiner Großmutter sprach (die krank gewesen war). Sie saß auf dem Sofa, bürstete und kämmte ihr Haar. Sie trug ein Nachthemd und darüber einen Morgenmantel. Ich betrat das Zimmer, begrüßte sie und sagte zu meiner Großmutter, es sei schön, daß sie sich wieder besser fühle und aufstehen könne. Ein oder zwei Minuten unterhielten wir uns artig, dann sagte ich, ich müsse jetzt meine Hausaufgaben machen. Mein Großmutter sprach: »Barbara, am besten erzählst du niemandem, daß ich auf war und du mit mir gesprochen hast.«

Ich ging nach oben, und als ich mein Zimmer betrat, wurde mir mit einem Mal bewußt, daß meine Großmutter tot war! Sie war vor einem Monat gestorben. Die Schulhefte fielen mir aus der Hand ...[3]

Sind das völlig unwahrscheinliche Erlebnisse? Diesen Anschein hat es vielleicht. Aber die Nachforschungen zeigen, daß Erlebnisse ganz ähnlicher Art schon erstaunlich vielen Menschen widerfahren sind.

Die geisterhafte Großmutter im obigen Beispiel ist nur eine Art von Erscheinungen Toter. Sehen wir uns jetzt eine ganz andere an.

Ich fuhr Anfang August 1967 gegen zehn Uhr abends auf der Straße 119 (in Schweden) westlich von Ryd, etwa einen Kilometer vor der Grenze nach Skåne. Die Sterne leuchteten, die Nacht war klar und ganz ruhig. Ich war entspannt, fuhr ungefähr 90 km/h und hörte Radio, als ich im Scheinwerferlicht 200 oder 300 m vor mir auf der rechten Straßenseite etwas bemerkte. Zuerst dachte ich, es sei ein Tier, doch als ich näher kam, konnte ich deutlich erkennen, daß es ein Mensch war, der dort ging, den sich nähernden Wagen offensichtlich nicht bemerkend. Ich blendete ab, konnte aber keine Reaktion feststellen ... Mein Erstaunen wuchs, als ich den Mann aus der Nähe sah. Noch nie war mir jemand von den jetzt Lebenden mit einer so altmodischen Kleidung begegnet. Jetzt war ich fast auf seiner Höhe und zog den Wagen langsam so weit nach links hinüber, wie es ging.

Er trug eine weite, blusenartige, kragenlose graue Jacke aus grobem Material, die an der Hüfte von einem Lederriemen zusammengehalten wurde. Unterhalb des Riemens hing die Jacke locker nach unten. Die Hose war grau und aus ähnlichem Stoff wie die Jacke, fast wie ein Sack, und unterhalb der Knie mit Riemen zusammengebunden. Sie waren über Kreuz um seine Waden geschlungen und gingen in ein Paar mokassinartige, weiche Lederschuhe über. Er trug einen dunklen, runden Hut mit einem flachen Kopf. Von der linken Schulter zur rechten Hüfte hinunter hing ein Jagdsack, und an der linken Hüfte trug er ein Pulverhorn. In der linken Hand hielt er ein langes Steinschloßgewehr mit schlankem Kolben und Kinnschutz. Ich konnte erkennen, daß der Mann lange Haare und einen ziemlich vollen Bart hatte. Ich hoffte, er würde sich umdrehen, damit ich sein Gesicht sehen konnte. Doch er nahm absolut keine Notiz von mir, sondern ging mit leichten, federnden Schritten weiter. Ich starrte auf seinen Kopf und rollte an ihm vorbei. Doch in dem Moment, als ich ihn durch das Seitenfenster sah, verschwand er!

Ich bremste scharf, schaltete den Rückfahrscheinwerfer ein

und sprang aus dem Wagen. Vielleicht war er hingefallen, doch die Straße war verlassen und leer, und der Wald umstand mich dunkel und schweigend . . . Ich bekam entsetzliche Angst und raste davon.

Ende November des gleichen Jahres fuhr ich wieder auf dieser Straße. Zur gleichen Zeit an jenem Abend und an der gleichen Stelle erblickte ich den Mann erneut. Im Unterschied zu damals war die Straße diesmal dunstig, feucht und sehr dunkel. Im Kegel des Fernlichts sah ich den Mann daher noch deutlicher . . . er hielt das Gewehr in der linken Hand . . . Es hatte nicht den Anschein, als wollte er mir etwas antun . . . ich fühlte mich mutig genug und beschloß, dem Geheimnis auf den Grund zu gehen. Bevor ich mit der geheimnisvollen Erscheinung auf gleicher Höhe war, schaltete ich in den Leerlauf, öffnete die Tür einen Spalt, schaltete den Rückfahrscheinwerfer ein und nahm eine Taschenlampe zur Hand. Erst jetzt bemerkte ich, daß der Mann einen Schatten warf! (Beim erstenmal war mir das nicht aufgefallen.)

Wie ich vermutet hatte, verschwand er genauso wie beim erstenmal. Im gleichen Augenblick war ich aus dem Auto heraus und auf der Straße, die so still dalag wie beim letztenmal. Nicht der geringste Laut davoneilender Schritte oder ein Rascheln im Wald. Niemand zusammengekauert im Graben neben der Straße, nirgendwo ein Fußabdruck. Ich untersuchte die Umgebung dieser zweiten Begebenheit. Es war völlig still, der Himmel sternenklar, aber der Mond schien nicht. Die Straße war nicht beleuchtet, es gab keine Häuser in der Nähe, und niemand sonst kam vorbei . . . Keine Sträucher, Bäume oder andere Pflanzen, keine Stellage für Milchkannen, Verkehrsschilder oder sonst irgend etwas, wohinter sich jemand hätte verstecken können, der mir einen Streich spielen wollte. Die Windschutzscheibe war sauber.

Nach diesem zweiten Erlebnis fuhr ich zu einem Bauern, klopfte und fragte, ob ich telefonieren dürfte. Doch das war nur ein Vorwand, mich erkundigen zu können, ob man in der Nachbarschaft von sonderbaren Vorfällen wußte oder von jemandem, der gewöhnlich mit einem Steinschloßgewehr spazierenging. Die Bauern auf dem Hof reagierten sichtlich auf meine Frage, gaben aber keine klare Antwort. Eine alte Frau in der Stube, die schwer hörte, konnte meine Frage nicht verstehen. Als man sie ihr wiederholte, platzte es aus ihr heraus: »Guter Gott, er hat den alten Mann gesehen!« Dann sagten sie, es sei schon spät, und ich mußte gehen. Ich hatte den Eindruck, sie wollten nicht darüber sprechen, mich vielmehr so schnell wie möglich loswerden.[4]

Kleidung der beschriebenen Art war in diesem Teil Schwedens vom 17. bis weit ins 19. Jahrhundert gebräuchlich, und eine Straße gab es dort, wo der Mann gesehen wurde, seit langem. Der Mann ist ein umgehender Geist, an einen Ort, nicht so sehr an Menschen gebunden. Seiner Kleidung nach zu urteilen ist er wahrscheinlich schon länger als 100 Jahre tot. Aber was tut er dort mit seinem Steinschloßgewehr und dem Jagdsack? Wir sind in der Lage, diese Frage zu beantworten – zu einem späteren Zeitpunkt. Ist er eine »Seltenheit«? Eigentlich nicht. Wir werden uns weiter unten auch mit einigen Exorzisten befassen, Männern und Frauen, die auf einer geregelten Grundlage mit solchen Wesen zu tun haben, sie aus ihren Wohnungen, Menschen wie wir, vertreiben, Menschen mit gegenständlichem Körper, die sie unbewohnbar gemacht haben. Eine seltsame Art, seine Zeit zu verbringen? Vielleicht – aber einige haben mehr zu tun, als sie bewältigen können.

Verbindung – mit den Toten

Welche Grenze könnte unüberwindlicher, totaler, absoluter sein als die zwischen dem Lebenden und dem Toten? Denn mit dem Tod kommt der vollständige Verfall des materiellen Körpers. Und doch ist die Verbindung zu Toten nichts Seltenes. Sie ist vielmehr sehr häufig. 1973 stellte Andrew Greeley, Soziologe an der Universität Chicago, einer repräsentativen Auswahl von 1467 Amerikanern eine ganz simple Frage: »Hatten Sie jemals das Gefühl, mit jemandem wirklich in Verbindung zu stehen, der schon tot war?« Die Antwort war verblüffend. 27 Prozent bejahten die Frage![5] Diese Frage wurde nur noch einer repräsentativen Auswahl aus dem Volk eines anderen Landes gestellt – Island. Das Ergebnis ist nicht minder interessant – 31 Prozent antworteten mit Ja![6]

Dr. Robert Kastenbaum, Psychologe an der Wayne State Universität in Detroit, befragte 140 Personen, ob sie jemals das

Erlebnis des Kontaktes mit Toten hatten. Stolze 45 Prozent sagten ja.[7] Dr. W. D. Rees, ein englischer Arzt, sprach mit 300 Witwen und Witwern in Wales. 47 Prozent gaben an, Erlebnisse gehabt zu haben, die sich z. T. wiederholten und über einen Zeitraum von mehreren Jahren erstreckten und die ihnen die Überzeugung vermittelt hatten, daß ihre verstorbenen Ehepartner mit ihnen in Verbindung gestanden hatten.[8] Zwei andere Untersuchungen verwitweter Personen kamen zu gleichen Ergebnissen. Dr. Earl Dunn sprach mit kanadischen[9], Dr. P. Marris mit englischen Witwen und Witwern.[10] Sage und schreibe 50 Prozent beider Gruppen berichteten von Kontakten mit ihren verstorbenen Ehepartnern. Da sie nicht im entferntesten solche Kontakte erwartet hatten, befürchteten viele, »verrückt« geworden zu sein, und hatten, da sie glaubten, sich lächerlich zu machen, Stillschweigen über ihre toten Besucher bewahrt.

Teilweise hatten sie die Toten »gespürt«. Andere sprachen richtig. Aber in den aufregendsten Fällen hatte man die Toten sehen können.

Mein Mann starb im August 1970. Das folgende Weihnachtsfest verbrachte ich bei meiner verheirateten Tochter ... Am ... 27. Dezember spielten wir zusammen Monopoly, und ich dachte in dem Moment überhaupt nicht an meinen Mann. Ich sah vom Spiel auf, und mein Mann saß auf dem Sofa gegenüber. Ich konnte es nicht glauben, legte die Hand vor die Augen und sah wieder hin, er saß immer noch dort. Dann ... zählte ich die Anwesenden und kam auf sechs, nicht auf fünf. Ich muß sehr verstört ausgesehen haben. Alle sahen vom Spiel auf und fragten, was los sei. Ohne ersichtlichen Grund fing ich an zu weinen, und mein Mann stand vom Sofa auf, ging quer durch das Zimmer ... nach draußen. Im letzten Augenblick drehte er sich noch einmal um, streckte seinen Kopf durch die Tür und lächelte mir zu. Er erschien wie zu Lebzeiten ... trug schwarze Hosen und ein offenes, weißes Hemd. Ich war von Schmerz überwältigt und ging sofort zu Bett.[11]

Die gewaltige Wirkung dieser Kontakte ist sehr charakteristisch für solche Erlebnisse. Hier ein anderer Fall:

Um Viertel nach drei in der Nacht auf Weihnachten starb meine Frau ... Ich brachte den Leichnam nach Hause ... wo er lag, bis ... ich ihn in dem Grab bestattete, das meine Frau selbst ausgesucht hatte . . . Bis etwa sechs Wochen nach ihrem Tod war ich ganz sicher, daß sie immer noch lebte und wir uns wiedersehen würden. Dann kamen zunehmend Zweifel am Weiterleben nach dem Tode auf, wie es mir in den letzten Jahren oft ergangen war. Nach und nach beschlich mich eine beunruhigende Ungewißheit, bis ich nur noch . . . eine vage Hoffnung hatte, die auch schließlich schwand . . . Ein oder zwei Wochen darauf kam es zu dem Ereignis, von dem ich im folgenden berichte . . .

Kurz vor Sonnenuntergang ging ich mit der Schwester meiner Frau im Wald hinter meinem Haus spazieren . . . Wir hatten nach den Baumsämlingen gesehen, die meine Frau gepflanzt hatte, bevor sie krank geworden war. Ich machte eine Bemerkung darüber, wie sehr sie sich gefreut hätte, wenn sie sehen könnte, wie gut sich die Sämlinge entwickelten. Ihre Schwester erwiderte: »Ich bin sicher, sie weiß es und kommt oft hierher, um sie zu sehen.« Ich sagte nichts, denn ich wollte ihr nicht den Glauben nehmen, den ich verloren hatte. Wir gingen in den Garten zurück, der vor dem Haus liegt. Meine Schwägerin wandte sich nach Osten, um die Küken einzusperren, ich nach Westen, um die Läden vor dem Flügelfenster des Salons zu schließen. Als ich den Weg vor dem Haus entlangging, dachte ich nicht an meine Frau, sondern an einen Nachbarn, dem ich einige wertvolle Bücher geschickt hatte, und ich stellte mir seine Freude beim Öffnen des Paketes vor. Als ich zum Rosengarten kam, auf den die Fenster des Salons hinausgehen, blieb ich unvermittelt stehen, denn auf dem Rasen hinter dem Rosengarten stand, höchstens 25 m von mir entfernt, meine Frau, sah mich direkt an, so, als hätte sie mich erwartet. Das Gesicht und die Gestalt waren so klar und deutlich zu erkennen wie zu ihren Lebzeiten. Sie trug keinen Hut, und der leichte Abendwind spielte weder in ihren Haaren noch in den Falten ihres Kleides. Sie hatte ein makellos sitzendes graues Kleid an, auf dem sich die Schatten der Laube hinter ihr abzeichneten. Sie sah vollkommen gesund aus, aber was mich am stärksten berührte, war der Ausdruck, mit dem sie mich betrachtete. Unverwandt und ohne eine Miene zu verziehen, sah sie mich aufmerksam an. Sie ließ weder Freude noch Sorge erkennen, schaute mich vielmehr verwirrt mit einem ermahnenden Blick an, als sei sie erstaunt und verärgert über etwas, das ich tat und von dem sie wünschte, daß ich davon abließ. Hätte sie ihren Ausdruck in Worte gefaßt, hätte sie wahrscheinlich gesagt: »Wie dumm von dir!« . . . Die Erscheinung blieb mindestens eine Minute . . . obwohl ich glaube, daß ich lächelte und man meinem Gesicht die Freude ansehen konnte, sie wiederzusehen, machte ich keinen Versuch, sie anzusprechen oder mich ihr zu nähern. Sie sah mich immer noch an, als sie meinen Blicken entschwand – nicht plötzlich, sondern ganz allmählich.[12]

Die Menschen nehmen solche Erlebnisse nicht leicht. Es sind außergewöhnlich lebendige, unvergeßliche, schockierende, ja furchteinflößende Erfahrungen, und buchstäblich Millionen Menschen haben sie gemacht. Wiederholt waren sie Gegenstand von Untersuchungen, so in den 90er Jahren des vorigen und den 30er, 40er und 70er Jahren dieses Jahrhunderts. Sie gehören zum Allgemeingut des Menschen, ein immer wiederkehrender Gegenstand der Literatur und des Volkstums aller Gesellschaften und Epochen. Und das hat einen Grund – *sie sind echt.*

Wie sehen Erscheinungen aus?

Die meisten Erscheinungen sind so lebensecht, daß sie sehr oft fälschlicherweise für wirkliche Menschen gehalten werden.

Im Februar 1950 zogen Mrs. Jessie Glasgow, ihr Mann und die sechs Jahre alte Tochter Susan in eine Wohnung. Einige Tage später sah Susan eine Frau im Wohnzimmer der Wohnung stehen. Sie war von zerbrechlicher, kleiner Statur, trug ein langes, schwarzes Kleid und einen schwarzen Schleier, den sie tief in die Stirn gezogen hatte. Susan lief in die Küche und erzählte ihrer Mutter von dem seltsamen Besucher. Susans Mutter hielt das Ganze für eine ausgedachte Geschichte und sagte leichthin: »Frag sie, ob sie nicht eine Tasse Tee möchte.« Susan ging in das Wohnzimmer zurück, wo die Frau, die ihr den Rücken zugekehrt hatte, sie jetzt ansah. »Möchten Sie eine Tasse Tee?« fragte Susan. Die Frau, deren Gesicht Susan als freundlich beschrieb, lächelte sie an, antwortete aber nicht. Susan ging wieder in die Küche und erzählte, daß die Frau keine Antwort gebe. Als Susan und ihre Mutter in das Wohnzimmer zurückkamen, war die geheimnisvolle Besucherin verschwunden. (Ein materieller Körper hätte das Wohnzimmer weder betreten noch verlassen können, ohne daß man ihn durch die geöffnete Küchentür gesehen hätte.) Die Wohnung lag in einem Gebäude, das früher einmal eine Klosterschule beherbergt hatte, die von Nonnen geleitet wurde. Die Dame, die eine Schwesterntracht trug und absolut lebensecht wirkte, war eine Erscheinung gewesen.[13]

In der Tat grenzt die erstaunliche Wirklichkeitsnähe der meisten Erscheinungen ans Unheimliche:

Als ich neuneinhalb Jahre alt war, bestand eine meiner angenehmeren Haushaltspflichten darin, das Baby um sechs Uhr abends ins Bett zu bringen und es in den Schlaf zu singen ... Als das Baby richtig eingeschlafen war, erhob ich mich vorsichtig vom Bett, um es nicht aufzuwecken, und öffnete leise die Schlafzimmertür, wobei ich es immer noch beobachtete, um sicherzugehen, daß es nicht gestört wurde. Als ich den Kopf drehte, fiel mein Blick direkt auf das Fenster oberhalb der Treppe. Auf dem Fensterbrett am Treppenabsatz saß ein sehr alter Mann. Ich konnte mich vor Angst nicht rühren ... Er war uralt, hatte verquollene Augen und graue Haare. Er trug eine abgetragene, schmutzige, dunkle Hose, ein cremefarbenes walisisches Flanellhemd ohne Kragen, dessen oberster Knopf geöffnet war, und eine ungeheuer schmutzig wirkende alte Weste mit Fett- und Essensflecken. Um den Hals hatte er einen Schal gebunden ... Auf dem Kopf saß eine alte, schwarze Melone, die schon bessere Tage gesehen hatte. Der Schal war übrigens schwarz, rot und weiß. Der alte Mann stützte sich auf einen Spazierstock, die faltigen Hände übereinandergelegt. Sein Mund war leicht geöffnet und schlaff, wie man es manchmal bei Greisen sieht, und ich bin sicher, daß, wenn er ein lebender Mensch gewesen wäre, ich seinen Atem deutlich gehört hätte. Aber so hörte ich nur den Lärm von der Straße. Der Mann neigte den Kopf etwas zum Fenster, aber er schaute nicht nach draußen. Im nachhinein kann ich feststellen, daß er auf etwas *hörte* von seinem Platz am Fenster ... Diese Erscheinung dauerte ungefähr zehn Sekunden ... und verschwand dann ebenso plötzlich wie ein Licht verlöscht. Ich kann nicht sagen, ich war »wie angewurzelt« ... ich stand einfach stocksteif vor Überraschung.[14]

Später sah sie die Erscheinung noch einmal – genauso gekleidet wie beim erstenmal, schmutzig, verquollen und immer noch voller Essensflecken.

Aber abgesehen davon, daß Erscheinungen keinen gegenständlichen Körper haben, sind sie *nicht* »wie irgendwelche Leute«. Ihr Aufzug, ihre Bewegungen und ihr Abgang sind oft außerordentlich ausgefallen, was viel zum Entstehen der Gespenstersagen beigetragen hat.

Mein Schlafzimmer lag im ersten Stock, die Tür befand sich am Fuß der Treppe, die zum zweiten hinaufführte. Das Bad und die Toilette waren ebenfalls in der ersten Etage, am Ende eines ziemlich langen Korridors untergebracht, der die ganze Nacht gut beleuchtet war. Es muß etwa halb drei in der Nacht gewesen sein, als ich, *wie gewöhnlich,* zur Toilette ging. Als ich zurückkam, sah ich, und dessen bin ich sicher, eine mittelalte oder ältere weibliche Gestalt, die, teilweise über Kopf und Schultern, einen Morgenmantel trug und vor meiner Schlafzimmertür quer über den Korridor auf die Treppe zuging. Ich war sicher, daß es sich um einen Menschen aus Fleisch und Blut handelte, und wunderte mich kurz, warum sie den Mantel auf diese Art umgehängt hatte. Besucher . . . kamen sehr häufig, ich war daher nicht überrascht, eine Fremde zu sehen, sondern nahm an, sie wäre ein Gast.

Ich schätzte, daß ich sie eingeholt hatte, wenn sie drei oder vier Stufen die Treppe hinaufgegangen war, und als ich vor meiner Tür angekommen war, drehte ich mich nach ihr um und wollte »Hallo, noch ein Nachtschwärmer« sagen. »Sie« stand still und drehte »ihren« Kopf. Die Worte blieben mir in der Kehle stecken, und »sie« beugte sich leicht nach vorn, als wollte »sie« weiter die Treppe hinaufgehen. Mit grauenvollem Entsetzen sah ich nicht eine Frau, sondern das unwirkliche, leichenartige Gesicht eines Mannes, der den Kapuzenmantel eines Mönches trug. *Ich konnte die Wand durch das Phantom hindurch sehen,* aber aus ein paar Metern Entfernung hatte »sie« durchaus echt gewirkt. Die Tatsache, daß die Gestalt mir das Gesicht zuwandte, beweist mir, daß »ihm« meine Gegenwart voll bewußt war. Ein Schauer des Entsetzens packte mich . . . ich stürzte in mein Zimmer . . . ich war furchtbar verstört.[15]

Als genüge die Durchsichtigkeit noch nicht, erregen Erscheinungen oft unsere Betroffenheit dadurch, daß sie unter offener Mißachtung des Gesetzes der Schwerkraft über dem Boden schweben, durch feste Mauern hindurch hereinkommen und hinausgehen und sich vor unseren Augen auflösen:

Vor einigen Jahren kamen ein Freund und ich von einem abseits gelegenen Dorf zurück. Es war eine milde, klare Nacht mit Halbmond. Wir gingen durch eine mit Bäumen bestandene Allee und näherten uns einem großen, freien Feld; auf der gegenüberliegenden Straßenseite standen Häuser. Die Gestalt einer Frau mit leicht ausgestreckten Armen *schien über dieses Feld zu schweben,* kurz über dem Boden. Sie war völlig farblos, bis auf ihr herrliches, langes Haar, das hinter ihr herwehte. Wir blieben beide augenblicklich stehen und beobachteten sie. Zu unserer größten Bestürzung verschwand sie mitten durch die Wand der Klosterschule gegenüber. Ein Mann, der uns mit dem Fahrrad entgegenkam, stieg ab und fragte: »Haben Sie das gesehen?« Wir bejahten es. Er fuhr weiter und sagte: »Es ist das dritte Mal – mir gefällt das nicht, mir gefällt das gar nicht!« – »Sie« war etwa einen halben Meter über dem Boden geschwebt.[16]

Mrs. Gill wohnte 1943 in einem großen, sehr alten Haus in Middlesex, ein Haus, das ihr ein Mitternachtserlebnis bescherte, das sie nie vergessen wird:

Während des Krieges hatte ich ein Bett in einem Schutzraum in der Halle stehen. Im September 1943 ruhte ich mich gegen Mitternacht aus und erwartete den Aufruf um ein Uhr, außerhalb der Tür der Auffahrt Wache zu halten, *als eine Frau in einem Morgenmantel aus der viktorianischen Zeit durch die geschlossene Tür des Musikzimmers »floß«, das mir gegenüberlag, und durch die verschlossene Eingangstür hinausging.* Zehn Tage später machte ein Freund, der von meiner Geschichte gehört hatte, mit dem Photoapparat ein Brustbild der Frau, die ich gesehen hatte. Es war eine Mrs. Drake, die vor mehr als 70 Jahren hier Hausherrin gewesen war.[17]

Ebenso verblüffend ist das plötzliche oder allmähliche Verschwinden, das sämtlichen geltenden optischen Gesetzen hohnspricht:

An einem Sommerabend, ich war zu der Zeit 20 Jahre alt . . . fuhr ich . . . mit einem Freund . . . im Wagen . . . In der Nähe des Bauernhofes von J . . . hielten wir . . . Es war ziemlich hell. Wir saßen still nebeneinander und genossen den Abend. Ich blickte die Straße hinunter und sah eine alte Frau, die langsam ging, einen

Schal um die Schultern gelegt, und mit einem bis zu ihren Füßen reichenden Rock. Sie stützte sich schwer auf einen Stock. Ich dachte bei mir, daß sie einen heruntergekommenen Eindruck mache, und wunderte mich, warum sie so weit aus dem Haus gekommen war. Sie überquerte die Straße genau vor dem Wagen . . . Ich drehte den Kopf und sah sie an. Sie erblickte mich, offensichtlich zum erstenmal. Sie machte ein zorniges Gesicht und *verschwand wie eine platzende Seifenblase.*[18]

Die Toten sind zu so etwas in der Lage, weil sie ihren Astralleib in Besitz genommen haben, der sich unsichtbar machen, der Schwerkraft trotzen und feste Körper durchdringen kann. Wie wir später noch sehen werden, haben auch die Lebenden einen Astralleib.

Boten aus dem Land der Toten

Folgt man Shakespeare, so ist das Land der Toten ein Land, aus dessen Herrschaft kein Reisender wiederkehrt. Aber bei aller berechtigten Achtung hatte der große Barde doch unrecht – und zwar beträchtlich. Die Toten *kehren* zurück. Und weil sie uns wirklich so sehr ähneln, lassen sich die Gründe, derentwegen sie zurückkommen, mit etwas gutem Willen verstehen.

Der Totenpakt

1882 wurde die British Society for Psychical Research (SPR) gegründet. Im zurückliegenden Jahrhundert haben sich in ihren Archiven Tausende von Fällen von Erscheinungen Toter angesammelt. Bei jedem 20. dieser Fälle stoßen wir auf einen »Totenpakt«.[19] Der Grund für eine solche Übereinkunft ist leicht einsehbar – man will herausfinden, ob wir den Tod überleben. Zwei Personen können vereinbaren, daß derjenige, der zuerst stirbt und feststellt, daß er nach dem Tod seines Körpers noch lebt, versucht, dem anderen zu erscheinen. Wie die Unterlagen der SPR zeigen, *sind viele dieser Vereinbarungen erfüllt worden.*

Im folgenden ein charakteristisches Beispiel für einen solchen Pakt:

Ich wachte auf ... und sah einen meiner Brüder, der seit mehr als fünf Jahren tot war, am Fuß des Bettes stehen. Er stand regungslos da und blickte mich ernst an ... Ich sagte: »O Arthur!« und sprang auf, um zu ihm zu gehen, als er verschwand ... Mein Bruder ... hatte versprochen, wenn möglich, nach dem Tod zu erscheinen.[20]

Und er tat es. Wie viele andere, unter ihnen auch ein Schulfreund Lord Broughams, eines englischen Peers.

Brougham reiste mit Freunden durch Schweden. Müde und fröstelnd stiegen sie in einer Herberge ab, wo Brougham sich den Luxus eines heißen Bades gönnte, bevor er zu Bett ging. Als er in der Wanne saß, hatte er ein Erlebnis, das man nur als bemerkenswert bezeichnen kann. Auf der Universität hatten er und ein Freund, von dem nur als »G.« gesprochen wird, oft über die Frage nachgedacht, ob die Toten weiterlebten und ob sie, wenn das der Fall war, den Lebenden erscheinen konnten. »Wir waren tatsächlich so verrückt«, sagte er, »eine Vereinbarung aufzusetzen, die mit unserem Blut geschrieben war, mit dem Inhalt, daß derjenige, der von uns zuerst starb, dem anderen erscheinen solle.« Nach dem Examen ging G. nach Indien in den Zivilstaatsdienst. Die Jahre vergingen, und Brougham hatte G. fast vergessen.

Ich lag in der Wanne und genoß nach der Kälte, der ich ausgesetzt gewesen war, die behagliche Wärme. Ich schaute mich um und sah zu dem Stuhl hinüber, auf dem ich meine Kleidung abgelegt hatte, und wollte gerade aus dem Bad steigen. *Auf dem Stuhl saß G. und sah mich schweigend an.* Wie ich aus der Wanne herausgekommen bin, weiß ich nicht, aber als ich meine Sinne wieder beisammen hatte, lag ich ausgestreckt auf dem Boden. Die Erscheinung ... G.s war verschwunden. Sie versetzte mir einen solchen Schock, daß ich keine Neigung verspürte, darüber zu sprechen ... sie ... war zu lebendig ... als daß ich sie hätte vergessen können. Ich war so aufgewühlt, ... daß ich die ganze Begebenheit unter dem Datum des 19. Dezember niederschrieb ... Kurze Zeit, nachdem ich nach Edinburgh zurückgekehrt war, kam ein Brief aus Indien, der den Tod G.s mitteilte und bestätigte, daß er am 19. Dezember gestorben war.[21]

Mrs. Arthur Bellamy aus Bristol in England traf noch als Schulmädchen eine ähnliche Abmachung mit einer Freundin, Miss W. Jahre später erfuhr Mrs. Bellamy, die seither nie wieder etwas von ihrer früheren Schulfreundin gehört oder gesehen hatte, daß sie gestorben war. Sie erinnerte sich an ihre Abmachung, wurde unruhig und vertraute sich ihrem Mann an, der nie ein Photo der Freundin seiner Frau gesehen noch je eine Beschreibung von ihr gehört hatte.

Ein oder zwei Tage danach . . . erwachte ich nachts und sah eine Dame an der Seite des Bettes meiner Frau sitzen, die fest schlief. Sofort saß ich aufrecht im Bett . . . und starrte sie so gebannt an, daß ich mich noch heute an ihre Züge erinnern kann . . . Ich entsinne mich, daß ich sie entgeistert anblickte; ihre Frisur war sorgsam geordnet, ein Haar lag neben dem anderen.

Nach einigen Minuten verschwand die Dame. Als seine Frau aufwachte, berichtete Mr. Bellamy von der mysteriösen Besucherin.

Ich beschrieb sie, . . . und es paßte alles genau in das Bild von Miss W., an das sich meine Frau jetzt wieder erinnerte. Schließlich fragte ich sie: »Gab es irgend etwas, was an ihr besonders auffiel?« – »Ja«, antwortete meine Frau prompt. »Wir Mädchen haben sie in der Schule immer gehänselt, weil sie sich soviel Zeit für ihre Frisur nahm.«[22]

»Ich bin tot.«

Verbindungen zwischen den Lebenden und den Toten können spontaner sein als die Erfüllung eines Totenpaktes durch eine Erscheinung. Wenn jemandem ein bedeutendes Ereignis widerfährt, hat er normalerweise das Bedürfnis, einem anderen davon zu erzählen. Stellen Sie sich vor, Sie seien jetzt plötzlich tot. Was würden Sie als erstes tun wollen? Es natürlich denen erzählen, die Ihnen am nächsten stehen. Und tatsächlich taucht genau dieses Motiv bei vielen Erscheinungsfällen auf. Hier einige typische Beispiele derartiger »Besuche« gerade Gestorbener.

Leutnant Leslie Poynter wurde am 25. Oktober 1918 getötet. Am gleichen Abend um neun Uhr hatte sich seine Schwester, die viele Kilometer von ihm entfernt in England lebte, gerade ins Bett gelegt, als sie sah, wie er das Zimmer betrat. Er beugte sich über sie und gab ihr einen Kuß, einen Kuß, den sie nicht »spürte«, richtete sich wieder auf und blickte sie lächelnd an. »Nie im Leben habe ich jemanden so glücklich gesehen«, erklärte sie. »Das ist eine der Tatsachen, die mir zeigen, daß es ein zweites Leben gibt, sonst hätte er nicht so ausgesehen.«[23] Sie betrachtete ihn, und er entschwand. Zwei Wochen danach brachte ein Telegramm des Verteidigungsministeriums der Familie die Nachricht, daß er an diesem Tag gestorben war.

Das Realistische dieser Erlebnisse läßt die Zeugen oft glauben, daß der »Erscheinende« noch lebt und nur zu einem unerwarteten Besuch gekommen ist.

Der RAF-Hauptmann Ronald Sokell diente z. B. im Zweiten Weltkrieg bei den britischen Streitkräften. Am Abend des 24. November 1944 lag seine Mutter zu Hause im Bett und schlief. Sein Vater, ein unitarischer Geistlicher, hielt irgendwo eine Predigt.

Der Mond schien hell. Um zwei Uhr nachts wachte sie auf und sah ihren Sohn in seiner Fliegeruniform an ihrem Bett stehen. Er schien körperlich anwesend zu sein. »Hallo, Ron«, sprach sie ihn an, aber er antwortete nicht, obwohl er zu ihr hinunterschaute. Er war still (»vielleicht ein wenig verwirrt, weil sein Vater nicht bei mir war«). Mrs. Sokell hatte weder Angst noch war sie beunruhigt und schlief wieder ein. Zwei Stunden später erwachte sie wieder, und die Gestalt ihres Sohnes stand immer noch dort. Obwohl sie ihn ansprach, antwortete er nicht.[24]

Zwei Tage danach bekamen die Sokells ein Telegramm. Der Sohn wurde nach einem Feindflug vermißt, und Mrs. Sokell hatte ihn in der Nacht gesehen, in der er von seinem Einsatz nicht zurückkam. »Ich wußte«, sagte sie, »daß er nie mehr zurückkommen würde.«

Manchmal allerdings tut der erscheinende Besucher mehr als nur seinen Tod anzeigen – er »führt ihn vor«. In einem anderen Fall eines seltsamen Besuches wachte eine Mrs. Paquet bedrückt auf und suchte Trost bei einer Tasse Tee, die sie jedoch nicht ungestört trinken sollte:

Ich drehte mich um und sah meinen Bruder Edmund, der nur wenige Meter von mir entfernt stand ... er drehte mir den Rücken zu ... und war im Begriff, nach vorne zu fallen – von mir weg – scheinbar vorwärtsgetrieben von zwei Schlingen ... eines Seiles, das an seinen Beinen zerrte. Dann verschwand er über eine niedrige Reling oder Schiffswand ... Ich ließ die Tasse sinken, schlug die Hände vors Gesicht und rief: »Mein Gott! Ed ist ertrunken.«[25]

Was sie gesehen hatte, war tatsächlich geschehen. Sechs Stunden vorher war ihr Bruder ertrunken, genauso wie er es ihr gezeigt hatte.

Die oben angeführten drei Erscheinungen waren stumm. Einige dagegen legen den Grund ihres Erscheinens eindeutig klar und sprechen.

In der Nacht des 11. Juni 1923 wurde Mrs. Gladys Watson aus Indianapolis ... von jemandem aus tiefem Schlaf geweckt, der leise, aber ständig ihren Namen rief. Sie fuhr hoch, setzte sich und sah erstaunt ihren Großvater väterlicherseits, an dem sie sehr hing und der sich zu ihr neigte. Er sah absolut wirklich und lebensecht aus. Auf seinem Gesicht lag ein zufriedenes Lächeln. »Hab keine Angst«, beruhigte er sie mit warmer, freundlicher Stimme. »Ich bin's nur. Ich bin gerade gestorben.« Mrs. Watson fühlte Tränen aufsteigen und griff instinktiv neben sich, um ihren schlafenden Mann zu wecken. »So sollen sie mich begraben«, sprach ihr Großvater weiter und zeigte auf den dunklen Anzug und die schwarze Fliege, die er trug. Er fuhr fort: »Ich wollte dir nur sagen, daß ich schon die ganze Zeit darauf gewartet habe, zu gehen, seit Mutter nicht mehr da ist.« Gladys Watson konnte erkennen, daß ihr Großvater einen so natürlichen Eindruck machte, als sei er körperlich anwesend. Und sie hörte seine Stimme nicht innerlich, sondern so, als spräche er wirklich mit ihr.[26]

Mrs. Watson schüttelte ihren Mann erneut, doch die Erscheinung war verschwunden, bevor er erwachte. Er beruhigte sie, sie habe nur geträumt, ihr Großvater lebe und sei wohlauf bei seinen Eltern in Wilmington. Da sie so erregt war, beschloß er, den Beweis zu liefern und anzurufen – nur um zu erfahren, daß der Großvater seiner Frau vor wenigen Minuten zu Hause gestorben war.

Innige Beziehungen und Verwirrung

Die Erscheinungen, die wir bisher behandelt haben, zeigen sich, weil sie aus offensichtlichen Gründen Kontakt zu bestimmten Personen aufnehmen wollen: Um einen Totenpakt zu erfüllen oder um die Tatsache ihres eigenen Todes mitzuteilen. Es gibt zwei andere verbreitete Motive für das Auftauchen nicht-spukender Erscheinungen: eine innige Beziehung zu bestimmten lebenden Personen und eine vorübergehende Verwirrung bei den gerade Gestorbenen wegen ihres neuen »Zustandes«. (Hält diese Verwirrung längere Zeit an, was möglich ist, können sie zu Spuk-Erscheinungen werden.)

Die Verwirrung, die die Erscheinungen der Toten erleben, kann freudig und unbewußt oder benommen und verständnislos sein; in beiden Fällen aber zeigt sie die fehlende Erkenntnis an, daß der Tod eingetreten ist. Es gibt somit offensichtlich einige Fälle, in denen die Personen nicht sofort begreifen, was mit ihnen geschehen ist, wenngleich die Erfahrungen Wiederbelebter vermuten lassen, daß diejenigen, die sterben, es auch erkennen.

Im Juni 1935 war Mr. T. M. Healey ein 15jähriger Schüler, der bei seinen Eltern in Middleton lebte, einem Vorort von Leeds in England.

Ich fuhr am 16. oder 17. Juni 1935 mit dem Fahrrad von der Schule nach Hause. Ich kam die Dewsbury Road in Leeds herunter und an eine verkehrsreiche Querstraße, die Hunslet Hall Road. Ich sah meinen Großvater James . . . Healey, der mir entgegenkam und in die andere Richtung ging. Als ich in vielleicht zwei Metern Entfernung an ihm vorbeifuhr, winkte ich ihm zu und rief: »Hallo, Opa!« Ich war gewohnt, ihn etwa hier zu treffen, weil er regelmäßig zwei- oder dreimal in der Woche in einem Geschäft in der

Nähe seinen Tabak kaufte. Er hob sich deutlich durch einen üppigen Schnauzbart und einen Spazierstock, den er immer bei sich hatte, von seiner Umgebung ab. Wie üblich hob Großvater seinen Stock, winkte zurück und rief: »Hallo, Morton!« Ich fuhr weiter, und Großvater setzte seinen Weg nach Hause ohne Unterbrechung fort. Ich sah mich nicht um. Selbst wenn ich es gewollt hätte, hätte ich es nicht gekonnt, denn der Verkehr war zu dicht.

Wenige Minuten später kam ich nach Hause und erzählte meiner Mutter und meinem Stiefvater beiläufig: »Ich hab' Großvater unterwegs getroffen.« Sie schwiegen lange und sahen sich an. Dann sagte mein Stiefvater: »Du erzählst es ihm am besten«, und ging aus dem Zimmer. Daraufhin berichtete mir meine Mutter, daß mein Großvater vor drei Tagen gestorben war.[27]

Der folgende Vorfall ereignete sich 1975:

Mir gegenüber wohnten zwei Geschwister mit Namen Peggy und Bill Smith. Sie hingen sehr aneinander und lebten seit dem Tode ihrer Eltern schon fast 50 Jahre zusammen. Beide waren in den Siebzigern. Ich mochte sie sehr, denn im Herzen waren sie jung geblieben. Ich war einige Wochen im Haus meiner Eltern in Suffolk gewesen ... Als ich nach Greenwich zurückkam, ging ich drei oder vier Tage nicht aus dem Haus ...

Eines Tages nahm ich mir dann vor, zur Bücherei zu gehen, und mußte am Haus der Geschwister Smith vorbei. Es war bitter kalt und es schneite. Zu meiner Verwunderung sah ich ... Bill Smith im Garten stehen, bekleidet mit einem leichten, farbigen Sommerhemd. Er sah sehr krank aus. Ich blieb stehen, sprach ihn an und sagte ihm freundlich, daß er bei dieser Kälte wirklich nicht ohne einen warmen Mantel vor die Tür gehen solle usw. Er gab überhaupt keine Antwort, sondern blickte genau durch mich hindurch, so daß ich nach einem kurzen Monolog meinerseits beschloß, doch besser weiterzugehen. (Ich dachte bei mir, daß er ein bißchen senil geworden sei.) Nach ungefähr 50 m schaute ich mich um. Er stand immer noch da und starrte mir nach. Als ich nach Hause kam, erzählte ich meinem Mann, daß ich Bill gesehen hätte, wie schlecht er aussähe und daß er anscheinend nicht wisse, daß ich wieder hier war ...

Drei Tage später ging ich zu einem morgendlichen Kaffeekränzchen. Es waren etwa zehn Personen da, u. a. auch Peggy Smith, Bills Schwester. Die Unterhaltung drehte sich um Ferien, und jemand erwähnte ein Hotel in Schottland, das sich besonders älterer Gäste annahm, und ich wandte mich impulsiv an Peggy: »Das wäre doch genau das Richtige für dich und Bill! Keine Treppen usw.« Es trat Totenstille ein. Ich schweifte ab und fragte mich, ob ich irgendeinen Fauxpas begangen hatte ... Dann fand jemand den Mut und sagte: »Bill ist vor sechs Wochen gestorben, ganz plötzlich, als du nicht hier warst ...« – »Aber ich habe doch noch vor drei Tagen mit ihm gesprochen«, erwiderte ich. Zu meiner Bestürzung brach Peggy Smith bei diesen Worten in haltloses Weinen aus, und ich erbot mich, sie nach Hause zu fahren, was ich auch tat. Ich brachte einige schwache Entschuldigungen vor, aber ich hatte ihn gesehen und mit ihm gesprochen, mehrere Wochen, nachdem er tot war, obwohl ich vorher nicht das geringste von seinem Tod gewußt hatte. Es war ein Zwischenfall, den keine meiner Freundinnen je vergaß.[28]

Eine »innige Verbindung« zu Lebenden zeigt sich bei Erscheinungen auf sehr unterschiedliche Art, die vom fast beiläufigen, geselligen Besuch bis zu regelrechten Eingriffen reicht, wenn eine lebende Person bedroht ist. Die beiden folgenden Erlebnisse sind typisch für die zufälligen, fast »geselligen« Besuche der Toten.

Unsere achtjährige Tochter starb 1967. Als ich mich zwei Wochen nach ihrem Tod nach dem Mittagessen hinsetzte, sah ich sie deutlich auf dem Stuhl mir gegenüber, so, wie wir immer um diese Zeit gesessen hatten. Ich war mir meines Verstandes sicher, bezweifelte aber, was meine Augen sahen ..., dennoch war ich überglücklich, meine Tochter zu sehen ... Ich bin sicher, ich hätte immer das, was ich gesehen hatte, angezweifelt, wenn Rosemary nicht so klar gesprochen hätte. Im Übrigens-wollt-ich-dir-noch-sagen-Ton erzählte sie: »Mein Fuß ist wieder in Ordnung«, und streckte ihn mir entgegen. Das hatte ihr während ihrer langen Krankheit im Hospital immer Kummer bereitet, aber sie mußte ohnehin schon so viel durchmachen, daß wir dem Arzt nie etwas davon gesagt haben. Obwohl sie mir zugewendet gegenübersaß, erkannte ich, daß sie mir den kranken Fuß entgegenhielt. Im Schmerz über ihren Tod hatte ich das völlig vergessen.[29]

In einem anderen Fall sahen sowohl ein Mann wie auch seine Frau die Erscheinung einer verstorbenen Verwandten:

Vor fast zwölf Jahren starb meine Mutter. Mein Sohn war damals elf Jahre alt. Einen Monat nach ihrem Tod ging ich ins obere Stockwerk, um irgend etwas zu holen. Das Licht am Treppenabsatz brannte, die Tür zum Schlafzimmer meines Sohnes stand offen und er schlief. Als ich an der Tür vorbeiging, sah ich meine Mutter am Fuß des Bettes stehen. Sie machte einen so natürlichen Eindruck, daß ich im Augenblick vergaß, daß sie tot war, und lachte ihr zu (wir behaupteten immer, sie verbringe mehr Zeit damit, ihren Enkel anzusehen, als sich mit uns zu unterhalten, wenn sie zu uns kam) . . . Meine Belustigung verwandelte sich sehr schnell in Entsetzen, woraufhin sie den Finger auf die Lippen legte und leicht den Kopf schüttelte, als wollte sie sagen: »Mach keinen Lärm. Er würde aufwachen und sich erschrecken.« Ich beobachtete sie noch, sie lächelte glücklich und verschwand. Sie hatte vollkommen natürlich gewirkt, aber als sie verschwand, geschah das von den Füßen an aufwärts. . . . Mehrere Wochen behielt ich es meinem Mann gegenüber für mich, weil ich dachte, er würde mich für überspannt halten. Als ich es dann doch erzählte, sagte er: »O ja, ich habe sie ein paarmal gesehen, aber wie du gedacht, ich behalte es besser für mich.«[30]

Oft hat das Erscheinen der Toten offensichtlich einen ganz einfachen und sehr menschlichen Grund – Anteilnahme: »Gräme dich nicht meinetwegen, mir geht es gut, und ich liebe dich noch immer und fühle mich dir nahe«:

Meine Mutter starb im Dezember 1945 . . . Im Mai darauf . . . sah ich ihren Geist. Ich hatte den ganzen Tag Unterricht gegeben, was mich ein bißchen von meinem Kummer abgelenkt hatte. Ich war nach Hause gekommen, hatte mich in einen etwas dunkleren Winkel zurückgezogen und alles liegen- und stehenlassen. Plötzlich sah ich meine Mutter. Sie stand nur etwa einen Meter von mir entfernt. Die Sonne kam nie in diese Ecke, doch sie strahlte, als würde sie voll von der Sonne beschienen. Sie wirkte völlig natürlich, ihre Konturen waren ganz klar. Sie sah sehr jung aus, als sei sie etwa 20. Mir fiel besonders ihre gute, kräftige Gesichtsfarbe auf. Das Haar war in zwei üppigen Rollen über ihrer Stirn angeordnet. Ich sah sie so deutlich, daß ich das Muster der Jacke und des Rockes erkennen konnte. Sie trug eine zimtbraune Jacke aus einem ziemlich weichen Material in Körperbindung, einen klein schwarz-weiß karierten Rock, ebenfalls aus Wolle, und eine dunkle, blau und grün gemusterte, hochgeschlossene Seidenbluse. Dem Stil nach war die Kleidung aus den 90er Jahren des vorigen Jahrhunderts.

Ich fühlte mich umfangen von ihrer Liebe und Zuneigung. Es war nicht jene Zuneigung, die sie mir mit meinen Erwachsenensorgen zeigte, sondern die, die sie meinem kindlichen Kummer entgegengebracht hatte. Ich weiß nicht, wie lange ich so stand. Plötzlich war sie fort . . . Später erzählte ich es meiner Schwester. »Ja ja«, sagte sie, aber sie glaubte mir nicht. Doch als ich ihre Kleidung beschrieb, gab sie zu: »Doch, du hast sie gesehen, Mary. Sie trug solche Sachen, als sie im College war.«[31]

Die gezeigte Anteilnahme kann in völligem Einklang mit dem früheren Verhältnis zwischen dem Toten und den Lebenden stehen. Ein gestorbener Großvater besuchte seine Enkelinnen, wobei sich die Dinge in einer Weise entwickelten, wie er sie wohl nicht beabsichtigt hatte:

Ich war . . . elf Jahre alt. Infolge der Wohnungsknappheit wohnten wir zusammen mit vielen anderen Verwandten im Haus meiner Großmutter. Ich teilte mir mit meiner Schwester Janet, die damals sechs Jahre alt war, ein großes Doppelbett. Sie schlief schon einige Zeit, aber ich lag noch wach, weil unten Besuch war, der ziemlich viel Lärm machte. Es war eine frostklare Mondnacht und noch sehr hell in unserem Zimmer. Plötzlich fühlte ich mich an die Seite gedrängt, drehte mich um und wollte Janet in ihre Hälfte zurückschieben. Mein Großvater lag auf dem Rücken zwischen uns, hatte aber seinen Kopf abgewandt und sah Janet an. Ich fragte ihn, was los sei, und fand es eigenartig, daß er überhaupt in unserem Bett war. Er drehte mir sein Gesicht zu, als ich sprach, und ich streckte meine Hand aus und fuhr ihm damit durch den Bart. (Als besonderen Genuß erlaubte er mir immer, ihm den Bart zu bürsten.) Er antwortete leise und sagte, ich solle nicht so viel herumspringen, weil Janet sonst aufwache, und er wolle sich nur vergewissern, ob es uns gut gehe. Erst da fiel mir ein, daß er im vorigen Juni gestorben war. Sicher kann man sich vorstellen, was für eine Angst und ein Entsetzen mich packten, und ich schrie nach meiner Mutter. Die Erwachsenen taten es als bösen Traum ab, doch ich konnte ihnen eine Menge ihrer Unterhaltung vom gleichen Abend wiedergeben, das zu mir nach oben gedrungen war, als ich wach lag.[32]

Schließlich kommen wir zu den erregendsten Beispielen inniger Zuneigung, die die Toten den Lebenden erweisen, Fälle, in denen die Toten eingreifen, um das Leben der Lebenden zu schützen. Im Herbst 1949 wohnten Elaine Worrel und ihr Mann Hal in einer Wohnung im obersten Stockwerk eines alten Hauses in Oskaloosa in Iowa. In einer anderen Wohnung auf dem gleichen Stock lebte Patricia Burns, eine junge Frau, die erst vor kurzem Witwe geworden war. Das Verhältnis zu ihr beschränkte sich auf den höflichen Austausch von Begrüßungen, wenn sie sich auf dem Flur trafen. An einem Samstag ging Elaine den Korridor hinunter zum Bad. Als sie in dem dunklen Raum nach dem Lichtschalter suchte, roch sie Pfeifenrauch. Plötzlich stand ein großer, junger Mann neben ihr. Er hatte graue Augen, schwarzes, gelocktes Haar und eine hufeisenförmige Narbe auf dem Backenknochen. In der einen Hand hielt er eine Pfeife. Sie spürte in sich ein unbeschreibliches, drängendes Gefühl aufsteigen und empfand einen geheimnisvollen Zwang, ihm den Gang entlang zu Patricias Apartment zu folgen, wo er unvermittelt verschwand. Obwohl es überhaupt nicht ihre Art war, so unverschämt zudringlich zu sein, hatte sie das Empfinden, in die Wohnung gehen zu müssen. Sie öffnete die Tür und fand einen Lichtschalter. Da auf dem Bett lag Patricia, und aus den geöffneten Pulsadern drang rot das Blut. Elaine stillte das Blut und rief ihren Mann, der bald darauf mit einem Arzt erschien. Patricia dankte Elaine später, daß sie ihr das Leben gerettet hatte. Verzweifelt und von Kummer überwältigt hatte sie sich impulsiv entschlossen, ihrem Mann zu folgen. Aber er hatte, wie sich herausstellte, andere Vorstellungen gehabt. Als Patricia Elaine ein Photo ihres Mannes Raymond zeigte, erkannte sie sofort den geheimnisvollen Mann mit der Pfeife wieder, der auf so unerklärliche Weise verschwunden war.[33]

Dies ist kein Einzelfall. In einer Reihe anderer Fälle läßt sich eindeutig das gleiche Motiv – das Leben eines Menschen zu retten – erkennen. Betrachten wir, was Betty Gray widerfuhr, die heute im Südosten Londons lebt.

Am 20. Januar 1943 war ich 13 Jahre alt und besuchte die Catford Central School. Mein Vater lag schon seit einigen Monaten schwer krank im Hospital. Meine Mutter ging zur Arbeit und ich um halb neun zur Schule. Um Viertel vor eins hatten wir in der Schule unsere Mittagspause. Im untersten Stockwerk lagen einige zu Schutzräumen ausgebaute Klassenzimmer. Die Halle im Parterre war voller Kinder, die zu Mittag aßen. Irgendwo hörten wir eine Sirene, die Luftalarm gab, und einige von uns gingen hinunter in die Schutzräume. Auf dem Schulhof standen Kinder, und als wir das Erdgeschoß erreichten, hörten wir sie rufen, daß zwei Flugzeuge ganz dicht über den Dächern kreisten. Plötzlich schrie jemand: »Es sind Deutsche!«, und wir stürmten in den nächsten befestigten Raum. Ich war gerade unter der Tür, als eine Bombe die Schule traf und zwei Drittel des Gebäudes in Trümmer legte.

Einige Sekunden war es ruhig (oder ich war taub). Dann hörte man ohrenzerreißendes Schreien, denn es war stockdunkel, und wir hatten den Mund voller Schutt und Erde. Wir standen wie gelähmt und kreischten. Plötzlich sah ich links von mir einen Lichtschimmer, und mein Vater stand neben mir. Ich rief: »Papa, hilf uns!« Er lächelte nur und machte ein Zeichen, und ich schrie: »Kommt, es ist mein Vater – hier lang!« Wir gingen dem Licht nach und entdeckten in den Trümmern einen Durchschlupf auf den Schulhof.

Als ich etwa zwei Stunden später nach Hause kam, war ich überrascht, daß Mutter schon da war, denn normalerweise kam sie nicht vor fünf heim. Sie sagte: »Ein Polizist ist in die Fabrik gekommen und hat mir mitgeteilt, daß Papa heute morgen um acht Uhr gestorben ist.«[34]

Tiererscheinungen

Wir haben Aussagen gehört, daß Menschen geisterhafte Körper besitzen, die den Lebenden nach dem Tode manchmal erscheinen können. Wenn Menschen solche Körper haben, warum können dann nicht auch Tiere sie haben? Die Antwort lautet: Sie können und sie haben sie auch. Nur wenige Menschen haben Tiererscheinungen gesehen, und wir stoßen hier auf eine sehr interessante Parallele zu den Erscheinungen der Menschen: Es gibt spukende Tiergeister, die einen bestimmten Ort heimsuchen, und nichtspukende, die nach dem Tod den Personen erscheinen, denen sie nahestanden.

Im folgenden Fall haben vier verschiedene Personen eine tote Katze gesehen, deren Erscheinung so lebensecht war, daß man ihren Kadaver schließlich ausgrub, um sich zu vergewissern, daß sie auch wirklich tot war. Smoky war eine reinrassige, blaue Angorakatze mit einem unverwechselbaren Äußeren. Nachdem sie ein Hund schwer gebissen hatte, war sie eingegangen.

Meine Schwester und ich saßen beim Frühstück ... ich mit dem Rücken zum Fenster, das sich links von meiner Schwester befand. Ich sah, wie sie plötzlich entsetzt aus dem Fenster starrte. »Was ist los?« fragte ich, und sie antwortete: »Da läuft Smoky über den Rasen!« Wir stürzten beide zum Fenster und erblickten Smoky, die sehr krank aussah und ein zottiges Fell hatte ... drei oder vier Meter vor dem Fenster hinkte sie quer über den Rasen. Meine Schwester rief sie, aber sie reagierte nicht; sie lief hinaus und hinter ihr her und rief. Ich blieb am Fenster stehen und sah, wie die Katze einen Weg zum Ende des Gartens hinunterlief. Meine Schwester rannte hinter ihr her, rief sie an, doch zu ihrer Überraschung drehte sich Smoky weder um noch beachtete sie sie, und sie verlor sie schließlich zwischen den Büschen aus den Augen. Ungefähr zehn Minuten danach sahen meine Schwester und ein Freund, der bei uns wohnte, Smoky wieder, wie sie durch eine Hecke vor dem Fenster ging ... Als nächste sah sie eine weitere halbe Stunde später das Dienstmädchen auf dem Flur zur Küche. Sie holte ihr Milch und folgte ihr damit, aber die Katze lief fort ... Natürlich dachten wir, wir hätten uns bei ihrem Tod irgendwie getäuscht ... Der Gärtner war so gekränkt über die Verdächtigung, er habe die Katze nicht begraben, daß er zum Grab ging ... und Smoky ausgrub.[35]

Eine Spukerscheinung – von einer Katze, die aus dem Grab zurückkehrte, nicht, um ihre früheren Herren zu sehen (denn sie lief ja weg, als ihr die Schwester der Erzählerin folgte), sondern einfach, um ihre gewohnte Umgebung aufzusuchen.

Aber Tiere kehren auch aus dem Grab zurück, um geliebte Personen zu sehen, geradeso wie die Menschen:

Es ist 13 Jahre her. Ich diente in der Armee, war in Deutschland stationiert und kam per Schiff und Zug auf Urlaub nach Hause, was normalerweise bedeutete, daß ich irgendwann in den frühen

Morgenstunden daheim sein würde. Meine Eltern wußten, an welchem Tag ich ankam, und ließen die hintere Tür offen. Das hieß, ich mußte durch einen dunklen Gang zwischen den beiden Häusern gehen ... Ich hatte mich mit Bobby, dem Hund unserer unmittelbaren Nachbarn, angefreundet, einem großen, schwarzen Bastard. Bevor ich zur Armee ging, hatten wir uns so aneinander gewöhnt, daß ein Fremder denken mußte, er sei mein Hund. Jeden Tag ging ich mit ihm spazieren. Ich hatte mich freiwillig zur Armee gemeldet und wollte Berufssoldat werden, aber ich hing so sehr an dem Hund, daß ich beinahe nicht eingetreten wäre. Ich tat es trotzdem, gebe aber unumwunden zu, daß ich wegen des Hundes sehr gelitten habe.

In der fraglichen Nacht kam ich gegen zwei Uhr zu Hause an, und natürlich sprang Bobby, als ich die Seitentür öffnete, an mir hoch. Er schlief gewöhnlich in einem Zwinger vor dem Haus. Er machte ein irrsinniges Theater, rieb seinen Kopf an mir und leckte mein Gesicht. Ich blieb vielleicht zehn Minuten bei ihm und ging dann hinein. Bis heute habe ich nicht den geringsten Zweifel, daß ich in dieser kurzen Zeit mit Bobby gespielt habe. Ich kannte und liebte ihn so, daß es bezüglich seiner Identität kaum einen Irrtum geben konnte. Als er fortlief, verschwand er in dem großen Dahlienbeet des Nachbarn, und das war das letzte, was ich von ihm sah.

Nach einem freudigen Wiedersehen mit meiner Familie machte ich am nächsten Morgen meinen üblichen Besuch beim Nachbarn, der ein sehr guter Freund des Hauses war. Ich erzählte ihm, daß ich Bobby in der letzten Nacht getroffen hatte, und bemerkte eher beiläufig, daß er nicht in seinem Zwinger gewesen war (wo er normalerweise gehalten wurde). Unser Nachbar war wie vom Donner gerührt und sagte: »Bobby ist vor drei Monaten eingegangen und mitten im Dahlienbeet begraben.«[36]

Sind es nur Halluzinationen?

Ich habe viele Vorträge über Erscheinungen der Toten gehalten. Fast überall stand jemand unter den Zuhörern auf und sagte entweder ängstlich oder aufgebracht: »Ach, ich kenn diesen ganzen Quatsch schon. Das sind doch alles bloß Halluzinationen!«

Man würde es sich zu leicht machen, stellte man diese Erlebnisse als Halluzinationen oder Hirngespinste hin. Es wäre auch unredlich, denn die Behauptung, es handele sich um Halluzinationen, weist ernsthafte Mängel auf. Welche Mängel sind das?

Die Normalität der Zeugen

Zunächst einmal ist das Sehen von Erscheinungen Toter ein in hohem Maße »demokratisches« Phänomen. Wenn diese Erlebnisse nur Okkultisten und Spiritualisten widerführen, könnte man sie beruhigt als erledigt betrachten. Tatsächlich aber sind die überwiegende Mehrheit derjenigen, die Erscheinungen sehen, vollkommen normale Personen. Fast scheint das einzige, das sie gemeinsam haben, ihre Normalität zu sein. Und es kommt *selten* vor, daß ein Zeuge behauptet, mehr als ein oder zwei solcher Erlebnisse in seinem ganzen Leben gehabt zu haben.[37] Außerdem ist der Großteil der Zeugen körperlich und geistig gesund. Doch wie steht es um ihren Geisteszustand unmittelbar vor dem Erlebnis? Kaum jemand berichtet über Außergewöhnliches in irgendeiner Form, sei es Schock, Überanstrengung oder Überschwang; buchstäblich alle befanden sich in völlig normaler Gemütsverfassung. Aber dann haben sie sicher erwartet, daß etwas Besonderes passiert? Wiederum nein. Das Erlebnis kam gänzlich unerwartet, ereignete sich in gewohnter Umgebung[38] oder »brach über sie herein«, als sie ihrer täglichen Arbeit nachgingen.[39] Und so viele Menschen haben ein solches Erlebnis gehabt – jeder vierte hatte es, was in ihm die Überzeugung weckte, mit jemandem in Verbindung gestanden zu haben, der tot war![40]

Gemeinsame Erlebnisse

Halluzinationen sind rein subjektiv – nur der der Sinnestäuschung Unterlegene sieht sie. *Aber oft haben Personen gemeinsam Erscheinungen gesehen, woraus folgt, daß es sich nicht um Halluzinationen handeln kann.* Die Zahl der Personen, die diese gemeinsamen und damit nichthalluzinatorischen Erlebnisse hatten, reicht von zwei bis neun. Betrachten wir je ein Beispiel einer Gruppe von zwei bzw. neun Personen.

Am Weihnachtsabend beschloß ein junges Paar aus England, das einen arbeitsreichen Tag vor sich hatte, früh zu Bett zu gehen. Gegen halb zehn lagen sie im Bett, das Licht brannte noch, und sie warteten darauf, daß das Baby aufwachte und sie es füttern konnten. Die Frau schrieb:

Ich hatte mich in den Kissen gerade halb aufgerichtet, dachte an nichts anderes als an die Besorgungen des nächsten Tages, als ich zu meinem größten Erstaunen am Fuß des Bettes einen Herrn stehen sah, der wie ein Marineoffizier gekleidet war und eine Schirmmütze trug ... Er hatte sich mit den Armen auf das Fußende des Bettes gelehnt.

Die Frau war über das plötzliche Auftauchen dieses rätselhaften Besuchers verblüfft, da alle Türen des Hauses, auch die des Schlafzimmers, verschlossen waren und man keine Schritte, das Klappen von Türen oder sonst etwas gehört hatte, was sie darauf hätte aufmerksam machen können, daß sie geselligen Besuch in ihrem Schlafzimmer bekommen würden.

Ich war zu erstaunt, um ängstlich zu sein, und fragte mich nur, wer das wohl sein könnte, und schüttelte meinen Mann, dessen Gesicht von mir abgewendet war, an der Schulter. »Willie, wer ist das?« fragte ich. Mein Mann drehte sich um und blickte den Eindringling ein oder zwei Sekunden lang maßlos erstaunt an. Dann richtete er sich etwas auf und rief: »Was zum Teufel tun Sie hier, mein Herr?«

Der Mann hatte sich unterdessen langsam aufgerichtet und erwiderte in vorwurfsvollem Befehlston: »Willie! Willie!« Ich schaute meinen Mann an und sah, daß sein Gesicht weiß war ... Als ich mich ihm zuwandte, sprang er aus dem Bett, als wollte er den Mann angreifen, blieb aber anscheinend ängstlich neben dem Bett stehen ... und die Gestalt bewegte sich lautlos und langsam auf die Wand zu. Als sie an der Lampe vorbeikam, fiel ein Schatten in den Raum ... als träte jemand mit seinem ... Körper zwischen die Lampe und uns, *und die Gestalt verschwand ... in der Wand.*

Mein Mann . . . war sehr erregt . . . wandte sich mir zu und sagte: »Ich durchsuche mal das ganze Haus und gucke, wo er hingegangen ist.« Auch ich war inzwischen sehr aufgeregt, erinnerte mich aber, daß die Tür verschlossen war und der geheimnisvolle Besucher sich in eine ganz andere Richtung entfernt hatte. »Er ist gar nicht durch die Tür hinausgegangen«, warf ich ein. Aber hastig *schloß mein Mann die Tür auf,* stürzte aus dem Zimmer und durchsuchte das ganze Haus . . . er kam zurück und sah bleich und elend aus. Er setzte sich auf das Bett, legte seinen Arm um mich und sagte: »Weißt du, wen wir gesehen haben? . . . es war mein Vater!« *Der Vater meines Mannes war seit 14 Jahren tot.*[41]

Ein Mann, der seit 14 Jahren tot ist, *hat* keinen materiellen Körper mehr. Und doch war er dagewesen, deutlich sichtbar, und hatte sogar mit einem »ermahnenden« Ton in der Stimme gesprochen. Wollte er seinen Sohn vor etwas »warnen«? Zu dieser Zeit hatte der Sohn große finanzielle Schwierigkeiten. Er war im Begriff, auf den Rat eines Mannes zu hören, was ihn, wie er später eingestand, ruiniert und ihn vielleicht sogar ins Gefängnis gebracht hätte. Aber die Erscheinung seines Vaters bewog ihn, wie er sagte, die Sache nochmals zu überdenken, was ihn davor bewahrte, mit diesem Mann ins Geschäft zu kommen.

Eine Geschichte wie diese klingt vielleicht vollkommen unrealistisch, gäbe es nicht die in diesem Fall so wichtige Tatsache, daß sie gemeinsam erlebt wurde. Beide Personen sahen die gleiche Gestalt, und beide hörten sie sie die gleichen Worte sprechen. *Es kann keine Halluzination gewesen sein.*

Im Juni 1931 starb ein Mann namens Samuel Bull in seinem Häuschen in der Oxford Street im englischen Ramsbury an Krebs. Seine Witwe und ein Enkel, James Bull, wohnten weiterhin in diesem Haus. Kurz nach dem Tod ihres Mannes wurde Mrs. Bull so krank, daß sie ihr Bett nicht mehr verlassen konnte, und im August 1931 zogen eine verheiratete Tochter, deren Mann und fünf Kinder ebenfalls in das Häuschen, um sich um Mrs. Bull zu kümmern. Somit lebten dort neun Personen. Im Februar 1932 erschien Mr. Bull, zu der Zeit seit sieben Monaten tot, zum erstenmal in dem Haus. Er stieg die Treppen in den zweiten Stock hinauf und ging *durch* die geschlossene Tür in das

Zimmer, in dem er gestorben war. Alle neun Familienmitglieder sahen die Erscheinung sowohl getrennt wie auch als Gruppe mehrere Male. Die Besuche waren häufig und dauerten vom Februar bis zum 9. April, dem Tag der letzten Erscheinung. Die Erscheinung wirkte massiv, ging mehr als sie schwebte, war so gekleidet, wie Mr. Bull es normalerweise nach der Arbeit war, und bis zu einer halben Stunde sichtbar. Sie nahm stets einen Platz neben dem Bett der Witwe ein und legte ihr manchmal die Hand auf die Stirn. Mrs. Bull bezeichnete die Hand als »fest, aber kalt«. Für die Familie bedeuteten diese Erscheinungen des Verstorbenen nach seinem Tod einen großen Schock, und die anfängliche Reaktion darauf bestand in entsetztem Schreien. Als das Hauptanliegen der Erscheinung stellte sich der Zustand der Witwe heraus, die auch tatsächlich im Sterben lag.

Neun Personen sind meines Wissens der Rekord für das gemeinsame Sehen einer Erscheinung. Nachdem sich die Familie an die Gestalt des Toten gewöhnt hatte, wich das anfängliche Entsetzen einer Art Ehrfurcht, doch verständlicherweise empfand sie diese geisterhaften Besuche immer noch als bedrückend. Mrs. Edwards, die verheiratete Tochter, gab gegenüber einem Forscher der Society for Psychical Research zu, daß Mr. Bulls Erscheinungen »sie sehr mitgenommen hatten«.[42]

Wiederholte Erlebnisse

Wie das obige Beispiel zeigt, und wie wir noch später sehen werden, wenn wir uns eingehender mit Spuk befassen, können Spukerscheinungen von einem halben Dutzend oder mehr verschiedene Personen über einen Zeitraum von mehreren Jahren gesehen werden. Da diejenigen, die in von Gespenstern heimgesuchten Gegenden wohnen, oft nur sehr widerwillig darüber sprechen, sehen Personen, die oft dorthin kommen, und Bewohner der Gegend oft die gleiche Erscheinung, ohne vorher von deren Existenz gewußt zu haben. In den meisten Fällen wird sie zuerst irrtümlich für einen wirklichen Menschen gehalten. Sehr oft wird sie darüber hinaus als die Erscheinung eines früheren Bewohners des Hauses erkannt, der inzwischen gestorben ist. In vielen anderen Fällen, in denen die heutigen Bewohner die Erscheinung nicht erkennen, ist sie durch Interviews mit früheren Bewohnern und den Vergleich von Fotografien und Bildern als verstorbener ehemaliger Ortsansässiger identifiziert worden. Solche Erscheinungen können keine Halluzinationen sein.

Objektive Tatbestände

Wie wir später sehen werden, bringt das Auftauchen einer Spukerscheinung oft einen greifbaren, physikalischen Tatbestand mit sich, wie z. B. das Verrücken oder Zerbrechen von Gegenständen, oder Geräusche, meistens Schritte, die auf Band aufgenommen wurden. Diese Vorfälle kann man daher nicht als halluzinatorisch abtun.

Reaktionen der Tiere auf Erscheinungen

Wenn Erscheinungen Toter lediglich die ureigensten Sinnestäuschungen in die Irre geführter Zeugen wären, könnten während dieser Zeit anwesende Tiere nicht auf sie reagieren. Doch oft sprechen Tiere auf Erscheinungen an – sehr häufig mit Furcht.[43] In der Tat scheint es in einer Reihe von Fällen so gewesen zu sein, daß die Tiere die Erscheinungen vor den anwesenden Menschen bemerkt haben.[44] Erlebnisse wie das folgende können einfach keine Sinnestäuschung sein.

Im vorliegenden Beispiel haben sowohl zwei Personen wie auch deren Hund eine Erscheinung über einen Zeitraum von zwei Jahren gesehen. Die Gestalt wurde zum erstenmal im Oktober 1967 bemerkt, kurz nachdem sie in das Haus eingezogen waren, und wirkte wie ein Mensch aus Fleisch und Blut. Es war ein mittelgroßer Mann mit Brille, der immer die gleiche Kleidung trug. »Er« näherte sich dem Haus stets durch das etwa 300 m entfernte Eingangstor und den Park, ging den Weg hinter den Küchenfenstern entlang auf den Wagenschuppen zu, wo er unvermittelt verschwand. Sein Gang war unstet. Ein Zeuge schrieb: »Unser Hund bellte und folgte ihm, blieb dann plötzlich stehen, immer am Eingang zum Wagenschuppen, wo er um sich schaute, verwirrt darüber, daß er den Besucher verloren hatte.« Viermal wurde die Erscheinung auch im Haus selbst gesehen, einmal, als sie, nackt bis zur Hüfte, mit einem Handtuch über dem Arm aus dem Bad kam. Noch während man sie beobachtete, verschwand sie plötzlich. Schließlich wurde die Erscheinung mit Erfolg identifiziert:

Als ich die Gestalt einem Ortsansässigen beschrieb, . . . fiel mir auf, daß die Beschreibung auf den Sohn des früheren Hauseigentümers zutraf. Dieser junge Mann kam, wie man mir erzählte, oft betrunken nach Hause – daher der unstete Gang – und schlief, wenn er in diesem Zustand war, im Wagenschuppen. Er beging schließlich Selbstmord.[45]

Die als die eines Toten identifizierte Erscheinung, der früher in dem Haus gewohnt hat, die wiederholt von zwei Personen und deren Hund bemerkt worden ist, kann keine Halluzination sein.

Erscheinungen in Übereinstimmung mit der Wirklichkeit

Erscheinungen »in Übereinstimmung mit der Wirklichkeit« oder solche, »die die Wahrheit sagen«, übermitteln zutreffende Informationen über den »Erscheinenden«. Sie deuten oft an, daß er tot ist, oder weisen auf andere Einzelheiten hin, die sich später bestätigen, wie beispielsweise den körperlichen Zustand, die Kleidung, die der Verstorbene zur Zeit seines Todes trug, und sogar darauf, wie er starb. Solche Erscheinungen können offensichtlich keine Sinnestäuschungen sein.

Gegenseitiges Erscheinen Lebender

In diesen Fällen erfährt eine lebende Person ein Out-of-the-body-Erlebnis und besucht jemanden, den sie kennt, was im allgemeinen dadurch geschieht, daß sie an ihn »denkt«. Dabei »sieht« der andere die Person, die wieder verschwindet oder sich auflöst. Sie fühlt sich dann in ihren Körper zurückversetzt. Hier ein typisches Beispiel.

Ein New Yorker Arzt war auf der Reise von Jacksonville nach Palatka in Florida. In der Nacht hatte er ein Out-of-the-body-Erlebnis und dachte in diesem Zustand an einen Freund, der mehr als 1500 km entfernt war. Er sah sich in einem Körper, der seinem eigenen ähnelte, in einem Zimmer stehen und beobachtete seinen Freund von hinten. Der Freund drehte sich um, sah ihn und sagte: »Was in aller Welt tust du denn hier? Ich dachte, du wärst in Florida«, und ging auf den Arzt zu, der nicht in der Lage war zu antworten, obwohl er die Worte deutlich hörte. Er fand sich daraufhin bei seinem eigenen, materiellen Körper wieder, in den er wieder eintrat. Kurz darauf erhielt er einen Brief seines Freundes, der den Vorfall genauso beschrieb, wie er ihn erlebt hatte.

Hornell Hart, Professor an der Duke-Universität, kam zu aufsehenerregenden Forschungsergebnissen über diese Erscheinungen. Er sammelte alle veröffentlichten Berichte derartiger Fälle und hielt die wesentlichen Merkmale des Erscheinungsbildes und des Verhaltens fest, wie sie die beschrieben, die die Erscheinungen gesehen hatten. Das gleiche machte er mit den Erscheinungen Toter und verglich diese beiden Erscheinungsarten anhand einer sorgfältigen, statistischen Analyse. Dabei stellte er etwas außerordentlich Interessantes fest: *Zwischen beiden gab es keine bedeutsamen Unterschiede. Die Erscheinungen der Lebenden und der Toten waren gleich.*[47] Das läßt eine sehr einfache und wichtige Schlußfolgerung zu: Da gegenseitige Erscheinungen Lebender keine Halluzinationen sein können, sie darüber hinaus im Äußeren wie im Verhalten denen der Toten gleichen, können auch die Erscheinungen der Toten keine Sinnestäuschungen sein.

Die obigen Beweise zeigen, daß ernstzunehmende Forscher sieben wirkliche Schwachstellen der Halluzinationstheorie gefunden haben – sieben Gründe dafür, warum Erscheinungen *etwas anderes sein müssen als Halluzinationen.*

Kapitel 2
Die Toten unter den Lebenden: Umgehende Geister

> Tot! Wer zum Teufel bist du, mir zu erzählen, ich sei tot! Du kennst mich nicht, und ich will dich nicht kennenlernen! Verschwinde aus meinem Haus! Verschwinde! Sie nahmen mir meinen Körper weg! Sie trugen ihn fort und begruben ihn! Ich will meinen Körper wiederhaben!
>
> *Ich will meinen Körper wiederhaben! Ein umgehender Geist spricht durch das in Trance versetzte Medium Sybil Leek.*

Einige umgehende Geister sind Schwindel, das Werk von Leuten, die auf Publicity aus sind oder jemandem einen Streich spielen wollen; andere sind das Ergebnis übersteigerter Vorstellungskraft, und wieder andere werden durch übernatürliche Kräfte lebender Personen verursacht und haben nichts mit den Toten zu tun. Aber tatsächlich umgehende Geister werden durch gestorbene Menschenwesen hervorgerufen, denen nicht jener Übergang zum Tod gelungen ist, wie ihn oft die beschrieben haben, die tot waren, aber erfolgreich wiederbelebt wurden. Aus verschiedenen Gründen, die wir noch untersuchen werden, bleiben sie bei den Lebenden »stecken«, ohne den Vorteil eines stofflichen Körpers. Viele Tote empfinden das als so bedrückend, daß sie zu einer echten Plage werden. Sie können ein Haus für Lebende unbewohnbar machen.

Wirklich umgehende Geister sind nicht an eine Erscheinung gebunden, wenn das auch oft vorkommt. Sie können vielmehr alle menschlichen Sinne außer dem Geschmack ansprechen – das Sehen, Hören, Tasten und Riechen. Am häufigsten treten sie in

Verbindung mit Geräuschen auf. Manchmal werden, wenn es spukt, Gegenstände bewegt, und die Menschenwesen werden »berührt«. Gelegentlich werden besondere Düfte, für die es keine normale Erklärung gibt, mit solchen Ereignissen in Verbindung gebracht.

Wie ist es, wenn man in einem von Geistern heimgesuchten Haus wohnt? Betrachten wir drei typische Fälle umgehender Geister, wobei der erste nur in Form von Geräuschen wahrnehmbar war, die beiden anderen als tatsächliche Erscheinungen.

Das Geisterpfarrhaus

Ein weltmännischer und witziger englischer Geistlicher harrte geduldig ein Jahr in seinem von einem Geist heimgesuchten Haus aus und hielt die seltsamen Vorkommnisse in dieser Zeit genau fest. Es war seine erste Anstellung als anglikanischer Geistlicher, und man hatte ihm ein geräumiges Landhaus angeboten. An einem Freitagnachmittag im Februar trafen er und seine Frau dort ein.

Das Pfarrhaus, das wir bewohnen sollten, war ein quadratisches, großes Gebäude, umgeben von Rasen und Buschwerk ... Das Haus war ... nicht weit vom Dorf entfernt und nur durch eine Straße von zwei oder drei kleineren Häusern getrennt, die die nächstgelegenen bewohnten Orte waren. Die Zimmer boten viel Platz ... alles befand sich in gutem Zustand, und wir beglückwünschten uns.[1]

Bis zum Samstagabend hatten der Geistliche und seine Frau zwei oder drei Zimmer hergerichtet. Rechtschaffen müde verschlossen sie die Tür und gingen zu Bett. Nur drei lebende Personen befanden sich innerhalb der vier Wände – das junge Paar und eine Frau aus dem Ort, die sie eingestellt hatten. Doch wie sich herausstellte, gab es noch einen vierten Bewohner – einen Toten. Sie lagen schon einige Stunden in tiefem Schlaf, als sie plötzlich durch ein außergewöhnlich lautes Geräusch aufgeweckt wurden.

Der Lärm war derart greifbar . . . so eindeutig . . . traf mit so langanhaltendem Getöse auf unsere halbwachen Sinne, daß . . . es an seiner Existenz nichts zu zweifeln gab . . . Damals und auch später kam es mir wie das Gepolter auf den Boden fallender Eisenträger vor. Ganz deutlich hörte man u.a. einen scharfen metallischen Klang. Außerdem hielt der Lärm lange an, und anstatt von einem bestimmten Punkt auszugehen, schien er das Haus wie aufeinanderfolgende Echos, die sich hart auf den Fersen waren, zu durchlaufen . . .

Ich kann gleich zu Anfang sagen, daß sich meine Bekanntschaft mit ihm nicht auf das einmalige Erlebnis dieses frühen Sonntagmorgens beschränkte.[2]

In diesem einen Jahr kam das Geräusch oft wieder, aber immer nur zu einer bestimmten Zeit: um zwei Uhr in der Nacht zum Sonntag.

Nach diesem ersten Lärm zog sich der Pfarrer in aller Eile an und durchsuchte das ganze Haus, konnte aber keine Hinweise darauf entdecken, was passiert war. Am nächsten Morgen erfuhr das Paar, daß auch die Frau aus dem Ort von dem Geräusch wach geworden war, nur war sie nicht so überrascht wie die beiden. Aber alles, womit sie herausrückte, war, daß sie gehört hatte, schon früher habe sich so etwas in dem Haus ereignet. Sie lehnte es ab, weiter darüber zu sprechen, obwohl sie sagte, sie wolle von nun an in ihrem eigenen Haus schlafen.

An jenem Abend beschlossen der Pfarrer und seine Frau, das Haus zu durchsuchen, bevor sie zu Bett gingen.

Wir . . . gingen zusammen los, aus dem Wohnzimmer hinaus in die quadratische Eingangshalle, deren Tür zum Garten führte. Wir waren kaum dort angelangt, als wir ein Geräusch hörten, das uns innehalten und horchen ließ. Es kam aus dem langen Korridor im ersten Stock, auf den alle Schlafzimmer hinausgingen, und war einfach das Geräusch menschlicher Schritte, die langsam, aber fest den Korridor entlanggingen. Ein Irrtum war ausgeschlossen. Dumpf, deutlich und laut drang jeder einzelne Schritt an unser Ohr. Sofort . . . raste ich die Treppe hinauf, nahm drei Stufen auf einmal und stand im Nu auf dem Absatz, von wo aus ich den ganzen Gang überblicken konnte. Aber es war nichts zu sehen . . . wir gingen in die Schlafzimmer und suchten. Aber alles

Suchen war vergebens. Falls jemand dort gewesen war, war es ihm auf für uns unerklärliche Weise gelungen zu entwischen.[3]

Doch der Pfarrer ließ sich nicht so schnell entmutigen. Er durchsuchte das ganze Haus vom Keller bis zum Dach und fand nichts. Er schloß sogar die Hintertür auf und sah draußen nach.

Von dort . . . wurde ich ziemlich eindringlich von meiner Frau zurückgerufen, die mir ankündigte, daß die unerklärlichen Schritte wieder unterwegs seien; und wenn sie auch verschwunden waren, als ich zurückkam, erwiesen sie uns in jener Nacht doch noch einmal den Gefallen und ließen sich hören, bevor wir zu Bett gingen. An dieser Stelle muß ich ehrlich eingestehen, daß . . . meine Frau und ich, als wir die Lage besprachen, die Möglichkeit andeuteten, auf ein »Geisterhaus« gestoßen zu sein.[4]

In den darauffolgenden Wochen ereignete sich außer dem gelegentlichen Tappen von Schritten nichts Besonderes.

Doch rechtzeitig wurden wir mit etwas Neuem bedacht . . . Unter dem Dach . . gab es . . . einige Mansarden . . ., die wir in Abstellräume verwandelten . . . Man erreichte sie über eine schmale Treppe, die vom Hauptkorridor nach oben führte, und da wir dort all das untergebracht hatten, was aus dem Weg sein sollte, verschlossen wir die Tür zu dieser Treppe.

Wir waren an einem Abend wie gewöhnlich zu Bett gegangen und . . . gerade eingeschlafen, als urplötzlich über uns ein Riesenspektakel begann, das uns sehr schnell so hellwach machte, wie wir nur je gewesen waren. Der Lärm . . . schien das Ergebnis davon zu sein, daß in den Mansarden sämtliche Kisten, Schachteln und Bündel, die wir dort aufbewahrten, durcheinandergeworfen wurden. Es lärmte wild und ausdauernd. Es rumpelte, polterte, rollte und krachte . . . als wir nachprüften, fanden wir nichts. Alles war still. Die Sachen waren offensichtlich unangetastet und standen so wie vorher.[5]

Doch das war noch nicht alles. Der geisterhafte Bewohner sorgte auch für einige »zusätzliche Belustigungen«:

Von Zeit zu Zeit klangen deutlich hörbare, aufeinanderfolgende

Klopfgeräusche als Grüße an unser Ohr. Dieses Klopfen variierte. Manchmal war es gehetzt, schnell, ungeduldig, dann wieder langsam und zögernd. Aber ob nun auf die eine oder andere Art, wir wurden bedient ... an vier Nächten pro Woche im Durchschnitt ... Die Klopfzeichen entsetzten uns nicht ..., und nachdem sie uns ein wenig vertraut waren ..., störten sie nicht besonders.

Allerdings verdient eine seiner Eigenheiten hervorgehoben zu werden. Manchmal, wenn ich wach lag und zum unfreiwilligen Lauscher seines abendlichen Getrommels wurde, fühlte ich mich zu einem leichten Sarkasmus herausgefordert ... ich wandte mich an den ... Urheber und bat ihn: »Sei ruhig und störe ... die Leute nicht beim Schlafen«, oder ich reizte ihn, wenn er etwas wissen oder sich beschweren wollte, »doch herauszukommen und es ... ohne Umschweife zu tun«. ... Diese Ermahnungen mochte er nicht. Sie bewirkten stets ein noch lauteres, gehetzteres und ... leidenschaftlicheres Klopfen![6]

Bemerkenswert, daß, wenn man sich an das »Klopfen« wandte, es »leidenschaftlich« reagierte. Etwas, oder eher *jemand,* wollte sich mitteilen. Hätte der Pfarrer ein sich im Trancezustand befindliches Medium eingeschaltet, hätte es zu einem äußerst interessanten Gespräch – mit einem Geist – kommen können. Vielleicht wäre der Pfarrer sogar in der Lage gewesen, ihn zu »befreien«, hätte er genügend darüber gewußt. Doch darüber sprechen wir später.

Der umgehende Geist äußerte sich demnach durch vier verschiedene Geräusche: Klopfen, Schritte, Lärm in den Mansarden und das große »Spektakel« um zwei Uhr nachts. Besucher im Haus hörten die gleichen Geräusche. Der Pfarrer brachte die Sache schließlich bei einer Frau zur Sprache, die gegenüber wohnte. Er erfuhr, daß frühere Bewohner des Hauses unter dem gleichen Lärm gelitten hatten und daß das Haus in der Gegend als »von Geistern heimgesucht« galt.

Und dann war da noch das Verhalten der Hunde des Pfarrers:

Ich war schon immer ein kleiner Hundenarr und hatte zu der Zeit zwei reinrassige Skyeterrier, ausgezeichnete Haushunde ... zu jedem Scherz aufgelegt und nicht zimperlich, wenn es darum ging, ihre schönen Stimmen ertönen zu lassen, sofern es den geringsten Anlaß dazu gab. Einmal ... meldeten sie sich aus gutem Grund. Der Winter war hart, die Zeiten schlecht, und in der Nachbarschaft hatte man in einige Häuser eingebrochen. Auch beim Pfarrhaus wurde der Versuch gemacht. Aber meine zuverlässigen Hunde schlugen sofort an. Ihr wildes Gebell trieb mich aus dem Bett, und ich kam noch rechtzeitig ans Fenster, um mehr als eine dunkle Gestalt zu erkennen ... (Der Pfarrer vertrieb die Einbrecher mit einigen Pistolenschüssen.) Ich erwähne diesen Zwischenfall nur, um ihr unterschiedliches Verhalten bei dieser Gelegenheit und anläßlich der mysteriösen Geräusche hervorzuheben. Da bellten sie nicht ein einziges Mal ... wenn ich bei solchen Gelegenheiten das Haus durchsuchte und dorthin kam, wo sie sich aufhielten, *kauerten sie immer in einem Zustand erbarmungswürdiger Angst in der Ecke.*[7]

Das ist nicht ungewöhnlich. Es kommt, wenn Geister umgehen, oft vor. Und man hat es auch schon in Experimenten untersucht. Dr. Robert Morris, ein Psychologe, berichtet, daß ein Forscher ein vermutlich von Geistern heimgesuchtes Haus in Kentucky mit Hilfe von *vier* Tieren untersuchte – einem Hund, einer Katze, einer Ratte und einer Klapperschlange. Die Geistererscheinungen schienen sich auf ein Zimmer in dem Haus zu konzentrieren, in dem es zu tragischen Ereignissen gekommen war. Sperrte man die Tiere in ein anderes Zimmer des Hauses, verhielten sie sich völlig normal. Aber in dem Geisterzimmer reagierten sie stark. Der Hund knurrte und wollte überhaupt nicht in dem Raum bleiben. Die Katze fauchte, sprang dem Forscher vom Arm und ging auf den offensichtlich unschuldigen und leeren Stuhl im Zimmer los. Wenn auch die Ratte nicht ungewöhnlich reagierte, als sie in das Zimmer gebracht wurde, so doch die Klapperschlange – sie nahm sofort ihre Angriffsstellung ein und baute sich vor dem gleichen Stuhl auf, der schon die Katze so erregt hatte![8]

Der von Geistern heimgesuchte Anwalt

Der folgende Fall schildert eine umgehende Erscheinung, die wiederholt von allen in dem Haus Lebenden gesehen wurde. Als Mary Vatas-Simpson und ihr Bruder Walter noch Kinder waren, erblickten sie sie öfter. Mary schrieb später als Erwachsene alles nieder und schilderte ihre ersten Begegnungen mit der Erscheinung.

Wir wohnten in einem sehr alten Haus ... Die Treppe war schmal ... und hatte mehrere Absätze, über die wir uns gerne hinauslehnten, um zu sehen, was sich unten tat ... Eines Tages, als ich mich an einem unserer Beobachtungsposten hinüberlehnte, sah ich eine schwache alte Dame langsam die Treppen heraufkommen und in das Herrenzimmer gehen. Ich war außerordentlich erstaunt ... Flüsternd unterhielt ich mich mit meinem Bruder Walter, der rittlings ... auf dem oberen Geländer saß, und wir beschlossen, nachzusehen, wer der Eindringling war. Leise gingen wir nach unten zum Herrenzimmer ... und ... entdeckten niemanden dort ... als ich wieder die Treppe hinaufging, schrie ich überrascht auf, da die alte Dame ... an dem Treppenabsatz, auf dem ich gesessen hatte, vorbeiging.[9]

Einige Tage darauf spielten sie und Garry, ein anderer Bruder, ihr Lieblingsspiel, bei dem eine Decke über zwei umgedrehte Stühle gelegt wurde und so eine Art Zelt bildete. Mary warf die Decke plötzlich in die Luft ...

Das erste, was ich sah, war die alte Dame, genauso gekleidet wie vorher, mit einem schon ganz abgetragenen schwarzen Gewand, einem Samtumhang um die Schultern und einer großen Haube auf dem Kopf.[10]

Da Mary glaubte, die Dame wolle ihren Vater, einen Anwalt, besuchen, ging sie ihr nach, um ihr den richtigen Weg zu zeigen, aber die Dame verschwand. Danach sahen sie sie noch oft und nahmen noch lange an, daß sie, wenn auch eigenartig, doch »echt« sei.

Auch der Vater hatte eine ziemlich aufregende Begegnung mit dieser Dame, was seine Frau eifrig in ihrem Tagebuch festhielt.

Wie sie sagt, lehnte ihr Mann es ab, sich mit Gerüchten über die »Dame« abzugeben, die sie selbst auch schon gesehen hatte. Sie schrieb: »Gestern abend erlitt er einen schweren Schock, denn er sah das Phantom mit eigenen Augen.« Er war krank gewesen, und auf seinem Schreibtisch hatte sich eine Menge Arbeit angesammelt. Er beschloß, sich am Abend dieser Sachen anzunehmen, und bat darum, nicht gestört zu werden. Dann zog er sich in sein Arbeitszimmer zurück.

Plötzlich hörte ich aus der Richtung des Arbeitszimmers Lärm, die Tür ging auf ... mein Mann schimpfte wütend auf die Bediensteten, daß sie einen Fremden in sein Zimmer vorgelassen hatten. Wer hatte seinen Anordnungen zuwidergehandelt? Man sagte ihm, daß niemand etwas dergleichen getan hätte, und er wetterte: »Leugnet es nicht ab! Wo ist die Frau? Wann ist sie gekommen? Was will sie? Ich empfange niemanden am Abend. Sie soll morgen wiederkommen, wenn sie will. Begleitet sie jetzt hinaus.«

All das sagte er, als befände sich der Eindringling noch im Haus, und mit der Absicht, daß sie es hörte. Unterdessen beschwerten sich die Bediensteten, sie hätten niemanden hereingelassen und auch niemanden die Treppe hinaufgehen sehen. Plötzlich veränderte sich das Gesicht meines Mannes. Er sprach kein Wort mehr und stand bewegungslos da. Er schien ... starr vor ... Verwirrung. Dann fing er sich wieder ... und sagte, daß er morgen früh herausfinden werde, wer sich die Unverschämtheit herausgenommen habe, eine Frau in sein Arbeitszimmer vorzulassen. Und falls die Frau noch einmal käme, würde er sie fragen.

Er sagte das, um seine Gedanken zu verbergen, denn als wir allein waren, sprach er ganz anders. Er erzählte mir, daß er unter seinen Papieren ein sehr wichtiges Schriftstück gesucht hatte, sehr in die Arbeit vertieft gewesen war. Plötzlich hatte er auf der Schwelle eine schwache, kleine, alte Dame erblickt, als er zufällig einmal aufsah. Obwohl sie zu einer ihm ungelegenen Zeit kam, ließ er es nicht an der nötigen Höflichkeit fehlen, stand vielmehr auf und bat sie, näher zu treten. Als er merkte, daß sie sich weder rührte noch irgend etwas sagte, sondern ihn nur anblickte, ging er auf sie zu und wiederholte seine Aufforderung. Doch die Dame blieb stumm und unbeweglich und schien ihn traurig anzusehen.

Da mein Mann annahm, daß sie vom Treppensteigen außer Atem war, wartete er ein wenig, aber da keine Antwort kam, trat er noch näher auf sie zu, wobei die Dame das gleiche tat, dabei aber schwebte. Da das Zimmer groß war, lagen immer einige Meter zwischen ihnen, und mein Mann machte mehrere Schritte auf sie zu. Schließlich ging er entschlossen auf sie zu, gewillt, das Geheimnis ihres Schweigens zu enthüllen. Aber dann sah er sie nicht mehr. Sie war verschwunden! ...

Nach seinen Worten war das Arbeitszimmer hell erleuchtet ... Er hatte keinen Augenblick daran gedacht, von Angesicht zu Angesicht einem Phantom gegenüberzustehen ... Er beschrieb sie folgendermaßen: ... eine alte Dame, klein und zart, sehr blaß, bekleidet mit einem dunklen Gewand und einer großen Haube, die unter dem Kinn zugebunden war. Die Hände hielt sie die ganze Zeit gefaltet. Sie war nach vorne gekommen mit ... einem Gleiten.[11]

Ein Geist – ein echter Geist. Aber was tat sie dort, in ihrer wunderlichen, altmodischen Kleidung? Warum lief sie in dem Haus herum, als »wohnte« sie dort? Sie *lebt dort wirklich,* genauso wie zu der Zeit, als sie noch einen Körper aus Fleisch und Blut hatte.

Die von Geistern heimgesuchte Witwe

Im Oktober des Jahres 1929 verbrachte Mrs. Clarice Deane das Wochenende in Cleveland in Ohio im Haus von Mrs. Mills, die sie zum Aufpassen auf ihre Tochter angestellt hatte. Mrs. Deane wußte fast gar nichts über die Familie Mills, nur daß Mrs. Mills verwitwet war und einen kleinen Sohn hatte. In jener Nacht hatte Mrs. Deane ein Erlebnis, das sie nie vergessen wird.

Am ersten Abend zog ich mich gerade aus, um ins Bett zu gehen, als ich an der Schlafzimmertür ein Geräusch hörte, wie wenn jemand am Türknopf drehte. Ich öffnete und sah ein hübsches, junges Mädchen vor der Tür stehen, normal gekleidet ... Ich sagte: »Hallo, wer bist du?«, worauf sie erwiderte: »Ich bin Lottie, und das ist mein Zimmer.« Doch als ich sagte: »Willst du nicht hereinkommen?« lächelte sie nur und verschwand vollkommen.

Seltsamerweise war ich überhaupt nicht unruhig und schlief sehr gut in dieser Nacht. Am Morgen fragte ich Mrs. Mills: »Wer ist Lottie?« Sie antwortete: »Lottie war der Kosename meiner Tochter Charlotte, die vor einigen Jahren gestorben ist. Aber woher kennen Sie sie?«

Ich berichtete ihr von dem Besuch an meiner Schlafzimmertür am Abend zuvor. Sie gab mir ein Photo von Charlotte, das sie genauso zeigte, wie ich sie »gesehen« hatte.[12]

Mrs. Deane hatte nichts Ungewöhnliches bemerkt, bis das Mädchen verschwand, als sie nachsah. Sie wirkte vollkommen natürlich und schien um die 20 herum zu sein. Mrs. Mills zeigte sich »sehr erregt« über den Vorfall und weigerte sich, darüber zu sprechen, wie es oft Menschen in Häusern tun, in denen ein Geist umgeht.

Die in den obigen drei Fällen geschilderten Ereignisse sind charakteristisch für umgehende Geister. Im Gegensatz zu anderen Erscheinungen versuchen die umgehenden Toten nicht, den lebenden Menschen, mit denen sie gefühlsmäßig verbunden waren, zu »erscheinen«. Sie sind eigentlich mehr an bestimmte Wohnungen gebunden, wo sie einst gelebt haben; sie sind nicht auf eine Person, sondern auf einen Ort fixiert.

Möchten *Sie* in einem »Gespensterhaus« wohnen? Man kann es – wären die Geister nur nicht so lästig. Im übrigen sind einige Geister ausgesprochen gut erzogen, was so weit gehen kann, daß sie bei den Lebenden ein Gefühl liebevoller Sorge wecken können. Andere wiederum sind derart unerträglich, daß es fast unmöglich werden kann, in einem Haus zu wohnen.

1942 kaufte der Journalist Danton Walker in Rockland County in New York ein altes Haus aus dem 18. Jahrhundert. Walker bemerkte bald, daß er einen unsichtbaren Gast hatte, dessen Aktivitäten so unausstehlich wurden, daß der Journalist schließlich gezwungen war, das Haus aufzugeben, das er mit beachtlichen Mitteln wunderbar renoviert hatte.

Seine Probleme begannen an einem Nachmittag im Jahr 1944 mit einem heftigen Klopfen an der Eingangstür. Als er öffnete, war niemand da. Bald wurde klar, daß der »Klopfer«, der sein Begehren zu jeder Tages- und Nachtzeit anmeldete, unsichtbar war, denn selbst wenn die Tür sofort geöffnet wurde, war nie jemand zu sehen. Schwere Schritte in leerstehenden Teilen des Hauses wurden bald alltäglich. Aus leeren Zimmern hörte man laute, dumpfe Geräusche, wie wenn jemand schwer stürzt. Gegenstände im Haus wurden auf unerklärliche Weise umgestellt und beschädigt; Zinnkrüge fielen neben Gästen auf den Boden, fast so, als hätte man damit geworfen. Mr. Walker und seine Gäste spürten lähmend plötzliche »Kälte«, die nicht vom Zug oder der Heizung im Raum herrührte. Als er einmal krank und früh zu Bett gegangen war und wieder von einem solchen Kälteschauer gepackt wurde, schrie Mr. Walker, ohne sich dabei etwas zu denken: »Laß mich um Gottes willen in Ruhe!« Der »Kälteschauer« ließ augenblicklich nach. Ein Wochenendgast, ein Freund, der mit beiden Beinen auf dem Boden stand und »Geister« als puren Unsinn bezeichnete, bestand darauf, trotz der Warnungen Walkers im Haus zu schlafen. Er spöttelte noch über die Andeutungen und ging friedlich zu Bett, hatte es jedoch nicht lange friedlich. Die Lampe neben seinem Bett ging wiederholt an und aus, obwohl bei keiner anderen Lampe sonst etwas Ungewöhnliches zu bemerken war. Er wurde von einem kräftigen Schlag ins Gesicht aus tiefstem Schlaf gerissen, aber es befand sich niemand im Zimmer. Er setzte sich im Bett auf und sah, wie das Hemd, das er über den Stuhl gehängt hatte, hin und her wehte. Das war zu viel für den skeptischen Gast, der den Rest der Nacht in einem anderen Haus verbrachte, das Walker nebenan gebaut hatte. Bis dahin, sagt Walker,

war ich selbst in vier Jahren nicht ein einziges Mal allein nachts im Haus geblieben. Es war so schlimm, daß ich es einfach nicht aushielt. Ich habe das Atelier nur zu dem Zweck gebaut, damit ich nicht dort bleiben muß. Wenn mich jemand mit meinem »Geisterhaus« aufgezogen hat, habe ich geantwortet: Hätte ich so viel Zeit und Geld in die Renovierung des Hauses gesteckt und dann ein anderes gebaut, nur um darin zu schlafen, wenn es nicht einen triftigen Grund gegeben hätte?[13]

Als man durch ein in Trance versetztes Medium Verbindung zu dem Geist aufnahm, entpuppte es sich als ein Soldat des Amerikanischen Freiheitskrieges, der furchtbar gefoltert worden und später in der Nähe gestorben war. Man »half« ihm mit Methoden, auf die wir später noch zurückkommen, und die Spukerscheinungen hörten auf.

Wie weit verbreitet ist Spuk eigentlich?

Man sollte annehmen, daß so ausgefallene Vorkommnisse sehr selten sind, doch es gibt eine Menge Gründe, die vermuten lassen, daß dem nicht so ist. So gibt es einmal viele Gründe dafür, die Tatsache, daß man in einem von Geistern heimgesuchten Haus wohnt, zu verheimlichen. Falls man dort wohnt, wird man wahrscheinlich den Wunsch haben, auszuziehen. Und was könnte für Immobilienwerte abträglicher sein als ein umgehender Geist? Interessant in diesem Zusammenhang ist, daß handgreifliche Geister im europäischen Recht (auch nach deutschem Recht) seit Jahrhunderten als angemessener Grund zur fristlosen Kündigung eines Mietvertrages anerkannt werden! Tatsächlich ist der Glaube, daß Häuser von Geistern heimgesucht werden können, so alt und weit verbreitet, daß

> ... jede Sprache dafür ein Wort hat: *spuken* im Deutschen, *haunting* im Englischen, *spiritate* oder *infestate* im Italienischen, *hanter* im Französischen, dazu kommen die vielen regional gebräuchlichen Ausdrücke.[14]

Es gibt noch andere Gründe, einen spukenden Geist zu verheimlichen, die weit einsichtiger sind: der Wunsch, sich selbst und der Familie Verlegenheiten zu ersparen und vor allem, nicht für geisteskrank erklärt zu werden! Ich habe mit mehreren Besitzern von Häusern, in denen es spukte, gesprochen. Sie trauten mir erst, als sie gehört hatten, wie ich über diese Fragen öffentlich diskutierte. »Jetzt glauben Sie bestimmt, daß ich verrückt bin«, sagen sie, »aber ...« Andere beginnen: »Aber meine Frau und ich, wir sind völlig normal. Wir haben einen Motorschlitten, ein Boot, zwei Wagen ...« Und wenn wir mit denen sprechen, von denen die Geister Hilfe erwarten, z.B. mit Geistlichen, die zum Exorzismus bereit sind, bekommen wir eine Vorstellung davon, wie verbreitet umgehende Geister sind. Der Chorherr J. D. Pearce-Higgins beispielsweise ist ein Londoner Geistlicher mit sowohl sachverständigem wie auch engagiertem Interesse an Geistern. Als einst öffentlich bekannt wurde, daß er Geister aus Häusern austreiben wolle, wurde er mit Bitten um Hilfe überschüttet. 1973 schrieb er:

Ich kann nur feststellen, ... daß in den vergangenen Jahren einige 100 Häuser von ihren unerwünschten Besuchern befreit wurden ... Einige dieser Fälle fanden in der Öffentlichkeit starke Beachtung, aber ... ich kann mich nicht mit allen Geistern in Southwark, geschweige denn in anderen Teilen Englands abgeben![15]

Die Geister der Lebenden

Typische Spukerscheinungen – Klopfen, Türenschlagen und das selbständige Bewegen von Gegenständen – kommen gelegentlich *nur* in Gegenwart junger Menschen zwischen zehn und 20 Jahren, vor allem von Mädchen, vor. Wenn diese Person das Haus verläßt, zur Schule oder zur Arbeit geht oder in ein anderes Haus umzieht, folgen ihr die Spukerscheinungen. Nach W. G. Roll, der diese geheimnisvollen Ereignisse untersucht hat, sind einige immer wiederkehrende persönliche Faktoren im Spiel: »In allen Fällen liegt der Beweis für Spannung, meistens Wut, vor, die sich nicht auf dem üblichen Weg artikulieren kann.« Im Gegensatz zu Geistern der Toten, die Jahrzehnte oder Jahrhunderte umgehen können, zeigen sich die Geister Lebender nur kurz, einige Tage, Wochen, höchstens Monate. Aber wie kurz auch immer, sie sind außergewöhnlich exzentrisch und aufregend, was, wie im folgenden Fall, so weit gehen kann, daß die Anwesenden kaum ihren Augen trauen.

Im »Sauchie-Fall« drehten sich die Ereignisse um Virginia Campbell, ein elfjähriges, irisches Mädchen, das man zu ihrem älteren Bruder nach Sauchie in Schottland geschickt hatte. Schon bald darauf fuhr Virginias Mutter wieder fort, um an einem anderen Ort zu arbeiten, und Virginia war der Personen beraubt, denen sie sich verbunden fühlte. Beginnend am 22. November 1960 ereigneten sich, mit Unterbrechungen, bis zum März 1961 einige außergewöhnliche Vorkommnisse. Sie bestanden in übernatürlichen Geräuschen und dem übernatürlichen Verrücken von Gegenständen und hörten immer dann völlig auf, wenn Virginia ins Bett ging. Aus Gegenständen, die in Virginias Nähe standen, kam ein Klopfen, das vom leichten Hämmern bis zu wildem, lautem Schlagen reichte. Auch scharfe, kratzende und sägende Geräusche hörte man, von denen einige auf Band aufgenommen wurden. Einmal schwebte eine Anrichte zehn Zentimeter von der Wand weg und dann wieder zurück. Eine große Wäschekommode hob sich vom Boden und schwebte einen halben Meter, der Deckel öffnete und schloß sich mehrere Male von selbst. In der Schule beobachtete man, wie sich ein Tisch hinter Virginia zwei, drei Zentimeter über den Boden erhob, schwebte und dann wieder absetzte. Als Virginia neben dem Lehrerpult stand, fingen der Zeigestock und das Pult heftig an zu zittern. Der Stock schwebte vom Pult auf den Boden, und der Tisch, an dem der fassungslose Lehrer saß, schwebte ein Stückchen über den Boden und blieb an einer anderen Stelle stehen. Ein Apfel schwebte von selbst aus einer Schale, und auch ein Rasierpinsel hob ab und flog vor den Augen der verblüfften Beobachter durch das Badezimmer. Bei all diesen Vorfällen gab es mit Sicherheit keinen Schwindel mittels Drähten, Hebeln, verborgener Fäden oder Taschenspielerkunststücke, denn die Gegenstände und ihre Umgebung wurden sofort von zuverlässigen Beobachtern genauestens untersucht. Da man in dem betroffenen Haus seit 1952 wohnte und sich vor der Ankunft Virginias im Jahr 1960 nichts Ungewöhnliches ereignet hatte, liegt es auf der Hand, daß sie die »Quelle« war.

Die psychischen Gründe für die Phänomene . . . scheinen . . . offenkundig zu sein. Virginia fühlte sich »beraubt«. Bei verschiedenen Gelegenheiten geriet sie in einen hemmungslosen, hysterischen, tranceähnlichen Zustand und beklagte sich bitter darüber, daß ihre Freundin Anna und ihr Hund nicht da waren. Ohne jeden Zweifel brauchte sie Zuwendung und Liebe, und die übernatürlichen Zwischenfälle spiegelten zum einen ihre Unzufriedenheit mit dem Handeln ihrer Eltern und lieferten gleichzeitig eine

Handhabe, durch die sie zum Mittelpunkt der Zuneigung und Liebe wurde, die sie so dringend brauchte. Nachdem sie mit liebevoller Aufmerksamkeit förmlich zugedeckt worden war und »ihr Ziel erreicht« hatte, fand das selbstheilende Verhalten ein Ende. Virginia hatte erreicht, was sie unbewußt brauchte, aber nicht bewußt zugeben konnte.[16]

Ein ähnliches Muster findet man bei anderen Fällen dieser Art. Offensichtlich scheinen die Phänomene auf übernatürliche Weise durch den lebenden »Urheber« hervorgerufen zu werden – wie das geschieht, das wissen wir nicht.

Die Geister der Toten

Manchmal aber zeigen Spukerscheinungen des Sauchie-Typs so eindeutige Anzeichen von Intelligenz, daß sie vernünftigerweise eher einem unsichtbaren Wesen als einer mysteriösen »Kraft« zugeordnet werden, die von einer lebenden Person erzeugt wird. Sir William Barrett, ein angesehener Physikprofessor, untersuchte rätselhafte Klopfgeräusche bei Derrygonnelly in Irland. Sie standen in Verbindung mit einem 21jährigen Mädchen namens Margaret. Barrett fragte Margarets Vater, einen Bauern aus der Gegend, ob der »Klopfer« Fragen beantworten würde, indem er eine bestimmte Anzahl von Klopfgeräuschen gab. Man bejahte diese Frage. Barrett schreibt:

Das tat er in meiner Gegenwart . . . Im Geist forderte ich ihn auf, soundso viele Male zu klopfen, und er tat es. Dabei wurde kein Wort gesprochen. Um jeden Irrtum oder eine Selbsttäuschung auszuschließen, steckte ich die Hände in die Seitentaschen meines Mantels und forderte ihn auf, so oft zu klopfen, wie ich in der Tasche mit den Fingern anzeigte. Das Experiment wurde viermal hintereinander durchgeführt, wobei ich jedesmal eine andere Zahl mit den Fingern anzeigte, und viermal erhielt ich das richtige Klopfzeichen . . . Ein Zufall ist praktisch ausgeschlossen, und es bleibt die interessante Tatsache, daß zwischen dem ungesehenen Urheber und uns selbst anscheinend eine Art telepathische Beziehung besteht.[17]

Wenn Spukphänomene mit Erscheinungen Verstorbener, die einmal in dem Haus gewohnt haben, in Verbindung gebracht werden, und verschiedene Personen die Erscheinungen wiederholt über mehrere Jahre hinweg beobachten, besteht offensichtlich kein Zweifel, daß die Toten die Urheber sind. Alfred Axtell aus der Woodstock Road 17 im englischen Oxford war fast 30 Jahre der Unterhalter von Mr. Walklett, dem verstorbenen früheren Eigentümer seines Hauses. Einige Wochen, nachdem er eingezogen war, stand er dem Toten von Angesicht zu Angesicht gegenüber:

Auf der Treppe ... sah ich deutlich eine Erscheinung in der Gestalt Mr. Walkletts, ... die dann verschwand. Ich kann wohl behaupten, Mr. Walklett ... gut gekannt zu haben. Ich tat diesen Zwischenfall als eine Art Einbildung ab ... Ich verbannte die Angelegenheit aus meinem Gedächtnis ... und erwähnte sie gegenüber niemandem.[18]

Einige Wochen darauf wurde eine ältere Frau, die bei den Axtells wohnte, furchtbar von der Erscheinung eines »Mannes« erschreckt, die sie auf der gleichen Treppe sah. Die Erscheinung Mr. Walkletts war ganz charakteristisch, und Mr. Axtell hatte keine Schwierigkeit, sie aufgrund der Beschreibung der Frau zu identifizieren. Er bat sie, nichts über den Vorfall zu erzählen und die Sache zu vergessen. Sechs Monate später sahen Mrs. Axtell und ihr sechsjähriger Sohn die gleiche Erscheinung. Sämtliche Beobachtungen fielen in einen Zeitraum von 18 Monaten nach dem Tod Mr. Walkletts. Danach wurden die Erscheinungen deutlich seltener, Mr. Walklett wohnte jedoch nach wie vor in dem Haus. 28 Jahre später sah ihn der Stiefsohn Mr. Axtells, dem man nie etwas über die Erscheinung erzählt hatte. Mr. Axtell schreibt:

An einem Abend saß mein Stiefsohn mit mir im Herrenzimmer im ersten Stock ... Er ging hinaus ... und einige Minuten darauf öffnete er die Tür zum Zimmer und rief mich nach draußen. Er war aschfahl und sehr erregt. Ich nahm ihn mit nach unten, und als er seine Fassung wiedergewonnen hatte, sprach ich zu ihm: »Du hast etwas gesehen, sag mir genau, was.« Seine Beschreibung stimmte mit der Mr. Walkletts überein – ein etwas gedrungener Mann von 1,70 m mit einem langen, wallenden, ziemlich hellen Bart . . . die Erscheinung zeigte sich auf dem Treppenabsatz.[19]

Hier der Bericht des Stiefsohns:

Zu Lebzeiten meiner Mutter ging ich gewöhnlich jeden Samstagabend im Winter in die Woodstock Road 17. Mein Stiefvater und ich rauchten dann immer auf dem Treppenabsatz, da Mutter es im Herrenzimmer nicht gern hatte. An dem Abend, als ich mein eigenartiges Erlebnis hatte, war mein Stiefvater gerade in das Herrenzimmer zurückgegangen, und ich rauchte meine Zigarette zu Ende. Plötzlich hörte ich ein schlurfendes Geräusch, sah aber im ersten Moment nicht auf, da ich annahm, er sei zurückgekommen. Als ich dann aufblickte, sah ich einen ganz gewöhnlichen alten Mann in einem Morgenmantel, der über den Flur ging. Es wirkte alles so echt, daß ich ihn schon fragen wollte, was er hier suchte. Ich war nicht im geringsten schockiert – *als er zu meinem Entsetzen weiterging, mitten durch eine verschlossene Tür hindurch, die seit Jahren nicht geöffnet worden war und vor die man eine Garderobe geschraubt hatte . . . Ich fürchtete, den Verstand zu verlieren.*[20]

In einem ähnlich aufregenden Fall lebte die Familie Morton aus Cheltenham, einer kleinen Stadt im Westen Englands, acht Jahre mit dem sehr viel aktiveren Geist eines früheren Bewohners. In dieser Zeit wurde der Geist wiederholt von 13 verschiedenen Personen gesehen und von mehr als 20 gehört. Der Geist wurde als Imogene Swinhoe identifiziert, die Frau des ersten Hauseigentümers, die vier Jahre vor dem Einzug der Familie Morton an Alkohol zugrunde gegangen war. Rose, eine der Morton-Töchter, führte ein genaues Tagebuch über die Erscheinungen. Ihre erste Begegnung beschreibt sie wie folgt:

Ich war zu meinem Zimmer hinaufgegangen, lag aber noch nicht im Bett, als ich jemanden an der Tür hörte und hinging, da ich dachte, es wäre vielleicht meine Mutter. Als ich die Tür öffnete, . . . erblickte ich die Gestalt einer hochgewachsenen, schwarz gekleideten Dame, die oben an der Treppe stand. Nach einigen Augenblicken kam sie die Stufen herunter . . . Sie trug schwarze

Kleidung aus weicher Wolle . . . Ihr Gesicht verbarg sie hinter einem Taschentuch, das sie in der rechten Hand hielt . . . Ich sah den oberen Teil der linken Stirn und etwas von ihrem Haar. Die linke Hand war durch den Ärmel und die Falten des Kleides fast ganz verdeckt. An beiden Armen schauten Manschetten hervor, wie sie Witwen tragen, so daß sie den Eindruck einer Frau in Witwenkleidung machte. Sie trug keine Kappe, aber ein schwarzer Schatten ließ auf eine Haube mit einem langen Schleier oder eine Kapuze schließen.[21]

Mehrere Male folgte Rose dem Geist die Treppen hinunter in das Herrenzimmer, wo er manchmal umherging, meist aber rechts vom Bogenfenster stand. Dann ging er durch die Halle zur Tür, die in den Garten führte, und verschwand dort regelmäßig. Rose versuchte oft, die Gestalt zu berühren, hatte aber nie Erfolg: »Es war nicht so, als hätte es nichts anzufassen gegeben, aber sie schien immer *jenseits* von mir zu sein, und wenn man ihr in eine Ecke folgte, verschwand sie einfach.« Bei verschiedenen Gelegenheiten sprach sie die Gestalt an, aber obwohl sie dann stehenblieb und reden zu wollen schien, war alles, was Rose vernahm, ein tiefes Atemholen.

Ich ging in das Herrenzimmer . . . und setzte mich auf eine Couch in der Nähe des Bogenfensters. Einige Minuten darauf, als ich saß und las, sah ich die Gestalt zur offenen Tür hereinkommen, das Zimmer durchqueren und sich unmittelbar hinter der Couch aufstellen, auf der ich mich niedergelassen hatte . . . Sie stand eine halbe Stunde hinter der Couch und ging dann wie gewöhnlich zur Tür. Ich folgte ihr . . . und sah, wie sie durch die Halle schritt, bis sie zu der in den Garten führenden Tür kam, wo sie verschwand. Als sie am Fuß der Treppe vorbeikam, redete ich sie an, aber sie antwortete nicht, obwohl sie wie schon vorher stehenblieb, und es schien, als *wollte* sie sprechen.[22]

Mit dem Geist wurden typische Spukgeräusche in Verbindung gebracht: charakteristische Schritte, dumpfe Schläge und das Geräusch sich drehender Türknäufe. In den ersten vier Jahren seines Erscheinens wirkte er kompakt und echt und wurde zuerst immer als normale Person angesehen. Dann wurden die Umrisse weniger klar, auch wenn die Gestalt nie durchsichtig schien, und schließlich erschien sie überhaupt nicht mehr, obwohl man die

Schritte noch eine Weile hörte. Endlich verstummten auch sie ganz, und der Spuk war vorbei. Bevor es jedoch so weit war, führte Rose Morton ein Experiment durch, das in der Geschichte der Geisterforschung einmalig ist. Sie spannte feine Fäden über die Treppe, als alle im Bett waren, und hielt Wache. Ihre Geduld wurde belohnt. Zweimal sah sie, *wie der Geist durch die Fäden hindurchging, ohne sie zu zerstören.*

Die Toten unter den Lebenden: Ursachen des Spuks

Die meisten Toten scheinen nicht als umgehende Geister zu enden. Können wir die Beweggründe derjenigen begreifen, die es tun? Das können wir tatsächlich. Sie lassen sich aus dem Verhalten *einiger* Geister ableiten, und bei Exorzismen haben Geister schon richtiggehend mit anderen *diskutiert* – einige der eigenartigsten Unterhaltungen, die je aufgenommen worden sind. Beide Methoden scheinen sehr ähnliche Ursachenkomplexe zutage zu fördern. Betrachten wir zuerst, wie man aus dem Verhalten der Geister auf die Gründe für den Spuk schließen kann.

Spuk für nur wenige Augenblicke

Manchmal kündigt ein Toter seinen Tod nicht dadurch an, daß er als Erscheinung auftritt, sondern nur durch einen sehr kurzen »Spuk«. Die Geräusche und das Verrücken von Gegenständen, die für das Spuken charakteristisch sind, können für einige Augenblicke nach einem Tod vorkommen. Als typische Beispiele gelten, wenn auf unerklärliche Weise ein Spiegel zerspringt, Möbel sich von selbst bewegen, Bilder von den Wänden fallen und rätselhafte Geräusche zu hören sind: das Schlagen einer Tür, wenn diese sich in Wirklichkeit gar nicht bewegt, unerklärliche »Schritte« oder das Geräusch eines schweren Gegenstandes, der über den Boden rollt, man aber nichts sehen kann. Hier ein neueres Beispiel aus Schweden:

Abend auf dem Lande. Vater, Mutter, Bruder und ich saßen in der Küche. Kille lag in seinem Korb. Er war der schlechteste Wachhund, den man sich vorstellen kann. Er mochte alle Menschen, gute wie schlechte, und bellte nie.

»Es kommt jemand«, sagte mein Bruder und hörte auf Geräusche vom Kiespfad her. Wir alle hörten die Schritte. Sie kamen um die Ecke am Haus und näherten sich der Küchentür. Kille fing an zu knurren. Jemand klopfte an die Tür. Auf dem Land klopft man immer zuerst an die äußere Tür, öffnet sie, geht hinein und klopft an die innere Tür, so daß sich also niemand darum kümmerte und aufmachte. Das Klopfen wiederholte sich. »Geh, mach auf«, sagte Vater. Kille hatte um den Hals einen dicken Wulst, die Haare standen ihm hoch. Mutter ging hinüber, um die Tür zu öffnen. Kille erhob sich vorsichtig, sein Körper war steif wie ein Brett, und die Haare standen aufrecht. Als Mutter die Außentür öffnete, schoß Kille wie der Blitz aus seinem Korb, bellte laut, rannte in den Raum, wo das Holz lagerte, und verschwand dort unter dem Ofen. Draußen war *gar nichts.* Wie gut ich mich an die geöffnete Tür und die Dunkelheit draußen erinnere und an dieses geheimnisvolle Nichts, das den Anschein hatte, als wäre dort etwas. Vater und mein Bruder gingen hinaus . . . und guckten, ob vielleicht ein Landstreicher da war, entdeckten aber nichts. Am nächsten Tag kam einer von Mutters Verwandten und erzählte uns, daß einer unserer engsten Angehörigen gestorben war. Später, als ich Mutter an das erinnerte, was geschehen war, antwortete sie nur knapp: »Ja, das war an dem Abend, als Mans Nilsson gestorben ist.«[23]

Außer dem starken Ansprechen des Hundes zeigt dieser Fall noch ein weiteres interessantes Merkmal: die beiden Geräusche, denn *Schritte* und *Türklopfen* sind wahrscheinlich die verbreitetsten Spukgeräusche. Warum einige der soeben Gestorbenen kurz »spuken«, andere als Erscheinungen umgehen und wieder andere sich überhaupt nicht offenbaren, wissen wir einfach nicht.

Nicht eingelöste Versprechen der Lebenden

Einige Spukphänomene hören auf, wenn ein Versprechen, das einem Toten gegeben, aber nicht eingehalten wurde, eingelöst wird. Bei einem dieser Fälle fingen in einem Geschäft eines englischen Zimmermanns in dem kleinen Dorf Swanland Holzstücke an zu schweben oder von selbst umherzufliegen. Gleichgültig, ob sich jemand in dem Geschäft befand oder nicht, ereigneten sich diese Vorfälle fortwährend über einen Zeitraum von sechs Wochen und wurden von allen, die dort arbeiteten, wie auch von Dutzenden neugieriger Besucher bezeugt. Einer der Zimmerleute, Mr. Bristow, hat beschrieben, wie das Leben in einer Bautischlerei ist, in der es »spukt«:

Die Holzstücke, die wir abgeschnitten hatten und die auf dem Boden lagen, bahnten sich einen Weg in die Ecken der Werkstatt, von wo sie auf geheimnisvolle und unsichtbare Weise zur Decke schwebten. Keiner der Arbeiter oder Besucher, die sich in den sechs Wochen dieser Vorkommnisse zahlreich dort versammelten, sah jemals, wie ein einzelnes Stück nach oben stieg. Und doch fanden die Holzstücke trotz unserer Wachsamkeit ihren Weg nach oben, um dann von irgendwoher auf uns herunterzufallen, wo noch eine Sekunde vorher nichts gewesen war. Nach und nach gewöhnten wir uns daran, und die Bewegungen der Holzstücke, die lebendig und in einigen Fällen sogar intelligent zu sein schienen, erstaunten uns nicht mehr.[24]

Vor allem ein Mann namens John Gray war von diesen Ereignissen beeindruckt. Sein Bruder, der gestorben war und Gläubigern Geld schuldete, hatte einen Sohn gehabt, der in der Bautischlerei seine Lehre gemacht hatte, aber an Tuberkulose gestorben war. Am Ort hielt sich das Gerücht, daß John Gray seinem sterbenden Neffen versprochen hatte, die Schulden seines Bruders zu bezahlen. Aber er hatte es nicht getan. Als der Spuk begann, bekam Gray außerordentlich Angst und bezahlte nach sechs Wochen die Schulden, die sich auf 100 Pfund beliefen. *Von der gleichen Stunde an hörten diese Erscheinungen auf.*

Unvollendete Arbeit der Toten

Dies ist ein Thema, das bei »Unterhaltungen« zwischen Medien und Geistern ganz klar als ein Grund für das Spuken zutage tritt.

Auch einige Erscheinungsfälle, wie der folgende, deuten darauf hin. Am Samstag, den 20. September 1953, hatte George Jonas, Wärter im Yorkshire Museum in York in England, nach einer Abendveranstaltung dort Dienst. Nachdem er und seine Frau die Eingangstür verschlossen hatten, begaben sie sich in die Küche im Keller. Zu ihrem Erstaunen hörten sie über sich Schritte. Als Mr. Jonas nach oben ging, um nachzusehen, traf er auf einen älteren Mann, der aus dem Büro des Museumsdirektors kam.

Ich dachte bei mir, ein komisch aussehender Bursche, weil er einen Gehrock und Röhrenhosen trug und einen buschigen Bakkenbart hatte. Er hatte kaum noch Haare und ging leicht vornübergebeugt. Er mußte ein exzentrischer Professor sein. Als ich mich dem oberen Treppenende näherte, schien er sich eines anderen besonnen zu haben, machte kehrt und ging in das Büro zurück. Als ich an die Tür kam, schien er es sich wieder anders überlegt zu haben, drehte sich um und wollte herauskommen. Ich stand an der Seite, um ihn vorbeizulassen, und sagte: »Entschuldigen Sie, Sir, suchen Sie Mr. Willmott (den Museumsdirektor)?« Er antwortete nicht, sondern schlurfte an mir vorbei und stieg die Treppe hinunter zur Bibliothek. Da ich nur wenige Meter von ihm entfernt war, sah ich sein Gesicht deutlich . . . Er wirkte verstört, hatte die Stirn gerunzelt und murmelte immer wieder: »Ich muß es finden, ich muß es finden.«

Es ist eigenartig, aber ich dachte nicht einen Moment an Geister. Er sah so natürlich aus wie Sie und ich. Aber ich wollte nicht, daß er so spät am Abend noch hier herumlief, und außerdem wollte ich abschließen und meinen Bus noch erreichen. Als ich ihm die Treppe hinunter folgte, bemerkte ich, daß er Zugstiefel oder etwas Ähnliches trug, und ich erinnere mich, wie altmodisch mir die großen schwarzen Knöpfe hinten auf seinem Rock vorkamen.

Er murmelte immer noch und ging in die Bibliothek. Sie war dunkel, und ich schaltete das Licht an, als ich ihm in nur wenigen Metern folgte. Er stand zwischen zwei hohen Bücherregalen . . . Eifrig schien er etwas zu suchen. Ich dachte mir, daß es nun genug sei. Da ich glaubte, er sei schwerhörig, streckte ich meine rechte Hand aus, um ihn an der Schulter zu fassen. Doch als meine Hand in die Nähe seines Rocks kam, verschwand er.[25]

Einen Monat später erblickte Mr. Jonas die gleiche Erscheinung wieder. Sie stieg die Treppe vom ersten Stock hinunter, durchquerte die Halle und ging durch eine geschlossene Tür hindurch.

Seit langem tot und sich offensichtlich nicht der inzwischen vergangenen Zeit bewußt (wie viele Geister), suchte der alte Mann weiter nach etwas, das er dringend zu finden hoffte – bevor er starb.

Erstarrt durch den Tod

Das Verhalten einiger Geister zeigt deutlich, daß ihr Tod sie so traumatisiert hat, daß sie an diesem Zeitpunkt vollkommen »erstarrt« sind und ihren Tod immer und immer wieder durchleben. Im August 1904 wanderten drei Schwestern über die Felder in der Nähe eines alten elisabethanischen Herrenhauses. Es war ein sonniger Nachmittag, und das letzte, auf das sie zu treffen glaubten, war ein seltsamer Mann an einer Eiche. Die jüngste der Schwestern erinnerte sich:

Ich ging näher und sah, daß es ein Mann war, der . . . an der Eiche hing . . . Er trug ein weites Hemd und schwere . . . Stiefel. Sein Kopf hing nach vorne, und auch seine Arme fielen nach vorne. . . . Ich sah den Schatten der Zaunlatten *durch* ihn hindurch.[26]

Als sie bis auf etwa 15 Meter an den »hängenden Mann« herangekommen war, verschwand er plötzlich. Aufgehängt an der alten Eiche seit langem und durch den Todeskampf erstarrt, hatte er dort »gehangen« – seit jener Zeit.

Im Juli 1965 wollten zwei australische Touristen in einem alten Bauernhaus in dem englischen Dorf Waresley übernachten. Mrs. Herbert, eine der Frauen, war ihr ganzes Leben stark telepathisch veranlagt gewesen. In der ersten Nacht auf dem Bauernhof:

Schlief ich schnell ein wie gewöhnlich, und ich glaube, ich schlief schon eine ganze Weile, als mich ein kleiner Junge weckte, der neben meinem Bett kniete und mich mit einem flehenden Blick ansah. Ich sehe sein Gesicht noch vor mir, mager und verzerrt. Ich hatte den Eindruck, daß, hätte er sich erhoben, er groß und knochig gewesen wäre. Er hatte schönes, glattes Haar, das auf eine Seite gekämmt war.

Ich setzte mich im Bett auf, und obwohl er nicht sprach, fühlte ich, daß er mich bat, seine Mammi zu rufen, und ich versuchte, »Mammi« zu rufen. Das Eigenartige war, daß ich wußte, daß Mrs. Ross (die Begleiterin) im Zimmer nebenan schlief. Aber ich wußte ebenso, daß ich seine Mutter von dort rufen sollte. Ich spürte seine Hände, die sich an meinen Arm klammerten, so daß es beinahe weh tat. Ich erinnere mich lebhaft an das Gefühl. Das Ganze schien sich ziemlich lange hinzuziehen, und ich war sehr betrübt, aber nicht ängstlich.

Schließlich rief ich ziemlich laut »Mammi«, und im gleichen Augenblick verschwand er.[27]

Als man Miss Margaret Minney, die von Kind an auf dem Hof wohnte, von dem Erlebnis erzählte, erkannte sie den kleinen Jungen als ihren Bruder wieder, der vor 45 Jahren an Hirnhautentzündung qualvoll gestorben war. Als er zum erstenmal krank wurde, schrie er vor Schmerzen und rief dauernd nach seiner »Mammi«. Im späteren Krankheitsstadium konnte er nicht mehr sprechen. Dieser arme kleine Junge, der 1921 starb, ist seit der Zeit in dem Haus gewesen, noch immer gefesselt an seinen Todeskampf, und noch immer versuchte er vergeblich, nach seiner Mutter zu rufen!

Joan Grant, ein begabtes Medium, das mit den geplagten Toten gearbeitet hat, hat uns ein noch drastischeres Beispiel von diesem Zustand nach dem Tode geliefert. In den Sommerferien war sie im Palace Hotel in Brüssel abgestiegen. Sie war erschöpft und beschloß, früh zu Bett zu gehen.

Ich nahm ein ausgedehntes, heißes Bad. Doch anstatt mich entspannt zu fühlen, wurde ich immer verkrampfter. Im Bett versuchte ich zu lesen, aber nach einer halben Stunde, als ich mich immer noch nicht konzentrieren konnte, löschte ich das Licht. Ich war noch hellwach, als plötzlich ein junger Mann aus dem Badezimmer herausstürzte und sich, noch bevor ich mich rühren oder etwas sagen konnte, aus dem Fenster warf.

Ich zog die Bettdecke über mich, um nicht den grauenvollen Aufschlag des Körpers auf dem Pflaster zu hören. Nach einigen Minuten zwang ich mich, aufzuschauen und zu horchen. Aber ich hörte nichts: kein qualvolles Stöhnen . . . keine Schreie . . . Dann hatte also niemand ihn fallen sehen . . . ich mußte nach jemandem rufen, der ihm half (von ihrem Zimmer sah man auf einen Innenhof und den Dienstleistungstrakt).

Ich hielt mich am Geländer des Fensters fest und spähte nach unten . . . aber da lag kein Körper. Und dort, wo die Leiche hätte liegen müssen, trug ein Kellner gerade einen Korb Flaschen vorbei. Es war das erstemal, daß ich allein in einem Zimmer war, in dem ein Selbstmörder spukte. Falls ich inständig genug betete, würde jemand kommen und nach ihm sehen, und dann war ich auch sicher nicht mehr so entsetzt. Ich betete, bis mir der Schweiß die Stirn hinunterlief, ging dann wieder ins Bett und versuchte zu schlafen.

Doch ich lag immer noch mit offenen Augen da, als sich der gleiche, schreckliche Vorgang wiederholte. Diesmal zwang ich mich zu horchen, aber ich hörte nichts, und so konnte ich nicht erfahren, ob er noch gelebt und geschrien hatte oder sofort tot gewesen war.

Beten hatte dem Armen nicht geholfen. So wurde also von mir erwartet, ihn von der Verzweiflung zu befreien, die ihn gefangenhielt. Mein Herz klopfte so laut, daß es mir schwerfiel, einen klaren Gedanken zu fassen. Ich hatte schon viele, die erst seit kurzem tot waren, befreit . . . aber dazu war ich in der Lage gewesen, weil es mir gelungen war, mich nicht von ihrer Furcht anstecken zu lassen. Ich spürte, wie seine Panik mich durchdrang wie Tinte ein Stück Löschpapier. Ich mußte fühlen, was er fühlte, bevor ich nahe genug kommen konnte, um ihm wirklich zu helfen . . . doch dann war seine Angst vielleicht stärker als mein schwindender Mut, und mein Körper folgte dem seinen zu diesem entsetzlichen Sprung.

Wenigstens gegen diese Gefahr konnte ich mich sichern, wenn ich die Kommode vor das Fenster schob, so daß ich nicht hinausfallen konnte, was immer auch passierte. Als das Hindernis am richtigen Platz stand, fühlte ich mich ein wenig mutiger, konnte aber trotzdem die Wellen der Angst nur mit Mühe zurückhalten, die, wie ich wußte, sich noch erheblich verstärken würden, wenn ich das erforderliche Maß an Übereinstimmung erreicht hatte.

Ich weiß, daß ich den Sturz dieses Mannes miterlebte. Als er sich über das Geländer beugte, versuchte er plötzlich, sein Gleichgewicht zurückzugewinnen . . . aber es war zu spät. Er wollte seine Arme ausstrecken, um den Sturz abzufangen . . . er schien ganz langsam zu fallen . . . ganz langsam . . . Da erkannte er, daß er sich furchtbare Verletzungen zuziehen würde, und versuchte, die Arme zurückzuziehen, damit er mit dem Kopf aufschlug. Er verspürte keinen Schmerz . . . nur ein knirschender Schlag . . . und dann war er wieder zurück im Bad und lief erneut zum Fenster . . . immer und immer wieder.

Ich stand mit ausgestreckten Armen da und sprach laut: »Deine Angst ist in mich eingedrungen, und du bist frei . . . deine Angst ist in mich eingedrungen, und du bist frei.« Sowohl seine wie auch meine Angst begannen, sich in einem Strom von Tränen aufzulösen.[28]

Am nächsten Morgen erfuhr sie von der Hotelleitung, daß sich der Gast, der vor ihr das Zimmer bewohnt hatte, vor fünf Tagen aus dem Fenster gestürzt hatte.

Wohin soll ich mich wenden?

Folgt man dem Exorzisten John Pearce-Higgins, dann halten sich die meisten Spukgeister deswegen weiterhin in ihrer gewohnten Umgebung auf, weil sie nicht wissen, was sie sonst tun sollen. Viele erkennen nicht, daß sie tot sind, und scheinen an einem bestimmten Zeitpunkt »eingefroren« zu sein, verwirrt und sich dessen nicht bewußt, daß seit ihrem Tod vielleicht schon Jahrzehnte vergangen sind. Klar scheint zu sein, daß viele Spukgeräusche Versuche seitens der Geister sind, Hilfe zu rufen, die Aufmerksamkeit auf sich zu lenken, denn offensichtlich wissen sie genau, was um sie herum vorgeht, sind aber ohne Körper nicht in der Lage, in irgendeiner Weise daran teilzunehmen – eine Situation, die sie verwirrt und enttäuscht, vor allem weil sie sich selbst für körperlich und völlig normal halten und die gewohnte Kleidung tragen. Eine Minderheit erkennt, daß sie tot ist, aber sie wissen nicht, wohin sie sich sonst wenden sollen. Das Verhalten vieler umgehender Erscheinungen scheint diese Deutung zu stützen. Hier zwei, die sich genauso benehmen, als »lebten« sie noch in dem Haus.

Ich wohnte zusammen mit meiner Mutter im Erdgeschoß einer Wohnung in Sussex Gardens . . . Die Wohnung hatte die Form eines L, und bevor man das große Schlafzimmer erreichte, kam man in dem langen Korridor an eine Stufe ... Oft sah ich eine alte Dame mit einem Stock, die verweilte, bevor sie diese Stufe nahm. Vermutlich war sie auf dem Weg zurück von der Toilette, die um die Ecke lag ... Ich erzählte meiner Mutter nichts über sie, weil ich sie nicht aufregen wollte ... Eines Nachts, ich weiß nicht, warum, schlief ich in diesem Zimmer und machte eine schlimme Zeit durch. Ich war steif vor Angst vor etwas, dem anscheinend meine Anwesenheit nicht gefiel. Ich hatte zuviel Angst, als daß ich hätte schlafen können. Heute weiß ich nicht mehr, warum ich nicht in meinem eigenen Zimmer gleich um die Ecke geschlafen habe. Vielleicht hatten wir Gäste. Auf jeden Fall sagte ich meiner Mutter am nächsten Tag, daß ich dort nicht wieder schlafen würde. »Ich möchte wissen, ob es wieder die alte Dame war«, sagte sie. Sie hatte Stillschweigen über sie bewahrt, da sie befürchtete, mich zu ängstigen.[29]

Eine alte Dame mit einem Stock, die sich von ihrem Schlafzimmer zum Bad und wieder zurück müht, die jetzigen Bewohner verschreckt und nicht in der Lage oder nicht willens ist, zu erkennen, was mit ihr geschehen ist – daß sie tot ist.

Hier ein anderer, ähnlicher Fall:

Es ... wurde offenkundig, ... daß wir einen vornehmen Herrn zum Bewohner hatten, der die Angewohnheit hatte, zu jeder Tages- und Nachtzeit ... in die Zimmer hinein- und wieder herauszugleiten. Im Anfang sagten meine Frau und ich immer nur »Oh«, als er hindurchschwebte. Lange sahen wir sein Gesicht nicht ... Eines Nachts ... saß ich ... am Kamin und las ... Ich bemerkte ihn, wie er mir gegenübersaß. Ich hatte keine Angst. Es war wie das Wiedersehen mit einem normalen Menschen. Er ... saß dort, selbstverständlich, gelassen, ernst. Er war groß, fast 1,80 m, und hatte dunkles, nach hinten gekämmtes Haar mit einem Seitenscheitel ... Seine Augen waren dunkel, das Gesicht farblos und blaß. Er trug einen marineblauen Anzug, ein weißes Hemd und eine dunkle Krawatte ... und dieser Knabe schwebte nun seit irgendwann durch das Haus, bis wir auszogen.[30]

Dieser Knabe scheint ein völlig normaler Mensch zu sein und ist es auch – bis auf die Tatsache, daß er tot ist!

Drei Exorzisten sprechen mit den Toten

Hans Holzer erforscht okkulte Phänomene. Er arbeitet mit einem in Trance versetzten Medium, um mit umgehenden Geistern zu sprechen und sie zu erlösen. Auch John Pearce-Higgins, der anglikanische Geistliche, der sich auf das Exorzieren von Spukhäusern spezialisiert hat, arbeitet mit Medien in Trance. Hewat McKenzie, der ebenfalls okkulte Phänomene erforscht, arbeitete mit Eileen Garrett zusammen, einem der bekanntesten Trancemedien dieses Jahrhunderts. Ihre Unterhaltungen mit Geistern gehören zu den eigenartigsten und fesselndsten Gesprächen, die je aufgenommen worden sind. Aus ihnen können wir direkt erkennen, welches die Ursachen für das Umgehen eines Geistes sind.

Um einen umgehenden Geist zu exorzieren oder zu erlösen, sind ein Trancemedium und ein Mitarbeiter nötig. Für Spukgeister sind im Trance befindliche Medien unwiderstehlich, in deren Körper sie eindringen und durch die sie sprechen. Dieser Vorgang hat einige etwas verblüffende Nebenwirkungen. Die Stimme aus dem Mund des Mediums klingt nicht wie seine eigene; sie kann sehr stark zum Männlichen oder Weiblichen mit einem ganz anderen Tonfall tendieren. Daneben kann eine noch verwirrendere Erscheinung den Prozeß begleiten: Die Züge des Mediums können sich so drastisch ändern, daß es so aussieht, als hätte es ein anderes Gesicht – das des Geistes. Bei dem Gespräch mit dem Geist durch das Medium muß der Mitarbeiter ihn davon überzeugen, daß er tot ist und nicht mehr zu seiner irdischen Umgebung gehört. Gespräche mit umgehenden Geistern haben verschiedene grundlegende Ursachen für den Spuk enthüllt, auf die man immer wieder stößt.

Durch den Schock des Todes aus der Bahn geworfen

In diesen Fällen wird der Geist von den Ereignissen und Regungen im Zusammenhang mit seinem Tod derart verfolgt, daß er »gebannt« ist und die Welt, die ihn jenseits des Todes erwartet, nicht wahrnehmen kann. Er kann so stark berührt sein, daß er sich, obwohl er Bewußtsein hat, »im Dunkeln« befindet, wie im folgenden Fall, bei dem es um ein von einem Geist heimgesuchtes Apartment in der Fifth Avenue in New York ging. Der Geist wurde von Hans Holzer erlöst, der mit dem Trancemedium Ethel Meyers zusammenarbeitete. Der Vorgang wurde von Anfang bis Ende auf Band genommen. Es gab 17 Sitzungen, die sich über einen Zeitraum von fünf Monaten erstreckten und sich mit diesem Geist befaßten. Dank ihrer Hilfe können wir einen Geist kennenlernen.

Mit stockendem Atem erwarteten wir die Ankunft der wie auch immer gearteten Persönlichkeit, in der der fragliche »Geist« erscheinen mochte. Wir erwarteten irgend etwas Gewalttätiges . . ., und es kam auch. Das ist bei solchen Fällen durchaus normal, vor allem beim ersten Kontakt. Es zeigt sich, daß eine »gestörte Persönlichkeit« fortwährend seine oder ihre »Übergangsbedingungen« oder die Todesursache neu erlebt, und dieser letzte Todeskampf ist es, der die Besuche von Geistern so oft zu einer schreckensvollen Angelegenheit macht. Wenn Angstgefühle die Todesursache sind oder während des Todes vorhanden waren, dann . . . erlebt das Wesen diesen letzten Kampf immer wieder, ähnlich einer Grammophonnadel, die in der letzten Plattenrille hängengeblieben ist. Aber nun zu dem, was bei dieser ersten Sitzung geschah.

Sitzung vom 11. Juli 1953, Fifth Avenue 226.

Das Medium, jetzt von einem unbekannten Wesen besessen, hat Schwierigkeiten zu sprechen. Das Wesen bricht in ein haßerfülltes, irres Gelächter aus.

Wesen: . . . Sie kommen . . . Wo ist Mignon? WO IST SIE?

Frage: Wir wollen dir helfen. Wer ist Mignon?

Wesen: Sie müßte hier sein . . . wo ist sie? . . . du hast sie geholt! Wo ist sie? Wo ist das Baby?

Frage: Welches Baby?

Wesen: Was haben sie mit ihr gemacht?

Frage: Wir sind deine Freunde.

Wesen: (tränenerstickt) Oh, ein Feind . . . ein Feind . . .

Frage: Wie heißt du?

Wesen: Guychone . . . Guychone . . . (spricht von Schmerzen im Genick; die umhersuchenden Hände sind offensichtlich verwirrt, auf einen Frauenkörper zu stoßen.)

Frage: Du benutzt den Körper von jemand anderem. (Wesen greift an die Kehle.) Tut es dir dort weh?

Wesen: Nicht mehr ... es ist wieder heil ... Ich kann nichts sehen ... Es ist alles so anders, alles sehr seltsam ... nichts ist wie vorher.

Ich fragte ihn, wie er gestorben sei. Das erregte ihn sehr.

Wesen: (hysterisch) Ich hab's nicht getan ... Ich sag dir, ich hab's nicht getan, nein ... Mignon, Mignon ... wo ist sie? Sie haben das Baby geholt ... sie hat mich versteckt ... sie haben sie geholt ... (Warum hat sie dich versteckt?) Damit mich niemand finden konnte. (Wo?) Ich bleibe dort (oben) die ganze Zeit.

Frage: Ist es schwierig für dich, diesen Körper zu benutzen?

Wesen: WAS?? WAS?? Ich bin HIER ... ich bin hier ... Das ist mein Haus ... aber was machst DU hier?

Frage: Erzähl mir über den kleinen Raum da oben.

Wesen: (weinend) Kann ich ... das Zimmer verlassen?

Hier zog sich das Wesen zurück, und Albert, der *Kontrollgeist* des Mediums, zog in ihren Körper ein (es ist ein Geist, der speziell mit diesem Medium arbeitet).

Albert: Diese Person ... hat unter Gewalttätigkeiten gelitten ... Es war ein Konföderierter (Soldat im Amerikanischen Sezessionskrieg).

Frage: Wie hieß er?

Albert: Nicht so, wie er sagt. Es ist ein angenommener Name, der ihm gefällt. Er ist noch nicht bereit, nähere Einzelheiten preiszugeben ...

Frage: Was ist mit Mignon und dem Baby?

Albert: Oh, sie sind natürlich seit langem *auf dieser Seite* (tot), aber er hat nie erfahren, was aus ihnen wurde. Sie wurden gewaltsam getrennt.

Frage: Wie ist er gestorben?

Albert: Durch Gewalt. (Hat man ihn gehängt?) Ja. (In dem kleinen Zimmer?) Ja. (War es Selbstmord oder Mord?) Er sagt, es war Mord.[31]

Die Sitzung war zu Ende. Das Medium erhob sich und begann, wie ein hängender Körper vorwärts- und rückwärtszuschwingen. Sie sagte, sie fühle sich sehr steif vom »Hängen«, und war überrascht, ihren Körper unversehrt vorzufinden, da ihr Unterleib aufgeschnitten worden war. Das Medium erlebte die Erinnerungen des Toten an seinen Tod durch Erhängen und an eine

Bauchwunde, die ihm vor seinem Tod von seinen Mördern zugefügt worden war. Sie empfand noch längere Zeit Schmerzen an Hals und Bauch. Holzer notierte, daß, während Guychone durch sie sprach, »ein lumineszierender weißer und grünlicher Glanz das Medium umgab, was den Eindruck eines älteren Mannes mit Glatze, hohen Backenknochen und dünnen Armen erweckte«.

»Guychone« folgte Mrs. Meyers nach dieser ersten Sitzung nach Hause.

Er erschien ihr nachts zweimal in einer Art »hellem Halo« mit einem Ausdruck dringlichen Flehens in den Augen. Auf ihre Ermahnung, bis zur nächsten Sitzung Geduld zu haben, verschwand ... die Erscheinung[32]

Die nächste Sitzung fand am 14. Juli statt und erwies sich als ebenso dramatisch. Guychone war sich, wie die meisten umgehenden Geister, überhaupt nicht dessen bewußt, daß seit seinem Tod viel Zeit vergangen war.

Frage: Weißt du, welches Jahr wir haben?

Guychone: 1873.

Frage: Nein, wir haben 1953. 80 Jahre sind vergangen. Du lebst nicht mehr. Verstehst du das?

Guychone: 80 Jahre? ACHTZIG JAHRE? Ich bin nicht 110 Jahre alt?

Frage: Nein, das bist du nicht. Du bist für immer jung. Auch Mignon ist an deiner Seite. Wir wollen dir helfen, daß du dich begreifst. Was ist 1873 geschehen?

Guychone: Das geht dich einen Dreck an ... nur mich ... nur mich!

Frage: Schon gut, behalte dein Geheimnis für dich. Aber willst du Mignon nicht wiedersehen? Willst du nicht Gerechtigkeit? (irres, bitteres Gelächter) ... Daß du hier bist und in der Lage zu sprechen, beweist das nicht, daß es Hoffnung für dich gibt? Was ist 1873 geschehen? Erinnere dich an das Haus in der Fifth Avenue, an das Zimmer im ersten Stock, das Pferd ...

Guychone: Reiten, reiten ... such sie ... sie haben sie fortgebracht.

Frage: Wer hat sie fortgebracht?

Guychone: DU! (Droht, den Fragesteller zu schlagen.)

Frage: Nein, wir sind deine Freunde. Wo können wir Unterlagen über deinen Dienst in der Armee finden? Stimmt es, daß du einen gefährlichen Auftrag hattest?

Guychone: Ja.

Frage: Was war es für ein Auftrag?

Guychone: Das ist meine Sache! Ich plaudere meine Geheimnisse nicht aus. Ich bin ein Ehrenmann, und ich nehme meine Geheimnisse mit ins Grab.

Frage: Welchen Dienstgrad hattest du?

Guychone: Ich war Oberst.

Frage: In welchem Regiment?

Guychone: Im 206.

Frage: Warst du bei der Infanterie oder Kavallerie?

Guychone: Kavallerie.

Frage: Im Krieg zwischen den Staaten?

Guychone: Ja.

Frage: Wo hast du gewohnt, bevor du nach New York kamst?

Guychone: In Charleston . . . Elm Street.

Frage: Oberst, wie ist Ihr Familienname?

Guychone: (schreit) Als Ehrenmann bin ich nicht bereit, Ihnen diese Auskunft zu geben . . . es ist zwecklos, ich werde den Namen nicht nennen.

Frage: Du machst es uns schwer, doch wir fügen uns deinen Wünschen.

Guychone: (erleichtert) Ich bin dir sehr dankbar, . . . für den Hinweis, daß es 80 JAHRE her sind. 80 Jahre!

Frage: Gibt es irgend etwas, das wir für dich erledigen sollen? Irgendeine nicht abgeschlossene Angelegenheit?

Guychone: 80 Jahre, das ist natürlich etwas anderes . . . Ich bin ein gebrochener Mann . . . Gott segne dich . . . Mignon . . . es ist so dunkel, so dunkel.[33]

Holzer erklärte Guychone weiter, daß er zeitweilig durch den Körper einer Frau mit uns gesprochen und wie der Haß gegen die, die ihn getötet hatten, ihn in dem Haus in der Fifth Avenue gefangengehalten und ihn daran gehindert hatte, ein normales Dasein nach dem Tode zu führen.

Die Niederschrift kann die Dichte der Situation nur bedingt wiedergeben, die zwischen einer aufbrausenden, haßerfüllten ... Persönlichkeit, die gerade aus (langer) Dunkelheit kommt, und einem Fragesteller besteht, der ruhig versucht, Klarheit in einen verwirrten Geist zu bringen. Gegen Ende der Sitzung ... begriff Guychone langsam, daß seit seinem Unglück viel Zeit vergangen war ... Im Grunde unterscheidet sich die Methode, einen »Geist« zu »befreien«, nicht von der, die der Psychiater anwendet, wenn er einen Menschen aus Fleisch und Blut von Zwangsvorstellungen oder anderen Störungen heilt. In beiden Fällen beschäftigt man sich mit dem Geist.[34]

Es ist typisch für den Verlauf bei Exorzismen, daß der Austreibende das Bewußtsein des Wesens so weit erhöht, daß es verstorbene Personen, die ihm nahestanden, wahrnehmen kann. Diese kümmern sich um das Wesen und führen es einem normalen Dasein nach dem Tode zu. Am 28. Juli geschah das mit Guychone. Er sagte: »Ich möchte euch mitteilen, daß meine Mutter hier ist. Ich habe sie gesehen. Sie sagt, Gott segne dich. Jetzt verstehe ich mehr. Danke.«

Unvollendete Aufgaben

Es gibt viele Arten »nicht erledigter Geschäfte«, die einen Geist an einen bestimmten Ort fesseln können. Drei Beispiele für diese Art von Spuk zeigen das Spektrum von Umständen, die einen Geist »erdgebunden« erscheinen lassen.

Im ersten Fall, der schon dargelegt wurde, ging es um den Spuk im Hause Danton Walkers in Rockland County in New York. Der Geist, ein polnischer Immigrant, hatte während des Amerikanischen Freiheitskrieges bei den amerikanischen Truppen gedient. Er hatte geheime Pläne bei sich, als die Engländer ihn gefangennahmen, und wurde beim Verhör geschlagen und grausam gefoltert. Die Folge war, daß er zeitweilig wahnsinnig wurde und einige Jahre später starb, noch immer besessen von den militärischen Geheimplänen, die er bei sich gehabt und kurz vor seiner Gefangennahme auf dem Grundstück versteckt hatte, das heute Mr. Walker gehört. Sein »nicht erledigter Auftrag« bestand in der Sicherheit dieser verborgenen Pläne, derentwegen er immer noch gequält wurde. Ein Psychiater aus der Park Avenue, der nur als ›Dr. L.‹ auftrat, führte die Austreibung aus dem Haus Danton Walkers mit Hilfe des Trancemediums Eileen Garrett durch.

Dr. L.: Wir sind Freunde, du kannst mit uns sprechen. Wir wollen dir helfen, so gut wir können. Wir sind Freunde.

Wesen: Mhh – mhh – mhh – (undeutliches Schluchzen und Schmerzenslaute).

Dr. L.: Sprich mit uns. Sprich mit uns. Können wir dir helfen? (Erneutes Weinen des Wesens) Du wirst mit uns reden können. Jetzt bist du schon ruhiger. Du wirst mit uns sprechen können. (Das Wesen kriecht über den Boden auf Mr. Walker zu, scheint nur für ihn Augen zu haben und bleibt während der ganzen Befragung zu seinen Füßen. Das Weinen läßt nach.) Sprichst du Englisch?

Wesen: Freund ... Freund ... Freund. Erbarmen ... Erbarmen ... Erbarmen ... (Das Englisch hat einen deutlichen polnischen Akzent, die Stimme ist rauh, fremdartig, ... gefühlsbeladen.) Ich weiß ... ich weiß ... ich weiß ... (zeigt auf Mr. Walker) [Die Anziehungskraft Mr. Walkers rührte, wie sich herausstellte, von dessen Ähnlichkeit mit einem Lieblingsbruder des Wesens her.]

Dr. L.: Wann hast du ihn das letzte Mal gesehen?

Wesen: Steine ... Steine ... Sie sollen mich nicht holen!

Dr. L.: Nein, wir werden es nicht zulassen.

Wesen: (Weint erneut) Sprich ...

Mr. Walker: Willst du mit mir sprechen? Gut, ich werde mit dir sprechen.

Wesen: Kann nicht sprechen ...

Mr. Walker: Du kannst nicht sprechen? Fällt es dir schwer zu sprechen?

Wesen: (Nickt) Ja.

Dr. L.: Möchtest du Wasser? Essen? Wasser?

Wesen: (Schüttelt den Kopf) Sprich! Sprich! (Zu Mr. Walker) Freund? Du?

Mr. Walker: Ja, Freunde. Wir alle sind Freunde.

Wesen: (Zeigt auf seinen Kopf, dann auf die Zunge.) Steine ... nein?

Dr. L.: Keine Steine. Du wirst nicht gesteinigt.

Wesen: Keine Schläge?

Dr. L.: Nein, du wirst nicht gesteinigt, du wirst nicht geschlagen.

Wesen: Geht nicht fort!

Mr. Walker: Nein, wir bleiben hier.

Wesen: Kann nicht sprechen ...

Mr. Walker: Du kannst sprechen. Wir alle sind Freunde.

Dr. L.: Es ist schwer bei der Krankheit, die du hast, aber du kannst sprechen. Dein Freund hier ist Mr. Walker. Und wie heißt du?

Wesen: Er ruft mich. Ich muß hinaus. Ich ertrage es nicht länger. In Gottes Namen, ich ertrage es nicht länger. (Berührt Mr. Walker)

Mr. Walker: Ich werde dich beschützen. (Beim Wort ›beschützen‹ richtet sich das Wesen auf, offensichtlich stark beeindruckt.) Wovor fürchtest du dich?

Wesen: Steine ...

Mr. Walker: Hat man mit Steinen nach dir geworfen?

Dr. L.: Das wird nicht wieder geschehen.

Wesen: Freunde! Wilde Männer ... versteht ihr ...

Mr. Walker: Indianer?

Wesen: Nein. – Dr. L.: Weiße?

Wesen: Mh ... Zähne weg (demonstriert, wie ihm die Zähne eingetreten wurden).

Mr. Walker: Zähne weg?

Dr. L.: Sie haben dir die Zähne ausgeschlagen?

Wesen: Siehst du? Ich kann nicht ... Beschütze mich!

Mr. Walker: Ja, ja. Wir beschützen dich. Keine Schläge mehr, keine Steine mehr.

Dr. L.: Wohnst du hier? Ist das dein Haus?

Wesen: (Wilde Geste, laute Stimme) Nein, oh nein! Ich verstecke mich hier.

Mr. Walker: In den Wäldern?

Wesen: Kann hier nicht weg.

Dr. L.: Vor wem versteckst du dich?

Wesen: Groß, groß, stark ... groß, groß, stark ...

Dr. L.: Ist er derjenige, der dich geschlagen hat?

Wesen: (Schreit) Alles ... was ich weiß ... was ich weiß ... was ich weiß ...

Dr. L.: Kennst du die Namen?

Wesen: (Mit den Händen auf Mr. Walkers Schultern) Kenne die Pläne ...

Dr. L.: Sie versuchten, die Pläne zu finden, dich zum Sprechen zu bringen, aber du hast nichts gesagt? Und der Kopf tut dir weh?

Wesen: (Nickt nur) Ah . . . ah . . .

Dr. L.: Und man hat dich getreten und geschlagen und gesteinigt. (Das Wesen nickt eifrig.)

Mr. Walker: Wo sind die Pläne?

Wesen: Ich habe sie versteckt . . . weit weg, weit weg . . .

Mr. Walker: Wo hast du die Pläne versteckt? Wir sind Freunde, du kannst es uns sagen.

Wesen: Gib mir eine Karte. (Das Wesen bekommt Notizblock und Bleistift, mit dem es so steif schreibt wie mit einem Federkiel.)

Wesen: Mit euren Maßen . . . versteckt . . . (Zeichnung)

Mr. Walker: Wo das Kutschenhaus liegt?

Wesen: Ein Haus . . . nicht im Haus . . . Holzhaus . . . Block . . .

Mr. Walker: Blockhaus?

Wesen: (Nickt) Pläne . . . Blockhaus . . . unter . . . unter . . . Steinen . . . fünfzehn . . . Block . . . 15 Steine . . . Tür . . . Pläne – für gesamte Umlagerung von . . .

Mr. Walker: Von Munition?

Wesen: Nein . . . Männer und Munition . . . Ich habe Pläne für französische . . . Pläne, die ich abliefern muß, zum Blockhaus . . . genau, wo Sonne durch das Fenster fällt . . .

Dr. L.: 15 Steine von der Tür entfernt?

Wesen: Wo die Sonne durch das Fenster fällt . . . 15 Steine . . . unter . . . im Blockhaus . . . Da habe ich hingelegt . . . Pläne . . . (erregt) Nicht wieder wegnehmen!

Mr. Walker: Nein, nein, wir lassen sie dir nicht wieder wegnehmen. Wir beschützen dich vor den Engländern.

Wesen: (offensichtlich ergriffen) Nie jemand gesagt – nie jemand gesagt – ich will dich beschützen . . .

Mr. Walker: Ja, wir werden dich beschützen. Du bist jetzt immer beschützt.[35]

Von dem Tag an hörten die Spukerscheinungen auf.

Ein anderer Fall, bei dem es um weit weniger aufregende »unerledigte Aufgaben« ging, war der der Familie eines tierisch ernsten britischen Admirals im Ruhestand. Seine Söhne klagten ihm gegenüber zunehmend darüber, daß »jemand« in dem Zimmer sei, in dem sie schliefen. Sie hörten Geräusche und entdeckten am Morgen, daß ihre Schuhe an einem anderen Platz standen. Auch die Mutter gestand ein, daß sie Schritte gehört hatte. Eines Tages dann, als der Admiral einen Whiskey mit Soda trank, bewegte sich das Glas von selbst, fiel zu Boden und zerbrach. Als ein oder zwei Tage später etwas Ähnliches mit einem Krug passierte, den er benutzte, begriff er, daß etwas im argen lag. Man riet ihm, die Hilfe eines Mediums in Anspruch zu nehmen, und Eileen Garrett übernahm den Fall. Es stellte sich heraus, daß der Bruder der Mutter der Urheber war. Er war vor zwei Jahren gestorben, war geistesgestört und hatte in diesem Zustand ein Testament aufgesetzt, in dem er einer entfernten Cousine seinen Grundbesitz vermacht hatte und seine geliebte Frau mit nichts zurückließ. Als er nach seinem Tod erkannte, was er angerichtet hatte, bemühte er sich verzweifelt, die Situation in Ordnung zu bringen und ihre Aufmerksamkeit durch Geräusche und das Bewegen von Gegenständen zu erregen. Die Lage, die er geschaffen hatte, wurde bereinigt, und der Spuk hörte auf.[36]

Ein anderer, aus ähnlichem Grund umgehender Geist wurde von John Pearce-Higgins mit Hilfe des Mediums Ena Twigg ausgetrieben. Es spukte in einem Pfarrhaus, in dem man oft Schritte hörte und wo eine furchtbar gedrückte Atmosphäre herrschte, die die dort wohnende Familie beeinträchtigte. Es war einer der seltenen Fälle, bei dem der Geistliche, der vorher dort gewohnt hatte, ein unglücklicher Junggeselle mittleren Alters und Urheber des Spuks, *wußte*, daß er tot war. Er behauptete, durch die furchtbare Vorstellung an diesen Ort gebunden zu sein, daß er sein Leben vertan habe. Man sagte ihm, daß er nicht mehr zu seiner irdischen Umwelt gehörte, worauf er erwiderte: »Aber ich weiß nicht, wohin ich gehen soll.« Dann brach er zusammen, schluchzte, dankte ihnen, daß sie ihm geholfen hatten, und sagte, er sei »befreit«. Der Spuk hörte auf.[37]

Diese drei Beispiele zeigen deutlich, daß fast jeder »unerledigte Auftrag« einen Geist an seine irdische Umwelt fesseln kann; es muß lediglich etwas sein, das der Geist für sehr wichtig hält.

Bei einem Spuk dieser Art war der verursachende Geist eine wohlhabende Mutter, die gestorben war und ihre Tochter enterbt hatte, mit der sie sich nicht verstand. (Sie hatte eine starke Abneigung gegen den Mann ihrer Tochter.) Sie verursachte ziemlich aufregende Phänomene: Bilder fielen von der Wand, Kleiderbügel flogen auf das Dach und Schritte hallten durch das Haus. Am schlimmsten war, daß die Tochter, die selbst telepathisch veranlagt war, bei verschiedenen Gelegenheiten von ihrer Mutter »hinübergeholt« zu werden schien und in diesem Zustand einmal ihren Mann mit einem Hammer angriff und ihn auf eine Art und Weise verwünschte, die ihr völlig fremd war. Diese Vorfälle begannen, die Ehe zu gefährden. Sie beide begriffen, was passierte, und zogen ein Medium zu Rate. Die Mutter drang in den Körper des Mediums ein. Sie war aufgebracht darüber, daß sie ihr Testament angefochten hatten, in dem das gesamte Geld einer wohltätigen Organisation vermacht worden war. Bei einer zweiten Gelegenheit erschien sie gründlich geläutert und ging, als sie in den Körper des Mediums eingezogen war, zu ihrer Tochter und bat sie um Verzeihung. Daraufhin hörten sämtliche Spukerscheinungen auf.[38]

Eileen Garrett hatte einige Fälle, bei denen die Ursache für den Spuk die Erregung der Verstorbenen über Handlungen der Lebenden war. In einem davon hörten eine Witwe und ihre Tochter seltsame Klopfgeräusche und andere rätselhafte Störungen in ihrem Haus. Mit der Hilfe von Eileen, die sich in Trance befand, entdeckte der Exorzist Hewat McKenzie, daß der verstorbene Ehemann der Frau die Ursache war. Er war vor zwei Jahren gestorben und hatte etwas Geld für seine Tochter hinterlassen. Doch der skrupellose Anwalt, der den Nachlaß verwaltet hatte, hatte die Witwe verführt, und die beiden hatten den größten Teil des Geldes verschwendet. Der Spuk war seine Art, sich dagegen aufzulehnen. Er glaubte, es einfach nicht zulassen zu können, daß sein sensibles Kind unter solch entwürdigenden Umständen lebte. Er enthüllte, daß er die Kraft für den Spuk von seiner Tochter gezogen hatte. In diesem Fall konnte der Exorzist wohl nur wenig ausrichten; wenn Geister sich entschließen, nicht einzulenken und den Spuk zu beenden, ist es schwierig, sie dazu zu zwingen.[39]

Ein letztes Beispiel für diese Art von Spuk trug sich in einem Bauernhaus in Sussex zu, wo zwei Jungen mit ihrem Stiefvater lebten. Hier war es zu einem regelrechten Sturm von Spukerscheinungen gekommen: Geräusche, Haushaltsgegenstände bewegten sich von selbst und zerbrachen, Bettücher wurden den Schlafenden weggezogen. Der Bauer beklagte sich bitter über die Geister, bekam aber mehr, als er wollte, als sich Mrs. Garrett in Trance versetzte. Seine frühere Frau, die Mutter der beiden Jungen, erschien und enthüllte, daß es ihr Geld gewesen war, mit dem der Bauer überhaupt erst einen Hof hatte bauen können. In den letzten eineinhalb Jahren ihres Lebens war sie infolge eines Schlages gelähmt. Eine Frau war ins Haus gekommen, die sich um sie kümmern sollte. Aber zwischen ihr und dem Bauern kam es zu einem Verhältnis. Offensichtlich ohne Erfolg hatten die beiden versucht, der Mutter die gelähmte Hand zu führen und sie ein Papier unterzeichnen zu lassen, das dem Bauern ihren gesamten Besitz verschafft hätte. Es war der Mutter trotzdem gelungen, ihren beiden Jungen eine beachtliche Summe zu hinterlassen, doch sie war in ständiger Angst, daß der Stiefvater das Geld an sich bringen könnte. Der Spuk war ihr Versuch gewesen, auf diese Situation aufmerksam zu machen. McKenzie nahm Verbindung zu einigen Verwandten der Jungen auf, die sie genannt hatte, und die Erbschaft der Jungen wurde unter deren Aufsicht und mit Zustimmung des geläuterten Vaters unter gesetzlichen Schutz gestellt. (Bemerkenswert, daß auch der Spukgeist dieser Mutter behauptete, die Kraft für den Spuk von den beiden Söhnen bezogen zu haben.)[40]

So bringt in all diesen Fällen die feste Überzeugung der Toten, daß die Lebenden ihre Wünsche mißachten, zusammen mit einem menschlichen Wesen, von dem die »Kraft« gezogen werden kann, einen umgehenden Geist hervor.

Gefühlsregungen vor dem Tod

Übermächtige Gefühle wie Qual und Schuld, die den Geist vor seinem Tod beherrschen, können ihn an seine gewohnte Umwelt binden und nach dem Tod zu einem ausgedehnten Dasein als Geist führen. John Pearce-Higgins beschreibt seine Erfahrungen mit einem solchen Spukgeist:

Ich bekam einen dringenden Anruf von einer frisch und glücklich verheirateten jungen Braut, die in ihrer Umgebung gefährliche, selbstmörderische Einflüsse bemerkte. Am nächsten Tag ging ich zu ihr. Die hellsehende Schwester der jungen Dame, die zwei Nächte in der Wohnung verbracht hatte, hatte die Erscheinung eines bekümmerten Mädchens gesehen, das verzweifelt seine Hände gerungen und gesagt hatte: »Er hat mich im Stich gelassen, was soll ich tun? Tabletten schlucken oder mir die Pulsadern aufschneiden?« (Anscheinend tat sie letzteres.)[41]

Nachdem eine Austreibung vorgenommen worden war, besserte sich die »Atmosphäre« schlagartig. In diesem Fall hielt die dem Selbstmord des unbekannten Mädchens vorausgehende Qual es nach seinem Tod an die Wohnung gefesselt. Es war so gefangen in seinem Schmerz, daß es nicht einmal merkte, daß es tot war.

Aus ähnlichem Grund spukte es in einem alten Haus aus dem 18. Jahrhundert in Stamford Hill in Connecticut. Bob und Dorothy Cowan, die Eigentümer, hatten keine Angst vor dem Geist und empfanden ihn nicht als übermäßig aufdringlich. Allerdings hätten sie außerordentlich gerne gewußt, wer der Geist war und was er wollte, und setzten sich mit Hans Holzer in Verbindung, der mit Ethel Meyers in das Haus kam. Bei diesem etwas komplizierteren Fall stellte sich heraus, daß es um zwei Geister ging – eine junge Frau namens Lucy (sie wurde auch Laurie gerufen) und ihren Großvater, der Samuel mit Vornamen hieß. Lucy hatte einen jungen Mann namens Benjamin heiraten wollen, doch ihr Großvater hatte sich dem widersetzt, weil es Unterschiede in der Religion gab, die er für wichtig erachtete. In einem Anfall von Wut hatte der Großvater dem jungen Mann offensichtlich mit einem Stock über den Kopf geschlagen und seine Leiche in den Brunnen geworfen. Lucy verzieh ihm diesen Mord nie, aber auch er konnte es nie überwinden. Durch Schmerz und Schuld gebunden, waren die beiden seither in dem Haus geblieben. Ihre Geschichte wurde durch das in Trance versetzte Medium aufgedeckt.

»Da ist eine junge Frau ... Laurie ... sehr hübsches Gesicht, aber so traurig ... sie sieht dich an, Hans. Bei ihr ist ein jugendlich wirkender Mann mit braunem Haar, Locken, einem weißen Hemd ... und darüber eine braune Weste ...« Ich fragte, was er wolle und warum er hier sei. Das schien das Medium irgendwie zu bewegen.

»Boden des Brunnens«, murmelte sie, »Boden des Brunnens ...« – »Jemand hatte einen Stock über der Schulter«, sagte das Medium jetzt, »ein älterer Mann mit dunkler Hose und dicken Socken. Sein Haar ist grau und ziemlich lang; er hat diesen Stock.« Ich bat sie herauszufinden, warum ...

»Wer liegt da unten im Brunnen? Der, den ich in den Brunnen geworfen habe, der ...« Ethel befand sich jetzt vollkommen in Trance, und der alte Mann schien durch sie zu sprechen.

»Wie heißt du?« fragte ich.

»Sie grämte sich«, erwiderte die Stimme, »sie grämte sich darüber, daß ich das getan hab'.«

»Wie heißt du?«

»Das geht dich nichts an.«

»Alle sind da ... klagen mich an ... ich sehe sie immer am Brunnen.«

»Ist jemand in diesem Brunnen gestorben?« Draußen, kaum 20 m von uns entfernt, lag der Brunnen jetzt kalt und still in der Nachtluft.

»Der, den ich verkannte. Ich finde Frieden, ich finde ihn, ich setze ihn wieder zusammen.«

»In welchem Jahr war das?«

»Nichts, was dich jetzt angeht ... Ich verzeihe mir nicht ... ich tat unrecht, ich tat unrecht ... Immer sehe ich ihr Gesicht ...«

»Bist du jetzt in diesem Haus?« fragte ich.

»Wo kann ich sonst sein und mit dir sprechen?« erwiderte der Geist wie aus der Pistole geschossen.

»Das Haus gehört dir nicht mehr«, sagte ich leise.

»Oh, doch«, antwortete der Geist sicher. »Der junge Mann (Bob Cowan, der jetzige Eigentümer) ist nur hier, um mich anzuschauen und sich über mich lustig zu machen. Es gehört niemand anderem als mir. Mich interessiert nur das Fleisch, das ich wieder mit den Knochen vereinen kann, und ich will ihn wiederherstellen (den Ermordeten) wie in der Blüte seines Lebens, als sie ihn so sehr liebte, die durch mein Vergehen so gelitten hat.«

Hier merkte der Geist, daß er sich nicht in seinem eigenen Körper befand. Als ich ihm den Zusammenhang erklärte, wurde er langsam wieder ruhiger. Zuerst hatte er angenommen, im eigenen Körper zu sein, den er dazu benutzen könnte, das Leben desjenigen wiederherzustellen, den er erschlagen hatte. Ich fragte ihn weiter, wer er sei. Schließlich kam die leise geflüsterte Antwort: »Samuel.« (Die Ereignisse nehmen jetzt einen äußerst dramatischen Verlauf: Ihm erscheinen der Ermordete und die unrecht behandelte Enkelin.)

»Oh, er ist hier, der Mann, dem ich unrecht tat.« Er schien jetzt von großer Furcht befallen zu sein. Die große Uhr fing an zu schlagen. Der Geist glaubte, das gelte ihm. »Das Urteil, das Urteil . . . Laurie . . . *sie lächeln mich an. Ich habe getötet. Er hat meine Hand genommen! Er, den ich geschlagen habe.«* Plötzlich war er verschwunden, und kurz darauf bewohnte eine vollkommen andere Persönlichkeit Ethels Körper. Es war Laurie.

»Bitte, vergebt ihm«, bat sie, »ich habe ihm verziehen.« Die Stimme klang lieblich und mädchenhaft.

»Wer ist Samuel?«

»Mein Großvater.«

»In welchem Jahr bist du geboren?«

Zögernd sagte die Stimme: »1756.«

»Welches Jahr haben wir jetzt?«

»1774?»[42]

So endete der Spuk. Das Vorgehen »erhöhte« das Bewußtsein der beiden Geister, so daß sie den jungen Mann sehen konnten, der sie, als er den Mörder bei der Hand nahm, fort zu einem neuen Dasein führte.

Bin ich tot?

Einige Geister erkennen nicht, daß sie tot sind. Sie setzen einfach ihr früheres Dasein fort, bewegen sich teilweise in der materiellen Umwelt, wie es scheint, und teilweise in einer Art »Traum«-

Welt, die sie in ihrer eigenen Vorstellung erfinden. John Pearce-Higgins beschreibt einen solchen Spuk:

Wir säuberten nach mehreren Besuchen ein ehemaliges Pfarrhaus in den Midlands, . . . in dem zwei Tudor-Mönche einer örtlichen Priorei spukten, die im 16. Jahrhundert aufgelöst worden war. Es waren eindeutig zwei üble Kerle. Der eine hatte ein irisches Dienstmädchen geschwängert, der andere hatte ihr das Kind weggenommen und es getötet. Auch das Mädchen selbst sprach durch das Medium zu uns und sagte mitleidsvoll: »Mrs. Longhurst läßt mich nicht mehr ausgehen.« Anscheinend war Mrs. Longhurst die Dienstherrin, und das Haus wurde von der Priorei als Gästehaus benutzt. Das Mädchen war in einer Mansarde eingesperrt worden und hatte sich schließlich vergiftet, nachdem man ihr Kind getötet hatte. Sie suchte immer noch nach ihrem Baby und war sich dessen nicht bewußt, daß es tot und inzwischen soviel Zeit vergangen war. *Auch die Mönche hatten weiterhin ihre täglichen Gottesdienste gehalten und glaubten, obwohl die Priorei im Jahre 1536 aufgelöst worden war, immer noch, ihre tägliche mönchische Arbeit auf dem Feld und in der Kirche zu erledigen!* Der Versuch, sie davon zu überzeugen, daß sie tot waren, erwies sich als äußerst interessant. Sie konnten es kaum glauben, da sie dachten, bis zu den Posaunen des Jüngsten Gerichts zu schlafen und dann dank ihrer Weihen direkt in das Paradies oder den Himmel einzugehen. Sie konnten überhaupt nicht begreifen, wo sie sich befanden.[43]

Eileen Garrett stieß auf einen Fall dieser Art, bei dem es um einen Geist in einer Fischerhütte im Severn-Tal im Westen Englands ging. Vor allem der jüngste Sohn der Familie wußte etwas von diesem Geist, den der Junge offenbar anzog. Er beschrieb ihn den anderen als einen dunklen, schwarz-braunen Mann mit rauhem und ziemlich drohendem Benehmen. Auch den anderen war, wie sich herausstellte, der Geist durchaus gewärtig, sie hielten ihn aber für harmlos. Aber der Geist versetzte den Jungen oft in Angst, indem er ihm die Bettdecke wegzog. Als Eileen Garrett am Schauplatz ankam, trat sie direkt mit ihm in Verbindung. Er entpuppte sich als entfernter Verwandter, der vor mehreren Generationen im gleichen Haus gewohnt hatte. Er erklärte, daß er diesen Platz immer noch liebte und gerne dann hierher zurückkam, wenn die beste Zeit für den Fischfang war.

Er war kein friedlicher Mensch, und er erzählte eine schauerliche und tragische Geschichte mit einer Anteilnahme, die deutlich machte, wie sehr er noch in jener wildbewegten Vergangenheit lebte und sie genoß. Er und ein Bruder hatten zusammen geschmuggelt und auch gefischt. An einer Stelle seiner Erzählung erbot er sich, die Gruppe zur Kirche des Ortes zu führen, wo sie die Spitzen, Weine und anderes Schmuggelgut versteckt hatten, das sie vom europäischen Festland herüberschmuggeln konnten. Außerdem wollte er den Pfad zeigen, den sie immer benutzt hatten, wenn sie vom Meer heraufgekommen waren . . .

Er erzählte, daß er und sein Bruder schließlich irgendwann Streit bekamen, daß er auf seinen Bruder schoß und ihn tötete – eine Tat, die er offenbar nicht im geringsten bereute. Er fuhr fort, daß er die Leiche mehrere Tage hatte im Hause verwahren müssen, bevor er sich ihrer ohne Gefahr für seine eigene Sicherheit entledigen konnte . . . Er berichtete, daß die Familie einmal riesigen Landbesitz gehabt hatte und sehr wohlhabend gewesen , daß aber alles verspielt worden war: Geld, Land, Pferde, Frauen, alles und jedes war beim Karten- oder Würfelspiel riskiert worden – riskiert und verloren . . .

Als man den »Fremden« fragte, warum er hierherkomme, antwortete er unbeherrscht, daß er hierhergehöre und er diesen Platz liebe. Er wußte nicht, wer die jetzigen Bewohner des Hauses waren, und er nahm ihnen ihre Anwesenheit mit unmißverständlichen Worten übel. Als man ihn fragte, warum er den jüngsten Sohn der Familie belästige, erklärte er, daß er ihn nicht hatte erschrecken wollen, den kleinen Kerl vielmehr gern hatte und ihn auf sich aufmerksam machen wollte.[44]

Dieser Mann sprach prahlerisch und lautstark durch das Medium. Er war selbstgefällig und liebte das Leben, das er während seines körperlichen Daseins geführt hatte, und er klammerte sich noch im Tod daran, als sei er sich dessen nicht bewußt, was wirklich mit ihm geschehen war, und als wüßte er nicht, daß die Zeit weitergegangen war.

Es gibt umgehende Geister. Sie sind alltäglicher, als wir glauben, und viele werden durch die Toten hervorgerufen. Das sollte uns jedoch nicht vor Angst lähmen, denn die Toten sind weder schrecklich noch unbegreiflich. Man kann sie begreifen, mit ihnen in Verbindung treten und sie befreien.

Kapitel 3
Der Geist in uns: »Out-of-the-body-Erlebnisse«

Weil sie etwas so Unglaubliches ist, entzieht sich die Wahrheit dem Erkennen.

Heraklit (um 550 v. Chr.)

Das Erlebnis war äußerst realistisch. Es hatte die Eigenschaft absoluter Objektivität.[1]

Carl Jung beschreibt sein »Out-of-the-body-Erlebnis«.

Es war ein langer, irgendwie ermüdender Tag. Nachdem man es sich in den kühlen, weichen Laken bequem gemacht hat, schließt man die Augen und läßt die Gedanken durch eine sanfte, unbeschwerte Welt von Bildern schweifen, während man selbst in das Zwischenreich des Schlafes gleitet. Das regelmäßige Atmen nebenan sagt einem, daß die Frau schon vorangegangen ist. Plötzlich meint man, ins Schwarze zu fallen, worauf ein Gefühl leichten Wiegens folgt. Man glaubt, langsam nach oben zu schweben. Obwohl die Augen wenige Augenblicke vorher noch geschlossen waren, scheinen sie jetzt geöffnet zu sein, und zum eigenen Erstaunen ziehen langsam die Wände des Schlafzimmers an einem vorbei, als man zur Zimmerdecke hinaufsteigt. Ungläubig blickt man nach unten und sieht seine Frau friedlich schlafend im Bett liegen. Neben ihr – liegt noch jemand. Selbst kann man es nicht sein, weil man hier oben schwebt – und doch ist man es! Dort auf dem Kissen, in tiefem Schlaf, ruht das Gesicht, das einem all die Jahre aus dem Spiegel entgegengeblickt hat. Mein Gott, man ist es selbst! Eine Welle panischer Angst durchläuft einen und der Blick verdunkelt sich, als man mit Lichtgeschwindigkeit in den Körper zurückgezogen wird und mit einem heftigen Aufprall in ihn zurückfällt. Das geschieht normalerweise, wenn man Angst bekommt. Wenn nicht, kann man einfach weiterschweben, wie es ein mutiger Freund tat, der *durch* die Decke hindurchglitt, weiter in die Dunkelheit der Dachkammer hinauf, das Dach durchdrang hinaus in die Nacht, wo er die mondhelle Straße entlangschwebte. Das ist ein »Out-of-the-body-Erlebnis« (OBE); sie sind nicht so selten, wie man annehmen könnte, und sagen uns eine Menge über die Welt jenseits des Todes.

Dieses Buch enthält einige außergewöhnliche Behauptungen über die Toten, daß sie manchmal sichtbar sind, daß sie an Orten spuken, die für sie emotional bedeutsam sind, daß sie sich nach dem Tod über ein Medium mitteilen können, daß sie am Sterbebett und während Wiederbelebungsversuchen erscheinen, daß sie über ihr Leben jenseits des Todes berichten, daß sie das eigentliche Selbst darstellen, das sich wiederverkörpert, und daß sie unter bestimmten Bedingungen die Lebenden »beherrschen« können.

Letztlich besagen diese Behauptungen, daß wir im Grunde alle »Geister« sind. Und durch persönliche Erfahrungen mit unserem Körper sind sich viele von uns bewußt geworden, daß das zutrifft, daß wir wirklich »Zwei« sind – das Körperliche und das Andere. Dieses Bewußtsein ist eines der am besten belegten Geheimnisse der modernen Zeit.

Die obigen Behauptungen sind sicher umstritten. Doch stellen wir noch eine andere auf, die es mindestens genauso ist: Wie wir in diesem Kapitel sehen werden, *können auch die Lebenden all das tun* – in »Out-of-the-body-Erlebnissen«.

Die Annahme erscheint hinreichend vernünftig, vor allem im Zeitalter der Wissenschaft, daß das Bewußtsein auf einen Körper und auf ein Gehirn angewiesen ist. Wie kann dann aber jemand etwas erleben, wobei sich das Bewußtsein und der Körper voneinander trennen? Betrachten wir vier Beispiele dieser »Out-of-the-Body-Erlebnisse«, die diese Behauptung mehr als nur in Ansätzen glaubhaft erscheinen lassen sollten.

Vier »Out-of-the-body-Erlebnisse«

Der Psychiater aus Virginia

Dr. George C. Ritchie lebt heute in Charlottesville in Virginia, war 1943 aber noch ein 19jähriger, einfacher Soldat in der Armee der Vereinigten Staaten. Im Dezember dieses Jahres wurde er in das Kriegslazarett bei Camp Barkley in Texas eingeliefert. Er litt an, wie der Krankenbericht es nannte, akuter Nasopharyngitis. Sein Zustand verschlechterte sich, und eine erneute Diagnose ergab Lobärpneumonie. Am frühen Morgen des 20. Dezember starb der einfache Soldat Ritchie. Der anwesende Arzt, Dr. Donald Francy, erklärte später in einem beglaubigten Bericht, daß bei Ritchie keine Anzeichen von Atmung oder Herztätigkeit mehr festzustellen waren. Dr. Francy schloß, daß Ritchie tot war, und gab dem Stationspersonal Anweisung, den Körper für das Leichenschauhaus vorzubereiten. Neun Minuten später glaubte jemand vom Personal, leichte Bewegungen des Brustkorbes bei dem Toten festzustellen, und rief Dr. Francy. »Ich ordnete Adrenalin ins Herz an«, berichtete er, »und der Soldat Ritchie ließ Anzeichen zunehmender Atmung erkennen und entwickelte feststellbaren Puls.«

Was war mit Ritchie geschehen, als er tot war? Ritchie sprach über seine Erfahrungen und sagte:

Ich begreife das Ganze kaum. Ich kann nur die Ereignisse so schildern, wie sie sich abspielten. Es war das Deutlichste und doch Unverständlichste, das mir in meinem Leben widerfahren ist. Das Erlebnis ließ meinen ersterbenden Glauben wiederaufleben und nahm mir endgültig jede Furcht vor dem Tod.

Als seine Krankheit ihren Höhepunkt erreicht hatte, merkte Ritchie plötzlich, daß er sich nicht mehr krank fühlte. Er kam sich statt dessen fröhlich, heiter und leicht wie eine Feder vor. Dann erkannte er, daß er neben seinem Krankenbett stand und auf eine Hülle mit grauem Gesicht hinuntersah.

Ich bemerkte, daß noch jemand auf dem Bett lag, das ich gerade verlassen hatte. In dem dämmrigen Licht trat ich näher heran und wich zurück. Er war tot. Die schlaffen Wangen und die graue Haut sahen furchtbar aus. Dann erblickte ich den Ring, den er trug. An seiner linken Hand hatte er den Phi Gamma Delta-Bruderschaftsring, den ich fünf Jahre getragen hatte. Der Mann, der auf dem Bett lag, war ich!

Verwirrt stellte Ritchie fest, daß es ihn zweimal gab – einmal offensichtlich tot auf dem Bett und noch einmal als vollkommen klaren Beobachter. Er dachte: »Das ist der Tod – das nennen wir Menschenwesen den Tod.«

Verständlicherweise war Ritchie erregt – d.h., er war vollkommen verängstigt. Er ging aus dem Zimmer hinaus, und ein Krankenpfleger, der ein Tablett mit Instrumenten trug und ihn anscheinend nicht sah, *ging mitten durch ihn hindurch.* In wilder Panik entschloß er sich zu dem, was viele entsetzte Personen versucht haben – nichts wie heim! Er kam an eine Tür, bemühte sich vergeblich, sie zu öffnen, nur um zu entdecken, daß seine Hand durch sie hindurchging. Er trat *durch die geschlossene Tür hindurch* und merkte, wie er mit wahnsinniger Geschwindigkeit durch die Luft flog. Er kam zu einer unbekannten Stadt. Aufgeschreckt und verwirrt näherte er sich einem einsamen Fußgänger und fragte ihn, wo er sei, doch auch der schien ihn nicht zu sehen. Ritchie erzählt, daß er versuchte, den Mann anzufassen, um ihn auf sich aufmerksam zu machen, doch sehr zu seinem Entsetzen schien seine Hand einfach durch den Mann hindurchzugehen. Das erschütterte ihn außerordentlich, und er erkannte, da er offenbar von niemandem wahrgenommen werden konnte, daß es wenig Sinn hatte, nach Hause zu reisen. (Einige Zeit, nachdem er wieder zum Leben erweckt worden war, besuchte er zufällig diese Stadt, in der er persönlich noch nie gewesen war, und erkannte sie als die wieder, in die er während seines Erlebnisses gekommen war. Interessant, daß sie genau auf der Luftlinie von Camp Barkley zu seinem Heimatort liegt. Es hat den Anschein, daß er trotz alledem zu Hause gewesen war!) Er versuchte daher, zu seinem Körper zurückzukehren. Kaum war ihm dieser Gedanke gekommen, als er schon wieder durch die Nacht flog. Als er das Hospital erreichte, konnte er nur mit Mühe den Raum wiederfinden, in dem sein Körper lag, das Gesicht mit einem Tuch zugedeckt. Ziemlich verzweifelt setzte er sich auf den Rand des Bettes. Ritchie sagt, daß er in dem Augenblick eine Erscheinung neben sich spürte.

Das Krankenzimmer begann sich mit Licht zu füllen, bis es strahlte . . ., erleuchtet vom gewaltigsten Mitgefühl, das ich je verspürt habe.

Aus diesem blendenden Licht tauchte die Erscheinung, die Ritchie gespürt hatte, als eine leuchtende, majestätische, liebliche und unwiderstehliche Gestalt auf.

Ihre Anwesenheit war so beruhigend, so erheiternd und befriedigend, daß ich mich in diesem Wunder für immer zu verlieren wünschte.

Die Wände des Krankenzimmers schienen umzufallen, und Ritchie fühlte, wie er in eine andere Welt befördert wurde. Er sagt:

Ich sah eine Stadt – aber eine Stadt, falls so etwas verständlich ist, die aus Licht bestand. Ich hatte zu jener Zeit übrigens noch nie etwas über das Leben nach dem Tode gelesen. Und hier war nun eine Stadt, deren Mauern, Häuser und Straßen Licht zu verströmen schienen und in der sich Wesen aus reinem Licht bewegten. Diese Vision dauerte nur einen Augenblick. Im nächsten Moment schlossen sich die Wände des Krankenzimmers wieder um mich.

Aber das strahlende Wesen, dessen liebliche Gegenwart Dr. Ritchie, wie er sagt, niemals mehr verlassen wollte, war noch bei ihm. Dann verlosch das blendende Licht langsam, und er schien einzuschlafen. Er wachte auf und befand sich in seinem Körper.

Als er später über dieses Erlebnis sprach, sagte er, er habe keine Ahnung, warum er gestorben und dann zu seinem Körper zurückgekommen sei. »Alles, was ich weiß, ist, daß ich kein glücklicher Mann war, als ich in diesem Krankenhausbett aufwachte. Ich war nicht erfreut darüber, zurück zu sein. Ich sehnte mich danach, dort zu sein, wo ich gewesen war, als ich tot war.«

Retta Irvine, die Krankenschwester, die während Ritchies offenkundigem Tod an seinem Bett gestanden hatte, bestätigte, daß Ritchie, als er die Augen aufschlug » . . . mir erzählte, er wisse, daß er tot gewesen sei. Er habe ein Erlebnis gehabt, das sein Leben verändern werde.«[2]

Der Herr aus Frankreich

Die beiden unten geschilderten Vorfälle widerfuhren einem Franzosen namens Hymans. Sie wurden untersucht und veröffentlicht von Charles Richet, Professor für Physiologie an der Universität Paris und Gewinner des Nobelpreises für Medizin, zusammen mit Dr. Eugene Osty, einem Kollegen. Hymans erklärt in einem schriftlichen Bericht, den er Richet im Juni 1928 gab:

Das erstemal . . . geschah es, als ich auf dem Behandlungsstuhl eines Zahnarztes saß. In Narkose hatte ich das Erlebnis, aufzuwachen und im oberen Teil des Zimmers zu schweben, von wo aus ich mit größtem Erstaunen dem Zahnarzt zusah, der an meinem Körper arbeitete . . . der Anästhesist neben ihm. Ich sah meinen seelenlosen Körper so deutlich wie jeden anderen Gegenstand im Zimmer . . . Das zweitemal befand ich mich in einem Hotel in London. Ich wachte morgens auf und fühlte mich nicht wohl (ich habe ein schwaches Herz). Kurz darauf wurde ich ohnmächtig. Zu meiner großen Überraschung schwebte ich in der oberen Hälfte des Zimmers, von wo ich mit Schrecken meinen Körper reglos mit geschlossenen Augen im Bett liegen sah. Vergebens versuchte ich, in meinen Körper zurückzukehren, und zog den Schluß, daß ich gestorben sei . . . doch hatte ich weder meine Erinnerung noch mein Bewußtsein verloren. Ich konnte meinen leblosen Körper wie einen losgelösten Gegenstand betrachten: Ich war in der Lage, mir ins Gesicht zu sehen. Ich konnte jedoch nicht das Zimmer verlassen; ich fühlte mich . . . angekettet, gefesselt in der Ecke, in der ich mich befand. Nach ein oder zwei Stunden hörte ich mehrere Male ein Klopfen an der verschlossenen Tür, ohne daß ich fähig war zu antworten. Kurz darauf erschien der Gepäckträger des Hotels auf der Feuerleiter. Ich sah, wie er in das Zimmer stieg, besorgt mein Gesicht betrachtete und die Tür öffnete. Dann traten der Hoteldirektor und andere in das Zimmer. Ein Arzt kam. Ich sah ihn den Kopf schütteln, nachdem er mein Herz abgehört hatte, und dann, wie er einen Löffel zwischen meine Lippen schob. Dann verlor ich das Bewußtsein und erwachte im Bett.[3]

Sämtliche Vorgänge wurden später von den Teilnehmern bestätigt.

Die englische Reisende

Mrs. M. war unterwegs auf einem Ausflug und übernachtete in einem Hotel. Als sie schlief, erstickte sie fast, da ein Gasbrenner in ihrem Zimmer ein Loch hatte. Sie war sehr überrascht, als sie spürte, wie sie ihren Körper verließ. In ihrer Verwirrung dachte sie an ihr Zuhause und befand sich augenblicklich dort, im Schlafzimmer ihres Mannes. Sie erblickte einen anderen Mann, einen Freund und Nachbarn, der im gleichen Zimmer schlief wie ihr Mann, was sie ziemlich verwunderte. Weit mehr überraschte sie jedoch die Beobachtung, daß am Kopfende des Bettes eine dicke Keule aus einem Ast lehnte, die zum Teil noch die Rinde hatte, sowie die Tatsache, daß das Zimmer in großer Unordnung war. Sie tätschelte das Gesicht ihres Mannes und versuchte, ihn aufzuwecken, konnte sich jedoch nicht bemerkbar machen. Sie dachte: »Ich muß zurück zu meinem Körper!« Kaum war das geschehen, als sie sich wieder in dem Hotelzimmer bei ihrem Körper befand. Dann verlor sie das Bewußtsein und kam in ihrem Körper wieder zu sich, einen Arzt an ihrem Bett. Er berichtete ihr, er habe sie bereits als tot aufgegeben. Als sie ihr Erlebnis schilderte, zeigte er sich interessiert und überprüfte die Einzelheiten, die sich alle als wahr herausstellten. Es erwies sich, daß der Freund ihres Mannes herübergekommen war und den Abend dort verbrachte. Während seines Besuchs war eine Ratte über den Flur gelaufen, die sie mit einer Keule vom Holzstapel gejagt hatten, an der sich noch Rinde befand. Bei der Rattenjagd rückten sie die Möbel umher und machten große Unordnung. Der Freund blieb die Nacht über, den Knüppel ließen sie in Reichweite am Bett stehen für den Fall, daß die Ratte wiederkam.[4]

Der schottische Professor

Auckland Geddes, Arzt und Professor für Anatomie an der Universität Edinburgh, schilderte den folgenden Fall in einem Bericht, den er 1937 an die Royal Medical Society gab. Er erklärte, daß er den Namen des Verfassers aus beruflichen Gründen zurückhalte; heute nimmt man allgemein an, daß er über seine eigenen Erlebnisse berichtete. Er schreibt:

Am Samstag, den 9. November, einige Minuten nach Mitternacht, fühlte ich mich plötzlich sehr unwohl. Um zwei Uhr stand fest, daß ich an akuter Gastro-Enteritis litt, aufgrund derer ich mich dauernd erbrach . . . bis etwa acht Uhr . . . Gegen zehn Uhr waren alle Anzeichen für eine akute Vergiftung gegeben: starke Magen-Darm-Schmerzen, Durchfall, Puls und Atmung nicht mehr feststellbar. Ich wollte telefonieren und Hilfe holen, war dazu aber nicht mehr in der Lage und gab daher gelassen den Versuch auf. Ich erkannte, daß ich schwer krank war . . . Irgendwann danach kam es mir so vor, als sei mein Bewußtsein irgendwie getrübt, doch plötzlich merkte ich, daß sich *mein* Bewußtsein von einem anderen Bewußtsein trennte, das ebenfalls ich selbst war. Der größeren Anschaulichkeit wegen könnten wir sie das Bewußtsein A und B nennen; bei allem, was folgte, war ich auf das Bewußtsein A fixiert. Das Bewußtsein B gehörte, wie ich erkannte, zu meinem Körper, und als sich meine körperliche Konstitution verschlechterte, . . . bemerkte ich, daß das Bewußtsein B . . . begann, . . . sich aufzulösen, während das Bewußtsein A, das jetzt ich selbst war, vollkommen außerhalb meines Körpers zu sein schien, den es auch wahrnehmen konnte. Nach und nach merkte ich, daß ich nicht nur meinen Körper auf dem Bett sehen konnte, auf dem ich lag, sondern auch alle anderen Gegenstände im gesamten Haus und im Garten. Und dann fiel mir auf, daß ich nicht nur »Dinge« zu Hause erblickte, sondern auch in London und Schottland, d.h. überall, wohin sich meine Aufmerksamkeit richtete . . . Obwohl ich keinen Körper besaß, hatte ich doch, wie mir schien, einen völlig normalen Gesichtssinn, und ich glaubte auch, sichtbar zu sein . . . Ich sah, wie »A« in mein Schlafzimmer trat . . . Sie bekam einen furchtbaren Schreck, als sie meinen Zustand erkannte, und ich sah sie zum Telefon laufen. Ich konnte sehen, daß mein Arzt seine Patienten verließ und zu mir eilte, und ich hörte ihn sagen . . .: »Er ist fast tot.« Ich hörte deutlich, wie er mit mir auf dem Bett sprach, doch ich hatte keinen Kontakt zu dem Körper, der dort lag, und konnte ihm nicht antworten. Ich war sehr ärgerlich, als er eine Spritze nahm und meinem Körper etwas injizierte, was, wie ich später erfuhr, Kampfer war. Als mein Herz wieder stärker schlug, wurde ich in meinen Körper zurückgezogen, und ich war äußerst erbost, weil mich mein neuer Zustand so sehr interessierte ... Ich kehrte in meinen Körper zurück, und im gleichen Augenblick verschwand das klare Bild, das ich erlebt hatte. Ich war nur noch erfüllt von einem unruhig flackernden Bewußtsein, das von Schmerzen durchzogen war ... dieses ... Erlebnis war nicht so, als wollte es wie ein Traum dahinschwinden ... ohne sofortige und wirksame ärztliche Behandlung wäre ich gestorben.[5]

Die »Seele« in Aktion

Wenngleich die eben geschilderten Erlebnisse außergewöhnlich scheinen, haben sie doch in Wirklichkeit eine lange geschichtliche Tradition, und es wird von ihnen in der gesamten Geschichte und überall auf der Welt berichtet. In den letzten Jahren sind Hunderte von Fällen ausführlich untersucht worden. Diese Forschung hat gezeigt, daß es bei den Erlebnissen bestimmte grundlegende Merkmale gibt. Worum geht es?

Die Personen, die diese Erlebnisse haben, sind oft der Ansicht, sich in einem anderen Körper zu befinden. Dieser andere Körper ähnelt, und das ist charakteristisch, dem physischen Körper in Form, Größe und allgemeinem Äußeren ziemlich stark, mit dem Unterschied, daß er gewöhnlich als durchsichtig, sehr viel leichter und weniger körperhaft als die materielle Hülle empfunden wird. Er ist typischerweise nicht in der Lage, Materie zu bewegen, kann sie jedoch durchdringen. Da sich diese Personen bewußt werden, daß sie sich aus ihrem materiellen Körper lösen und später wieder in ihn zurückkehren, folgern sie, daß dieser »andere« Körper sich normalerweise im ersteren befindet, ihn aber hin und wieder verlassen und sogar beträchtliche Strekken zurücklegen kann. *Es scheint auf der Hand zu liegen, daß derartige Erlebnisse die Grundlage für die traditionelle und überall anzutreffende Vorstellung bilden, das menschliche Wesen besitze eine Seele!* Sie vermitteln den Menschen, denen sie widerfuhren, die Überzeugung, daß jeder Mensch eine Art Nebenkörper hat, der sich zu Lebzeiten vorübergehend vom leiblichen Körper trennen kann, bei Eintritt des Todes aber dauernd. Tatsächlich schildern Personen, die tot waren und wiederbelebt wurden, oft derartige Erlebnisse. Ein OBE führt manchmal zu einem äußerst angenehmen und bemerkenswert klaren Bewußtseinszustand, der dem körperbehafteten Bewußtsein so überlegen zu sein scheint, daß kaum Interesse daran besteht, in den Körper zurückzukehren, und einige »Rückkehrer« Zorn und Verstimmung äußern, wenn sie sich wieder in ihrer leiblichen Hülle befinden. Typische Nebenwirkung eines OBE ist der Verlust der Angst vor dem Tod.

Sicher sind es nur Träume!

Menschen, die solche Erlebnisse nicht gehabt haben, nehmen oft an, es müsse sich um lebhafte Träume handeln. Doch hat dieser Erklärungsversuch einige bemerkenswerte schwere Mängel:

1. Diejenigen, die »Out-of-the-body-Erlebnisse« gehabt haben, träumen wie jeder andere Mensch auch, und sie lehnen die Vorstellung ab, das Erlebnis sei ein Traum gewesen – für sie war es sehr viel anders als ein Traum.
   a) Im Traum sehen wir nicht unseren eigenen Körper gegenständlich von außerhalb, wohingegen das charakteristisch für ein OBE ist.
   b) Bei einem OBE wird die Umwelt so wahrgenommen, wie sie sich auch dem normalen Bewußtsein darstellt.
   c) Träumende erkennen nach dem Aufwachen, daß sie geträumt haben. Eine solche Erkenntnis steht jedoch nicht am Ende eines OBE. Die feste Überzeugung, daß das Erlebnis sich tatsächlich ereignet hat und kein Traum war, hält nicht nur für die Dauer des Erlebnisses an, sondern auch wenn man später darüber nachdenkt. So bestätigte beispielsweise William Gerhardi, der ein solches Erlebnis

hatte, selbst wenn die ganze Welt sein OBE für einen Traum halte, würde nichts ihn jemals davon überzeugen können.[6]

2. Was bei einem OBE wahrgenommen wird und was sich währenddessen ereignet, wird in vielen Fällen von anderen bestätigt, die sich bei dem offensichtlich schlafenden, bewußtlosen oder toten Körper befinden.
3. Viele berichten, daß sie ihre Umwelt lebhafter, wirklichkeitsnäher und ohne Frage sehr viel überzeugender wahrnehmen als bei normalem Bewußtsein – wie es der berühmte Psychiater Jung bei der Schilderung eines OBE darstellte: »Das Erlebnis war äußerst realistisch. Es hatte die Eigenschaft absoluter Objektivität.«

Geschichtliche Zeugnisse der OBE

Die geschichtlichen Zeugnisse belegen eindeutig, daß diese Erlebnisse eine fest verwurzelte und dauerhafte Fähigkeit des Menschen darstellen, die für die gesamte erfaßte Geschichte aller Gesellschaften belegt sind, sehr oft von herausragenden Persönlichkeiten.

Das erste OBE ereignete sich, lange bevor der Mensch über die Schrift verfügte, um es festhalten zu können. Das Schrifttum der frühgeschichtlichen Welt enthält jedoch viele Berichte derartiger Erlebnisse. Hermotimus von Clazomenae, ein Philosoph des 6. vorchristlichen Jahrhunderts, konnte OBE offensichtlich nach Belieben herbeiführen und nutzte diese Fähigkeit, die Natur des Zustandes nach dem Tode zu untersuchen. Der griechische Biograph Plutarch berichtete von einem gewissen Aridaeus aus Kleinasien, der im Jahr 79 n. Chr. bewußtlos geschlagen wurde und ein OBE hatte, währenddem er Tote traf und mit ihnen sprach, u. a. einen Onkel, der ihn herzlich begrüßte und ihm versicherte, er sei noch nicht tot, da seine Seele noch an den Körper gefesselt sei. Im 5. nachchristlichen Jahrhundert schrieb Augustin, Bischof von Hippo im nordafrikanischen Numidia, über die Erlebnisse Curmas, eines Senators, der, schwer krank, mehrere Tage in tiefster Bewußtlosigkeit lag. Als er sein Bewußtsein wiedererlangte, erzählte er, daß er sich außerhalb seines Körpers befunden und mit den Toten gesprochen habe, die ihm, wie im Fall des Aridaeus, versicherten, daß er noch lebe. Der römische Philosoph Apuleius beschrieb ähnliche Erlebnisse. Viele berühmte Personen der Geschichte haben über eigene OBE oder die ihnen nahestehender Menschen berichtet, u.a. der heilige Augustinus, Aristoteles, Plato, Goethe und Shelley.[7]

Die einheitliche Natur der OBE wird besonders deutlich, wenn man den Wortschatz fremder Sprachen miteinander vergleicht. Eine Bezeichnung für die »doppelte« oder verkörperlichte Art, in der OBE sich ereignen, gibt es in fast allen Sprachen der Welt, die offensichtlich die Erlebnisse der Menschen dort widerspiegelt.

Die Hebräer nannten es *ruach*. In Ägypten war es als *ka* bekannt, eine genaue Nachbildung des materiellen Körpers, jedoch nicht so dicht. Die Griechen hatten die Bezeichnung *eidolon*, die Römer *larva*, während man in Tibet immer noch von *bardo*-Körper spricht. In Deutschland war es der *Jüdel* oder *Doppelgänger* und in Norwegen der *fylgja*. Die frühgeschichtlichen Briten hatten mehrere Namen dafür: *fetch, waft, task* und *fye*. In China verließ der *thankhi* während des Schlafes den Körper und konnte von anderen wahrgenommen werden. Die alten Hindus nannten den zweiten Körper ... *pranamayakosha*, die Buddhisten *rupa*. Berichte über »Out-of-the-body-Erlebnisse« haben uns aus primitiven Gesellschaften der ganzen Welt erreicht – von den Eingeborenen Australiens, den Indianern Nord- und Südamerikas, aus Zululand, Sibirien, Neuseeland, Tahiti und anderen Ländern. Das Muster ist überall ähnlich.[8]

Der Großteil der Menschen der heutigen Welt, die nicht an so etwas glauben, ist äußerst verwirrt nach einem solchen Erlebnis. Interessant ist, daß sie es mit Ausdrücken schildern, die denen sehr stark ähneln, wie sie Menschen gebrauchen, die in einer Gesellschaft aufgewachsen sind, die daran glaubt. Kurz gesagt, das Erlebnis selbst ist so universell, daß es nicht durch den Glauben beeinflußt wird.

Haben alle Kinder Gottes Flügel?

Wie weit verbreitet sind solche Erlebnisse heute eigentlich? Diese Frage ist nicht einfach zu beantworten. Da die meisten, die ein solches Erlebnis haben, nie davon gehört hatten, neigen sie dazu, es als einmalig, möglicherweise als anormal zu betrachten, und behalten es aus einsichtigen Gründen für sich. Doch es gibt eine Menge Anzeichen dafür, daß OBE weniger selten vorkommen, als vielleicht angenommen wird. Eine ganze Reihe moderner Schriftsteller z. B. haben Berichte über ihre eigenen OBE geschrieben, u.a. Wordsworth, Emily Brontë, George Eliot, Alfred Tennyson, D. H. Lawrence, Virginia Woolf, John Buchan, Arthur Koestler und Ernest Hemingway.[9]

Überzeugendere Beweise hat der Soziologe Hornell Hart beschafft. 1952 stellte Hart 155 Studenten an der Duke-Universität in Nord-Carolina folgende Frage: »Haben Sie jemals wirklich Ihren materiellen Körper von einem Standpunkt außerhalb dieses Körpers gesehen, als ständen Sie z. B. neben dem Bett und betrachteten sich, wie Sie im Bett liegen oder als schwebten Sie neben Ihrem Körper in der Luft?« 20 Prozent bejahten diese Frage. 14 Jahre später, 1966, stellte eine britische Wissenschaftlerin namens Celia Green im Rahmen einer Forschungsarbeit 115 Studenten an der Southampton-Universität eine ähnliche Frage und 1967 die gleiche Frage noch einmal 350 Studenten in Oxford. 19 Prozent der Studenten in Southampton antworteten mit Ja, in Oxford gaben 34 Prozent zu, diese Erlebnisse gehabt zu haben.[10]

Die meisten waren durch das Erlebnis verständlicherweise verwirrt und konnten es sich nicht erklären. Denn unsere Gesellschaft liefert nicht nur keine Erklärungen für derartige Erlebnisse, sie räumt nicht einmal ein, daß es sie gibt. Der Psychologe Francis Banks stellte fest, daß 45 Prozent einer Gruppe von Kirchgängern, die er befragte, so ein Erlebnis gehabt hatten. Der Psychiater Jule Eisenbud schätzt, daß 25 Prozent der Bevölkerung der Vereinigten Staaten ihr Bewußtsein auf Punkte außerhalb ihres Körpers projiziert haben. Im Verlauf von Vorlesungen vor unterschiedlichem Publikum zum Thema OBE fanden Robert Monroe und Herbert Greenhouse heraus, daß ein Viertel bis ein Drittel der Zuhörer einräumten, es sei ihnen Entsprechendes widerfahren.[11]

Diese unglaublichen Zahlen – mindestens 19 bis höchstens 45 Prozent – weisen darauf hin, daß OBE wahrscheinlich die am besten gehüteten Geheimnisse der heutigen Zeit sind! Da die orthodoxe wissenschaftliche Meinung mit ihrem Gewicht solche Erlebnisse für unmöglich hält, ziehen es die meisten vor, Stillschweigen darüber zu bewahren.

Ereignen sie sich denn wirklich? Vier Beweisebenen

Um diese Frage zu beantworten, wollen wir die Beweise so systematisch und sorgfältig wie möglich prüfen. Wir wollen vier Arten von Fällen erörtern, die nach der Zahl der sie stützenden Beweise angeordnet sind.

Die Fälle auf der ersten Ebene mit dem spärlichsten Beweismaterial sind die, bei denen jemand behauptet, ein OBE gehabt zu haben, während des ganzen Erlebnisses aber allein ist und in unmittelbarer Nähe seines bzw. ihres Körpers bleibt. Der führende Gelehrte auf dem Gebiet der OBE, ein englischer Geologe in den 80ern namens Robert Crookall, hat über 1000 Fälle auf oder oberhalb dieser Beweisschwelle zusammengetragen. Man muß sich vor Augen halten, daß die meisten dieser Personen nie zuvor etwas von diesen Erlebnissen gehört hatten, nie mit jemandem darüber diskutiert, nie etwas darüber gelesen und überhaupt nicht die geringste Vorstellung hatten, daß so etwas geschehen kann. Darüber hinaus sind diese 1000 Erlebnisse praktisch identisch, eine Tatsache, die ihnen ein gewaltiges Gewicht verleiht.

Im folgenden eins von mehreren 100 Beispielen für diese Art Fälle aus der Sammlung Crookalls:

Eine Mrs. Prothero berichtet, sie habe eines Nachts im Bett so gefroren, daß sie sich die Decke über den Kopf zog und, ohne es zu merken, fast erstickt wäre. Sie erzählt: »Ich befand mich außerhalb meines Körpers und schwebte waagerecht über dem Bett. Ich sah auf die Gestalt auf dem Bett hinunter. Ich erkannte, was passierte, und dachte: ›Ich muß meine Arme hinausstrecken und etwas Luft bekommen.‹ Dann machte ich eine gewaltsame Anstrengung und schlüpfte in meinen Körper zurück. Das Erlebnis war äußerst angenehm, und ich hatte keine Angst. Es gab mir die Gewißheit, daß ich eine Seele und einen Körper habe.«[12]

Ebenfalls aus den Unterlagen von Crookall der Fall Mrs. D. E. Boormans, die schreibt:

Ich lag im Bett. Zuerst herrschte Stille. Dann hatte ich das Gefühl, mein materieller Körper schwebt, und ich erhob mich waagerecht über ihn. »Genug«, schrie ich und kam kurz vor der Zimmerdecke zum Stillstand. Ich sah nach unten und erblickte meinen leiblichen Körper auf dem Bett. Ich wollte zurück und spürte etwas wie einen kräftigen Stoß gegen die Brust. Dann hatte ich das Gefühl, als schlüpfte ich in einen Mantel, und befand mich wieder in meinem Körper.[13]

Da jeder behaupten kann, er habe ein OBE gehabt, sind die für den Forscher interessantesten Erlebnisse die, bei denen die Person Vorfälle oder Situationen beobachtet, zu denen sie rein körperlich gar nicht in der Lage war (weil sie schlief, bewußtlos, klinisch tot oder ganz woanders war), und diese Vorfälle später von anderen Personen bestätigt werden. Erlebnisse dieser Art gehören zur zweiten Beweisebene, und es ließen sich Hunderte anführen. Der bereits geschilderte Fall der englischen Reisenden, die exakt alle Einzelheiten im Zimmer ihres Mannes beobachtete, während sie selbst bewußtlos in einem Hotelzimmer viele Kilometer entfernt lag, gehört hierher.

Bei der Zusammenstellung von »Out-of-the-body-Erlebnissen« stieß Celia Green auf eine Reihe von Fällen, in denen die Personen während des Erlebnisses Beobachtungen von Menschen, Ereignissen oder gegenständlichen Anordnungen gemacht hatten, die für den materiellen Körper nicht sichtbar gewesen sein konnten. Sie stellte fest, daß die Beobachtungen in *allen* Fällen, die nachgeprüft werden konnten, *den Tatsachen entsprachen!* (So bemerkte beispielsweise ein Mann während des

Erlebnisses auf der Fensterbank einen Stock und zwei Kieselsteine. Diese Gegenstände konnte man von unten überhaupt nicht sehen, eine Überprüfung ergab jedoch, daß sie sich tatsächlich dort befanden.)[14]

In den Fällen der dritten Beweisebene versetzt sich die Person an einen von ihrem Körper weit entfernten Ort, *wo sie als Erscheinung von den Anwesenden wahrgenommen wird.* Diese Fälle sind seltener als die der beiden vorigen Kategorien, da der Astralleib normalerweise nicht so viel physische Materie des materiellen Körpers aufweist, daß er sichtbar ist.

Trotzdem gibt es viele solcher Fälle, die von allen Betroffenen bestätigt werden. Betrachten wir das Erlebnis von Mr. Walter E. McBride, einem unverheirateten Bauern, der ein paar Kilometer südöstlich von Indian Springs in Indiana lebte.

Gegen acht Uhr am Abend des 23. Dezember 1935 ging ich in mein Schlafzimmer, das im Erdgeschoß meines Hauses liegt ... und legte mich ins Bett ... Ich fühlte mich in jeder Beziehung normal ... Das nächste, woran ich mich erinnere, ist, daß ich im Zimmer schwebte, so absurd das klingen mag ... ich war hellwach ... Ich merkte, wie ich nach oben durch das Haus hindurchschwebte ... die Decke und das obere Geschoß konnten mich nicht aufhalten ... ich glitt ohne Schwierigkeiten durch sie hindurch ... Ich erkannte, daß ich durch die Luft nach Norden flog, obwohl ich es gar nicht wollte. Dennoch schien ich zu wissen, daß ich zu meinem alten Haus kam, das einige Kilometer entfernt liegt (in dem noch sein Vater wohnte) ...

Ich betrat das Schlafzimmer (durch die Wand hindurch) und stand am Fußende des Bettes, wo ich meinen Vater liegen sah. »Vater«, sprach ich ihn an, »Vater!« ... Er betrachtete mich, denn seine Augen waren starr auf mich gerichtet, und auf seinem Gesicht schien ein Ausdruck von Überraschung zu liegen. (Mr. McBride bestätigte, daß er sich vor seinem Erlebnis den ganzen Tag über Sorgen um seinen Vater gemacht hatte, da er glaubte, er sei krank.) Als ich dort stand, kam mir die Gewißheit, daß es ihm gutging.

Einen Augenblick darauf spürte ich, wie ich wieder stieg ... Ich kam in das Schlafzimmer zurück ... und sah ... meinen eigenen Körper noch immer auf dem Bett liegen, wo ich ihn verlassen hatte ... Ich stand auf und ... schrieb die Zeit auf ... und ... was ich gerade erlebt hatte. Zwei Tage später, am ersten Weihnachtstag, besuchte ich Vater. Mrs. J. E. Wires und ihr Sohn Earl G. Wires aus Shoals in Indiana machten zur gleichen Zeit dort einen Besuch ... Vater bestätigte mein Erlebnis, als er erwähnte, er habe mich gesehen, wie ich am Fußende des Bettes gestanden hatte ... Auch er hatte die Uhrzeit aufgeschrieben, zu der er die Erscheinung gesehen hatte – unsere Zeiten stimmten überein.[15]

Mr. McBride schickte den schriftlichen Bericht an den OBE-Forscher Sylvan Muldoon, zusammen mit einer von Mrs. Wires und ihrem Sohn unterzeichneten Bestätigung, in der bezeugt wurde, daß die Unterhaltung zwischen Mr. McBride und seinem Vater wie beschrieben stattgefunden hatte.

Ein weiteres Beispiel dieser Art steuerte Mr. W. P. Herbert bei, der erklärte, sich, als er noch in England lebte, zum Haus eines Freundes in Nairobi in Kenia versetzt zu haben. Das Haus war ihm völlig fremd, denn er war nie dort gewesen. Als er sich dort aufhielt, sahen ihn die beiden kleinen Töchter seines Freundes.

Als ich mich dorthin versetzt hatte, konnte ich das Haus und alles dort wahrnehmen ... Als die beiden Mädchen mich betrachteten, rief sie ihre Mutter und fragte, was sie dort täten. »Wir sehen Nunkie zu«, antworteten sie. Und das taten sie wirklich. Sie sahen mich direkt an. Anscheinend konnten sie nicht verstehen, wie ich dorthin kam ... Als ich meinen Freunden später schrieb, schilderte ich das Haus, in das ich versetzt worden war, und wie ich die kleinen Mädchen gesehen hatte. Sie schrieben zurück, daß meine Darstellung über die Anordnung der Zimmer, Fenster usw. sehr genau sei. Sie schickten mir sogar ein Foto des ungewöhnlichen Fensters über der Veranda, das ich beschrieben hatte.[16]

Auf der vierten und höchsten Beweisebene liegen die Fälle, in denen der sich aus seinem Körper Hinausversetzende, außer daß er gesehen wird, zusätzlich in der Lage ist, vor Zeugen etwas zu bewerkstelligen, wie einen Gegenstand zu bewegen, einen Zeugen durch Berühren aufzuwecken, durch Sprechen, eine Unterhaltung oder das Entdecken von Einzelheiten des Schauplatzes, die den Zeugen selbst unbekannt waren, später aber von ihnen bestätigt wurden. Diese Fälle sind am seltensten, doch es gibt einige.

Eileen Landau, die regelmäßig OBE hat, machte zusammen mit ihrem Mann Lucien im September 1955 ein Experiment. Eileen, die in einem Zimmer schlief, das sich gegenüber dem ihres Mannes auf der anderen Seite der Halle befand, sollte versuchen, während sie »draußen« war, einen Gegenstand aus ihrem in sein Zimmer zu bewegen. Als Lucien im Morgengrauen erwachte, sah er Eileen in seinem Zimmer. Sie machte einen völlig natürlichen Eindruck, nur war sie außergewöhnlich blaß. Als sie rückwärts zu ihrem Zimmer glitt, stand er auf und folgte ihr dorthin, wo er *zwei* Eileens erblickte, denn die körperliche lag noch schlafend im Bett. Die astrale Eileen verschwand, als sie in die Nähe der materiellen schlafenden Eileen kam. Landau ging in sein Zimmer zurück und fand auf dem Boden einen Spielzeughund aus Gummi, der ihr gehörte und auf dem Schreibtisch ihres Zimmers gestanden hatte. Eileen berichtete, daß sie aufgewacht war und sich außerhalb ihres Körpers befunden hatte. Sie erinnerte sich daran, daß sie versuchen wollte, das Experiment durchzuführen, und hob mit Erfolg den Spielzeughund hoch.

Ich erinnere mich, daß ich ihn durch die Tür trug, über den Treppenabsatz in das andere Zimmer. Ich empfand den Hund nicht als schwer, und es war auch nicht schwierig, ihn festzuhalten.[17]

In einem anderen Fall dieser vierten Art dachte eine Frau, als sie abends einschlief, an ihre tote Kusine, deren Beerdigung am nächsten Tag stattfinden sollte. Da sie selbst nicht teilnehmen konnte, war eine Freundin für sie gegangen. Sie erwachte außerhalb ihres Körpers und

schwebte aus dem Zimmer, die Treppe hinunter und zur Tür hinaus. Sie war sich dessen nicht bewußt, eine Reise gemacht zu haben, und stand plötzlich ... im Eßzimmer des Hauses ihrer Kusine etwa 110 Kilometer entfernt. Ihr fiel auf, daß die Nachtlampe auf dem Tisch stand, und sie sah den Leichnam ihrer Kusine im Zimmer aufgebahrt und die Farbe des Sarges. Dann ging sie in das Schlafzimmer ihrer Freundin und zog die schlafende Frau am Arm. Die Freundin schlug die Augen auf und sah sie, und einen Augenblick darauf . . . befand sie sich über ihrem materiellen Körper und dann wieder in ihm.

Am Tag darauf kam die Freundin zurück und erzählte ihr, daß sie von einem Rütteln an ihrem Arm wach geworden war und dann ihre Freundin erblickt hatte, die einen Augenblick später verschwand.[18]

Der Fall von Mrs. Katheryn Riggs gehört zu denen, die auch veröffentlicht wurden und bei dem es zu einer Unterhaltung kam. Sie schreibt:

Vor einigen Jahren . . . lag ich als Patientin in G. und wurde für eine große Operation vorbereitet. Ich lag flach auf dem Rücken und konnte mich nicht bewegen – konnte überhaupt nichts tun . . .

Eines Tages lieferte man eine andere Patientin ein, die gerade operiert worden war. Sie lag etwas weiter entfernt auf der Station . . . Ihr Stöhnen war mitleiderregend, und in der Nacht hatte ich den Wunsch, zu ihr zu gehen, mit ihr zu sprechen und sie zu trösten. *Ich spürte, wie ich meinen Körper verließ!* Den anderen Körper ließ ich im Bett zurück und ging die Station entlang zu ihr. Einige Zeit sprach ich mit ihr und sagte dann: »Ich muß Sie jetzt verlassen, sonst wird mein Körper kalt.« Dann kehrte ich zu meinem Bett zurück und sah meinen Körper darauf liegen . . .

Später erzählte ich der Schwester davon. Sie zeigte sich sehr aufgeschlossen und versprach, mich zu der anderen Patientin zu bringen, sobald ich gehen könnte . . . Als es soweit war . . . sagte die Frau: »Oh – . . . ich kenne Sie. Sie sind doch diejenige, die in der Nacht nach der Operation, als es mir so schlecht ging, zu mir kam, um mich aufzumuntern.« Die Schwester war aus dem Grund an alldem so interessiert, weil sie wußte, daß ich zu der Zeit zu krank gewesen war, um mich zu bewegen . . . Es scheint alles so eigenartig zu sein. Ich hoffe, mein Brief ist für Sie von Interesse.[19]

Abschließend das Erlebnis von Oliver Fox, dessen Freundin Elsie etwas an seinem Zimmer entdeckte, als sie sich außerhalb ihres Körpers befand, das er selbst nicht kannte. Die beiden kamen überein, daß sie in einer bestimmten Nacht den Versuch machen würde, sich in sein Zimmer zu versetzen, in dem sie noch nie gewesen war. In der Nacht wachte Fox auf:

Plötzlich erschien eine große eiförmige Wolke aus strahlendhellem, bläulich-weißem Licht. In ihrer Mitte befand sich Elsie mit aufgelöstem Haar. Sie trug ein Nachthemd. Sie wirkte vollkommen natürlich, als sie neben einer Kommode rechts von meinem Bett stand. So verweilte sie und betrachtete mich . . . und fuhr mit dem Finger über die Platte und die Stirnseite meines Schreibtisches . . . Ich richtete mich auf einem Ellbogen auf und rief ihren Namen, und sie verschwand genauso plötzlich, wie sie gekommen war . . .

Am folgenden Abend trafen wir uns. Elsie war sehr aufgeregt und jubelte: »Ich bin bei dir gewesen!« begrüßte sie mich. *»Ich war wirklich dort.* Ich ging ins Bett mit dem Vorsatz, es zu tun, und ganz plötzlich war ich *dort*! Heute morgen wußte ich dann, wie es in deinem Zimmer aussieht.«[20]

Elsie beschrieb Fox alles, woran sie sich erinnern konnte, auch die Lage von Tür, Bett, Fenster, Kamin, Waschtisch, Kommode und Toilettentisch zueinander. Sie gab ihm eine bis ins Einzelne gehende Beschreibung eines mit Leder bezogenen, goldeingefaßten Schreibtisches und behauptete, mit dem Finger an einer vorspringenden Kante vorne am Schreibtisch entlanggefahren zu sein. Fox widersprach, es gäbe keine vorspringende Kante vorne an seinem Schreibtisch. Als er jedoch nach Hause kam, sah er, daß der Tisch, der mit der Frontseite zur Wand stand, Scharniere hatte, die ihm nicht mehr in Erinnerung waren. Sie bildeten eine durchlaufende, vorspringende Kante, wie Elsie sie beschrieben hatte. Aufgrund ihres Standortes hatte Elsie die Rückseite des Schreibtisches für die Vorderseite gehalten.

Warum ereignen sie sich?

Die Beweiskraft dieser letzten vier Fälle ist zwingend. Haben solch außergewöhnliche Erlebnisse irgendeinen klar erkenntlichen Grund oder »ereignen« sie sich einfach auf unerklärliche Weise? Die Untersuchung von Hunderten veröffentlichter Fälle zeigt ein eindeutiges Muster: Die Erlebnisse gliedern sich in drei verschiedene Gruppen – spontane, gewollte oder erzwungene Erlebnisse.

Spontane Erlebnisse

Sie kommen fast immer dann vor, wenn die Person einschläft, aufwacht oder tatsächlich schläft. (Es ist interessant, hier anzumerken, daß Okkultisten lange Zeit geglaubt haben, daß das Selbst während des Schlafes regelmäßig den Körper verläßt, wenn sich auch die meisten Menschen dessen nicht bewußt sind.) Der Einzelne erwacht ganz und befindet sich außerhalb seines Körpers. Tatsächlich ist diese Art OBE die verbreitetste. Wenn wir auch nicht begreifen, warum, kann sich das »Selbst« während des Schlafes vom materiellen Körper lösen. Bemerkenswerterweise zeigt eine Untersuchung vieler hundert dieser Erlebnisse, daß es drei Möglichkeiten gibt, wenn sich die Trennung einmal vollzogen hat: Das Bewußtsein kann voll erhalten bleiben, teilweise erhalten bleiben oder ganz erlöschen. Bei vollem Bewußtsein hat die Person ein intensives OBE. In Fällen nur teilweise vorhandenen Bewußtseins hat der Betreffende dunkle, traumartige Erinnerungen an das Erlebnis, wobei das Bewußtsein zu- und abnimmt. Er kann nur dann sicher sein, das Erlebnis wirklich gehabt zu haben, wenn Zeugen ihn außerhalb seines Körpers gesehen haben. Ohne Bewußtsein hat der Einzelne keinerlei Erinnerung an sein Erlebnis, und nur die Tatsache, daß Zeugen ihn »draußen« gesehen haben, zeigt an, daß ein Erlebnis vorlag. Daß das Bewußtsein während des Erlebnisses schwanken kann, erhellt aus der Tatsache, daß Sylvan Muldoon und viele andere, die es gewohnt waren, sich nach außerhalb ihres Körpers zu versetzen, in diesem Zustand dauernd oder vorübergehend ihr Bewußtsein erlangten, an einen Teil der Reise aber keine Erinnerung haben.

Gewollte Erlebnisse

In diesen Fällen ist es die Person vielleicht gewohnt, sich außerhalb ihres Körpers zu versetzen, ihr erstes Erlebnis war jedoch spontan. Der Wunsch, nach Belieben ein OBE zu haben, hat verschiedene dieser Personen dazu gebracht, bestimmte Techniken zu entwickeln, damit sie nach »draußen« kommen, wobei sie sich meist irgendwelcher Entspannungsübungen bedienen, wenn sie im Halbschlaf liegen. Solche Methoden sind in den Büchern von Sylvan Muldoon, Oliver Fox, Yram und Robert Monroe beschrieben.[21]

Im allgemeinen hat der sich gewollt außerhalb seines Körpers Versetzende nur ein oder sehr wenige OBE, gewöhnlich, wenn er schläft und offensichtlich als Folge des starken Verlangens, jemanden zu sehen, um den er sich sehr sorgt. Er erwacht und stellt fest, daß der »Ausflug« zu der betreffenden Person bereits abläuft. Gewollte Erlebnisse sind anscheinend am seltensten.

Erzwungene Erlebnisse

Sie liegen, was die Häufigkeit angeht, offenbar zwischen den verbreitet auftretenden spontanen und den selteneren gewollten Erlebnissen. Sie kommen in Verbindung mit Traumata des materiellen Körpers vor und scheinen das Ich vorübergehend »nach draußen« zu zwingen. Die Ursache vieler derartiger Erfahrungen waren Ersticken, Anästhesie, Krankheit, Bewußtlosigkeit infolge Körperverletzungen und der Gebrauch psychedelischer Drogen.

Die moderne Wissenschaft auf der Suche nach der Seele

Die Existenz von OBE wird durch eine lange geschichtliche Tradition gestützt. Dabei läßt das Beweismaterial sehr stark vermuten, daß wahrscheinlich die einzige Personengruppe, die nicht an solche Erlebnisse glaubt, die mit den Segnungen einer modernen Erziehung ist. Angezogen durch die erdrückenden geschichtlichen Beweise und die Fülle neuzeitlicher Berichte über diese Erfahrungen hat eine kleine Gruppe Wissenschaftler jetzt damit begonnen, systematisch die Behauptungen von Personen zu untersuchen, denen zufolge diese Individuen in der Lage sind, ihren Körper nach Belieben zu verlassen.

Gefördert wird diese Arbeit von der American Society for

Psychical Research in New York, der Psychical Research Foundation of Durham in Nord-Carolina, der Fachrichtung Parapsychologie der Universität Virginia und dem Stanford Research Institute in Menlo Park in Kalifornien. Diese Forscher, deren Arbeit man vielleicht eines Tages zu den bedeutendsten, je von Wissenschaftlern unternommenen Vorhaben rechnen wird, haben die Suche nach der Seele aufgenommen. Wie bei einem neuen Forschungsunterfangen nicht anders zu erwarten, haben einige der von ihnen eingerichteten Experimente negative oder nicht schlüssige Ergebnisse erbracht. Doch sie haben bereits einige Entdeckungen gemacht, Entdeckungen, die man nur als faszinierend bezeichnen kann.

Der Elektroenzephalograph

Das erste OBE-Experiment mit einem Elektroenzephalographen oder EEG (ein Gerät zur Aufzeichnung der elektrischen Erscheinungen, die die Gehirntätigkeit begleiten) wurde von Dr. Charles Tart, einem Psychologen der Universität von Kalifornien, durchgeführt, nachdem eine seiner Bekannten, eine junge Frau Anfang 20, behauptete, seit ihrer Kindheit zwei- bis viermal in der Woche im Schlaf OBE gehabt zu haben. Sie erwache, wie sie erklärte, schwebe an der Zimmerdecke und schaue auf ihren schlafenden Körper hinunter. Er bat sie, das in seinem Labor zu wiederholen, während sie an einen Enzephalographen angeschlossen war, um festzustellen, wie ihr Gehirn reagierte, wenn sie »draußen« war. Tart brachte direkt unter der Decke des Zimmers, in dem sie schlief, ein Brett an. Darauf stellte er eine elektrische Uhr, die eine fünfstellige, zufällige Zahl anzeigte. In der vierten Nacht des Experimentes nannte Miss Zawoke die korrekte Zahl (es war die Zahl 25132) und gab an, wann sie zur Decke geschwebt war und sie gesehen hatte. Als die EEG-Ergebnisse des entsprechenden Zeitraums ausgewertet wurden, erwiesen sie sich als einzigartig. Dr. William Dement, eine der führenden Kapazitäten in der Welt auf dem Gebiet der Schlafforschung, war nicht in der Lage, das Ergebnis als eines der bisher bekannten Schlaf- oder Wachmuster zu deuten.[22]

Bei Robert Monroe, der ebenfalls daran gewöhnt war, sich außerhalb seines Körpers zu befinden, gab es ungewöhnliche EEG-Ergebnisse im Zusammenhang mit seinen OBE. Als eines der widerspruchsfreien EEG-Resultate ergab sich ein Spannungsausfall bei den EEG-Kurven der Betreffenden für die Zeit, in der sie »draußen« zu sein behaupteten. Wie es scheint, ereignet sich etwas.

Die Meßgeräte spielten verrückt

Dr. Karlis Osis, Forschungsdirektor bei der American Society for Psychical Research (ASPR), konstruierte einen Kasten mit einem elektrischen Feld und Meßgeräten, die Störungen dieses Feldes anzeigen konnten. Er bat Pat Price, der es gewohnt war, sich außerhalb seines Körpers zu versetzen, den Versuch zu unternehmen, in den Kasten »hineinzufliegen«. Mehrere Male, so erklärte Dr. Osis, wenn er behauptete, sich in dem Kasten zu befinden, »schlugen die Meßgeräte wie wild aus, so als hätte etwas das elektrische Feld im Innern durcheinandergebracht«.[25]

Lichtblitze

Alex Tanous, der sich ebenfalls schon oft außerhalb seines Körpers befunden hatte und von der ASPR untersucht wurde, merkte, daß er in diesem Zustand Licht ausstrahlte. Ließ sich dieser Eindruck objektiv festhalten? Hilfreiche Forscher richteten eine völlig abgedunkelte Kammer mit einer Reihe lichtempfindlicher Geräte, sogenannten Verstärker-Photoröhren, ein, die Licht aufspüren und verstärken. Tanous wurde dann aufgefordert, sich aus einem Zimmer in einen anderen Teil des Gebäudes in die Dunkelkammer zu versetzen. »Gleichzeitig mit meinem Eintritt in die Dunkelkammer«, so berichtet Tanous, »registrierten die Verstärker-Photoröhren fünf oder sechs Lichtausbrüche.«[26] Eine derartige Übereinstimmung subjektiver und objektiver Eindrücke ist ziemlich außergewöhnlich.

Die sich bewegende Feder

Die ASPR führte ein weiteres Experiment durch, bei dem eine Feder in einem verschlossenen Raum an einem Faden hing. Der sich außerhalb seines Körpers Versetzende wurde aufgefordert, sich in ein anderes Zimmer zu begeben, auf »astralem« Weg in den verschlossenen Raum zu dringen und zu versuchen, die Feder zu bewegen. Alle Bewegungen wurden elektronisch gemessen und aufgezeichnet. Alex Tanous, Pat Price und einige andere Personen haben offenbar, als sie sich außerhalb ihres Körpers befanden, meßbare Bewegungen der Feder ausgelöst.[27] Es ist daher wohl nicht übertrieben, optimistisch festzustellen, daß sich die positiven Ergebnisse mit Meßgeräten festgehaltener Experimente langsam häufen.

Tiere als Anzeiger

Das offensichtliche Ansprechen von Tieren auf übernatürliche Phänomene ist immer wieder festgestellt worden. Die wissenschaftliche Suche nach der Seele befaßt sich jetzt mit dieser Ansprechbarkeit. Dr. Robert Morris, Psychologe an der Psychical Research Foundation in Durham in Nord-Carolina, hat mit Stuart »Blue« Harary Experimente durchgeführt, bei denen er eine Wüstenmaus, einen Hamster, eine Schlange und eine Katze einsetzte. Die Tiere kamen in einen Käfig und wurden beobachtet, um ihr normales Verhalten in dieser Art von Gefangenschaft bestimmen zu können. Man beobachtete sie dann, als Blue, der sich in einem anderen Zimmer befand, versuchte, sich zu dem Tier in den Käfig zu versetzen. Die Wüstenmaus und der Hamster reagierten nicht, aber die Katze und die Schlange taten es. Morris zufolge

> war die Schlange ... in dem Zeitraum, als Blue versuchte, zu ihr zu kommen, sehr erregt. Ihre Atmung steigerte sich übermäßig. Ganz eindeutig konnte man eine Reaktion feststellen.

Scott Rogo aus Kalifornien, der okkulte Phänomene erforscht

und dieses Experiment beobachtet hatte, stellte es etwas dramatischer dar:

Als Blue sich außerhalb seines Körpers befand und in diesem Zustand zu der Schlange kam, hörte sie auf, in ihrer typischen Art im Käfig herumzukriechen, und unternahm buchstäblich einen Angriff. Bösartig schien sie nach etwas in der Luft zu schnappen. Das Ganze dauerte etwa 20 Sekunden, die genau mitten in dem Zeitraum lagen, in dem Blue behauptete, sich außerhalb seines Körpers bei der Schlange zu befinden, ohne daß er wußte, was im Labor vor sich ging.

Die Katze, die man Morris Blue gegeben und die dieser in sein Herz geschlossen hatte, rannte normalerweise im Käfig auf und ab, wurde aber plötzlich zu einer Zeit ganz ruhig, als Blue behauptete, sich zu dem Tier in den Käfig versetzt zu haben. Morris wiederholte das Experiment viermal mit gleichem Ergebnis: Jedesmal, wenn Blue behauptete, bei dem Tier im Käfig zu sein, beruhigte es sich auf der Stelle. Nach Aussagen von Morris lagen die Ergebnisse statistisch »drastisch über den . . . Wahrscheinlichkeitswerten«. Solange die Katze »allein« war, rannte sie unablässig im Käfig auf und ab und miaute 37mal. In der Zeit jedoch, in der Blue bei ihr zu sein behauptete, »hörte das Tier auf, im Käfig herumzulaufen, miaute nicht ein einziges Mal und schien auf etwas im Raum fixiert zu sein, das keiner der Anwesenden wahrnehmen konnte«.[28]

Ziele in geschlossenen Räumen

Eine Frage von grundsätzlichem Interesse für Erforscher von OBE ist, ob sich der Betreffende wirklich außerhalb seines Körpers befindet oder lediglich hellseherisch Eindrücke aus dem »Zielgebiet« sammelt und sich doch noch in seinem Körper aufhält. Um hierauf eine Antwort zu finden, suchte Dr. Osis 1971 durch Inserat Personen, die sich nach Belieben versetzen konnten. Wer in der Nähe der Zentrale der ASPR in New York wohnte, wurde an Ort und Stelle getestet. Die anderen wurden aufgefordert, in das Büro von Dr. Osis »einzufliegen« und Objekte zu identifizieren, die er vorbereitet hatte. Einige dieser Personen beschrieben ihre Reise in bunten Einzelheiten:

Mrs. Terry Marmoreo aus Toronto in Kanada wurde (zuerst) zu einem brennenden Gebäude, einen Häuserblock entfernt, gezogen. Jemand anders flog in eine Wohnung auf der anderen Straßenseite, offensichtlich angezogen von interessanteren Vorfällen als denen, die sich in Dr. Osis' Büro abspielten. In einem Fall gelangte ein Medium, das sich nach eigenen Angaben mehr von Menschen als von Dingen angezogen fühlte, in den ersten Stock des ASPR-Gebäudes, wo einige Personen eine Kunstausstellung vorbereiteten. Sie beschrieb genau die Kleidung einer jungen Frau und sah einen Mann, der eine lange Kiste in den Hinterhof trug.

Die Art zu reisen war von Medium zu Medium unterschiedlich. Einige, wie Alex Tanous, brauchten nur an das Büro zu denken, und im Bruchteil einer Sekunde waren sie dort . . . Terry Marmoreo erinnerte sich, von Toronto geflogen zu sein, und sah Schiffe im New Yorker Hafen. Als sie zu dem Gebäude kam, war sie kurz in der Halle im vierten Stock eingesperrt. Ann Jensen aus Enid in Oklahoma kam auf dem Weg nach New York über Louisville in Kentucky, hatte aber Mühe, zur Tür des ASPR-Gebäudes hereinzukommen. Paul Neary, der die Strecke von Atlanta in Georgia nach New York in fünf Minuten schaffte, schwebte über dem Columbus Circle ein paar Blocks weiter und glitt dann die Treppen des Gebäudes hinunter.

Um festzustellen, ob die Betreffenden sich wirklich im Büro befanden oder nur hellseherisch aus der Entfernung Eindrücke empfingen, entwarf Osis Zielobjekte, die in einigen Fällen optische Täuschungen aufwiesen, die nur von einem bestimmten Punkt in dem Raum aus erkennbar waren. Bediente sich der Betreffende einer Art hellseherischen »Röntgenblicks«, um Eindrücke aus der Entfernung zu sammeln, konnte er die Täuschung nicht erkennen, sondern nur das, was sich tatsächlich dort befand. Ingo Swann wurde beispielsweise gebeten, sich an ein Ziel zu versetzen, das aus dem Blick verborgenen Gegenständen in einem verschlossenen Kasten bestand, die man nur durch eine kleine Öffnung sehen konnte. Wer durch diese Öffnung schaute, konnte die Gegenstände wahrnehmen, allerdings nur deren

Spiegelbild. Swann sah die Objekte umgekehrt, genau so, wie es der Fall gewesen wäre, wenn er wirklich zugegen gewesen wäre und in den Spiegel gesehen hätte.

Ein anderes Individuum, Elwood Babbitt, bekam die Anweisung, durch die Tür in das Büro von Dr. Osis zu kommen und aus diesem Blickwinkel zu beschreiben, was auf dem Tisch lag (viele, die sich außerhalb ihres Körpers versetzen können, stellen fest, daß sie ohne weiteres durch die Wand oder die Decke in ein Zimmer gelangen können).

Er erkannte richtig die braune Plastilinfigur eines lächelnden Mädchens rechts auf dem Schreibtisch. Ebenso sah er eine sehr große Pflanze hinten rechts im Büro und ein an der Wand hängendes Bild. Hinter dem Rücken des Mädchens hatte man einen kleinen Puppenstuhl aufgestellt, der von der Tür aus nicht zu sehen war.

Als Babbitt Dr. Osis eine Zeichnung von dem schickte, was er gesehen hatte, stimmte sie mit der Wirklichkeit überein. Die Gegenstände, die er erkannt hatte, befanden sich tatsächlich genau dort, wo er sie eingezeichnet hatte. *Am aufschlußreichsten jedoch war, daß der Puppenstuhl, der von der Tür aus nicht sichtbar war, auf der Zeichnung fehlte.*

Ein anderer ähnlicher Versuch erfolgte mit einem Kasten, einem »Gerät für optische Bilder«, das ein Bild enthielt, das in Wirklichkeit eine optische Täuschung und nur sichtbar war, wenn der Betreffende durch einen Sehschlitz blickte. Dr. Osis nannte die Ergebnisse später »signifikant« und »in Übereinstimmung mit der OBE-Hypothese«. Aber ebenso bedeutend sind vielleicht zwei unvorhergesehene Vorfälle, die sich bei dem Versuch ereigneten. Bei einer Gelegenheit beklagte sich Alex Tanous, er könne das Zielbild nicht richtig sehen, weil es in dem Kasten zu dunkel sei. Der Versuchsleiter ging dem nach und stellte fest, daß Tanous recht hatte: Infolge eines mechanischen Fehlers fiel zuwenig Licht in die Kiste. Und Ingo Swann brachte bei diesem Versuch die gleiche Klage vor. Die Nachprüfung ergab, daß diesmal das Licht im Kasten ausgegangen war.

Personen, die sich außerhalb ihres Körpers befinden, berichteten, daß ihr Körper während ihrer Reisen ihrem leiblichen Äußeren ähnelt, für die meisten körperlichen Personen aber nicht sichtbar ist. Mehrere Medien haben jedoch behauptet, ihren OBE-Körper sehen zu können. Vor dem Hintergrund dieser Behauptungen bat Dr. Osis das Medium Christine Whiting, zu der Zeit in einem bestimmten Raum anwesend zu sein, zu der sich andere Personen ebenfalls dorthin versetzen wollten. Bei einem der geplanten Versuche von Alex Tanous behauptete sie, dessen Astralleib neben dem Tisch mit den Zielobjekten zu sehen, die für seinen angekündigten Besuch vorbereitet worden waren.

Obwohl sie nie zuvor mit ihm zusammengetroffen war, schilderte sie sein Äußeres richtig und erklärte, daß die Astralerscheinung braune Kordhosen und ein langärmeliges, weißes Baumwollhemd getragen habe, dessen Ärmel bis zu den Ellbogen aufgerollt waren.

Als ich mich später mit Alex unterhielt, bat ich ihn zu beschreiben, was er getragen hatte, als er eingeflogen war, sagte ihm aber nichts darüber, wie Miss Whiting ihn gesehen hatte. Er erinnerte sich, ein Baumwollhemd angehabt zu haben, dessen Ärmel aufgerollt waren, sowie braune Hosen, die, wie er sagte, wie Kordhosen ausgesehen hatten.

Als Christine Whiting Tanous einige Monate später zum erstenmal traf, erkannte sie ihn als den Mann wieder, den sie gesehen hatte, als er sich in das Büro von Dr. Osis versetzt hatte.[29]

Ziele im Freien

Diese Experimente gehören zu den ausgefallensten und verblüffendsten, die man bisher mit OBE gemacht hat. Am Stanford Forschungsinstitut in Menlo Park in Kalifornien haben zwei Physiker, Dr. Russell Targ und sein Kollege Harold Puthoff, einige ungeheuerlich anmutende Versuche durchgeführt, die sie mit »Sehen in die Ferne« umschrieben. Targ überlegte sich, daß der Einzelne vielleicht eher ansprechbar sei, wenn er sich an interessante Orte wie fremde Länder versetzte, anstatt an künstliche Zielpunkte wie »Geräte für optische Bilder«. So bat er Ingo

Swann, sich sein Ziel »im Freien« selbst auszuwählen. Als Swann anregte, ihm nur den Längen- und Breitengrad eines solchen Zieles zu nennen, ließ sich Targ von der geographischen Abteilung des Instituts ein Paar Koordinaten geben, ohne selbst zu wissen, zu welchem Ort sie gehörten. Er nannte Swann die Daten, der sich daraufhin auf eine Insel im Indischen Ozean versetzte, die so winzig war, daß kaum eine Karte sie verzeichnete: die Kerguelen-Inseln, wo Frankreich eine meteorologische Station unterhält. Swann gab ein Bild der Insel einschließlich ihrer allgemeinen Form und der herausragenden Kennzeichen. Als man die Skizze mit der Abbildung auf der Landkarte verglich, zeigte sich, daß sie fast identisch waren. Darüber hinaus hatte Swann richtig bemerkt, daß die wenigen Bewohner der Insel französisch sprachen.

Ließ sich etwas so Unglaubliches wiederholen? Man unternahm den gleichen Versuch mit einem zweiten Freiwilligen, Pat Price, einem ehemaligen Bürgermeister und Polizeikommissar aus Burbank in Kalifornien. Nachdem man ihm die gleichen geographischen Koordinaten genannt hatte, war Price in der Lage, zur selben Insel zu reisen, und auch er bestätigte, daß die Einwohner französisch redeten. Seine Skizze der Insel war ebenfalls korrekt und enthielt sogar noch genauere Einzelheiten als die von Swann.[30]

Charakteristische Merkmale der OBE

Es ist wichtig, sich vor Augen zu halten, daß die meisten Menschen, die OBE gehabt haben, vorher nichts von der Möglichkeit solcher Erlebnisse geahnt haben. Um so aufregender ist es festzustellen, daß in den Hunderten von Berichten über OBE, die man gesammelt hat, immer wieder die gleichen Merkmale vorkommen.

Die erste, wiederholt genannte Eigenart ist die *überwältigende Wirklichkeitsnähe* des Erlebnisses. Der beste Beweis dafür ist vielleicht die Feststellung vieler, die sich außerhalb ihres Körpers befunden haben, sie hätten gar nicht bemerkt, daß sich irgend etwas Ungewöhnliches ereignete, bis sie ihren eigenen leblosen Körper sahen. Doch diese Erlebnisse sind so beeindruckend, daß einen selbst der Anblick des eigenen leblosen Körpers oft nicht davon überzeugt, daß die Situation wirklich »anormal« ist. Der folgende Fall eines Bauern aus Wisconsin soll das verdeutlichen:

An einem Wintertag hatte er die Pferde eingespannt und war hinausgefahren, um eine Fuhre Holz zum Feuern zu holen. Als er zurückkam, saß er oben auf der Ladung. Es schneite leicht. Ohne Vorwarnung gab ein Jäger, der zufällig nah am Wege stand, einige Schüsse auf einen Hasen ab. Das Pferd scheute, der Wagen stürzte um, und der Bauer schlug mit dem Kopf auf den Boden.

... kaum lag er dort, als er merkte, wie er aufstand und ein anderes »Selbst« mit dem Gesicht im Schnee bewegungslos neben dem Weg liegen sah. Er sah, wie der Schnee fiel, sah die dampfenden Pferde und den Jäger, der auf ihn zulief. Es wirkte alles ganz natürlich; was ihn jedoch sehr verwirrte, war, daß er zweimal da war, denn er glaubte in dem Moment, alles aus einem anderen materiellen Körper heraus zu beobachten.

Als der Jäger näher kam, schienen die Einzelheiten zu verschwimmen. Bewußt nahm er dann wieder wahr, wie er auf dem Boden lag und der Jäger versuchte, ihn wiederzubeleben. Was er von seinem Astralleib aus gesehen hatte, war so wirklichkeitsnah, daß er nicht an zwei materielle Körper glauben konnte. Er ging sogar so weit, an der Stelle, wo er gestanden hatte, nach Spuren im Schnee zu suchen.[31]

Marcel Louis Forhan, der sich schon öfter außerhalb seines Körpers versetzt und unter dem Pseudonym Yram ein Buch über seine Erfahrungen geschrieben hat, schildert das Erlebnis, morgens aufzustehen und nicht zu merken, daß sein materieller Körper auf dem Bett zurückgeblieben ist. Erst, als er seinen Körper sah, erkannte er, daß er ihn unwissentlich verlassen hatte.[32]

Demjenigen, der sich mit OBE befaßt, sind derartige Fälle so vertraut, daß man ihnen den Namen Fälle mit »mangelnder Einsicht« gegeben hat, was heißen soll, daß sich der Betreffende zunächst nicht darüber im klaren ist, sich in einem anormalen Zustand zu befinden.

Die beiden folgenden Beispiele stammen aus dem Buch »Out-of-the-Body Experiences« von Celia Green, die an der Universität Oxford forscht. »In einem typischen Fall dieser Art«, schreibt sie, »kann sich der Betreffende ... weiterhin völlig normal verhalten und merkt nicht, daß seinem materiellen Körper ein Unfall zugestoßen und er bewußtlos ist.«[33]

Ich erhob mich vom Boden, auf dem ich lag, erstaunt darüber, daß ich keine Schmerzen spürte oder Prellungen hatte, und ging fort. Ich sah Menschen umherrennen und versuchte, den Grund herauszufinden. Da bemerkte ich, daß mein Körper noch immer auf der Straße lag (sic) und sie dorthin rannten. Dabei liefen einige an mir vorbei ... (anscheinend sahen sie sie nicht). Ich lief herum und glaubte, meinen normalen Körper zu haben ... Es sah alles völlig normal aus.[34]

Ich saß zusammen mit meiner Familie am Tisch und trank Tee ... Es war gegen fünf Uhr an einem Nachmittag im Herbst. Meine Mutter oder mein Vater erinnerten mich plötzlich daran, ... daß ich Musikunterricht hatte. Hastig suchte ich meine Sachen zusammen und rannte vorn zur Tür hinaus und durch das Tor auf die feuchte Straße, die mit Blättern übersät war.

Ich dachte: Ich muß mich beeilen. Ich muß aufpassen. Es wäre schlimm, wenn ich auf einem dieser Blätter ausrutschte und fiele. Deutlich sah ich meinen ausgestreckten Körper auf dem Pflaster vor dem Haus liegen, während »ich« die Straße entlangeilte, fast bis zur Ecke des Häuserblocks.

Wie man mir später erzählte, geschah in Wirklichkeit folgendes: Meine Eltern sahen, wie ich das Haus verließ ... und stürzte. Meine Mutter sagte: »Sie steht gar nicht auf.« Mein Vater ging hinaus zu mir, und ich hörte, wie er zu jemandem sagte, der über die Straße kam, um mir zu helfen: »Ich kümmere mich um sie. Ich bin der Vater.«[35]

Der Anblick des eigenen Körpers führt normalerweise zu der Erkenntnis, daß irgend etwas Ungewöhnliches vor sich geht, und beendet das Erlebnis auch schnell, unterstützt durch ein starkes Gefühl der Furcht und Verwirrung.

Dann erblickte ich links von mir eine Gruppe weiß gekleideter Gestalten (sie hatte im Krankenhaus gelegen), die sich über »etwas« auf dem Boden beugten. Plötzlich erkannte ich, daß dieses »Etwas« ich selbst war. Und sofort bewegte ich mich mit unglaublicher Geschwindigkeit in meinen Körper zurück.[36]

In Celia Greens über 400 Berichten von Menschen, die behaupten, OBE gehabt zu haben, kommen viele auf die extreme Wirklichkeitsnähe wie auch auf das Gefühl zu sprechen, völlig intakt zu sein. *Keiner der Betreffenden* gab an, sich während des Erlebnisses persönlich unvollständig, unkörperlich oder unwirklich vorgekommen zu sein. Alle fühlten sich völlig identisch mit sich selbst.

Der Teil von mir, der sich außerhalb meines Körpers befand, war mein eigentliches Selbst, so wie ich es kannte, das, was sieht, denkt und fühlt . . .

Meine Persönlichkeit und mein Bewußtsein waren genau wie immer . . .

Ich hatte ganz das Gefühl, ich selbst zu sein.[37]

Der OBE-Körper

Wenn man sich außerhalb des Körpers befindet, in welcher Gestalt oder Form ist man dann, wenn überhaupt in irgendeiner? Ist die Form des Selbst ein Abbild der körperlichen Gestalt? Ist die Gestalt eine andere als die dem Menschen vertraute? Oder hat das eigentliche menschliche Bewußtsein überhaupt irgendeine Gestalt und nimmt sogar Raum ein? Wenn wir die riesige Zahl veröffentlichter Berichte über OBE untersuchen, können wir diese Fragen eindeutig beantworten. Und es zeigt sich, daß all diese Formen vorkommen können – denn das menschliche Selbst ist wandelbar und kann in vielen Gestalten auftreten, wenn es erst einmal vom materiellen Körper gelöst ist, sogar, wie wir sehen werden, völlig bekleidet!

Viele derjenigen, die sich außerhalb ihres Körpers befinden, haben normale menschliche Gestalt, das genaue Abbild des materiellen Körpers einschließlich der zu der in Frage kommenden Zeit getragenen Kleidung oder irgendeiner anderen gebräuchlichen Bekleidung. Hier eines der Erlebnisse:

Ich blickte hinunter auf mein zweites Ich und hatte das Gefühl, das exakte Abbild meines materiellen Ichs zu sein. Ich griff nach meiner Kleidung, sah mich an und war erstaunt, daß ich den gleichen schwarzen Rock, die weiße Bluse mit den kleinen roten Punkten und die gleichen Schuhe trug usw. . . . Ich erinnere mich daran, die Kleidungsstücke angefaßt und das Material gespürt zu haben. Es fühlte sich alles echt an.[38]

Ich habe schon Eileen Landaus erfolgreichen Versuch geschildert, einen Gegenstand zu bewegen, während sie »draußen« war. Als sie diesen Versuch abschloß, sah sie ihr Mann.

Ich wachte unvermittelt auf, der Morgen dämmerte, und durch die Vorhänge drang gerade so viel Licht, daß ich lesen konnte . . . dort stand . . . Eileen, nach Nordwesten gerichtet, und blickte genau zum Fenster. Sie trug ein Nachthemd, ihr Gesicht war außergewöhnlich bleich, fast weiß. Sie bewegte sich langsam rückwärts zur Tür, war aber . . . sonst völlig reglos. Sie ging nicht . . . Ich stand auf und folgte ihr. Deutlich konnte ich die sich bewegende Gestalt sehen, *die kompakt wie die einer lebenden Person wirkte* . . . und gleichzeitig den Kopf der (körperlichen) Eileen, die in ihrem Bett schlief. Die Bettdecke hob und senkte sich beim Atmen.[39]

Andere Ebenbilder sehen zwar in jeder Hinsicht wie der materielle Körper aus, sind aber durchsichtig. Mr. F. Thompson beschreibt sein Erlebnis:

Ich befand mich in meinem Schlafzimmer bei vollem Bewußtsein und . . . schwebte waagerecht über meinem Körper! Dieser schwebende »Körper« schien durchsichtig zu sein, seine Gestalt ein Gegenstück meines körperlichen Selbst und entsprechend über ihm angeordnet.[40]

Bei anderen OBE befinden sich das Bewußtsein des Betroffenen und sein Empfinden nicht in einem nachgebildeten Körper, sondern in einer Gestalt, die nicht die geringste Ähnlichkeit mit seinem Äußeren hat. Die folgenden Beispiele verdeutlichen einige der menschenunähnlichen Möglichkeiten:

»Ich« hatte keinerlei Gegenständlichkeit oder Gestalt, merkte aber, daß ich Einfluß auf einen Raum hatte, der in etwa oval war, rund 75 cm breit und vielleicht 30 cm tief.

Es war, als befände ich mich, d.h. der Teil von mir, der denkt, in einem kleinen Kreis.

Ich habe das Gefühl, ein einzelnes Auge zu sein, das erleuchtet ist und einen Durchmesser von etwa 6 cm hat.

Ich bin körperlos, nehme aber einen kleinen Raum ein, der eine ganz bestimmte Größe und Lage hat.

Es war nicht ein anderer Körper; eher ein magnetisches oder elektrisches Feld.[41]

Die Beweise, daß einige Personen, die sich außerhalb ihres Körpers befinden, nichtmenschliche Gestalt annehmen können, sind nicht auf das Zeugnis dieser Personen selbst beschränkt. Robert Monroe ist Geschäftsmann aus Virginia, der ein Buch über seine zahlreichen OBE geschrieben hat. Er stellt zuerst klar, daß er zumeist eine Gestalt annimmt, die ihm als menschenähnlich erscheint, für Menschen mit einem Körper aber gewöhnlich unsichtbar ist, und schildert sein Erlebnis wie folgt:

Am frühen Abend gegen halb acht beschloß ich, R. W. in ihrer Wohnung zu besuchen, die rund 14 km entfernt ist . . . Ich hatte keine Schwierigkeiten (mich außerhalb meines Körpers zu versetzen) und war augenblicklich in ihrem Wohnzimmer . . . R. W. saß in einem Stuhl in der Nähe einer hellen Lampe. Ich bewegte mich auf sie zu . . . Ich war sicher, daß sie mich sah, doch sie schien Angst zu haben. Ich trat ein paar Schritte zurück . . . doch irgend etwas zog mich zu meinem Körper, und ich befand mich wieder in meinem Schlafzimmer.

Das Nachspiel war außergewöhnlich. Am nächsten Tag fragte R. W. mich, was ich am Abend zuvor gemacht hatte. Ich wollte wissen, warum, und sie berichtete: »Nach dem Abendessen saß ich im Wohnzimmer und las die Zeitung. Irgend etwas ließ mich aufblicken, und in der anderen Ecke des Zimmers hing und schwebte etwas in der Luft.« Ich frage sie, wie es ausgesehen hatte.

»Wie ein hauchzartes Stück grauer Chiffon«, erwiderte sie. »Ich konnte die Wand und den Stuhl dahinter sehen, und es kam langsam auf mich zu. Ich hatte Angst und dachte, vielleicht bist du es . . . es hing mitten in der Luft und bewegte sich leicht . . . Dann wich es zurück und löste sich augenblicklich auf.« Sie fragte, ob ich es wirklich war, und ich sagte ihr, es könnte sein.

»Beim nächstenmal sag etwas, damit ich Bescheid weiß, daß du es bist«, bat sie. »Dann habe ich nicht solche Angst.« Ich versprach es ihr. Offensichtlich bin ich kein sehr farbenprächtiger Geist und habe keine menschliche Gestalt – zumindest manchmal.[42]

Raymond Bayless, der okkulte Phänomene erforscht, nennt ein anderes Beispiel:

Am 5. Februar 1955 saß ich zu Hause auf der Couch, als ich ein eigenartiges Schattengebilde in Form eines Trapezes von der Größe eines Menschen erblickte. Es war nach rechts geneigt und schien keine Verbindung zum Boden zu haben. Ich sah erstaunt hin, da stürzte es – der einzige Ausdruck, mit dem ich die seltsame Bewegung beschreiben kann – durch zwei offenstehende Glastüren in das Wohnzimmer, wo es plötzlich verschwand. Automatisch sah ich auf die Uhr, es war 16.45 Uhr.

Ich verließ das Haus und fuhr die 17 km zum Studio von Mr. Attila von Szalay (ein Medium, dessen übernatürliche Kräfte Mr. Bayless erforschte). Als er mir die Tür öffnete, sagte ich: »Raten Sie, was mir passiert ist.« Er erwiderte, ich hätte ihn gesehen. Im Verlauf der sich anschließenden Unterhaltung bekräftigte er, daß er willentlich versucht hatte, sich in meine Wohnung zu versetzen, damit ich selbst nachprüfen konnte, ob eine Astralprojektion möglich sei.[43]

Auch andere Personen sehen sich an keine wie auch immer geartete Gestalt oder Form gebunden, sei sie nun menschenähnlich oder nicht. So beschreiben sie sich beispielsweise als »ein körperloses Bewußtsein«, als »winzigen, gegenwärtigen Punkt« oder als »blickten sie aus dem Nichts auf sich«. Hier das Erlebnis einer Frau:

Zunächst hielt ich das Ganze für äußerst lustig; es konnte einfach nicht möglich sein. Ich bin hier oben und liege trotzdem da unten im Bett. Ich hätte gern meinen Mann geweckt und ihm alles erzählt, *doch ich schien keine Hände zu haben, um ihn zu rütteln oder ihn zu berühren; nichts von mir existierte – alles, was ich konnte, war sehen.*[44]

Fest, durchsichtig, menschenähnlich, oval, ein kleiner Kreis, ein magnetisches Feld, ein Stück durchsichtiger Chiffon, ein trapezförmiger Schatten, ein körperloses Bewußtsein, ein gegenwärtiger Punkt? Wie sind solche Wandlungen möglich? Wieso hat der eine eine Gestalt und der andere nicht? Die furchtlosen Untersuchungen Robert Monroes jenseits seines Körpers haben Erkenntnisse erbracht, die eine Antwort auf diese Fragen geben können. An einem Nachmittag im September 1960 verließ Monroe seinen Körper.

Wieder bemerkte ich die eigentümliche gummiartige Elastizität dieses anderen Körpers. Ich konnte mitten im Zimmer stehen und die zweieinhalb Meter entfernte Wand berühren. Im Anfang kam ich mit dem Arm überhaupt nicht in die Nähe der Wand. Ich streckte meine Hand immer wieder aus und plötzlich . . . war die Wand an meiner Hand. Nur durch das Ausstrecken war mein Arm doppelt so lang wie ursprünglich geworden . . . Sobald ich mich nicht mehr bemühte, den Arm auszustrecken, kam er zurück und schien wie immer zu sein. Das bestätigt jene anderen Aussagen, daß man jede nur denkbare Gestalt annehmen kann, bewußt oder unbewußt.[45]

Nach vielen derartigen Versuchen kam Monroe zu dem Schluß, daß dieser »zweite Körper« völlig von dem abhängt, was man denkt, und jede Form annehmen kann, die *der Verstand gerade übermittelt.* Da die Menschen so sehr an ihr äußeres Erscheinungsbild gewöhnt sind, vermutet Monroe, daß das der Grund ist, weswegen so viele, die sich außerhalb ihres Körpers befinden, genau wie ihr materieller Körper aussehen.

Das angeführte Zeugnis erbringt zwar nicht den Beweis, läßt jedoch vermuten, daß das menschliche »Selbst« aus Energie besteht, die jede Form vom winzigen Punkt im Raum bis zum genauen Abbild des eigenen Körpers annehmen kann. Warum unsere Vertrautheit mit der menschlichen Gestalt diese nicht immer in der astralen Form reproduziert, muß noch erforscht werden. Aus noch unbekannten Gründen gibt der Verstand vielleicht nicht immer den »Befehl«. So stellte Monroe beispielsweise nach Hunderten von Versuchen fest, daß seine astrale Gestalt gelegentlich keine Gliedmaßen hatte und eine Art Eiform annahm, die nur noch sehr wenig Ähnlichkeit mit dem menschlichen Körper hatte.

Wie wir gesehen haben, kann die astrale Erscheinungsform körperlich, durchsichtig oder völlig unsichtbar sein. Auch ihrem Träger ist sie nicht immer sichtbar. Oliver Fox, der sich des öfteren außerhalb seines Körpers versetzte, erklärte, seinen OBE-Körper normalerweise zu sehen, fügte allerdings hinzu, daß »ich hin und wieder nicht in der Lage gewesen bin, meinen Astralleib zu erkennen, wenn ich nach ihm gesehen habe – keine Beine, keine Arme, kein Rumpf! – ein außergewöhnliches Gefühl – einfach nur ein *Bewußtsein*, ein Mann, der sogar sich selbst unsichtbar ist«.[46] Warum ist das so?

Eine der spektakuläreren Arten spiritistischer Sitzungen ist die Materialisations-Sitzung. Damit es zu einer Materialisation kommt, muß ein Medium eine weiße, gallertartige Substanz absondern, die auch unter der Bezeichnung »Ektoplasma« bekannt ist. Chemische Analysen haben ergeben, daß sie aus Albumin und Aminosäuren besteht – mit anderen Worten, es ist Protein. Dieses Protein kann ein Gas bilden, das einige Unkörperliche offenbar benutzen können, um sich den Körperlichen sichtbar zu machen. Nach Dr. Douglas M. Baker sondert jeder menschliche Körper diese Substanz in unterschiedlicher Menge ab.[47] Ob die astrale Gestalt also sowohl anderen körperlichen Personen wie auch ihrem Träger sichtbar ist, wechselt wahrscheinlich mit der Menge körperlicher Substanz, die sie vom materiellen Körper mit hinüberbringt. Ist diese Menge gleich Null, wäre das »Selbst« in der Gestalt von Energie allen anderen wie auch dem Betreffenden selbst nicht sichtbar. Eine bestimmte Menge würde den Astralleib seinem Träger sichtbar machen, nicht jedoch körperlichen Personen; würde sie sich steigern, könnten alle das »Selbst« sehen, dessen Form im wesentlichen von den Gedanken seines Trägers bestimmt würde.

Astrale Kleidung

Viele Skeptiker lächeln, wenn sie hören, daß die Erscheinungen der Toten und die Astralleiber der Lebenden normal gekleidet sind, wenn sie körperlichen Personen sichtbar sind. Zu ihrem Erscheinungsbild gehören dabei so geisterhafte Accessoires wie Spazierstöcke, Schmuck usw. Doch wie der Arm von Monroe kann die Substanz des Astralleibes in Übereinstimmung mit den Gedanken und Wünschen des Betreffenden Form annehmen und gestaltet werden. Er sieht es so: »Wenn man mit einem strengen Bewußtsein gegenüber der Nacktheit aufgewachsen ist, wird man automatisch denken, man sei bekleidet – und ist es dann auch.«[48] So, wie Dr. Wiltse, dem Tode nah, den neuen Körper beschrieb, in dem er sich befand:

Ich schien durchsichtig zu sein, mit einem Anflug von Blau und vollkommen nackt. Äußerst verlegen floh ich auf die halb offenstehende Tür zu, um mich den Blicken der beiden Damen zu entziehen, die mir gegenüberstanden, wie auch denen der anderen, die . . . in meiner Nähe waren. Aber als ich die Tür erreichte, *entdeckte ich, daß ich angezogen war.*[49]

Celia Greens Zusammenfassung von 400 OBE zeigt, daß, wenn der Astralleib dem materiellen Körper ähnelt, er *»meist ganz normal gekleidet ist, d. h. mit den Sachen, die der Betreffende in einer solchen Situation trägt oder tragen könnte.«*[50] Daß die Kleidung tatsächlich die gleiche zarte Beschaffenheit des Astralleibes hat, beweisen die Fälle, in denen die sich außerhalb ihres Körpers Befindenden eindeutig deren Entstehung bezeugt haben! Sylvan Muldoon und Caroline Larsen, beide schon des öfteren außerhalb ihres Körpers, behaupten, Zeugen dieses Vorganges gewesen zu sein. Nach ihrer Aussage ist die astrale Gestalt von einer Emanation aus Licht umgeben, die von ihr hervorgerufen und gewöhnlich »Aura« genannt wird. Die astrale »Kleidung« entsteht durch die Auswirkungen entweder der bewußten oder unbewußten Geisteshaltung auf diese Aura. Muldoon stellt fest, niemand brauche sich darüber Sorgen zu machen, ein OBE zu haben und dabei nackt zu sein:

Denn die Aura umgibt uns, und man hat kaum angefangen, über

seine Kleidung nachzudenken, da entdeckt man auch schon, daß die Gedanken bereits Kleidungsstücke für uns gebildet oder materialisiert haben.

Einmal bemerkte ich, daß sich die Kleidung aus der Emanation formte, die meinen Astralleib umgab ... und sie glich genau der, die ich an meinem materiellen Körper trug.

Man kann aus dem Unbewußten astral aufwachen (z. B. aufwachen und feststellen, daß man ein OBE hat) und entdeckt, daß der Astralleib bereits bekleidet ist. Offenbar kann also ... das Unbewußte ... bewirken, daß sich die Kleidung bildet ... sie wird ... nicht zwangsläufig vom *Bewußtsein* geschaffen.[51]

Ähnlich erlebte es Caroline Larsen, die bei einem OBE die Wohnung eines todkranken Nachbarn betrat. Sie beobachtete, wie sich sein Astralleib mehrere Male von seinem materiellen Körper löste und wieder in ihn zurückkehrte, bevor er ihn endgültig verließ. Sie berichtet, daß »jedesmal, wenn er aus seinem materiellen Körper trat, ihn seine Aura sofort mit einem sackartigen Umhang bedeckte, den er immer trug.«[52]

Unsichtbarkeit

Die Behauptung, der OBE-Körper sei für körperliche Personen unsichtbar, bedarf einer genaueren Betrachung. Für den, der ein OBE hat, ist es sicher eine der verblüffendsten Begleiterscheinungen des Erlebnisses. Dr. George Ritchie, der Psychiater, dessen Erlebnis am Anfang dieses Kapitels geschildert wurde, war so unsichtbar, daß ein Krankenwärter mit einem Tablett voller Instrumente im Flur des Hospitals mitten durch ihn hindurchlief! Oliver Fox hat bestätigt, daß er bei seinen OBE gewöhnlich vollkommen unsichtbar für körperliche Personen war. Bei einem seiner Erlebnisse stand er auf einer Straße mit roten Backsteinhäusern. Er entschloß sich, in eines hineinzugehen, neugierig darauf, ob die Bewohner seine Gegenwart bemerken würden. Er ging die Treppe in den zweiten Stock hinauf und trat in ein Schlafzimmer, in dem eine junge Frau vor einem Spiegel ihre Haare kämmte.

Von früheren Erlebnissen her wußte ich, daß die Wahrscheinlichkeit, daß sie mich sehen würde, gering war. Ich stand genau hinter ihr und sah über ihre Schulter in den Spiegel. Ich wollte prüfen, ob sich mein Gesicht darin spiegelte. Ich stand so dicht hinter ihr, daß ich den angenehmen Duft ihrer Haare wahrnahm ... Im Spiegel erblickte ich ihr Gesicht, es war hübsch, und ich glaube, ihre Augen waren grau, doch von mir war nicht das geringste Anzeichen zu erkennen.[53]

Dr. George W. Kelley wurde nach dreiwöchiger Krankheit von seinem Arzt für tot erklärt, erholte sich jedoch später wieder. Als er sich außerhalb seines Körpers befand, versuchte er vergebens, die Aufmerksamkeit seiner Frau zu wecken:

Es war unmöglich, Verbindung mit ihr aufzunehmen. Ich tippte sie an, *doch sie schien von meiner Gegenwart nichts zu ahnen.*[54]

Diese Erlebnisse stehen nicht allein in unserer Gesellschaft, wie aus einer Passage des *Tibetanischen Totenbuches* deutlich wird. Dieses Werk tibetanischer Buddhisten über die Natur des Todes wurde im 8. vorchristlichen Jahrhundert zum erstenmal niedergeschrieben, wenngleich seine Lehren sehr viel älter sind. Folgt man diesem Buch, gelangt der Tote nach Eintritt des körperlichen Todes außerhalb seines Körpers und bei vollem Bewußtsein in den »Astralleib« oder »Bardo«, aus dem heraus er Zeuge der Klagen der ihm Nahestehenden wird, aber nicht in der Lage ist, ihre Aufmerksamkeit zu erringen:

Allen, die weinen, sollst du sagen: »Hier bin ich, weint nicht.«
Doch da sie dich nicht hören, wirst du glauben: »Ich bin tot!«[55]

Die Durchlässigkeit

Ein weiteres verblüffendes Merkmal dieser Erlebnisse, das immer wieder genannt wird, ist, daß der OBE-Körper normalerweise durch Gegenstände hindruchdringen kann – er gleitet, ohne zu stocken und ohne jede Empfindung, hindurch. Das kann jemanden, der gewohnt ist, gegenständliche Objekte zu greifen, sehr stark irritieren. Sylvan Muldoon erlebte das bei seinem ersten OBE, als er zwölf Jahre alt war. Er befand sich außerhalb seines Körpers, war verstört und verwundert und versuchte, sein Zimmer zu verlassen, um die anderen Hausbewohner zu wecken:

Ich wollte die Tür öffnen, merkte aber, wie ich durch sie hindurchglitt. Ein weiteres Wunder für meinen verwirrten Verstand! Ich ging von einem Zimmer zum anderen und versuchte verzweifelt, die schlafenden Hausbewohner zu wecken. Ich klammerte mich an sie, rief sie, versuchte, sie zu schütteln, doch meine Hände griffen ins Leere, als seien die anderen aus Rauch.[56]

Eine der Personen aus der Gruppe um Celia Green versuchte bei ihrem ersten OBE, das Licht in ihrem Schlafzimmer anzuknipsen:

Ich drückte auf den Schalter, doch mein Finger ging durch den Schalterknopf hindurch. Ich versuchte es mehrere Male . . . Dann wollte ich ein Experiment machen. Ich drückte meine flache Hand nicht ein-, sondern mehrmals in den Schalter . . . wo die Drähte angeschlossen sind. Sie drang durch den Schalter hindurch.[57]

Laut Green geschieht das normalerweise, wenn jemand bei einem OBE versucht, mit seiner Umwelt in direkte Berührung zu kommen. Hier ein weiteres Beispiel:

Dann passierte etwas, das . . . mich damals verwirrte, es aber auch heute immer noch tut. Ich entfernte mich von meinem Körper zur Tür hin und wollte sie öffnen und in die sternenklare Nacht hinaustreten; doch zu meiner Überraschung stellte ich fest, daß die Tür überhaupt kein Hindernis für mich war. Ich ging einfach durch sie hindurch, wie die Sonnenstrahlen durch eine Glasscheibe.[58]

Über ein OBE im Schlaf berichtet jemand, der sich außerhalb seines Körpers befunden hat:

Ich merkte, wie ich auf die Wand zuging, und nahm an, sie würde mich aufhalten, doch ich glitt durch sie hindurch ins Freie. Draußen stand ein Baum, und auch durch ihn drang ich ohne Widerstand hindurch.[59]

Wohl noch außergewöhnlicher ist das Gefühl, ohne Widerstand durch den Körper eines anderen Menschen hindurchzugehen, ein Erlebnis, das Sylvan Mulddon wiederholt gehabt haben will:

Manchmal weicht man anderen aus. Oder man geht die Straße entlang und will, wenn man jemandem leibhaftig begegnet, unbewußt zur Seite springen. Andererseits geht man manchmal einfach durch ein irdisches Wesen hindurch, denkt garnicht daran, mit dem Betreffenden zusammenstoßen zu können ... das ist wirklich atemberaubend, wenn man es zum erstenmal macht![60]

Vielleicht am aufregendsten ist es, wenn man sich bei einem OBE fortbewegt und durch Gebäude hindurchdringt. Robert Monroe sagt darüber bei seinen OBE:

Es bringt einen etwas aus der Fassung, wenn man Hals über Kopf auf ein Gebäude oder einen Baum zurast und einfach hindurchgleitet ... Die Gewöhnung des materiellen Körpers daran, daß diese Gegenstände kompakt sind, legt man nie ganz ab.[61]

Trotzdem haben Personen, die sich schon öfter außerhalb ihres Körpers befunden haben, berichtet, daß sie sich, wenn auch selten, nicht in der Lage sahen, feste Materie zu durchdringen oder wenn, dann doch unter ungewohnten Schwierigkeiten:

Als ich zur Decke schwebte, schien es mir nicht möglich, durch sie hindurchzugleiten ... Mit ausgestreckten Armen stemmte ich mich gegen sie ... Einen Augenblick lang spürte ich einen Widerstand, dann drang ich hindurch ... Doch etwas war anders. Als ich nach draußen schwebte, fühlte und erkannte ich die einzelnen Materialschichten der Wand – die Farbe, den Gips, den Putz, die Außenverkleidung und schließlich die Schindeln auf der Außenseite.[62]

Drei verschiedene Möglichkeiten gibt es also, die alle immer und immer wieder genannt worden sind: Am häufigsten ist, daß der OBE-Körper blitzschnell und ohne den geringsten Widerstand durch Gegenstände hindurchgeht; seltener kommt vor, daß Materie nur mit einigem Widerstand oder überhaupt nicht durchdrungen werden kann. Der naheliegendste Grund für diese Abweichungen liegt in dem Anteil von Ektoplasma, über den der OBE-Körper verfügt – der ihn unsichtbar, durchsichtig oder fest erscheinen läßt und entsprechend durchlässig, teilweise durchlässig oder undurchlässig in Bezug auf Materie.

Die Art der Fortbewegung beim OBE

Über die Art der Fortbewegung finden wir erneut ausführliche und immer wiederkehrende Berichte. Sich oft außerhalb ihres Körpers Befindende bestätigen, daß man die körperlichen Fortbewegungsarten nachvollziehen und einfach gehen kann; man kann über den Boden »schweben«, aber auch in größerer Höhe, oder man kann sich anscheinend blitzschnell auf sein Ziel zubewegen. Aber die bei weitem phantastischste Art des Fortkommens in astralem Zustand ist die *durch Gedanken.* Oliver Fox versuchte, in große Höhe vorzudringen, und zwang sich aufzusteigen:

Die Wirkung überraschte mich sehr. Augenblicklich fiel die Erde von meinen Füßen – so erschien es mir, weil mein Aufstieg so unvermittelt und mit einer so hohen Geschwindigkeit erfolgte. Ich blickte auf mein Haus hinunter, das jetzt nicht mehr größer als eine Streichholzschachtel war; die Straßen wirkten wie dicke Striche, die die Häuser voneinander trennten. Ich ... stieg immer höher. Bald war die Erde unter weißen Wolken verschwunden. Und immer höher und höher. Die Geschwindigkeit nahm zu. Die Einsamkeit, die ich empfand, war unbeschreiblich ... Ich bekam große Angst ... Ich wollte wieder nach unten ... Im gleichen Augenblick kehrte sich die Bewegung um ... durch den weichen Schleier der Wolken wurde die Erde wieder sichtbar und wuchs meinen Füßen entgegen.[63]

Hier einige Stimmen zur »Gedanken-Fortbewegung« von Personen, die sich wiederholt außerhalb ihres Körpers befunden haben:

Man »denkt« an denjenigen dort, wo man hinwill ... In wenigen Augenblicken ist man da.

Nur die Tatsache, daß man denkt, bringt einen überall dahin, wohin man möchte.

Stell dir vor, wohin du willst, und schon bist du da.

Für den, der gewohnt ist, an seinen Körper gebunden zu sein, klingt das herrlich unterhaltend, doch kann es auch beängstigend werden, wie die folgenden Erlebnisse zeigen. Monsieur Semjonow wachte mitten in der Nacht auf und merkte, daß er in seinem Zimmer stand. Er ging umher und stellte entsetzt fest, daß er durch die Stühle in seinem Zimmer hindurchging, wobei er seinen Körper noch schlafend im Bett liegen sah. Was dann folgte, war nicht dazu angetan, ihn zu beruhigen.

Ohne besonderen Grund denke ich an den Place du Trocadéro. So unglaublich es klingt, befinde ich mich plötzlich dort, da, wo die Avenue Henri Martin beginnt! Der Anblick des Platzes, der kalt und dunkel unter einem verregneten Himmel liegt, bedrückt mich ... Ich denke an dich ... und augenblicklich bin ich in deinem Studio.[64]

Wenn man sich außerhalb seines Körpers befindet, kann die Eigenschaft der Gedanken, jemanden zu dem Gegenstand, an den man denkt, zu »katapultieren«, beängstigend wirken:

Ich ... war ziemlich durcheinander, vor allem, als ich merkte, daß ich etwas nur anzusehen und mich dorthin zu wünschen brauchte und mich auch schon in die Richtung in Bewegung setzte. Ich brauchte keinen Fuß vor den anderen zu setzen. Ich schwebte einfach aufrecht fort. Die Beschleunigung dabei machte mir Angst.[65]

Ich wurde neugierig darauf, wie es sein mochte, wenn ich durch die Tür der Krankenstation ging. Ich sah auf den Türknauf und merkte, wie ich mich darauf zubewegte. Dabei entwickelte ich eine solche Geschwindigkeit, daß mich Entsetzen packte.[66]

Seine Aufmerksamkeit auf eine Person oder einen Platz zu lenken, gleichgültig wie weit entfernt sie sind, kann dazu führen, daß man sich praktisch sofort in Bewegung setzt. Bei seinem ersten OBE dachte ein Mann neugierig an das Zimmer seines Nachbarn und stand im gleichen Augenblick darin. Eine Miss

Okenden machte sich bei verschiedenen Gelegenheiten während eines OBE Sorgen wegen eines Freundes. Der Gedanke war kaum aufgetaucht, als sie sich auch schon bei ihm befand. Eine Mrs. Newby entdeckte, daß sie sich außerhalb ihres Körpers befand, aber offensichtlich noch in halbliegender Stellung. Sie schildert wie folgt, was geschah:

Ich hatte kaum daran gedacht aufzustehen, als ich auch schon mitten im Zimmer stand.[67]

Die Welt der Toten

Wenn sich jemand in astralem Zustand fortbewegen kann, wohin geht er dann? Eine Untersuchung von über 1000 OBE durch Robert Crookall offenbart, daß der »Reisende« in 85 Prozent aller Fälle mitten unter uns in der gegenständlichen Welt war. In den übrigen Fällen ging er in die Welt der Toten.[68]

Für den, der sich außerhalb seines Körpers befindet, ist es nichts Außergewöhnliches, sich mit Personen zu treffen oder zu ihnen Kontakt aufzunehmen, von denen er weiß, daß sie tot sind. Das gleiche gilt von den Schauplätzen, wo er sie treffen kann: entweder hier im Bereich des Gegenständlichen oder in ihrer eigenen »astralen« Welt. Robert Monroe beispielsweise traf eine Tote in seinem eigenen Schlafzimmer; er erkannte sie später auf einem Foto wieder. Monroe hatte das Haus gemietet und wohnte erst seit einer Woche darin, als er eines nachts, kurz nachdem er sich hingelegt hatte, merkte, wie er aus seinem Körper schwebte:

Ich sah etwas an der Tür. Es war ein weißes Gebilde von der Größe und der Form eines Menschen . . . Ich erkannte eine Frau mittlerer Größe mit dunklem, glatt gekämmtem Haar und ziemlich tiefliegenden Augen, weder jung noch alt . . . Sie . . . sah mich an . . . *Durch sie hindurch* konnte ich die Fenster und Vorhänge erkennen . . . Sie lächelte leicht . . . ging um das Bett und zur Tür hinaus.

Einige Tage darauf traf Monroe seinen unmittelbaren Nachbarn, einen Psychiater namens Samuel Kahn. Von ihm erfuhr Monroe, daß Mrs. W., die inzwischen gestorben war, seine Vorgängerin in der Wohnung gewesen war. Auf Bitten Monroes suchte Dr. Kahn ein Bild von Mrs. W. heraus – ein Gruppenfoto, auf dem sie zusammen mit 50 oder 60 anderen Personen abgebildet war. Und da in der zweiten Reihe sah er ein bekanntes Gesicht, das Gesicht des »Geistes«. War das Mrs. W., wollte Monroe wissen? Die Antwort lautete: ja.[69]

Viele, die außerhalb ihres Körpers waren, behaupten, verstorbene Freunde und Verwandte in der Welt der Toten getroffen und mit ihnen Verbindung aufgenommen zu haben. Liest man einige Dutzend Berichte über Besuche in dieser Welt, wird einem klar, daß verschiedene Personen den gleichen Ort beschreiben. Die folgenden Zitate stammen von elf Betroffenen, die alle die Welt der Toten zu schildern versuchten:

Ein riesiger, herrlicher Garten unter einem strahlend blauen Himmel.

Eine wunderschöne Wiese.

Eine überwältigende Landschaft mit Wäldern und verstreut liegenden kleinen Seen.

Ein bezauberndes, parkähnliches Gebiet.

Ein herrlicher Garten.

Ein wunderbarer Garten mit Bäumen.

Eine wunderbare, parkähnliche Gegend in der Nähe eines Sees.

Eine phantastische Welt ... voller Blumen und Bäume.

Eine wunderschöne Landschaft.[70]

Herrliche Blumen und Bäume.[71]

Hier der Bericht von Dr. R. B. Hout über seinen Ausflug in diese Welt bei einem OBE:

Ich hatte kurz das Gefühl, nach oben zu steigen und befand mich in einer neuen, aber sehr natürlichen Umgebung – in einem Hain oder Park, der sich auszustrecken schien, soweit das Auge reichte.

Ich sah ein paar Gestalten näherkommen ... Sie kamen auf mich zu, und ich war freudig überrascht, als ich sie erkannte. Alte, fast vergessene Freunde aus meiner Heimatstadt begrüßten mich. Als erster ein Herr, der vor ein oder zwei Jahren gestorben war. Sein Sohn, den ich gut gekannt hatte, und seine Frau, die mir nie begegnet war, waren bei ihm . . . »Erinnern Sie sich an mich?« fragte ich ihn. »Ich hätte nicht im Traum daran gedacht, Sie hier zu treffen.«

Er wandte sich um und deutete auf zwei Damen, die den Weg entlangkamen, auf dem ich stand. Ich drehte mich um und erkannte überglücklich meine Großmutter, die vor etwa zwei Jahren gestorben war. Bei ihr war eine Freundin . . . und Nachbarin, die kurz davor aus dem Leben geschieden war.

Ich konnte ihnen nur immer wieder sagen, wie sehr ich mich freute, sie zu sehen . . . Da traten sie anscheinend geschlossen ein paar Schritte zurück . . . Instinktiv schweifte mein Blick den Weg hinunter, wohin auch alle anderen schauten. Dort kam strahlend meine Mutter . . . Mit ausgestreckten Armen sprang ich ihr entgegen . . ., und es gab ein freudiges Wiedersehen. Ich war mit ihr vereint, und dieser Augenblick schien der glücklichste meines Daseins.

Es war ein Triumph des Geistes, als wir Seite an Seite dort standen. Sie im Glanze ihres . . . Geistkörpers, frei und in Übereinstimmung mit dem Bereich, in dem sie lebte . . . So standen wir eine Zeitlang zusammen, vereint auf einer Lebensebene. Hier waren meine Freunde und die mir nahestanden, durch den Tod in die vierte Dimension gerückt, und hier war auch ich und konnte aktiv für eine begrenzte Weile und in abgeschwächter Art handeln . . . Ich möchte unterstreichen, daß derartige Out-of-the-body-Erlebnisse für mich Wirklichkeit sind, objektiv und greifbar, bei denen ich Menschen treffe, die in einer realen Welt leben . . . Erst nach meinem ersten Besuch war es mir möglich, die Wirklichkeit und Objektivität der Lebensebene zu begreifen, auf der meine *toten* Freunde existieren. Jetzt weiß ich, daß sie irgendwo in unserem großen Universum leben, an einem *anderen Ort,* jenseits der Grenzen unseres . . . irdischen Reiches.[72]

Vielen wird die Vorstellung, daß die Toten in einer herrlichen Landschaft weiterexistieren, natürlich nur als ein Wunschtraum erscheinen, durch den die harte Wirklichkeit des Todes überspielt werden soll. Gäbe es nur einen Ursprung für die Beweise, die diese Behauptung stützen, könnte man die Sache als erledigt betrachten, doch es gibt *drei.* Bei 15 Prozent aller OBE besuchen die Lebenden dieses Reich. Ähnliche Berichte kommen von Personen, die vorübergehend tot waren und wiederbelebt wurden, sowie von Toten, die ihre Schilderungen durch Medien übermittelt haben.

Vielleicht sollten wir uns an dieser Stelle der Worte Heraklits erinnern, die vor 2500 Jahren geschrieben wurden und mit denen ich dieses Kapitel eingeleitet habe:

Weil sie etwas so Unglaubliches ist, entzieht sich die Wahrheit dem Erkennen.

Die grundlegende Gleichheit zwischen Lebenden und Toten

Out-of-the-body-Erlebnisse sind entscheidende Tatsachen für jeden, der eine hinreichende Theorie über Leben und Tod aufstellen will, denn sie verbinden beides auf das Innigste. Der Glaube ist weitverbreitet, daß die Lebenden und die Toten sich stark voneinander unterscheiden – daher auch unsere Furcht und unser Entsetzen angesichts des Todes. Doch Out-of-the-body-Erlebnisse führen uns zu dem verblüffenden Schluß, daß die Lebenden und Toten gleich sind. Lediglich die Tatsache, daß die Lebenden vorübergehend einen materiellen Körper besitzen, läßt sie nicht erkennen, daß sie bereits so »tot« sind, wie sie immer sein werden, denn die eigentliche Eigenpersönlichkeit wohnt in der astralen Form und siedelt nur zeitlich begrenzt im materiellen Körper.

Der vielleicht beste Weg, die Ähnlichkeit zwischen Lebenden und Toten aufzuzeigen, wäre zu demonstrieren, daß sie zu den gleichen Handlungen in der Lage sind. Und das sind sie wirklich, denn der OBE-Körper einer lebenden Person ist der gleiche, den diese Person nach ihrem Tod bewohnt. Das OBE eines Lebenden muß daher sehr viel Ähnlichkeit mit dem Zustand nach dem Tode haben und eine ähnliche Erlebnisvielfalt zulassen. *Sowohl die Lebenden wie die Toten sind als Erscheinungen aufgetreten, waren verantwortlich für Spuk, haben sich durch Medien mitgeteilt, sind in Visionen auf dem Sterbebett erschienen, haben post mortem Berichte gegeben, von Erinnerungen an frühere Wiedergeburten gesprochen und von den Körpern der Lebenden Besitz ergriffen!* Auch wenn diese Fälle bei Lebenden relativ selten vorkommen, beweist das Vorhandensein nur eines einzigen Falles, in dem ein Lebender bei einem OBE das tut, was die Toten normalerweise tun, daß es tatsächlich möglich ist und daß die Lebenden und die Toten im wesentlichen gleich sind.

Erscheinungen der Lebenden

Erscheinungen Lebender sind meistens das Ergebnis unbewußter OBE. Wie wir jedoch schon gezeigt haben, können lebende Personen auch als sichtbare Erscheinung auftreten, wenn sie ein OBE bei vollem Bewußtsein erleben. Die Forschung macht deutlich, daß Erscheinungen Lebender etwa doppelt so oft vorkommen wie diejenigen Toter.

Spukerscheinungen Lebender

Wenngleich der folgende Fall ein seltenes Beispiel ist, erklärt er, daß einige »Träume« in Wirklichkeit Projektionen im Zustand partieller Bewußtlosigkeit sind.

Vor einiger Zeit träumte meine Frau verschiedene Male von einem Haus, dessen Inneneinrichtung sie in allen Einzelheiten beschreiben konnte, obwohl sie keine Vorstellung davon hatte, wo es stand . . . Später . . . mietete ich zum Herbst von Lady B. ein Haus in den schottischen Bergen . . . Mein Sohn, der zu der Zeit in Schottland war, kümmerte sich um alles, ohne daß meine Frau oder ich je das Haus gesehen hätten.

Als ich später allein dorthin fuhr, um den Vertrag zu unterzeichnen und die Schlüssel entgegenzunehmen, bewohnte Lady B. das Anwesen noch. Sie sagte, sie wolle mir, wenn ich nichts dagegen hätte, ein Zimmer geben, in dem sie selbst gewohnt hatte und in dem eine Frau spukte. Der letzte Spuk lag schon einige Zeit zurück, doch sie erschien immer noch.

Da ich, was diese Dinge anging, sehr skeptisch war, erwiderte ich, ich wäre begierig, die Bekanntschaft dieses Geistes zu machen. Ich schlief in dem Zimmer, entdeckte aber keinen Geist.

Als meine Frau einige Zeit danach eintraf, war sie äußerst überrascht, das Haus als das aus ihren Träumen wiederzuerkennen. Sie sah sich überall um; sämtliche Einzelheiten entsprachen denen, die sie so oft im Traum gesehen hatte. Doch als sie schließlich in das Herrenzimmer zurückging, sagte sie: »Trotzdem kann es nicht das Haus sein, das ich aus meinen Träumen kenne, denn es müßte noch eine Zimmerflucht dasein, die hier fehlt.« Man berichtete ihr, daß diese Räume tatsächlich noch existierten und man sie durch das Herrenzimmer erreichen konnte. Als man sie ihr zeigte, erinnerte sie sich deutlich an jedes einzelne Zimmer.

Zum Schluß wandte sie noch ein, daß es ihr so vorgekommen sei, als habe man eines der Schlafzimmer nicht zu diesem Zweck genutzt, als sie es besuchte. Auch hier erklärte man ihr, daß dieser Raum ursprünglich kein Schlafzimmer gewesen war, sondern erst später entsprechend verändert wurde.

Zwei oder drei Tage darauf besuchten meine Frau und ich Lady B. Da sie sich noch nicht kannten, machte ich sie miteinander bekannt. Erstaunt rief Lady B.: »Mein Gott – Sie sind die Dame, die in meinem Schlafzimmer umgegangen ist!«[73]

Verbindungen der Lebenden über ein Medium

In der Theorie kann ein Lebender mit Hilfe eines Mediums Verbindung zu einem anderen aufnehmen, falls der Astralleib dieser Person in den Körper des Mediums eintritt. Medien, die mit Toten Umgang hatten, haben den Vorgang beschrieben, wie sie den eigenen Körper verließen, und sahen, daß er vom Astralleib eines Toten in Besitz genommen wurde:

Ich stand in einer Ecke des Zimmers und betrachtete die Menschen, die um den Tisch versammelt waren ... Deutlich erkannte ich meinen materiellen Körper, der sich an seinem Platz befand ... Der Geist einer Frau trat etwas von ihm zurück, beugte sich über ihn und schien dann mit ihm zu verschmelzen.[74]

Aber gibt es Lebende, die außerhalb ihres Körpers waren und den Körper eines Mediums beherrscht und über ihn Verbindung zu anderen aufgenommen haben? Die Antwort lautet: ja. Es sind viele Fälle festgehalten, auch solche, in denen Medien und Lebende, die Verbindung suchen, vorkommen.

Vincent Turvey, der sich schon oft außerhalb seines Körpers befunden hatte und sich mit Medien befaßte, behauptet z.B., bei seinen OBE viele Male die Körper von Medien beherrscht und in Sitzungen über sie Verbindung mit anderen aufgenommen zu haben. Er schildert seine Erlebnisse ausführlich in seinem Buch *The Beginning of Seership* (Die Anfänge des Sehertums).

Beherrschung der Lebenden durch die Lebenden

Dieses Phänomen ist lediglich eine Abwandlung des oben beschriebenen. Der Unterschied besteht darin, daß es von demjenigen, der außerhalb seines Körpers ist, nicht beabsichtigt ist und daß die Personen, von denen Besitz ergriffen wird, normalerweise schlafen oder schwer krank sind. Robert Monroe hat mehrere solcher Erlebnisse gehabt, die ihn erheblich beunruhigt haben.

Ich war der Meinung, normal in die körperliche Welt zurückgekehrt zu sein. Ich öffnete die Augen und sah, daß ich in einem fremden Bett lag. Neben mir stand eine mir unbekannte Frau, die mich anlächelte, als ich aufwachte. Hinter ihr erblickte ich eine ältere Frau. Sie zeigten sich glücklich darüber, daß ich endlich wieder zu mir gekommen war, da ich lange krank gewesen sei; doch jetzt sei ich wieder gesund. Sie halfen mir beim Aufstehen und zogen mir eine Art Morgenmantel an. Mir war klar, daß ich nicht der war, für den sie mich hielten. Ich versuchte, es ihnen zu erklären, doch sie belächelten mich nur und dachten offenbar, daß ich noch benommen wäre. Ich fragte, was für ein Tag heute sei, und sie lächelten nur verständnisvoll, als sei ich noch nicht ganz bei mir (was auch stimmte).

Mir war klar, daß ich nicht länger bleiben konnte, und trotz ihrer massiven Einwände ging ich durch eine Tür ins Freie. Ich ... versuchte, nach oben zu steigen ... Langsam begann ich mich zu erheben ... Plötzlich ... befand ich mich hoch über einer ländlichen Gegend, in der vereinzelt Häuser standen. Es kam mir bekannt vor, und ich glaubte, unser Haus und die Gebäude zwischen der Straße und dem Fluß zu erkennen. Ich tauchte nach unten, und einen Augenblick später war ich wieder eins mit meinem Körper. Ich setzte mich aufrecht ... und sah mich glücklich um. Ich war am richtigen Platz![75]

Ein Lebender erscheint in einer Vision auf dem Sterbebett.

Bei Visionen auf dem Sterbebett erscheinen Tote, die dem Sterbenden nahestehen, am Bett, als wollten sie ihn im Tode begrüßen. In Wirklichkeit sind aber auch die Lebenden bei einem Out-of-the-body-Erlebnis dazu in der Lage. Betrachten wir den folgenden Bericht:

Ich stand (bei einem OBE) ... in einer erbärmlichen Dachstube in irgendeiner Stadt. Es schien gerade zu dämmern. Links und rechts von mir sah ich, mich stützend, ... zwei Gestalten, die wie ich aussahen ... Sie hielten mich etwas aufrecht. Unvermittelt standen wir alle drei vor einem niedrigen, ärmlich wirkenden Bett, auf dem eine Frau mittleren Alters im Sterben lag. Sie drehte den Kopf zur Seite und sah mich – ich war überzeugt davon, daß sie nur meine Gestalt wahrnahm ... Ich *wußte,* daß ich gerufen worden war, sie von einem zukünftigen Leben zu überzeugen.[76]

Post mortem-Berichte Lebender

Ich habe schon angeführt, daß 15 Prozent aller OBE einen Besuch in der Welt der Toten einschließen. Diese Besuche haben zu zahlreichen Berichten über diese Welt geführt, Berichte, die in den grundlegenden Punkten übereinstimmen. Der einzige Unterschied zwischen lebenden Besuchern in jener Welt und ihren toten Bewohnern liegt in der Tatsache, daß die Lebenden noch einen materiellen Körper haben, in den sie zurückkehren.

In Kapitel 7 werden wir Beweise dafür untersuchen, daß viele Menschen tief in ihrem Innern Erinnerungen an zahlreiche frühere Leben tragen, Erinnerungen, die bis ins Einzelne durch rückwirkende Hypnose erforscht werden können. Wir werden außerdem sehen, daß diese Erinnerungen für einen kleinen Kreis von Menschen ohne Anwendung einer bewußten Technik, mit deren Hilfe man sie auffinden kann, zugriffsbereit sind. Einige Tote, mit denen man Kontakt aufgenommen hat, haben von äußerst lebhaften Erinnerungen an frühere Wiedergeburten berichtet, was die Vermutung nahelegt, daß sie während eines OBE einfacher wieder aufzuspüren sind. Wenn das auf die Toten zutrifft, gilt es dann nicht auch für einige lebende Personen, die schon außerhalb ihres Körpers waren? Zwei von ihnen haben Erlebnisse gehabt, die annehmen lassen, daß diese Frage mit einem Ja beantwortet werden kann. Paul Twitchell hat geschildert, wie bei einigen OBE sehr deutlich die Bilder aus früheren Leben an ihm vorbeizogen. »Sie lagen wie ein ausgebreitetes Spiel Karten vor mir auf dem Tisch.«[77] Robert Monroe hat ähnlich bewegte Erinnerungen an frühere Leben gehabt, als er außerhalb seines Körpers war. Er spricht von:

dem an- und abschwellenden Strom von Erinnerungen an Ereignisse, Orte, Menschen und Dinge, die keinerlei Beziehung zum gegenwärtigen körperlichen Leben oder vergangenen Erfahrungen haben.

Diese Erinnerungen . . . kommen, wenn man im Zweiten Stadium ist (außerhalb seines Körpers). Ich erinnere mich z. B. genau an einen Platz, wo ich einmal gewohnt habe – die Straßen, die zu ihm hinführen, seine Form, seine Lage in Bezug auf die Straßen und die ihn umgebende Landschaft. Es war kein besonders gutes Stück Land, aber ich habe ziemlich hart dafür gearbeitet, und mehr konnte ich mir nicht leisten. Ich hatte vor, irgendwann einmal ein Haus da zu bauen.

Desgleichen erinnere ich mich an drei miteinander verbundene Gebäude an einer Straße in der Innenstadt – alte Häuser mit etwa acht Stockwerken. Die obersten Etagen dieser Häuser . . . hat man zu großen Wohnungen zusammengezogen mit sehr hohen Räumen. Wegen der unterschiedlichen Deckenhöhe muß man, wenn man von einem Raum in den anderen geht, ein paar Stufen hinauf- oder hinuntersteigen. Dorthin ging ich, nicht sehr oft, manchmal, irgendwo.[78]

Sind sich die Lebenden und Toten gleich?

Ohne Frage sieht es immer mehr so aus. Die Untersuchung Hunderter spontaner Fälle von OBE und einer sehr viel kleineren Zahl experimenteller zeigt ganz deutlich, daß die uralte Vorstellung, der Mensch besitze eine Seele, eine feste Grundlage hat: Das menschliche Bewußtsein nimmt einen materiellen Körper ein, benötigt ihn aber nicht für sein Dasein. Falls dieses Wissen verblüffend erscheint, vielleicht ist es leichter, sich jetzt zu wundern als später. Als Robert Monroe sich einmal außerhalb seines Körpers versetzt hatte, traf er auf einen »Toten«, der anscheinend das Gefühl hatte, Monroe sei nur vorübergehend und nicht dauernd »draußen«. Verärgert wandte er sich an Monroe, was seine Bestürzung über die überraschende Entdeckung erkennen ließ, in die der Tod seines Körpers ihn versetzt hatte, und sagte:

»Und *jetzt* bist du also bereit, die Geheimnisse des Universums zu begreifen? . . . Ich hoffe, du bist es«, fuhr er fort, und seine Stimme wurde vor Zorn lauter, »denn bei *mir* hat sich niemand die Mühe gemacht und mir gesagt, daß ich wieder zurück war.«[79]

Kapitel 4
Die im Sterben liegen: Visionen auf dem Totenbett

Sie sind gekommen, um mich in den Tod zu holen.
Ein sterbender Patient

Ich will zurück, laßt mich zurück.
Ein sterbender Patient nach einem visionären Erlebnis.

Menschen, die plötzlich und unerwartet gestorben sind – durch einen Herzanfall, Ertrinken oder einen Autounfall –, sind durch die Wiederbelebungstechnik der modernen Medizin oft vom Tod zurückgeholt worden. Nachher haben sie von eigenartigen Erlebnissen während ihrer vorübergehenden Reise in das Reich der Toten berichtet: Viele erzählen, verstorbene Freunde und Verwandte, »geistige Helfer« oder ein »Wesen aus Licht« »getroffen« zu haben.

Diese Erlebnisse lassen ahnen, wie weit weg von uns die Welt jenseits des Todes sein muß – wenn man sie nur durch das Sterben erreichen kann. Doch es sind Menschen in der Lage gewesen, noch zu ihren Lebzeiten in dieses Reich vorzudringen – dadurch, daß sie langsam starben. Wer allmählich dem Tod verfällt, sei es durch Krebs, eine andere Krankheit oder Altersschwäche, hat oft berichtet, schon vorher dort gewesen zu sein. Und so, wie diejenigen, die nach einem plötzlichen Tod wiederbelebt wurden, danach von höchstem Glück, heiterer Ruhe und einer atemberaubend schönen Welt nach dem Tode gesprochen haben, berichten die langsam Sterbenden von gleichen Erlebnissen unmittelbar vor ihrem Tod.

Diese Erlebnisse, die offenbar überall, wo es Menschen gibt, anzutreffen sind, nennt man *Visionen auf dem Sterbebett.* Wir stoßen auf sie im Brauchtum vieler Gesellschaften, in der Literatur und den Biographien aller Epochen. Seit Jahrhunderten sieht man in ihnen ein Zeichen des unmittelbar bevorstehenden Todes. Aber wie groß ist die Wahrscheinlichkeit, daß Derartiges auch uns widerfährt? Die neueste Forschung läßt vermuten, daß u. U. die Hälfte bis zu zwei Dritteln derjenigen, die kurz vor dem Tod bei einigermaßen klarem Bewußtsein sind, damit rechnen kann, solche Erlebnisse zu haben.

Wie sind nun diese Erlebnisse?

Wilma Ashby wurde in einen Autounfall verwickelt, bei dem die untere Körperhälfte in den Wrackteilen eingeklemmt wurde. Sie wurde in kritischem Zustand in das Krankenhaus gebracht, hatte aber weiterhin schwere Blutungen, die die Ärzte trotz größter Anstrengungen nicht stoppen konnten. Die Verwandten wurden zusammengerufen und davon in Kenntnis gesetzt, daß der Tod unmittelbar bevorstände. Ihr Zwillingsbruder Willard, an den sie eine sehr enge Bindung gehabt hatte, war vier Jahre vorher einen frühzeitigen Tod gestorben. Um acht Uhr abends hatte sie gerade bei vollem Bewußtsein ein Dankgebet gesprochen, daß ihre Familie, die ebenfalls in dem Auto gesessen hatte, von schwereren Verletzungen verschont geblieben war.

Plötzlich zwang mich etwas, die Augen zu öffnen. Ich war erstaunt, als sich die graue Wand vor mir veränderte. Mitten in einem wundervollen, purpurnen Nebel stand mein Zwillingsbruder . . . Er hatte noch das gleiche, ansteckende Lächeln wie immer. Mit ausgestreckten Armen kam er langsam näher. Ich öffnete meine Arme, um ihn an mich zu drücken.

Mein Bruder hatte das Fußende des Bettes erreicht, und unsere Finger konnten sich fast berühren, als mein Mann in das Zimmer trat. Augenblicklich verschwand mein Zwillingsbruder. Ich fing an zu weinen. »Willard war da, doch er ging wieder, bevor ich ihn anfassen konnte.« Mein Mann blickte verstört. »Als ich die Tür öffnete«, sagte er, »war es, als bekäme ich einen elektrischen Schlag.«[1]

Mrs. Ashby erholte sich; ihr Arzt sprach von einem »Wunder«.

Ähnliche Begegnungen schildern viele, die wie Mrs. Ashby am Rande des Todes waren und doch nicht gestorben sind. Noch häufiger ereignen sie sich vor dem wirklichen Tod. Man achte einmal auf die frappierende Ähnlichkeit des folgenden Falles, den der Parapsychologe Karlis Osis kürzlich aus Indien meldete. Ein Hindujunge von etwa 15 Jahren hatte Leukämie und lag im Sterben. Seine Mutter war schon einige Jahre vorher gestorben, als er noch klein war. Die Ärzte und Schwestern, die bei seinem Tod anwesend waren, erzählten Osis:

Oft sprach er von seiner Mutter ... Er erwähnte sie ... voller Zuneigung. Am Tag, an dem er starb, hatte er kein Fieber und sagte zu seinem Vater: »Meine Zeit ist gekommen. Meine Mutter ruft mich. Sie steht dort mit ausgebreiteten Armen.« In dem Augenblick war er bei klarem Verstand. Er nahm seine Umgebung bewußt auf und sprach bis zuletzt mit seinem Vater. Dann sagte er und hielt mit der einen Hand die seines Vaters und zeigte mit der anderen dorthin, wo er seine Mutter sah: »Siehst du meine Mutter nicht? Sieh doch! ...« Dann starb er – er streckte seine Hand nach ihr aus ... und wäre fast aus dem Bett gefallen. Er war so glücklich, sie zu sehen.[2]

Im Jahr 1925 hatte die stellvertretende Oberschwester eines Krankenhauses für Indianer in Saskatchewan in Kanada folgendes Erlebnis mit einem Patienten, der an Tuberkulose starb.

Es war ein junger Bursche von den Kri-Indianern, ungefähr 20 Jahre alt, der Sohn des Häuptlings Papewyn aus einem benachbarten Reservat ... Schließlich ... kam der Tag. Am Abend war ich bei ihm. Er lag ruhig in seinem Bett, als er sich plötzlich aufsetzte, seine Arme voller Sehnsucht ausstreckte, wobei ein verzücktes Lächeln über sein Gesicht glitt. Es war nicht nur ein Lächeln der Zufriedenheit, es sprach sehr viel mehr als das aus ihm ... keinem, der ihm zusah, konnte entgehen, daß eine überwältigende Vision seinen Blick fesselte. Daraufhin legte er sich wieder zurück, sah mich lächelnd an und ging aus dieser Welt. Den Tag über war er ruhig und gefaßt gewesen, er hatte nicht phantasiert.[3]

Es ist außergewöhnlich, daß eine Amerikanerin, ein jugendlicher Hindu und ein Kri-Indianer unmittelbar vor dem Tod so unwahrscheinlich ähnliche Erlebnisse haben. Dies sind Beispiele für Visionen mit Erscheinungen auf dem Sterbebett: Der Betreffende wird offenbar kurz vor seinem Tod von jemandem von der »anderen Seite« begrüßt, an den er starke gefühlsmäßige Bindungen hat und der erschienen ist, um ihn in die Welt jenseits des körperlichen Todes zu holen. So eigenartig diese Erlebnisse erscheinen mögen, haben sie doch ihre eigene, zwingende Logik. Wenn Menschenwesen wirklich den Tod des Körpers überleben und weiterhin Anteil an den Lebenden nehmen (und für beide Behauptungen gibt es eine Reihe von Beweisen), wann liegt es für einen Toten dann näher zu »erscheinen«, wenn nicht am Sterbebett eines geliebten Menschen?

Doch die Sterbenden machen noch zwei andere packende Erfahrungen – echte »Visionen« der Welt nach dem Tode, und ein medizinisch nicht erklärbarer Stimmungsaufschwung in einen Zustand allgemeiner Heiterkeit und Überschwangs. Betrachten wir die folgenden Beispiele:

Ein 70jähriger, in Deutschland geborener Mühlenvorarbeiter, der im Sterben lag, litt unter starken Schmerzen im Rachenraum. Eine der ihn betreuenden Krankenschwestern war von seinen Erlebnissen sehr beeindruckt und erinnerte sich lebhaft daran:

Wenn er Visionen hatte, ließen die Schmerzen nach, und man sah ihn nur noch lächeln. Er sagte: »Es war so wunderbar, man kann es gar nicht beschreiben. Es war ein überwältigender Anblick, ganz anders als in Wirklichkeit.« Mehr konnte er nicht sagen.[4]

Eine Krankenpflegerin beschrieb eine im Sterben liegende Endsiebzigerin als stets boshaft und sehr gemein:

Eines Abends rief sie nach mir, ich sollte sehen, wie herrlich der Himmel sei. Plötzlich sah sie mich an und schien überrascht: »Ach, Sie können es ja gar nicht sehen, Sie sind ja gar nicht hier (im Himmel), Sie sind ja da drüben.« Sie wurde äußerst friedlich und glücklich . . . und ihre Bösartigkeit hörte auf . . . Ich glaube nicht, daß das Halluzinationen sind, sie sind . . . sehr realistisch.[5]

Dieser flüchtige visionäre Blick in die Welt nach dem Tode kann tatsächlich so unbeschreibliche Schönheiten und eine solche Freude vermitteln, daß ihr Lebenswille sie verläßt und sie vorziehen, »bei diesem Anblick zu sterben«, anstatt ohne ihn weiterzuleben.

Eine typische Reaktion auf solche Erlebnisse ist ein plötzliches Gefühl der Verzückung und gelöster Heiterkeit. Doch eigenartigerweise haben Ärzte und Krankenschwestern auch berichtet, daß diese Stimmung ebenso bei Patienten auf dem Sterbebett aufkommt, die völlig außerstande sind, sie zu erklären. So beschrieb eine Krankenschwester die letzten Stunden einer 59jährigen Frau, die Lundenentzündung und ein stark angegriffenes Herz hatte, wie folgt:

Auf ihrem Gesicht lag ein wunderbarer Ausdruck; ihr *Verhalten* schien sich völlig verändert zu haben. Das war mehr als lediglich ein Stimmungsumschwung, den ich bei ihr schon des öfteren erlebt hatte ... Sie war schon immer launisch gewesen, aber im letzten Jahr war sie regelrecht niedergeschlagen. Es hatte den Anschein, als sähe sie etwas, das jenseits unserer Blicke war ... nichts Natürliches ... Irgendetwas gab uns das Gefühl, daß ... sie Kontakt zum Jenseits hatte und sie das glücklich machte.[6]

Wirklich eine seltsame Reaktion. Menschen, die im Sterben liegen, leiden für gewöhnlich. Patienten am Rand zum Tod erleiden oft qualvolle Schmerzen und Entwürdigungen und sind hilflos, da der Körper versagt. Und doch »klärt« sich das Gesicht einiger Patienten, die in einem solchen Elend gefangen sind, wenn der Tod naht, plötzlich auf unerklärliche Weise »auf«, gelöst, verzaubert.

Wir stehen somit vor drei ungewöhnlichen Arten von Erlebnissen auf dem Sterbebett: dem Auftauchen von Erscheinungen Toter, Visionen eines paradiesischen Lebens nach dem Tode und medizinisch unerklärlichen Stimmungsumschwüngen in einen Zustand der Verzückung, Freude und Heiterkeit, die alle kurz vor dem Tod auftreten. Diese Erlebnisse legen so zwingend nah, daß etwas »jenseits« des Todes existiert, daß im vergangenen Jahrhundert ein halbes Dutzend Studien darüber veröffentlicht worden sind.[7] Wieder und wieder tauchen in den Hunderten von bekannten Fällen die gleichen verblüffenden Merkmale auf: Der Patient ist bei klarem Verstand, nimmt seine Umgebung wahr und befindet sich nicht in einem Dämmerzustand; das Erlebnis ist oft außergewöhnlich stark und wirkt sich tiefgreifend auf den Patienten, manchmal sogar auf das anwesende Personal, aus; das Erlebnis kommt vollkommen unerwartet (die Patienten sind oft darüber erstaunt, was mit ihnen geschieht) und wird von den verantwortlichen Ärzten und Schwestern oft als medizinisch unerklärlich bezeichnet.

Das klare Bewußtsein der Sterbenden, die diese Erlebnisse gehabt haben, versetzt medizinische Beobachter immer wieder in Erstaunen und macht deutlich, daß die Erlebnisse nicht einfach als gewöhnliche Halluzinationen abgetan werden können. Betrachten wir z. B. den folgenden Fall einer Frau mittleren Alters, die, zur Zeit Königin Victorias, an einem Herzleiden litt und im Sterben lag. Nach den Worten ihres Arztes, der am Sterbebett stand:

> war ihr geistiger Zustand einwandfrei. Wenige Minuten, bevor sie starb, unterhielt sie sich so angenehm und anregend wie immer. Kein Stupor, Delirium . . . oder . . . Anzeichen für Sinnesverwirrung . . . Sie sagte noch etwas, legte dann den Kopf auf ihrem Kissen zur Seite, als wollte sie schlafen, drehte ihn plötzlich und unerwartet wieder zurück, und auf ihrem Gesicht . . . erschien ein Leuchten, strahlend und schön. Sie öffnete die Augen, die . . . in dem Moment in einem Ausdruck äußerster Überraschung und Freude glänzten, nannte den Namen des Toten . . . der ihr am nächsten stand und ließ dann den Kopf in das Kissen sinken . . . tot.[8]

Die Klarheit des Verstandes ist in manchen Fällen so ausgeprägt, daß der Sterbende in der Lage ist, zwei Unterhaltungen gleichzeitig zu führen – eine mit der Erscheinung, die sonst niemand sieht, die andere mit den Personen, die um das Bett stehen. Im Jahr 1918 schilderte Dr. E. H. Pratt aus Chicago den Tod seiner Schwester Hattie. Als sie in der Schule war, erkrankte sie an Diphtherie und wurde nach Hause gebracht, wo man sich um sie kümmerte. Ihr Bett stand im Wohnzimmer, wo sie in der letzten Stunde ihres Lebens von Verwandten und Freunden umgeben war. Pratt beschreibt ihren Tod:

Sie wußte, daß sie sterben würde, und erklärte unserer Mutter, wie diese ihre kleinen, persönlichen Habseligkeiten unter ihren Freunden aufteilen solle . . . Plötzlich hob sie den Kopf, als blickte sie angestrengt auf die Zimmerdecke in der anderen Ecke. Unverwandt schaute sie dorthin und lauschte offenbar einige Zeit, neigte dann ihren Kopf und sagte: »Ja, Großmutter, ich komme, warte bitte noch ein wenig.« Unser Vater fragte sie: »Siehst du deine Großmutter?« Offensichtlich erstaunt über die Frage, antwortete sie prompt: »Aber ja, Papa, siehst du sie denn nicht? Da steht sie und wartet auf mich.« . . . sie zeigte zur Decke in die Richtung, in die sie geblickt hatte. Sie wandte sich wieder an die Erscheinung ihrer Großmutter, die sie offenkundig hatte, runzelte etwas ungeduldig die Stirn und sagte: »Ja, Großmutter, ich komme schon, aber warte bitte noch eine Minute.« Dann drehte sich sich wieder zu ihrer Mutter um und zählte zu Ende auf, was von ihren persönlichen Dingen für wen sein sollte . . . Bevor sie ihre Aufmerksamkeit schließlich wieder ihrer Großmutter schenkte, die sie offensichtlich drängte, sofort zu kommen, sagte sie jedem von uns Aufwiedersehen. Ihre Stimme klang sehr matt und schwach, doch der Ausdruck ihrer Augen, als sie jeden noch einmal kurz ansah, war so lebendig und wach wie nur möglich. Dann heftete sie die Augen fest auf ihre Vision und sagte, so schwach, daß wir . . . ihre Worte gerade noch hören konnten: »Ja, Großmutter, ich komme jetzt.«

Dann starb das Mädchen. Sie und ihre Großmutter, die einige Jahre vorher gestorben war, hatten immer ein sehr enges Verhältnis zueinander gehabt. Später berichtete Dr. Pratt über dieses Erlebnis:

Sie hatte einen so klaren Kopf, war sich der . . . Anwesenheit ihrer Großmutter, mit der sie so natürlich gesprochen hatte, so sicher und so erstaunt darüber, daß wir anderen sie nicht sehen konnten. Der Wechsel ihrer Aufmerksamkeit und Anrede zwischen Großmutter, Vater und Mutter war so eindeutig . . ., daß es unmöglich scheint, . . . eine andere Vorstellung als die ins Auge zu fassen, daß die Großmutter lebendig und natürlich wie zu Lebzeiten wirkte und Hattie sie augenblicklich erkannte.[9]

Visionen auf dem Sterbebett können von einer solchen Kraft sein, daß sie sich tiefgreifend auf das Leben anderer Menschen auswirken. Ein Arzt aus Florida, der Zeuge eines solchen Erlebnisses wurde, bekannte später, daß dies seine gesamte Einstellung zum Leben geändert hätte. Dr. Wilson, einem Arzt aus New York, der beim Tod des amerikanischen Tenors James Moore zugegen war, ist das, was er dort erlebte, für den Rest seines Lebens unvergeßlich:

Es war etwa vier Uhr früh, und die Morgendämmerung, die er beobachtete, kroch durch die Jalousien. Als ich mich über das Bett beugte, bemerkte ich, daß sein Gesicht ganz friedlich und seine Augen klar waren. Der arme Kerl sah zu mir hoch, nahm meine Hand in seine Hände und sagte: »Sie waren ein guter Freund, Doktor. Sie haben mir beigestanden.« Dann geschah etwas, das ich bis an mein Lebensende nicht vergessen werde ... Er machte einen völlig vernünftigen und gesunden Eindruck und wurde plötzlich, anders kann ich es nicht ausdrücken, in eine andere Welt entrückt ..., denn er sagte lauter als bisher, als ich ihn behandelt hatte: »Da ist Mutter! Warum bist du denn hergekommen, Mutter? Nein, nein, ich komme zu dir. Warte noch etwas, Mutter, ich hab's bald geschafft. Ich mach' hier Schluß. Warte noch.« Auf seinem Gesicht lag ein Ausdruck unbeschreiblichen Glücks, und die Art und Weise, in der er sprach ... überzeugte mich, daß er seine Mutter sah und mit ihr redete ... Es war das Eigenartigste, das mir je in meinem Leben passiert ist.[10]

Die Macht von Visionen auf dem Sterbebett ist unheimlich. Wir stoßen immer wieder auf diese unerklärliche Intensität. Patienten mit großen Schmerzen, die sich elend fühlen und Angst haben, sind plötzlich wie umgewandelt, strahlen vor Heiterkeit, sehnen sich nach dem Tod. Ein sterbendes, 16 Jahre altes, amerikanisches Mädchen, das im Koma lag, wurde kurz vor dem Tod noch einmal ganz klar:

»Ich kann nicht aufstehen«, sagte sie und ... öffnete die Augen. Ich richtete sie ein wenig auf, und sie sagte: »Ich sehe ihn, ich sehe ihn. Ich komme.« Unmittelbar danach starb sie, ihr Gesicht strahlte verzückt und gelöst.[11]

Ein Erlebnis, das ein 16jähriges Mädchen aus dem Koma in einen »strahlenden« Tod führen kann, muß unglaublich eindrucksvoll sein – und es hat noch einige andere faszinierende Seiten, denen wir uns jetzt zuwenden wollen.

Kindheitsfälle

Skeptiker werden versucht sein, obige Fälle als »Halluzinationen« abzutun, die durch religiöse Vorstellungen über den Tod verursacht wurden; schwieriger ist es jedoch, sich über ähnliche Erlebnisse junger Kinder hinwegzusetzen, denen die Betrachtungsweise Erwachsener unbekannt ist.

Nehmen wir z. B. den Fall eines kleinen italienischen Mädchens, der dreijährigen Hippolyte Notari, die den Tod ihres kleinen Bruders erlebte. Den Worten der Eltern und Großmutter zufolge ereignete sich 15 Minuten vor dem Tod des Babys folgendes:

Hippolyte streckte die Arme aus und sagte: »Schau, Mutter, Tante Olga.« Die Eltern fragen: »Wo siehst du Tante Olga?« Das Kind antwortete: »Da, da!« und versuchte krampfhaft, aus dem Bett zu steigen und zu seiner Tante zu gehen. Man ließ sie heraus, sie lief auf einen leeren Stuhl zu und war sehr verwirrt, weil die Erscheinung sich jetzt an einer anderen Stelle des Zimmers befand. Das Kind drehte sich um und deutete in eine Ecke: »Tante Olga ist da.« Dann beruhigte es sich, und das Baby starb.[12]

Tante Olga, eine Schwester der Mutter des Kindes, war vor einem Jahr gestorben.

Ein jüngeres Beispiel dieser packenden Art von Fällen betrifft ein elfjähriges Mädchen, das an einem angeborenen Herzfehler starb. Die Mutter des Kindes war bereits tot.

Sie hatte wieder einen dieser schlimmen Herzanfälle und sagte, sie sähe ihre Mutter. Sie machte einen sehr glücklichen Eindruck und lächelte und bat mich, sie aufstehen und gehen zu lassen ... (zu ihrer Mutter, die) bereit war, sie auf einen Spaziergang mitzunehmen.[13]

Diese Vision, die eine halbe Stunde dauerte, erfüllte das Mädchen mit Freude und Ruhe bis zu seinem Tod vier Stunden später.

Gemeinsam erlebte Fälle

Skeptisch eingestellte Menschen werden Visionen auf dem Sterbebett verständlicherweise als Halluzinationen abtun. Doch wie steht es bei den Fällen, in denen mehr als eine Person die Erscheinung des verstorbenen Besuchers gesehen hat? Obwohl sich solche Fälle selten ereignen, sind sie wichtig, eben weil sie keine Halluzinationen sein können. Die folgenden Beispiele stammen aus fast einem ganzen Jahrhundert – aus der Zeit zwischen 1864 und 1949.

Im Jahr 1903 lag Hugh G., ein kleiner Junge aus Yorkshire, nach langer Krankheit im Sterben. Seine Mutter war vor kurzem gestorben, und seine älteste Schwester und eine gute Freundin der Mutter kümmerten sich um ihn. In einem schriftlichen Bericht, den sie später der British Society For Psychical Research gab und den beide Zeugen unterzeichneten, schilderte die Freundin was geschah.

Am Sonntagabend, dem 28. Juni 1903 gegen neun Uhr, standen die Schwester und ich am Fußende des Bettes und beobachteten Hughey, der bewußtlos war. Plötzlich erblickte ich klar und deutlich seine Mutter. Sie war normal gekleidet, so wie früher, und ihr Äußeres verriet nichts Übernatürliches. Mit einem liebevollen Blick . . . beugte sie sich über ihren Jungen . . . und schien uns gar nicht zu bemerken. Nach ein oder zwei Minuten war sie plötzlich nicht mehr da. Ich war völlig fassungslos und drehte mich zur Schwester hin, um ihr etwas zu sagen, doch sie schien so versunken, daß ich es für besser hielt zu schweigen.

Hugheys Zustand wurde immer ernster, bis er am Dienstagabend, dem 30. Juni, . . . von uns ging. Wir erwiesen dem . . . schmächtigen Körper die letzten Liebesdienste und standen wieder wie am Sonntag am Bett. »Ich hatte am Sonntagabend hier ein eigenartiges Erlebnis«, sagte ich. Augenblicklich erwiderte sie: »Ja, Mutter war da; ich habe sie auch gesehen, sie kam und gab Hughey einen Kuß.«[14]

Im nächsten Fall sahen vier Personen die Erscheinung am Sterbebett – die sterbende Frau und drei Verwandte, die sie pflegten. Im November des Jahres 1864 wurde Harriet Pearson, die todkrank war, von drei Verwandten gepflegt, von Mrs. Coppinger, Mrs. John Pearson und Emma Pearson, die einen Bericht darüber verfaßte, was an jenem Tag geschah.

Harriet . . . lag in einem großen Schlafzimmer mit drei Fenstern über dem Herrenzimmer. Im Zimmer daneben wohnten Mrs. Coppinger und ich . . . In der Nacht auf den 22. Dezember . . . befand sich Mrs. John Pearson in Harriets Zimmer, Mrs. Coppinger und ich im Hinterzimmer. Die Lampen auf der Treppe brannten und unsere Tür stand weit offen.

Gegen ein oder zwei Uhr nachts richteten wir, Mrs. Coppinger und ich, uns auf; wir konnten beide nicht schlafen, da wir auf jeden Ton von nebenan lauschten.

Ganz kurz sahen wir, wie jemand an der Tür vorbeiging, in ein altes Tuch gehüllt, mit einer Lockenperücke und einer alten, schwarzen Kappe. Mrs. Goppinger rief: »Steh auf, Emma, es ist . . . Tante Ann« (Harriets verstorbene Schwester). »Sie ist es«, erwiderte ich. Wir sprangen aus dem Bett, als Mrs. John Pearson aus dem Zimmer gestürzt kam und rief: »Das war . . . Tante Ann. Wo ist sie hingegangen?«[15]

Harriet Pearson starb um sechs Uhr am gleichen Morgen. Aber vorher berichtete sie noch, daß sie ihre verstorbene Schwester gesehen habe, die »gekommen sei, sie zu holen«.

Im nächsten Fall tritt eine bekannte historische Gestalt auf. Horace Traubel, ein enger Freund und Biograph des Dichters Walt Whitman, lag sterbend in einem abgelegenen Ferienhaus in Ontario, das der reichen kanadischen Bergwerksfamilie Denison gehörte. Was am Bett des Sterbenden geschah, bezeugte Oberstleutnant Moore Cosgrave.

Am 6. September 1919, zwei Tage vor Traubels Tod, gegen drei Uhr morgens wurde er zusehends schwächer, atmete kaum noch merklich mit geschlossenen Augen und offenbar im Koma. Unruhig strebte er auf die gegenüberliegende Seite des Bettes zu, seine Lippen bewegten sich, er bemühte sich zu sprechen. Ich legte seinen Kopf zurück, weil ich glaubte, er brauche mehr Luft, doch ... seine Augen blieben auf einen Punkt etwa einen Meter über dem Bett geheftet. Mein Blick wurde schließlich unwiderstehlich auf den gleichen Punkt in der Dunkelheit gezogen, wo lediglich eine kleine, abgedunkelte Lampe hinter einem Vorhang am anderen Ende des Zimmers stand. Langsam wurde der Punkt, auf den wir beide sahen, heller, ein leichter Dunst erschien, breitete sich aus, bis er körperliche Formen und schließlich das Aussehen Walt Whitmans annahm, der aufrecht neben dem Bett stand, bekleidet mit einer derben Tweedjacke und einem alten Filzhut und die rechte Hand in der Tasche ... Er sah Traubel an, ein freundliches ... Lächeln um die Lippen. Er nickte zweimal, wie zur Bestätigung, und seine Züge waren wenigstens eine volle Minute deutlich sichtbar ... kurz bevor die Erscheinung verschwand und Horace und ich ihn immer noch anstarrten, ging Whitman von der anderen Seite des Bettes näher auf Horace zu, und Horace ... sagte: »Da ist Walt.« Im gleichen Moment glitt Walt scheinbar durch das Bett hindurch zu mir und schien meine Hand berühren zu wollen, wie um auf Wiedersehen zu sagen. Ich spürte sie deutlich, so als hätte ich einen leichten elektrischen Schlag bekommen. Er lächelte Horace noch einmal zu und entschwand unseren Blicken.[16]

1949 erblickte Margaret Moser, eine Krankenschwester aus Jamaica, mehrere Male die gleiche Erscheinung wie ihre sterbende Patientin. Sie sah sie so deutlich, daß sie später in der Lage war, den Sohn der Erscheinung aufgrund seiner starken Ähnlichkeit mit seiner verstorbenen Mutter zu erkennen. In ihrem Bericht über diese ungeheuren Vorfälle schreibt Mrs. Moser:

Im Winter 1948/49 pflegte ich eine sehr kranke, alte Dame, Mrs. Rosa B. Sie war eine sehr kluge, gebildete und geistreiche Frau ..., die viele Jahre in New York City gelebt hatte. Zu der Zeit wohnte sie im Savoy Plaza Hotel auf der Fifth Avenue; bis zuletzt war sie geistig voll ansprechbar.

Früh an einem Nachmittag hatte ich die Patientin zu Bett gebracht, sie sollte etwas schlafen. Ich saß an meinem kleinen Tisch am Fenster und machte einige Eintragungen im Krankenbericht. Ich saß mit dem Gesicht zum Bett, die Tür im Rücken. Mrs. B. hatte geschlafen, doch plötzlich sah ich, wie sie sich im Bett aufsetzte und glücklich winkte und lächelte. Ich blickte zur Tür, weil ich dachte, eine ihrer Töchter sei gekommen, doch zu meiner Überraschung war es eine ältere Dame, die ich nie zuvor gesehen hatte. Sie sah meiner Patientin verblüffend ähnlich, die gleichen hellblauen Augen, allerdings eine etwas längere Nase und ein kräftigeres Kinn. Ich konnte sie ganz deutlich sehen, denn es war heller Tag; die Jalousie am Fenster war nur etwas heruntergelassen worden. Die Besucherin ging zu meiner Patientin, beugte sich über sie, und soweit ich mich erinnern kann, küßten sie sich. Doch als ich aufstand und zum Bett ging, war sie verschwunden.

Mrs. B. wirkte sehr zufrieden. Sie nahm meine Hand und sagte: »Es ist meine Schwester!« Dann schlief sie wieder friedlich ein. Ich sah die gleiche Erscheinung später noch zweimal, aber nicht mehr so klar und immer aus einem anderen Zimmer heraus. Doch jedesmal, wenn sie kam, war meine Patientin offensichtlich beglückt.[17]

Einige Wochen darauf starb Mrs. B. Auf der Beerdigung war Margaret Moser erstaunt über die große Ähnlichkeit eines Mannes mit der Erscheinung, und sie fragte eine von Mrs. B.'s Töchtern, wer der Mann sei. Es war der Sohn der verstorbenen Schwester Mrs. B.'s.

»Dariens Felsenrand«-Fälle

Da fühlte ich des Astronomen Glück,
Den ein Planet mit seinem Feuer bannt;
Wie Cortez kühn, als sich sein Kondorblick
Indes der Trupp ihn ratlos wild umstand,
Erfrischt zum kobaltgrünen Pazifik
Hinunterschwang von Dariens Felsenrand.

John Keats, »Beim ersten Hineinschaun in Chapmans Homer«

Diese erregenden Fälle sind nach dem Gedicht von Keats benannt. Sie sind Ausdruck der ehrfurchtsvollen Verwirrung von jemandem, der gerade eine bedeutende Entdeckung gemacht hat. Sie verblüffen deshalb, *weil jemand erscheint, von dem man nicht weiß, daß er tot ist.* Skeptiker betrachten Visionen auf dem Sterbebett als reine Halluzinationen, die durch den Wunsch des Sterbenden hervorgerufen werden, nach seinem eigenen Tod ihm selbst nahestehende Personen wiederzusehen. Die Darien-Fälle sind deswegen von Bedeutung, weil sie nicht als Wunschdenken seitens des Sterbenden abgetan werden können, da man von der Person, die als Erscheinung auftaucht, annimmt, sie lebt noch!

Die folgenden Darien-Fälle umspannen den Zeitraum fast eines ganzen Jahrhunderts – von 1889 bis heute. Der erste betrifft zwei kleine, achtjährige Amerikanerinnen – Jennie und Edith –, die gute Freundinnen waren. Im Juni 1889 bekamen beide Diphtherie, und an einem Mittwochmittag starb Jennie. Edith war so krank, daß ihre Eltern beschlossen, ihr vom Tod ihrer Freundin nichts zu erzählen. Kurz bevor Edith selbst starb, bat sie ihre Eltern, Jennie zwei Fotos zu bringen und ihr von ihr Lebewohl zu sagen. Den Aussagen von Zeugen nach hatte Edith

> ... ihrer Freundin auf Wiedersehen gewünscht ... Es war bekannt, daß sie ... Freunde sah, von denen sie wußte, daß sie tot waren ... Aber diesmal wandte sie sich plötzlich mit allen Anzeichen der Überraschung an ihren Vater und rief: »Aber Papa, ich nehme ja Jennie mit mir mit! Papa! Du hast mir nicht gesagt, daß Jennie hier war.« Und im gleichen Augenblick streckte sie wie zur Begrüßung die Arme aus und sagte: »O Jennie, ich bin so froh, daß du hier bist!«[18]

Beim zweiten Darien-Fall geht es um zwei Schwestern. Am 12. Januar 1924 setzte das Herz von Doris B. aus, nachdem sie im Mothers' Hospital in Clapton in England von einem Kind entbunden worden war. Ihre Schwester Vida war vor über zwei Wochen am Weihnachtstag gestorben. Da Doris zur Zeit des Todes von Vida schwer krank war, wies Miriam Castle, die Oberschwester der Klinik, die Familie an, Doris nichts vom Tod ihrer Schwester zu erzählen. Was Doris kurz vor ihrem Tod widerfuhr, erlebten ihr Mann, ihre Mutter und Miriam Castle als Zeugen. Als der Tod nach Doris griff, rief sie plötzlich: »Ich sehe Vater; er will, daß ich komme.«

Sie sprach mit ihrem Vater und sagte: »Ich komme«, und drehte sich dabei zu mir (ihrer Mutter): »Oh, er ist so nah.« Sie blickte wieder auf die gleiche Stelle und sagte ziemlich verwirrt: »Vida ist bei ihm.« Dann wandte sie sich wieder mir zu: »Vida ist bei ihm.«[19]

Es verwundert nicht, daß Doris erstaunt war, ihre Schwester Vida bei ihrem toten Vater zu sehen – denn sie glaubte, daß Vida noch lebte!

Aber so etwas geschieht doch heute sicher nicht mehr, oder doch? Noch immer kommen solche Fälle vor. Als Maxine, eine junge Frau aus Anaheim in Kalifornien, als Wöchnerin im Krankenhaus lag, hatte sie ein *doppeltes* Erlebnis dieser Art. Nach der Geburt, als sie sich ausruhte, war sie äußerst überrascht, ihren Vater in einer der Zimmerecken ziemlich oben an der Decke stehen zu sehen, mit einem Baby im Arm. Das war schon unglaublich genug, doch was er dann sagte, war noch verwirrender: »Mach dir keine Sorgen. Ich werde mich um das Baby kümmern.« Dann verschwand er.

Maxine läutete sofort nach der Schwester und wollte ihr Kind sehen. Man sagte ihr, es ginge ihm gut. Nachdem man immer wieder Ausflüchte machte, wenn sie das Kind sehen wollte, verstärkte sich ihre Ahnung, daß die Erscheinung ihres Vaters etwas sehr Wichtiges bedeuten mußte. Sie bestand schließlich darauf, daß ihr Mann . . . ihr die Wahrheit sagte, wie schmerzlich sie für sie auch sein würde . . . Er erzählte ihr, daß das Baby totgeboren und daß ihr Vater unerwartet gestorben war, als sie im Krankenhaus lag.[20]

Ein anderer aufregender Fall aus der jüngsten Zeit betraf Natalie Kalmus, eine der Wegbereiterinnen des Technikolorverfahrens. Natalies Schwester Eleanor lag im Sterben, und Natalie war in den letzten Augenblicken, die sie noch lebte, bei ihr.

Ich saß auf ihrem Bett und ergriff ihre Hand. Sie war glühend heiß. Da schien Eleanor sich im Bett aufsetzen zu wollen.

»Natalie«, sagte sie, »so viele sind da. Fred ist da . . . und Ruth – was tut sie hier?«

Es war wie ein elektrischer Schlag. Ruth hatte sie gesagt! Ruth war ihre Cousine, die ganz plötzlich in der vorigen Woche gestorben war. Aber ich wußte, daß man Eleanor nichts von dem unerwarteten Tod erzählt hatte . . . Ich fühlte mich wie jemand, der von einem wunderbaren, fast beängstigenden Wissen Kenntnis hat . . .

Ihre Stimme war überraschend klar. »Ich bin so durcheinander. So viele von ihnen sind da.« Plötzlich streckte sie mit einem glücklichen Ausdruck ihre Arme aus. »Ich gehe hinauf«, murmelte sie.[21]

Und Eleanor starb.

Die obigen Fälle beweisen, daß jemand bei einer Vision auf dem Sterbebett Kenntnis vom Tod eines anderen Menschen haben kann. Die Zeugen sind von solchen Vorfällen schockiert – und werden noch fassungsloser, wenn der Tod bestätigt wird.

Einhunderttausend Tode

Der Parapsychologe Dr. Karlis Osis weiß über Visionen auf dem Sterbebett mehr als irgend jemand sonst auf der Welt. Seit 1960 hat er den Tod von über 100000 Menschen untersucht und die Ergebnisse in zwei Büchern offengelegt, *Deathbed Observations by Physicians and Nurses* (1961) (Beobachtungen von Ärzten und Krankenschwestern am Totenbett) und *At the Hour of Death* (1977) (In der Stunde des Todes). Wie der Titel des ersten Buches vermuten läßt, sammelte er die Informationen dafür ausschließlich bei Ärzten und Krankenschwestern, einer idealen Quelle wegen der vielen Sterbefälle, deren Zeuge sie werden, und der Tatsache, daß ihre Arbeit von ihnen verlangt, die Reaktionen der Patienten zu beobachten und festzuhalten.

Was geschieht mit Menschen, unmittelbar bevor sie sterben? Nach den Informationen, die seine ärztlichen Quellen liefern, sind nur etwa zehn Prozent der Sterbenden kurz vor ihrem Tod bei Bewußtsein und demzufolge in der Lage, über Ereignisse auf dem Sterbebett zu berichten. Wie viele aus dieser Gruppe haben Erlebnisse der oben geschilderten Art? Leider gibt die Arbeit von Osis auf diese Frage keine direkte Antwort, doch eine sorgfältige Auswertung seiner Statistiken läßt vermuten, daß die Hälfte bis zwei Drittel der Patienten, die bei vollem Bewußtsein sterben, solche Erlebnisse hat. Eine derartige Massierung bei Sterbenden ist einzigartig, denn nur 10–17 Prozent aller normal gesunden Menschen haben irgendwann einmal Halluzinationen irgendeiner Art. Was genau geschieht mit den Sterbenden? Es sind drei Dinge: *Besuche von nahestehenden Verstorbenen in Form von Erscheinungen, kurze Einblicke in die »nächste Welt« und medizinisch nicht erklärbare Stimmungsaufschwünge.*

Aber sind das nicht nur Halluzinationen?

Man ist schnell versucht, diese Erlebnisse als reine Halluzinationen abzutun. Alles in allem erscheint es doch als durchaus verständlich, wenn Menschen, die kurz vor dem Tod stehen, Dinge sehen, die in Wirklichkeit gar nicht da sind. Der Körper und vermutlich auch der Geist zerfallen, brechen zusammen, gehen zugrunde. Dr. Osis, ein starrköpfiger, illusionsloser Wissenschaftler, versuchte, diese eigenartigen Vorfälle als bloße Hirngespinste hinzustellen. Wie wir sehen werden, war er dazu nicht in der Lage.

Als erstes fiel Dr. Osis auf, daß diese Halluzinationen äußerst ungewöhnlich waren und in einer Häufigkeit und mit Eigenschaften auftraten, wie sie bei Sterbenden einmalig sind. Darüber hinaus waren die meisten Ärzte und Krankenschwestern, die über diese Erlebnisse berichteten, der Meinung, daß sie eigenartig wären: Zwei Drittel glaubten nicht, diese Erlebnisse entweder mit der körperlichen Verfassung des Patienten oder der Verabreichung von Medikamenten erklären zu können.[22]

Besucher in Form von Erscheinungen.

Die überwiegende Mehrheit der Erscheinungen, die die Sterbenden wahrnehmen, sind entweder Verstorbene, denen sie im Leben sehr nahestanden, oder religiöse Gestalten wie Christus, Engel oder die Jungfrau Maria. Bei drei Zusammenstellungen, die Osis über Erlebnisse auf dem Totenbett durchführte, zwei in den Vereinigten Staaten, eine in Indien, fand er heraus, daß 75 Prozent der von Sterbenden wahrgenommenen Erscheinungen dieser Art waren.

Von den menschlichen Erscheinungen bei den Visionen auf dem Totenbett bestand die große Mehrheit – 91 Prozent – aus verstorbenen Verwandten der Patienten, von denen wiederum 90 Prozent nahe Verwandte waren – Eltern, Ehepartner, Kinder, Brüder oder Schwestern. Das steht in eindeutigem Gegensatz zu den Wahnvorstellungen Geisteskranker oder den durch Drogen hervorgerufenen Visionen, in denen selten nahe Verwandte vorkommen.[23] Warum treten diese Erscheinungen auf? Häufig haben die Erscheinungen dem Sterbenden gesagt, warum sie gekommen seien: um sie in die Welt jenseits des Todes zu führen.

Erscheinungen »religiöser Gestalten«

Für einen normal gesunden Menschen ist es überhaupt ungewöhnlich, Halluzinationen zu haben – nur 10–17 Prozent berichten von solchen Erlebnissen.[24] Doch eine *religiöse Erscheinung* kommt im allgemeinen noch seltener vor; aus der kleinen Gruppe von 10–17 Prozent haben sie nur 2–4 Prozent.[25] Noch einmal sei betont: Was den Sterbenden geschieht, ist etwas völlig anderes – die Wahrscheinlichkeit, eine religiöse Erscheinung zu sehen, ist bei sterbenden Amerikanern drei- bis zehnmal so hoch wie bei denen, die sich normaler Gesundheit erfreuen.

Wer sind nun diese »religiösen Gestalten«? Bei den Sterbenden scheint es da nicht die geringsten Zweifel zu geben. Die Amerikaner behaupteten, Jesus, die Engel oder die Jungfrau

Maria zu sehen, wohingegen die Inder im allgemeinen Yama (den Gott des Todes bei den Hindus) oder eine andere Hindu-Gottheit wie Krischna oder Schiwa sahen. Wir könnten daraus den Schluß ziehen, daß solche Erlebnisse bloße Täuschungen sind, oder aber, daß der Patient richtig gesehen hat und die übernatürlichen Gestalten unserer religiösen Mythen wirklich hinabsteigen und uns in das Reich des Todes holen. Doch keine der Schlußfolgerungen ist verbürgt. Reanimierte Patienten berichten oft, daß sie, als sie vorübergehend tot waren, ein »Wesen aus Licht« gesehen haben. Viele haben später entschieden, es sei Christus gewesen, für andere war es ein »Engel« und für wieder andere einfach ein »Wesen«, wenn auch eines besonderer Art. Kurz gesagt hing das, was sie über die Erscheinung glaubten, von ihrem religiösen Hintergrund ab – oder seinem Nichtvorhandensein. Wenn also ein Sterbender die strahlende Gestalt eines unbekannten Mannes oder einer Frau erblickt, die bei ihm ein starkes Gefühl von gelöster Heiterkeit und Überschwang hervorruft, wird er wahrscheinlich annehmen, von einem Engel, von Jesus oder von Gott besucht worden zu sein oder von Yama, Krischna oder Schiwa, falls er ein Hindu ist. Wir aber wissen nicht, wer diese Wesen wirklich sind. Falls wir unterstellen, daß sie möglicherweise echt sind – und die Beweise, die ich vorlege, lassen das vermuten – dann ist alles, was wir folgern müssen, lediglich, daß sie das sind, was sie behaupten zu sein – körperlose Wesen, die den Menschen sterben helfen.

Ein Mann Mitte 50 beispielsweise hatte sich einer Hüftoperation unterzogen und sollte aus dem Krankenhaus entlassen werden. Er war fieberfrei und bekam keinerlei Medikamente. Als er Schmerzen in der Brust verspürte, wurde der Arzt gerufen. Der Doktor schilderte wie folgt, was passierte:

Als ich kam, sagte er mir, er werde sterben . . . Dann erzählte er, daß unmittelbar, nachdem die Schmerzen in der Brust begannen . . ., er Christus gesehen hatte, der langsam durch die Luft hinuntergeschwebt war. Christus . . . winkte mit der Hand, er solle zu ihm kommen . . ., und verschwand . . . Der Patient sagte mir, er würde in wenigen Minuten sterben. Er machte einen recht glücklichen Eindruck . . . »Ich gehe«, sagte er, und er starb.[26]

Reaktionen auf Erscheinungen

Wie reagieren Sterbende auf die als Erscheinung auftretenden Besucher? Sie tun es auf verblüffende Art. Wenn die Erscheinung auftaucht, um sie in das Reich des Todes zu holen, sind die meisten Patienten bereit zu gehen. Einige beklagen sich sogar bitter, wenn es den Ärzten gelingt, sie zu reanimieren. Tatsache ist, daß diese Begegnungen mit Boten aus der »anderen Welt« so überwältigend sind, daß jeder Wunsch, das Leben fortzusetzen, versiegt. Betrachten wir z. B. das Erlebnis eines Geschäftsmannes in den Sechzigern, der an einer schmerzhaften Entzündung erkrankt war und im Sterben lag.

Es war das Erlebnis eines Zusammentreffens mit jemandem, den er sehr liebte. Er lächelte, richtete sich auf und streckte die Hände aus. Sein Gesicht drückte Freude aus. Ich fragte ihn, was er sähe. Er sagte, seine Frau stände hier und wartete auf ihn . . . Er wurde ganz ruhig und gelöst . . . Er starb.[27]

Osis stieß tatsächlich auf viele Fälle, in denen der »Ruf« der Erscheinung machtvoller war als die ärztliche Diagnose, und der Patient starb, als die Ärzte glaubten, er werde leben. Wie bei dem Fall eines zehnjährigen Mädchens in einem Krankenhaus in Pennsylvania, das sich von einer Lungenentzündung erholte. Das Fieber war gewichen, und der Arzt stellte fest, daß ihre Besserung erfreulich verlief.

Die Mutter sah, daß ihr Kind in einer Krise zu sein schien, und läutete (nach uns Schwestern). Sie berichtete, das Kind habe ihr gerade erzählt, es habe einen Engel gesehen, der es bei der Hand genommen habe – das Kind war tot, im gleichen Augenblick gestorben. Wir waren fassungslos, denn es hatte keine Anzeichen für den bevorstehenden Tod gegeben.[28]

Kernstück dessen, was wir entdeckt haben, ist demnach folgendes: Menschen, die unmittelbar vor dem Tod bei klarem Bewußtsein sind, nehmen oft Erscheinungen verstorbener, ihnen nahestehender Verwandter oder religiöser Gestalten wahr, die sie in das Reich des Todes holen wollen. Wenn das geschieht, sind die meisten der Sterbenden bereit zu gehen.

Visionen einer anderen Welt

Von jemandem aus der Welt der Toten besucht zu werden ist eine Sache. Einige der Sterbenden behaupten aber auch, *diese Welt wirklich zu sehen,* als eine Landschaft. Wir haben festgestellt, daß es zwischen den Erscheinungen, die die Lebenden sehen, und denen, die die Sterbenden wahrnehmen, gewaltige Unterschiede gibt. Ähnlich drastische Unterschiede existieren bei den Landschaftsvisionen, die bei gesunden Menschen selten vorkommen, bei Sterbenden aber sehr häufig sind.

Die große Frage ist natürlich, ob diese Landschaften wirklich jener flüchtige Blick in die Welt jenseits des Grabes sind oder reine Wahnvorstellungen. Und wenn sie tatsächlich *existieren,* was vermitteln sie uns dann von dieser Welt? Was sehen die Sterbenden genau bei ihren Landschaftsvisionen?

Sie erblicken eine Landschaft von überwältigender Schönheit, einer so außergewöhnlichen Schönheit von unirdischer Kraft, daß die Patienten, die klinisch tot waren und reanimiert worden sind, im Extremfall den Willen weiterzuleben verlieren und es vorziehen, in diese Art Erlebnis »hineinzusterben«, als ohne es weiterzuleben. Ein reanimierter Mann reagierte nach einer solchen Vision ganz typisch und haderte mit seinem Arzt: »Lassen Sie mich zurückkehren!«[29]

Die Frau eines Arztes aus Pennsylvania lag mit einem Leberleiden im Sterben und hatte dabei eine Landschaftsvision. Sie befand sich in einer herrlichen Umgebung, inmitten von saftigem Gras und Blumen. Ihre Depression verschwand, und sie starb gelöst und glücklich.[30] Das ist das typische Bild der »Welt danach«. Und auch ihre Reaktion darauf ist typisch: ein heiterer, glücklicher Tod.

Die Sterbenden stimmen darin überein, daß der »Himmel« unsagbar schön ist, und sie reagieren auf ihre Vision mit Verzükkung. Eigenartig ist aber, daß das, was sie *wirklich sehen,* oft voneinander abweicht. Falls die Welt der Toten tatsächlich als ein besonderer Ort existiert, warum wird sie dann auf so viele unterschiedliche Arten geschildert?

Die Einkäuferin eines Warenhauses, eine ziemlich nüchterne Frau, die mit beiden Beinen auf der Erde stand, starb an Krebs.

Die Ärzte und Krankenschwestern bezeichneten ihren Bewußtseinszustand als sehr klar und ihr Urteilsvermögen als in keiner Weise beeinträchtigt. Plötzlich

sah sie weitgeöffnete Tore und merkte, wie sie an einen Ort mit Blumen, Licht, Farben und viel Pracht kam. Sie war ärgerlich über mich, daß ich sie störte, und beschuldigte mich, sie nicht an diesen Ort gehen zu lassen. Sie war berauscht von dem Anblick und zornig auf mich.[31]

Eine andere Frau, die an Herzinsuffiziens litt, war

eine ungewöhnliche Patientin, sehr aufgeweckt und intellektuell, mit viel Sinn für Humor . . . eine Frau, die mitten im Leben stand. An jenem Morgen . . . erzählte sie mir, daß . . . sie wunderschöne, endlose Gärten mit unendlich vielen Blumen gesehen habe. Sie sagte, sie habe nie etwas so Prachtvolles gesehen. Sie wollte nicht zurück (von diesem Ort).[32]

Diese drei »Himmel« scheinen einander recht ähnlich zu sein. Doch die nächsten beiden sind anders. Eine Krankenschwester berichtete von der Vision einer ziemlich nüchtern denkenden Frau in den Sechzigern, die als Maklerin arbeitete.

Die Patientin erzählte: »Es sah aus wie ein großartiger Sonnenuntergang, riesig . . . und schön.« Die Wolken entpuppten sich unerwartet als Tore. Sie hatte das Gefühl, als riefe ihr jemand zu, dorthin zu kommen, so daß sie durch sie hindurchgehen mußte.[33]

Die Patientin hatte sich vor dem Tod gefürchtet, wurde aber nach dieser Vision ganz heiter. Eine Patientin Mitte Fünfzig, die an Lungenentzündung erkrankt war,

befand sich plötzlich oben am Himmel. Sie hatte den Eindruck von Wolken. Sie ging auf Wolken und erblickte viele Schlösser, die in gleißendem Licht standen, ein herrlicher Anblick. Ihre Schönheit beeindruckte sie zutiefst.[34]

Sichtlich ruhiger durch dieses Erlebnis starb die Frau einen sanften Tod.

Die indischen Visionen waren gleichermaßen verschieden. Eine Liste mit Einzelheiten, wie sterbende Inder und Amerikaner den »Himmel« erlebten, umfaßt Blumen, Bäume, Gärten, Flüsse, Tore, Häuser, Schlösser, Paläste und Tempel. Sie wurden jedoch nicht wie eine normale Landschaft aufgenommen. Eingetaucht in strahlendes Licht, was die Pracht noch erhöhte, und »jenseits alles Irdischen« bereiteten diese Visionen eine so grenzenlose Freude, daß die Sterbenden nicht in dieses Leben und auf die Welt zurückkehren wollten.

Wie kann man diese Erlebnisse erklären?

Was wir letztlich über Erlebnisse auf dem Totenbett wissen wollen, ist, ob die Erscheinungen, visionären Landschaften und gesteigerten Gefühle, die die Sterbenden wieder und wieder erleben, wirklich existieren oder ob es sich um bloße Sinnestäuschungen handelt. Da sie normalerweise nur der Sterbende selbst sieht, was können sie dann anderes sein als Halluzinationen? Die Antwort darauf lautet, es könnte sich um *übersinnliche Erlebnisse* handeln. Da sie dem Tod sehr nah sind, ist die Wahrnehmungsfähigkeit der Sterbenden vielleicht erhöht, so daß sie vorübergehend übersinnlich werden. Und tatsächlich gibt es Fälle, die genau diese Erklärung stützen, Fälle, in denen Medien, die am Sterbebett standen, die Visionen, *die der Sterbende, aber nicht die anderen Anwesenden sahen, wahrgenommen haben.* Joy Snell, eine übersinnlich veranlagte Krankenschwester, hat ein Buch über ihre Beobachtungen am Totenbett geschrieben, in dem sie über Erlebnisse wie das folgende berichtet:

Etwa sechs Monate nachdem ich meine Arbeit im Krankenhaus begonnen hatte, offenbarte sich mir, daß die Sterbenden oft tatsächlich diejenigen sehen, die aus dem Reich der Geister kommen, um sie bei ihrem Eintritt in einen anderen Daseinszustand zu begrüßen.

Den Beweis hierfür . . . erhielt ich zum erstenmal am Sterbebett von Laura Stirman, einem . . . 17jährigen Mädchen, das . . . eine Freundin von mir war. Sie war das Opfer von Tuberkulose . . .

Kurz bevor sie starb, bemerkte ich, daß die Gestalten zweier Geister neben dem Bett standen, auf jeder Seite eine. Ich sah nicht, wie sie das Zimmer betraten; sie standen neben dem Bett, als sie für mich zum erstenmal sichtbar wurden, aber ich sah sie so deutlich wie die im Zimmer Anwesenden. Ich erkannte die Gesichter als die zweier Mädchen, die die besten Freundinnen der Sterbenden gewesen waren. Sie waren vor einem Jahr gestorben . . .

Sie erkannte sie sofort. Ein Lächeln . . . glitt über ihr Gesicht. Sie streckte ihr Hände aus und rief mit freudiger Stimme: »Oh, ihr seid gekommen, um mich mitzunehmen! . . .«

Als sie die Arme so ausstreckte, nahmen die beiden Mädchen sie bei den Händen, das eine links, das andere rechts . . . Ihre Gesichter waren von einem Lächeln verklärt . . . strahlend schön.

. . . Sie sagte nichts mehr, ließ aber ihre Hände etwa eine Minute lang ausgestreckt, die ihre Freundinnen ergriffen hatten. Sie blickte sie unentwegt . . . mit einem Lächeln auf dem Gesicht an.

Ihr Vater, ihre Mutter und ihr Bruder, die man gerufen hatte, damit sie zugegen wären, wenn das Ende kam, begannen zu weinen . . . denn sie spürten, daß sie sie verlassen würde. *Aus ganzem Herzen . . . betete ich, daß sie sehen könnten, was ich sah, doch sie konnten es nicht.*[35]

D.h., bei einem der typischen Erlebnisse auf dem Totenbett kann der Sterbende durch ein vom bevorstehenden Tod hervorgerufenes erhöhtes Bewußtsein vorübergehend übersinnlich werden und das sehen, was normalerweise nur diejenigen sehen können, die übersinnlich veranlagt sind. Diese Theorie erklärt auch, warum die Visionen himmlischer Landschaften, die die Sterbenden haben, unterschiedlich sein können und warum einige der Personen, die ohne Visionen sterben, unmittelbar vor dem Tod ein mysteriöses Glücksgefühl erleben.[36]

Ursachen der Halluzination

Konnten diese Erlebnisse bloße Halluzinationen sein? Diese Schlußfolgerung scheint durchaus vernünftig. Dr. Osis versuchte alles, um zu beweisen, daß das alles war, was sich ereignete. Er bemühte sich, jeder nur denkbaren Ursache für Sinnestäuschungen bei Sterbenden nachzuspüren, und überprüfte jeden Fall anhand seiner Unterlagen. Was fand er heraus?

Sauerstoffmangel

Wenn man unter »cerebralem Sauerstoffmangel« leidet, bekommt das Gehirn nicht genügend Sauerstoff, um normal funktionieren zu können. Sauerstoffmangel im Gehirn wurde von Ärzten und Krankenschwestern oft als die wahrscheinlichste Erklärung für Visionen auf dem Sterbebett genannt. Um festzustellen, ob dieser Umstand wirklich die Ursache war, trennte Osis alle Sterbenden, die Visionen gehabt hatten, in zwei Gruppen: in die, die nach Meinung der Ärzte und Krankenschwestern an cerebralem Sauerstoffmangel gelitten hatten, und in diejenigen, bei denen das nicht der Fall war. Es stellte sich heraus, daß der Sauerstoffmangel keinen Unterschied bewirkte. Die Visionen sterbender Patienten mit cerebralem Sauerstoffmangel unterschieden sich in nichts von denen anderer Patienten.[37]

Cerebraler Sauerstoffmangel konnte daher nicht die Ursache dieser Erlebnisse sein.

Medikamente

Sterbende erhalten manchmal Medikamente in enormen Dosen. Da bekannt ist, daß einige davon Halluzinationen verursachen, konnten Medikamente somit als Erklärung für solche Erlebnisse angenommen werden? Osis untersuchte diese Möglichkeit und kam zu interessanten Ergebnissen. Nur eine verschwindend geringe Minderheit derjenigen, die Visionen auf dem Sterbebett gehabt hatten, war mit Medikamenten behandelt worden, die

Wahnvorstellungen hervorrufen konnten. Darüber hinaus hatte diese Minderheit nicht öfter Visionen als andere Patienten, die im Sterben lagen.[38] Medikamente konnten nicht die Ursache dieser Erlebnisse sein.

Fieber

Kranke mit hohem Fieber werden oft delirös und fangen an zu phantasieren. War das vielleicht die Erklärung? Osis fand heraus, daß die Mehrheit der Patienten mit Visionen auf dem Totenbett normale Temperatur gehabt hatte und nur eine kleine Minderheit so hohes Fieber, das ein Delirium hätte bewirken können. Fieber kann die Erlebnisse nicht erklären.

Ein »kranker Kopf«?

Krankheiten, die das Gehirn in Mitleidenschaft ziehen, oder Hirnverletzungen können Halluzinationen verursachen. Konnten sie als Erklärung der Erlebnisse auf dem Sterbebett gelten? Es zeigte sich, daß die Antwort hierauf ein Nein war, denn nur eine kleine Minderheit derjenigen, die Visionen auf dem Totenbett gehabt hatten – 10–13 Prozent –, litt in erster Linie an solchen Krankheiten oder Verletzungen.[40] Und bei dieser kleinen Gruppe war alles in allem die Art von Erlebnissen, über die wir uns hier unterhalten, weniger häufig zu erwarten. Solche Erlebnisse sind daher mit Sicherheit nicht durch ein krankes Gehirn bedingt.

Der halluzinogene Index

Da Dr. Osis ein gewissenhafter Mensch war, beschloß er, einen letzten entscheidenden Test zu machen, bevor er irgendwelche Schlußfolgerungen zog. Aus der Gruppe sterbender Patienten, die Visionen gehabt hatten, sonderte er alle aus, die eine medizinische Voraussetzung für Halluzinationen mitbrachten, und verglich sie mit den anderen. (Das waren Patienten, die beeinträchtigt waren durch Medikamente, Fieber, Alkoholismus, Senilität, Geisteskrankheiten, Nierenleiden, Hirnerkrankungen oder -verletzungen oder durch andere Umstände wie Schlaganfall, Kreislauferkrankungen, Blutsturz, körperliche Verletzungen oder Operationen, die in irgendeiner Weise die Versorgung des Gehirns mit Sauerstoff und Blut herabsetzen konnten.)[41] Diese Patienten hatten, was die Visionen vom Leben »danach« anging, nicht mehr Erlebnisse als die anderen.[42] Osis fand vielmehr Beweise dafür, daß sie weniger hatten: Die medizinischen Bedingungen, die den klaren Verstand beeinträchtigten, tendierten eher dahin, normale Sinnestäuschungen hervorzurufen, die nichts mit dem Tod zu tun hatten, wie z.B. das nochmalige Erleben vergangener Ereignisse.[43] Medizinische Faktoren verursachen keine Visionen vom Leben nach dem Tod.

Psychologische und kulturelle Faktoren

Heißt das nun, daß Visionen vom Leben nach dem Tod Wirklichkeit sind? Nicht im geringsten. Vielleicht sehen Menschen auf ihrem Sterbebett, was sie aufgrund ihrer Vorstellungen sehen *möchten* oder was ihr religiöser oder kultureller Hintergrund ihnen vorgibt zu erwarten. Dr. Osis untersuchte diese Möglichkeiten.

Streß

Unter extremen Anspannungen haben Menschen manchmal Halluzinationen. Da Sterbende angesichts ihres bevorstehenden Todes und großer Schmerzen unter enormer Belastung stehen können, ist nicht vielleicht der Streß dann die eigentliche Ursache für Visionen vom Leben nach dem Tod und nicht das übersinnliche Wahrnehmen eines anderen Daseins? Osis beschaffte sich von den Ärzten und Schwestern Material über die Stimmungslage der Patienten am Tag vor ihrem Tod. Er war der Meinung, daß positiv oder normal gestimmte Patienten wahrscheinlich nicht stark belastet waren, wohingegen das bei ängstlichen, aufbrausenden oder deprimierten Kranken der Fall sein konnte. Die Ergebnisse sind verblüffend. Patienten unter Streß hatten die gleiche Anzahl Visionen vom Leben nach dem Tod wie die der anderen Gruppe.[44] Streß kann daher nicht die Ursache solcher Erlebnisse sein.

Wunschvorstellungen

Vielleicht sind dann die Wunschvorstellungen des Sterbenden für die Visionen verantwortlich, und die Patienten sehen das, was sie sehen möchten, so wie jemand, der in der Wüste verdurstet, vielleicht Wasser »sieht«, obwohl es gar nicht vorhanden ist. Zur Untersuchung dieses Punktes befragte Osis die Ärzte und Krankenschwestern nach der Identität der Personen, die die Patienten am Tag vor den Halluzinationen hatten sehen wollen. In einigen Fällen hatte der sehr starke Wunsch bestanden, eine bestimmte Person zu sehen. Doch bei nur 3 Prozent der Fälle war die Erscheinung mit einer dieser Personen identisch. Mit anderen Worten: Diese Wunschvorstellungen riefen nicht den Großteil der Visionen vom Leben nach dem Tod hervor.

Angst

Eine andere, starke Ursache für Halluzinationen könnte die Angst vor dem Tod sein. Patienten, die mit dem Tod rechneten, versuchten vielleicht, ihre Furcht vor dem Tod dadurch zu beschwichtigen, daß sie sich Phantasien einer anderen Welt schufen, während Patienten, die nicht erwarteten zu sterben, nicht so reagierten. Doch die Tatsachen stützten diese Theorie nicht. Patienten, die starben und es auch erwarteten, und diejenigen, die an eine Genesung glaubten, hatten gleich häufig Landschaftsvisionen der kommenden Welt.[45] Genauso verhielt es sich bei den Erscheinungen: Beide Arten Patienten sahen mit gleich großer Wahrscheinlichkeit Erscheinungen, die gekommen waren, um sie in das Reich der Toten zu holen.[46] Und oft widersprachen diese Erscheinungen den Erwartungen sowohl der Patienten wie der Ärzte: Patienten, die daran glaubten zu gesunden und deren Ärzte die gleiche Erwartung hatten, starben, nachdem sie Erscheinungen gesehen hatten, die sie in ein anderes Dasein riefen. Was diese Ergebnisse bedeuten, liegt auf der Hand: Angst kann nicht die Ursache dieser Visionen gewesen sein.

Religiöse Überzeugung

Es erscheint möglich, daß religiöse Vorstellungen der Grund für Visionen vom Leben nach dem Tod sein könnten. Osis prüfte diese Möglichkeit sorgfältig, indem er die Erlebnisse von Protestanten, Katholiken, Juden, Hindus, Moslems und Personen, die keiner Religionsgemeinschaft angehörten, miteinander verglich. Die Wahrscheinlichkeit für Visionen vom Leben nach dem Tod war bei allen gleich groß. D.h., daß die Religion keinen Einfluß auf diese Erlebnisse hat.[47] Interessant ist, daß diese Religionen sehr unterschiedliche Meinungen über die Art des Lebens nach dem Tod vertreten. Wenn daher religiöse Vorstellungen über den »Himmel« die wirkliche Ursache für Visionen der »nächsten Welt« wären, müßten diese Visionen sich mit den Vorstellungen decken. Doch das taten sie nicht. Nur ein Bruchteil der Landschaftsvisionen zeigte Einwirkungen religiösen Inhalts. Die große Mehrheit – 5 von 6 Visionen – ließ nichts dergleichen erkennen.[48]

Haben stark religiöse Menschen eher Visionen auf dem Sterbebett? Nach den Untersuchungen von Osis nicht.[49] Wie steht es mit dem Glauben an das Leben nach dem Tod? Haben die, die daran glauben, öfter derartige Erlebnisse? Wieder ist die Antwort: nein.[50] Die Schlußfolgerung ist eindeutig. Religiöse Überzeugungen verursachen keine derartigen Erlebnisse.

Osis merkte, wie ihm langsam die »Erklärungen« ausgingen, doch er hielt noch einige Trümpfe in der Hand.

Bildung

Welche Rolle spielt die Bildung? Vielleicht werden diese Erlebnisse durch besonders abergläubische Vorstellungen vom Tod ausgelöst. Wenn es sich so verhielt, mußten relativ ungebildete Menschen am meisten Visionen haben. Doch das war nicht der Fall. Gebildete und Ungebildete hatten gleich häufig Visionen vom Leben nach dem Tod.

Vorurteile der beobachtenden Personen

Aber ist es nicht möglich, daß die Ärzte und Krankenschwestern, die über diese Erlebnisse berichteten, durch eigene einseitige Vorstellungen beeinflußt waren? Wenn sie beispielsweise an ein Leben nach dem Tod glaubten oder sehr religiös waren, würde sie das nicht veranlassen, das, was die Patienten erlebten, falsch zu deuten, so daß es sich mit ihren eigenen Überzeugungen deckte? Diese Möglichkeit wurde genau untersucht, aber ohne positives Ergebnis. Osis stellte fest, daß die Vorstellungen der Ärzte und Schwestern keinen Einfluß auf die Art der Erlebnisse hatten, von denen sie berichteten.[51]

Kulturelle Umwelt

Die kulturelle Umwelt kann sich ungewöhnlich stark auf die Einstellung und das Verhalten des Menschen auswirken. Wenn Visionen auf dem Totenbett daher bloße Einbildung sind, die das menschliche Gehirn hervorruft, konnte man damit rechnen, daß sie von der kulturellen Umwelt stark beeinflußt werden. Wenn dagegen Erlebnisse auf dem Sterbebett *Wirklichkeit* sind, konnte man erwarten, daß sie relativ unbeeinflußt von diesem Hintergrund bleiben. Mit Blick auf diese Überlegung sammelte Osis Material über Erlebnisse auf dem Sterbebett aus zwei vollkommen unterschiedlichen Kulturkreisen – den Vereinigten Staaten und Indien. Seine Entdeckungen werden Skeptikern einen unliebsamen Schock versetzen. Obwohl es zwischen den Visionen der Amerikaner und Inder einige relativ unbedeutende Unterschiede gab, *waren die Hauptphänomene die gleichen.* Sowohl in Indien wie in den Vereinigten Staaten

– waren die Erscheinungen, die die Sterbenden sahen, aus einer »anderen Welt«, verstorbene nahe Verwandte und religiöse Gestalten.

– waren die meisten gekommen, »um den Sterbenden in ein anderes Dasein zu holen«.

– waren die Sterbenden begierig, der Aufforderung zu folgen und zu »gehen«, indem sie starben.

– bestanden die Landschaftsvisionen aus Bildern einer »anderen Welt« von so überwältigender Schönheit, daß der Sterbende nicht auf dieser Welt bleiben wollte.

– kam es bei einigen Patienten kurz vor dem Tod zu medizinisch nicht erklärbaren Stimmungsaufschwüngen.[52]

Was läßt sich daraus schließen?

Unsere Bemühungen, Erlebnisse auf dem Totenbett zu »erklären«, indem wir normale, alltägliche Ursachen für sie finden, endeten mit einem völligen Fehlschlag. Sie lassen sich weder durch den Geisteszustand des Sterbenden noch durch die medizinischen Umstände oder die religiöse und kulturelle Umwelt erklären. Wie können wir sie dann verständlich machen?

Die einzige verbleibende Möglichkeit ist, daß es sich hier um echte *übersinnliche Erlebnisse* handelt. Kurz vor dem Tod zu stehen kann offensichtlich einen Zustand gesteigerten Bewußtseins hervorrufen, der den Sterbenden vorübergehend übersinnlich macht und ihn befähigt, das zu sehen, was normalerweise nur Medien, übersinnlich Veranlagte und Hellseher wahrnehmen. Übersinnlich Veranlagte haben stets behauptet, die Toten »sehen« zu können, die ihnen so wirklichkeitsnah erscheinen wie jede über einen Körper verfügende Person. Einige von ihnen haben die Toten auf dem Sterbebett »gesehen«, die darauf warteten, den Sterbenden in die Welt zu führen, in der sie jetzt lebten. Darüber hinaus haben einige der übersinnlich Veranlagten die

Toten in der Landschaft dieser nächsten Welt gesehen. Die Sterbenden schildern die ihnen erscheinenden Besucher und die Visionen jener Landschaften aus der anderen Welt mit den gleichen Worten.

Wenn wir diese Erlebnisse als kurze Einblicke in das Leben jenseits des Todes anerkennen können – und die Untersuchungen Osis' lassen sehr stark vermuten, daß uns nichts anderes übrigbleibt –, dann sind wir darauf vorbereitet, uns weiter in diese verwirrende Welt vorzuwagen.

Kapitel 5
So ist es, wenn man stirbt: Erlebnisse Reanimierter

Keiner ist je zurückgekommen und hat darüber berichtet.

volkstümliche Redensart über den Tod

Es eröffnete mir eine völlig neue Welt, deren Existenz ich nie für möglich gehalten hätte. Es öffnete mich einfach für eine völlig neue Welt.[1]

ein reanimierter Patient über seine Erfahrungen mit dem Tod.

Die Ansicht, daß keiner je »zurückgekommen« ist, um uns über den Tod zu berichten, ist außerordentlich verbreitet. Dennoch ist sie nicht richtig. Die Erlebnisse, die wir im folgenden untersuchen, kommen aus der Welt jenseits des Todes. Sie widerfuhren Menschen, die klinisch tot waren – deren Herz aufgehört hatte zu schlagen, deren Lungen nicht mehr atmeten, deren Blutdruck so stark gesunken war, daß man ihn nicht mehr messen konnte, deren Pupillen sich erweitert hatten und deren Körpertemperatur langsam sank. Es sind »Erlebnisse« im Sinn detaillierter Berichte darüber, was Menschen ihren eigenen Angaben nach in dem Zeitraum zwischen dem Tod ihres Körpers und der Wiederbelebung passiert ist. Inzwischen gibt es viele derartige Erlebnisse: Der Fortschritt in der medizinischen Technik der Reanimation hat in den letzten Jahrzehnten Tausende wieder vom Tod zurückgeholt. Die Aussage derjenigen, die vom Tod zurückkehren, macht deutlich, daß sich zwei völlig verschiedene Dinge ereignen, wenn diese schreckliche Grenze überschritten wird. Einige berichten, daß ihnen jede Spur von Bewußtsein fehlte und sie nichts als eine »Leere« spürten; die übrigen erzählen von sehr bewegten Erlebnissen. Es gibt Personen, die, nachdem sie gestorben waren, mehr als einmal wiederbelebt wurden und beide Arten Erlebnisse kennengelernt haben. Warum solche Unterschiede auftreten, wissen wir noch nicht.

Die Erforschung dieser Erlebnisse hat bereits zur Bildung zweier Gruppen von Fachleuten geführt, die voneinander abweichende Meinungen vertreten. Für die meisten Wissenschaftler ist es ein Glaubensartikel, demzufolge das Bewußtsein »unmöglich« nach dem Tod des Körpers weiterbestehen kann. Viele Geistliche dagegen sind genauso fest der Überzeugung, daß das Wesen des »Lebens nach dem Tode« nur durch das traditionelle, theologische Schrifttum enthüllt werden kann und sollte. Allerdings gibt es noch eine andere Informationsquelle über das Erlebnis mit dem Tod – diejenigen, die tot waren und wiederbelebt wurden. Viele haben geschildert, was ihnen »geschehen« ist. Diese tatsächlichen Erlebnisse von Hunderten normaler Durchschnittsmenschen haben ihr eigenes Gewicht, unabhängig von allen theologischen oder wissenschaftlichen Autoritäten.

Vor dem Hintergrund des normalen, alltäglichen, körperbezogenen Bewußtseins, in dem jeder von uns gelernt hat, die Welt zu sehen, werden die folgenden Schilderungen einigen Lesern völlig unglaublich erscheinen. Die gängigen Erfahrungsnormen jedoch sind für deren Beurteilung gänzlich ungeeignet, denn mit dem klinischen Tod betreten wir einen Bereich jenseits des Körpers und jenseits von allem, was wir je durch ihn erlebt haben. Der Ausdruck »jenseits« ist mit Bedacht gewählt, weil er etwas Gewaltigeres, Größeres, Höheres oder Erregenderes umfaßt als alles, was uns bisher begegnet ist. Die Berichte derjenigen, die ins Jenseits gegangen und zu den Lebenden zurückgekehrt sind, um diese geheimnisvollste aller Reisen zu beschreiben, können wir denen der frühen Entdecker an die Seite stellen. Im Altertum:

als das Mittelmeer das Zentrum der Zivilisation war, segelten Entdecker gelegentlich durch die Straße von Gibraltar und die nordafrikanische Küste entlang . . . einer dieser unternehmungsfreudigen Seefahrer schilderte bei der Rückkehr von einer solchen Reise nicht nur die Landschaft, Völker und Tiere ..., sondern behauptete auch, daß *schließlich die Sonne im Norden gestanden hätte!* ... Dieses Phänomen war den Völkern des Mittelmeers unbekannt. Der Seefahrer wurde ausgelacht. Heute können wir nicht mehr anzweifeln, daß er dort gewesen ist, wo er behauptet gewesen zu sein, nämlich südlich des Äquators.[2]

Ähnlich werden Berichte über ein Fortbestehen des Bewußtseins nach dem klinischen Tod von der heutigen Medizin und Wissenschaft nicht anerkannt, und von Personen, die solche Erlebnisse haben, nimmt man an, daß sie unter Halluzinationen leiden, die durch das Trauma des vorübergehenden Todes hervorgerufen worden sind. Im Gegensatz zu dieser verbreiteten, modernen Ansicht über den Tod steht eine sehr alte Tradition des Menschen, derzufolge der körperliche Tod nicht das eigene Dasein beendet.

Nach dieser ... Überlieferung bleiben bestimmte Aspekte eines Menschenwesens erhalten, auch wenn alle körperlichen Funktionen aufgehört haben und der Leib schließlich vergeht. Diese überdauernden Aspekte haben viele Namen bekommen, darunter Psyche, Seele, Geist, Selbst, Wesen, Sein und Bewußtsein. Die Bezeichnung spielt keine Rolle, wichtig ist allein die Vorstellung vom Eintritt in eine andere Existenzform nach dem leiblichen Tode, und diese Vorstellung gehört zu den ehrwürdigsten Glaubensinhalten der Menschheit. In der Türkei wurde eine Grabstätte entdeckt, die vor rund 100000 Jahren von Neandertalern angelegt worden war. Aus den Überresten konnten die Archäologen den überraschenden Schluß ziehen, daß diese frühen Menschen ihre Toten auf Blumen und Blütenzweigen zur letzten Ruhe gebettet haben, was darauf hindeuten könnte, daß sie vielleicht den Tod als einen feierlichen Anlaß begriffen haben – als den Übergang des Gestorbenen von dieser Welt in die nächste. Und tatsächlich haben uralte Grabfunde in allen Teilen der Welt von dem Glauben gezeugt, daß der Mensch nach seinem leiblichen Tode weiterlebe.[3]

Heutige Wissenschaftler sehen in diesem Glauben nichts als eine selbstbetrügerische Täuschung, mit der einfache Menschen versuchen, die unerbittliche Brutalität des Todes zu kaschieren.

Daß es sich andererseits möglicherweise um einen Glauben handelt, der nicht auf Selbsttäuschung beruht, sondern auf den tatsächlichen Erfahrungen menschlicher Wesen, scheint den Denkern von heute noch nicht in den Sinn gekommen zu sein. Untersuchen wir aus diesem Grund einige Erlebnisse, in denen Menschen, die wirklich tot waren und ins Leben zurückgekehrt sind, uns erzählen, was ihnen widerfahren ist. Und ob der Tod nun durch Ertrinken, Erfrieren, Blutsturz, Herzanfall oder Erschießen eintrat, werden wir feststellen, daß die postmortalen Erlebnisse, die ihnen zustießen, von überwältigender Kraft waren; in der Tat so überwältigend, daß es nichts Ungewöhnliches war, wenn reife, emotional gefestigte Erwachsene zusammenbrachen und weinten, wenn sie ihre Erfahrungen mit dem Tod schilderten, die vielleicht schon 30 Jahre zurücklagen.

Tod durch Ertrinken

Caresse Crosby ertrank, als sie sieben Jahre alt war, wurde aber erfolgreich wiederbelebt:

Als mein Kopf unter die Wasseroberfläche tauchte, machte ich einen großen, entsetzten Schluck, dann konnte ich nicht mehr atmen. Die Luft entwich aus meinen Lungen, und sie füllten sich mit einem Schwall Wasser. Das Blut strömte von den Zehen zur Nase, und plötzlich schien mein Kopf sich auszudehnen und zu explodieren, aber ganz allmählich, als sei er ein Baumwollball, der sich Flocke um Flocke auflöst. Das Wasser ließ seltsame Wiegenlieder in mein Ohr strömen und ganz langsam, tief unten im Wasser, klärte ein verwirrender, bunter Glanz meinen Blick – um mich herum war Harmonie. Und langsam, wie eine Luftblase an die Oberfläche schwebt, stieg ich nach oben, durch die hölzerne Plattform hindurch, dorthin, von wo aus ich die gesamte, unter mir ausgebreitete Landschaft überblicken konnte. Ich sah meinen Vater an seinem Boot arbeiten, meine Brüder, wie sie zu Tode erschrocken an meinen spindeldürren Fersen hingen, während ich, mit Haaren wie Tang, flach gegen den überfluteten Boden des Floßes gedrückt wurde. Und ich erkannte, während ich ertrank, wie mein Vater sich umdrehte und sich abmühte, wie meine entsetzten Brüder nach Hause liefen; ich sah ihre Anstrengungen, mich ins Leben zurückzuholen, und *ich versuchte, nicht zurückzukommen.*

Nie zuvor oder danach habe ich einen Zustand ausgeglichenerer Freude erlebt. Es gab weder Traurigkeit noch Krankheit, denen ich zu entfliehen wünschte. Ich war erst sieben Jahre alt, ein Kind ohne Sorgen, doch diesem Moment reinen Glücks ist nichts in meinem Leben seither gleichgekommen. Hatte ich vielleicht, während ich ertrank (denn ich war ertrunken), mit einem flüchtigen Blick die Unermeßlichkeit ewigen Lebens sehen können? Eines wußte ich: daß das Nirwana zwischen dem Hier und dem Jenseits tatsächlich existiert – ein Ort der Freuden, und ich war dort gewesen.[4]

Tod durch Erfrieren

Dr. Russel Noyes, Professor für Psychiatrie an der Universität des Iowa College für Medizin, der sich außerdem mit den Todeserlebnissen Wiederbelebter beschäftigt, erhielt den folgenden Bericht von einer zur Zeit ihres Erlebnisses 20jährigen Frau, die in einer Frostnacht mit ihrem Wagen auf einer verlassenen Landstraße in Schneeverwehungen steckenblieb. Sie war sich der tödlichen Gefahr bewußt und unternahm verzweifelte Anstrengungen, um sich zu befreien. Als das mißlang, ging sie zu ihrem Wagen zurück, wo

ich von unerträglichen Schmerzen befallen wurde, als die Kälte tief in meinen Körper drang. Der Schmerz schnitt alle Gedanken ab, wich aber bald einem warmen Glühen, das mich sanft umhüllte. Er machte einem unbeschreiblichen Behagen und einer Wärme tief in meinem Innern Platz. Ich hörte herrliche Musik, nicht von dieser Welt, sondern von verborgenen Sternen, die einen Wohlklang von solch berauschender Schönheit erzeugte, als wollte sie mich auf eine erhabenere Stufe meines Seins erheben. Die Musik klingt mir noch im Ohr, auch noch nach 47 Jahren. Sie war von einer solchen Schönheit und Harmonie. Zur gleichen Zeit sah ich einen zarten Lichtschimmer am – wie soll ich ihn lokalisieren – Horizont. Für einen Augenblick war ich eins mit dem Universum. Zeit, Raum und ich selbst waren ein und dasselbe. Ich war wie berauscht, als ich die Einheit und Schönheit des Universums sah.

Als ich im Krankenhaus zu mir kam, wehrte ich mich gegen alle, die sich bemühten, mich zu retten. Ich wollte nicht zurück. Doch mein Körper war bald wieder erfüllt von einem peinigenden Kribbeln, und ich kämpfte erneut um mein Leben. Das Erfrieren war ein betäubend schmerzhafter Vorgang, der »Tod« selbst jedoch so wunderbar, daß die Bezeichnung »wohltuend« beinahe nichtssagend erscheint.[5]

Tod durch Blutsturz

David Wheeler, der sich ebenfalls mit derartigen Erlebnissen beschäftigt, befragte eine Frau, die nach der sehr schwierigen Entbindung von einem Mädchen einen Blutsturz erlitt und starb, jedoch mit Erfolg wiederbelebt wurde. Sie beschrieb ihre Erfahrungen mit dem Tod in einem Bericht an Wheeler:

Für eine Sekunde wurde alles schwarz um mich. Nicht richtig schwarz wie die Farbe, sondern ein einer Leere ähnliches Schwarz ... Etwas stieß mich aus meinem Körper. Ich wurde durch einen langen Tunnel getragen oder gestoßen ... Ich sah ein seltsames Licht ... Eine strahlende Wolke hüllte mich einen Augenblick ein, dann ... schwebte ich ... in den Kreißsaal und beobachtete ... ihre Bemühungen, mich ins Leben zurückzuholen. Der Körper auf dem weißen Tisch – totenbleich – das war ich!

Dort lag mein Körper auf dem Tisch, und ich schwebte darüber und beobachtete alles wie in einem Film. Es war sehr realistisch. Ich konnte tatsächlich durch die Wand des Kreißsaals hindurchgleiten und schwebte nach unten durch die Räume des Krankenhauses. Ich weiß gar nicht, wie ich eigentlich aussah. Ich glaube, ich war eine durchsichtige Wolke, doch ungeachtet meines Äußeren schien niemand zu bemerken, daß ich ganz nahe an ihnen vorbei durch die Luft schwebte. Ich nehme an, ich war für sie unsichtbar, obwohl ich selbst sie sehr gut sehen und hören konnte. Ich kam zum Kreißsaal zurück. Etwas schien mich zu meinem Körper zurückzuziehen. Das Erlebnis, aus meinem Körper zu gleiten, war sehr angenehm. Es mag seltsam erscheinen, aber ich hatte wirklich nicht den Wunsch, wieder in den Körper auf dem Tisch zurückzukehren. Doch ich wurde gewaltsam zu ihm hingestoßen. Ich erinnere mich . . ., daß ich wieder in ihn hineinglitt. Danach erinnere ich mich an nichts, bis ich Stunden später in meinem Bett auf der Intensivstation wieder zu mir kam . . . Das war vor 25 Jahren. Ich entsinne mich des Zwischenfalls ganz deutlich . . . Ich weiß, daß ich starb, und ich würde gerne wieder sterben. Es war sehr angenehm.[6]

Tod durch Herzstillstand

Kenneth G. erlitt an einem Nachmittag auf dem Heimweg von der Rennbahn einen Herzanfall. Er brach auf der Straße zusammen, lebte zwar noch, war aber bei der Ankunft im Krankenhaus bewußtlos. Als er das Bewußtsein auf der Intensivstation wiedererlangte und es den Anschein hatte, es gehe ihm gut, brachte man ihn in eins der gewöhnlichen Krankenzimmer. Bei einer Kontrolle durch die Schwester um halb elf Uhr abends war alles in Ordnung. Zehn Minuten später fand man ihn tot vor seinem Bett liegen. Einer der Ärzte schildert die Situation wie folgt:

Der Körper des Patienten wies schwarze Flecken auf, die darauf hindeuteten, daß das Blut nicht mehr zirkulierte . . . Es begann bereits, sich in den unteren Körperregionen abzusetzen. Wenn ich Elisabeth (Kenneth G.s Tochter) nicht persönlich gekannt hätte, hätten wir, glaube ich, nicht versucht, den Mann zu reanimieren. Er war so tot, wie jemand nur sein kann. Ich hatte keine ernsthafte Hoffnung mehr, entschied aber trotzdem, so zu verfahren, als bestände sie noch.[7]

Zum Erstaunen des Arztes wurde Kenneth G. mit Erfolg wiederbelebt. Aber er war gar nicht glücklich darüber, »zurück« zu sein, und sagte den an seinem Bett Stehenden: »Wenn ich wieder gehe, laßt mich bitte allein.« In einem Interview beschrieb er eindrucksvoll das überwältigende Erlebnis, das ihm in den Minuten widerfuhr, als er tot war:

Ich befand mich an dem begeisterndsten Ort, den man sich überhaupt vorstellen kann. Er war weit, weit schöner als alles, was ich zuvor in meinem Leben gesehen habe. Alles wucherte so üppig, daß ich unmöglich ausdrücken kann, welch tiefe Freude ich hier empfand . . . Ich weiß, daß ich durch meinen Tod dorthin kam . . . Ich merkte, wie ich in ein riesiges Tal hinabschwebte. Es fiel leicht von sanft geschwungenen Hügeln ab. Kilometerweit eine unermeßliche, wogende Ebene . . .

Ich schwebte . . . nieder . . . ganz langsam, wie an einem Fallschirm. Ich glitt vom Himmel herab und landete weich auf einer Wiese, deren Gras mir bis an die Hüfte reichte. Es war ein wunderbares Gefühl. Und dann sah ich, daß diese Wiese sich endlos ausdehnte. Weit weg erkannte ich dichte Wälder . . . Das einzige Wort, mit dem ich diesen Ort beschreiben kann, ist »schön« . . . Als ich dort mitten auf der saftigen, grünen Wiese stand, konnte ich Blumen, Tiere und Bäume sehen. Vor allem die Blumen gefielen mir sehr. Nie zuvor war mir ein solcher Überfluß an herrlichen Pflanzen und Blumen wie hier begegnet.

Eine Weile stand ich in dem hüfthohen Gras und lauschte dem leisen Rascheln der Halme, die von einem leichten Wind bewegt wurden. Das war eine ganze Zeit lang das einzige Geräusch. Dann hörte ich eine Stimme, die mich anrief. Sie war zuerst so schwach, daß ich nur bemerkte, wie jemand mit mir zu sprechen versuchte. Dann wurde sie ein wenig lauter. Ich sah denjenigen nicht, der mich anrief, doch ich erkannte, wem die Stimme gehörte. Es war mein Vater, der vor zehn Jahren gestorben war. »Was tut er hier?« dachte ich bei mir. »Ich stehe hier auf einer fremden Wiese. Ich weiß nicht, wo ich bin, und mein toter Vater ruft mir zu.« Ich nahm die Dinge, wie sie waren – was hätte ich sonst auch tun können? Die Stimme redete schwach weiter: »Hab' keine Angst, Kenneth. Mach dir keine Sorgen. Ich bin gekommen, um dir auf deiner Reise zu helfen. Hab' keine Angst davor. Ich habe schon anderen geholfen.«

Da drang freudiges Lachen über die Wiese und erregte meine Aufmerksamkeit. Ich blickte über das Gras die leicht geschwungenen Hügel in der Ferne hinauf. Dort, auf einer weiten, von den Bäumen abgetrennten Fläche, sah ich Kinder auf einem Spielplatz spielen. Sie kamen mir sehr bekannt vor . . . Der Spielplatz glich einem, an den ich mich aus meiner Kindheit erinnerte . . . Steeplechase Park in Coney Island . . . Aber alle meine alten Spielkameraden waren da, wie vor 60 Jahren . . . Keiner von ihnen bemerkte mich; sie spielten weiter auf dem Platz, wie wir es vor einem halben Jahrhundert getan hatten . . . Ich war wieder ein kleiner Junge, der seine Jugend noch einmal erlebt. Gott, war das herrlich!

Der Tod schien das Jenseits mit den schönsten Erinnerungen durchwoben zu haben, die ich mir bewahrte. Ich weiß, daß ich mit den mir liebsten Kindheitserinnerungen zum Himmel aufgefahren bin . . . wie falsch war es doch von ihnen, mich von einem so wundervollen Ort zurückzuholen.[8]

Tod durch Erschießen

Nachdem ihn aus unmittelbarer Nähe eine Schrotladung in den Bauch getroffen hatte, wurde Arthur Sanders bei seiner Ankunft im Krankenhaus für tot erklärt. Den Ärzten gelang es jedoch, sein Herz wieder in Gang zu setzen; er mußte eine fünfstündige Operation über sich ergehen lassen, in deren Verlauf er starb und erneut reanimiert wurde. Er sprach von seinem Todeserlebnis und erklärte, es habe ihm einen flüchtigen Blick auf das erlaubt, was er »die andere Welt« jenseits des Todes nannte, eine Welt, von der er sagt:

In meinem ganzen Leben habe ich mich nie so glücklich gefühlt. In der Zeit, als ich starb . . ., hatte ich ein Erlebnis, das mein Leben vollkommen verändert hat. Ich spürte plötzlich, wie ich von meinem Körper fort nach oben schwebte. Anscheinend befand ich mich irgendwo im Freien, in einer wundervollen Landschaft, die in einem unvorstellbar goldschimmernden Licht glitzerte. Über mir wölbte sich ein strahlendblauer Himmel, und es schien mir, als würde ich . . . von einer Art leuchtendem Nebel geleitet, der ganz in meiner Nähe schwebte. Ich empfand ein Gefühl der Freude und Heiterkeit, wie ich es nie erlebt hatte . . . dieses Gefühl äußersten Glücks hat mich nicht verlassen . . . Etwas, dessen ich sicher bin und das ich mit allen teilen möchte – ich werde nie wieder Angst vor dem Tod haben. Es war unglaublich . . . Was sich ereignete . . . hat mein ganzes Denken verändert . . . Heute ist mir der 23. Psalm der liebste, in dem es heißt: »Und ob ich schon wanderte im finstern Tal, fürchte ich kein Unglück.« Das hat inzwischen große Bedeutung gewonnen ... Ich weiß, daß es wahr ist. Wir brauchen uns vor keinem Unglück zu fürchten, weil wir an einen weit, weit besseren Ort kommen.[9]

Diese fünf Berichte machen deutlich, daß Menschen, die sterben, Gewaltiges erleben. Wir wollen diese Todeserlebnisse jetzt etwas näher betrachten, indem wir eine größere Anzahl Fälle untersuchen. Und obwohl immer und immer die gleichen Merkmale genannt werden, werden wir feststellen, daß sie oft in unvorhergesehenen Kombinationen oder ungewöhnlicher Reihenfolge auftreten. Der Grund für diese Abänderungen ist noch unbekannt.

Die Stationen des Todes

Durch einen Tunnel hindurch

Der Tod beginnt gewöhnlich mit dem Erlebnis, sehr schnell durch einen langen, dunklen Raum zu gleiten, der unterschiedlich als Tunnel, Röhre, Schacht, Loch, Trichter, Gewölbe, Brunnen, Hohlweg, Tal oder Zylinder beschrieben wird. Ein 65jähriger Mann, der einen Herzanfall erlitt, berichtete später:

Das erste, was mir bewußt wurde, war, daß ich ganz schnell diesen endlosen Tunnel hinunterglitt. An seinem Ende leuchtete ein helles Licht. Irgendwie kam ich mir vor, als säße ich in einem niedrigen Sportwagen und führe 180. Dann kam ich zu einem Licht.[10]

Eine wiederbelebte Frau erklärte, es sei ihr vorgekommen, als stürze sie vorwärts durch einen pechschwarzen Tunnel. Dr. B. Kirkwood, den man als tot aufgegeben hatte, der aber reanimiert wurde, erzählt von seiner Begegnung mit dem Tod:

Ich wurde mit rasender Geschwindigkeit fortgezogen. Haben Sie je durch einen sehr langen Tunnel gesehen und den winzigen Lichtpunkt am anderen Ende erblickt? ... Genau durch so einen Tunnel oder Gang eilte ich hindurch.[11]

Jemand anders berichtet:

Bei mir stellte sich eine sehr heftige allergische Reaktion auf ein örtliches Betäubungsmittel ein. Auf einmal atmete ich nicht mehr – ich hatte einen Atemstillstand. Als erstes – es ging alles unglaublich schnell – jagte ich mit Supergeschwindigkeit durch ein finsteres, schwarzes Vakuum. Man könnte es wohl mit einem Tunnel vergleichen, nehme ich an. Es kam mir vor wie auf dem Jahrmarkt Achterbahnfahren, so mit enormer Geschwindigkeit durch diesen Tunnel zu fegen.[12]

In einem anderen Bericht heißt es:

Auf einmal befand ich mich in einem sehr dunklen und sehr tiefen Tal. Es war, als ob ein Weg, fast eine Straße, durch das Tal führte, und ich ging auf diesem Weg . . . Später, als ich wieder gesund war, kam mir der Gedanke: Jetzt verstehe ich erst, was die Bibel mit dem »Ort und Schatten des Todes« sagen will – weil ich selbst dort gewesen bin.[13]

Ich befand mich außerhalb meines Körpers!

Wenn der Sterbende aus dem Tunnel, den er durcheilt hat, herauskommt, erlebt er eins der zweifellos verwirrendsten Phänomene, das einem Menschen begegnen kann: Er tritt seinem eigenen Körper – bei einem Out-of-the-body-Erlebnis – von Angesicht zu Angesicht gegenüber. Andererseits kommt es u. U. überhaupt nicht zu einem Tunneleffekt, und der Tod *beginnt* mit einem OBE. Und es ist faszinierend festzustellen, daß die Out-of-the-body-Erlebnisse der vorübergehend Toten zunächst genau denen gleichen, die Lebende beabsichtigt im Schlaf haben, oder dem Ergebnis eines Körpertraumas, das keinen klinischen Tod bewirkt. Eine Patientin beschrieb Dr. Raymond Moody, einem Arzt, der über 100 Personen befragt hat, die klinisch schon einmal tot waren:

Ungefähr vor einem Jahr wurde ich wegen Herzbeschwerden ins Krankenhaus eingeliefert. Als ich am nächsten Morgen im Krankenhaus im Bett lag, spürte ich auf einmal einen sehr heftigen

Schmerz in der Brust. Ich drückte auf den Knopf neben dem Bett, um die Schwestern zu rufen, und sie kamen herbei und begannen, sich um mich zu kümmern. Da ich es auf dem Rücken kaum aushalten konnte, drehte ich mich herum, und dabei stockte mir der Atem, und der Herzschlag blieb weg. Im selben Augenblick hörte ich die Schwestern rufen: »Herzstillstand!« Ich fühlte, wie ich aus meinem Körper austrat und zwischen Matratze und Seitengittern des Bettes hinabglitt – es kam mir eigentlich eher so vor, als ob ich mich *durch* das Gitter hindurchbewegte –, bis ich am Boden ankam. Und von da an stieg ich ganz langsam in die Höhe. Während des Emporsteigens sah ich immer mehr Schwestern ins Zimmer gelaufen kommen, es müssen wohl etwa ein Dutzend gewesen sein. Sie riefen meinen Arzt, der sich gerade auf seiner Runde durchs Krankenhaus befand, und auch ihn sah ich hereinkommen. Ich dachte: »Was will er eigentlich hier?« Ich wurde immer weiter hinaufgetrieben, an der Lampe vorbei – ich sah sie ganz deutlich von der Seite –, bis ich unter der Decke zum Stillstand kam; dort oben schwebend blickte ich hinunter. Fast kam ich mir vor wie ein Stück Papier, das zur Decke hochgeblasen wurde.

Von da oben sah ich zu, wie man mich wiederbelebte! Klar und deutlich bot sich mir mein Körper dar, wie er da unten ausgestreckt auf dem Bett lag, um das sie alle herumstanden. Eine Krankenschwester hörte ich sagen: »O Gott, sie ist tot!«, während eine andere sich hinunterbeugte, um mir Mund-zu-Mund-Beatmung zu geben. Dabei blickte ich ihr auf den *Hinterkopf,* auf ihr ziemlich kurzgeschnittenes Haar. Den Anblick werde ich nie vergessen. Und dann kamen sie mit ihrer Maschine an, und ich sah, wie sie mir die Elektroden auf die Brust setzten. Als sie mir den Schock gaben, konnte ich sehen, wie mein Körper förmlich vom Bett in die Höhe schnellte, und ich hörte sämtliche Knochen darin knacken und rucken. Das war wirklich furchtbar!

Als ich sie da unten auf meinen Brustkorb klopfen und meine Arme und Beine reiben sah, dachte ich: Warum geben sie sich bloß so viel Mühe, wo es mir doch jetzt so gut geht![14]

Einer der packendsten Aspekte dieses Erlebnisses kann das ungewohnte Aussehen des eigenen Körpers sein. Einer der Betroffenen berichtet:

Daß ich so aussehe – Mann, nie im Leben hätte ich das gedacht!

Wissen Sie, normalerweise kenne ich mich nur von Bildern her oder von vorne im Spiegel, und da sehe ich natürlich ganz flach aus. Aber auf einmal lag ich – oder vielmehr mein Körper – da vor mir, und ich konnte ihn mir besehen. Ich konnte ihn deutlich sehen, ganz genau, etwa eineinhalb Meter vor mir! Es dauerte tatsächlich ein Weilchen, bevor ich mich selbst erkannte.[15]

Dieser unerwartete Anblick nahm in einem Bericht einen ziemlich komischen Verlauf. Ein klinisch toter Arzt merkte, wie er neben dem Bett stand und auf seinen eigenen Leichnam blickte, der schon den aschgrauen Ton, die für Leichen charakteristische Farbe, angenommen hatte. Der verstorbene Doktor war verständlicherweise durcheinander und erregt und versuchte, sich darüber klarzuwerden, was er tun sollte. Schließlich entschloß er sich, sich schnellstens auf und davon zu machen, da es ihm überhaupt nicht zusagte, seinen eigenen Körper zu betrachten. Sein Großvater hatte ihm, als er noch ein Kind war, Geistergeschichten erzählt, und daher hatte, wie er sagte: ». . . (ich) überhaupt keine Lust, mich in der Nähe von diesem Ding da aufzuhalten, das aussah wie eine Leiche – selbst wenn es meine eigene Leiche war!«[16]

Die bekannte Psychiaterin Dr. Elisabeth Kübler-Ross, die sich ausführlich mit sterbenden Patienten und deren Familienangehörigen beschäftigt hat, sammelte Hunderte von Berichten über Todeserfahrungen, nachdem ihr Interesse durch einen Zwischenfall geweckt worden war, der sich bei einem Seminar über Tod und Sterben ereignete, das sie an der Universität des Chicago Hospital hielt.

Die Seminare wurden so abgehalten, daß Ärzte, Schwestern und alle, die mit der Betreuung der Sterbenden zu tun hatten, hinter einem Wandschirm zuhören konnten, während direkt davor die Patienten mir erzählten, wie sie sich angesichts des nahenden Todes fühlten. Sie faßten es so auf, daß sie uns etwas lehrten und daß wir das Gespräch mit ihnen als ihr letztes Geschenk an uns betrachteten. Eine der Patientinnen war eine Hausfrau Ende 40, die seit Jahren an der Hodgkinschen Krankheit litt und die schon viele Male kurz vor dem Tod gestanden hatte. Etwa zehn Minuten vor dem Ende unseres Gesprächs begann sie, ein Erlebnis zu schildern, über das sie noch mit niemandem gesprochen hatte.

Vor ungefähr einem Jahr . . . war diese Frau in einem kritischen Zustand in das Krankenhaus gekommen und auf die Intensivstation gelegt worden. An einem Nachmittag sah eine Schwester, daß sie im Sterben lag, und stürzte aus dem Zimmer, um Hilfe zu holen. Unterdessen merkte diese Frau, wie sie aus ihrem Körper herausschwebte. Sie sagte, sie konnte hinunterblicken und sehen, wie bleich ihr Gesicht wirkte. Gleichzeitig fühlte sie sich jedoch außerordentlich gut. Sie empfand tiefen Frieden und Erleichterung.

Das Bemerkenswerte an diesem Erlebnis war, daß sie sehen konnte, wie die Ärzte sich um ihren Körper bemühten. Sie hörte, was sie sagten, welche Mitglieder des Ärzteteams die Wiederbelebungsversuche aufgeben wollten und welche nicht. Ihr Erinnerungsvermögen selbst an Kleinigkeiten war so scharf, daß sie sogar einen Witz wiederholen konnte, den einer der Anwesenden gerissen hatte, um die Anspannung etwas zu lockern. Sie wollte sie auffordern, gelassen zu sein, ihnen sagen, daß es gut so wäre. Aber ihr Körper ließ keinerlei Lebenszeichen erkennen – keine Atmung, kein Blutdruck, keine Hirnwellentätigkeit. Man erklärte sie schließlich für tot . . . später kehrte sie in ihren Körper zurück und erholte sich.

Als das Gespräch beendet war, ging sie zu ihren Zuhörern, Ärzte, Schwestern, Medizinstudenten und Geistliche.

Alle bedrängten sie mich, weil ich mich weigerte, die Geschichte der Frau als Halluzination einzuordnen. Sie wollten, daß ich das Erlebnis dieser Frau psychiatrisch richtig bezeichnete, damit sie es vergessen konnten.[17]

Weil unsere Gesellschaft im allgemeinen nicht an solche Erlebnisse »glaubt«, ist derjenige, der eines hat, gezwungen, allein und ohne Hilfe damit fertig zu werden. Viele verbinden die verwirrenden Umstände, in denen sie sich befinden, zuerst gar nicht mit dem körperlichen Tod, und selbst wenn sie es tun, kann ihre Bestürzung andauern:

Ich dachte, jetzt bin ich tot. Nicht, daß ich das bedauert hätte, doch konnte ich einfach nicht darauf kommen, wohin ich denn jetzt eigentlich gehen sollte. Mein Denken und Bewußtsein waren absolut dasselbe wie im Leben, aber ich konnte mir das Ganze einfach nicht erklären. Ich dachte nur in einem fort: Wohin soll ich bloß gehen? Was soll ich denn bloß machen? und: Mein Gott, ich bin tot! Ich kann es nicht glauben! . . . Deshalb entschloß ich mich, erst einmal abzuwarten, bis die ganze Aufregung abgeebbt wäre und man meine Leiche weggeschafft hätte. Dann würde ich versuchen, mir darüber klarzuwerden, wohin ich mich von dort aus wenden könnte.[18]

Die »Toten« empfinden also eine Trennung von ihrem materiellen Körper, sind aber bei vollem Bewußtsein und in der Lage, zu sehen und zu hören. Doch »worin« befinden sie sich, wenn sie keinen Körper mehr haben? Befragungen Dutzender wiederbelebter Personen bestätigen das, was andere, die die Out-of-the-body-Erlebnisse Lebender erforscht haben, schon erfahren haben: Es gibt drei Möglichkeiten. Einige der »Toten« berichten, daß sie anscheinend überhaupt keine Gestalt angenommen hatten, sondern lediglich »Punkte« des Bewußtseins waren, die einen bestimmten Platz im Raum einnahmen. Die meisten befanden sich jedoch in irgendeiner »Form«. Einige entdeckten, daß sie eine menschliche Gestalt hatten und dem materiellen Körper glichen, den sie zurückgelassen hatten. Andere bemerkten erstaunt, daß sie ihr gewohntes menschliches Aussehen völlig verloren hatten und wie runde, kugelförmige oder formlose »Wolken« aussahen.

Die Erlebnisse, die den Toten dann widerfahren, haben sehr dramatische Züge und sind *identisch* mit denen, von denen die Lebenden berichten, die sich außerhalb ihres Körpers befanden: Die Betroffenen stellten fest, daß körperliche Personen sie weder sehen noch hören konnten und daß sie in der Lage waren, Materie zu durchdringen und sich durch Gedankenkraft fortzubewegen.

Die Ärzte und Schwestern trommelten auf meinen Körper, um die Infusionen zu unterstützen und mich zurückzuholen, während ich beständig versuchte, ihnen zu sagen: »Laßt mich in Ruhe. Ich möchte weiter nichts als meine Ruhe. Hört doch endlich auf, auf mir herumzutrommeln!« Aber sie hörten mich nicht. Deswegen versuchte ich, ihre Hände wegzuschieben, damit sie meinen Körper nicht länger bearbeiteten – aber nichts geschah. Ich konnte nichts machen . . . ich konnte einfach ihre Hände nicht wegdrükken. Zwar sah es schon so aus, als ob ich sie berührte, und ich gab mir alle Mühe, sie wegzuschieben – doch selbst wenn ich mit aller Kraft dagegendrückte, blieben ihre Hände da, wo sie waren. Ich weiß nicht, ob meine Hände durch die ihren hindurch oder um sie herumgingen oder was eigentlich los war. Sosehr ich auch versuchte, sie zu bewegen, schien doch auf ihre Hände überhaupt kein Druck zu wirken.[19]

Jemand anders berichtet:

Aus allen Richtungen kamen die Leute zur Unfallstelle herbeigeströmt. Ich sah sie genau. Ich war in der Mitte eines sehr schmalen Gehsteigs. Also auf jeden Fall gingen sie da an mir vorbei und sahen mich offensichtlich überhaupt nicht. Sie liefen einfach weiter und schauten stur geradeaus. Sowie sie ganz dicht herankamen, versuchte ich jedesmal, mich zur Seite zu drehen, um sie vorbeizulassen – aber sie liefen doch tatsächlich *durch mich hindurch.*[20]

Die Visionen und Geräusche, die man wahrnimmt, wenn man sich außerhalb seines Körpers befindet, werden entweder als genauso gut oder besser als die bezeichnet, die man mit seinem materiellen Körper wahrnimmt. Viele berichten, daß die Geräusche und das Aussehen ihrer Umgebung vollkommen normal wirken. In anderen Fällen arbeiten die Sinnesorgane bei Personen, bei denen sie beeinträchtigt waren, wieder normal. Dr. Kübler-Ross erinnert sich an den Fall eines Chemikers, der bei einem Unfall im Labor vor einem Jahr sein Augenlicht verloren hatte. Während eines Todeserlebnisses schwebte er aus seinem Körper und konnte ganz deutlich alles sehen, was sich in der Nähe seines Körpers abspielte.[21] Ähnliche Berichte haben wir von Personen, die OBE hatten, ohne daß der Tod folgte: Obwohl sie taub waren oder schlecht sehen konnten, sahen und hörten sie perfekt, während sie »draußen« waren. Und sowohl Kübler-Ross wie Moody haben Fälle erlebt, in denen Menschen, die nach dem Verlust von Gliedmaßen bei Unfällen starben und reanimiert wurden, berichten, daß sie außerhalb ihres Körpers Gestalten angenommen hatten, die völlig intakt waren und auch die verlorenen Gliedmaßen hatten. Berichte über übernatürlich außergewöhnliche Visionen und Geräusche sind sowohl für reguläre wie durch den Tod verursachte OBE nichts Ungewöhnliches. Diese bemerkenswert übereinstimmenden Ähnlichkeiten machen deutlich, daß die OBE der Sterbenden wie der Lebenden im ersten Stadium identisch sind. Die folgenden Fälle sind typisch:

Ein Mann etwa gibt an, daß seine Sehkraft während des »Totseins« offenbar um ein Vielfaches gesteigert war. In seinen Worten: »Mir ist unbegreiflich, wie ich so weit sehen konnte.« Eine Frau, die Ähnliches erlebt hatte, bemerkt: »Es schien, als ob es für das . . . Sehen gar keine Schranken gäbe, als ob ich wirklich überall alles und jedes hätte mit ansehen können.«[22]

Unter den Lebenden, die ihren Körper willentlich verlassen können, sind Berichte über die Fähigkeit, im Dunkeln, in alle Richtungen gleichzeitig oder durch feste Gegenstände wie Mauern hindurchzusehen, alltäglich.

Darüber hinaus schildern sowohl die Lebenden wie die Sterbenden häufig, ihre Geisteskräfte hätten sich während der OBE erhöht. Die von Moody reanimierten Befragten stellten wiederholt fest, daß sie schneller und klarer denken konnten, wenn sie sich außerhalb ihres Körpers befanden. Zusammenfassungen von Out-of-the-body-Erlebnissen und schriftliche Berichte derjenigen, die öfter ihren Körper verlassen, enthalten die gleichen Behauptungen. Diese packenden Entdeckungen lassen sehr stark vermuten, daß, was immer wir sonst noch sein mögen, wir nicht unser Körper sind.

Zuhörer, denen ich solches Material vorgetragen habe, erschauern an dieser Stelle oft in einer Art fasziniertem Entsetzen. Eine der typischen Reaktionen ist: »Aber wie schrecklich! Zu wissen, daß man tot ist, aber nicht in der Lage zu sein, sich mit irgend jemandem in Verbindung zu setzen, das wäre grauenvoll! Wenn ich den Tod als unsichtbarer Geist überleben müßte, der an der Zimmerdecke umherschwebt, dann würde ich ihn lieber nicht überleben!« Doch wie wir sehen werden, folgen den Ereignissen, die geschildert wurden, andere noch verblüffendere.

Wenn der Mensch in sein körperliches Dasein hineingeboren wird, wird er von anderen empfangen und umsorgt. Wie dieses Buch zeigen wird, ist der Tod in Wirklichkeit eine Art »Geburt« in eine andere Daseinsform hinein. Und auch im Tod sind wir nicht allein. Vier verschiedene Forscher, die sich mit voneinander völlig unabhängigen Studien über Todeserfahrungen befaßt haben, haben diese gleiche Entdeckung gemacht: Dr. Raymond Moody, Dr. Charles Garfield, Dr. Elisabeth Kübler-Ross und David Wheeler. Ein wiederbelebter Patient erzählte Wheeler:

Es war ein entsetzliches Gefühl zu sterben . . . Ich hatte starke Schmerzen . . . Ich starb . . . ich sah mich auf dem Operationstisch liegen. Die Ärzte versuchten verzweifelt, mich zurückzuholen, aber ich wollte gar nicht. Immer weiter schwebte ich fort . . ., und ich sah die Geister einiger verstorbener Freunde. Es schien so, als kämen sie auf mich zu. Ich war fast bei ihnen, als ich in diese Welt zurückgeschleudert wurde.[23]

Einer der Informanten Raymond Moodys berichtete:

Ich hatte dieses Erlebnis bei der Geburt meines Kindes. Es war eine überaus schwierige Entbindung, bei der ich sehr viel Blut verlor. Der Arzt gab mich schließlich auf und erklärte meinen Angehörigen, ich läge im Sterben. Ich war jedoch die ganze Zeit über hellwach, und genau in dem Augenblick, in dem ich ihn das sagen hörte, hatte ich das Gefühl, aus einer Ohnmacht hochzukommen. Und da bemerkte ich auf einmal auch all die Menschen, die da in hellen Scharen, wie mir schien, überall an der Zimmerdecke entlangschwebten. Es waren alles Leute, die ich in meinem früheren Leben gekannt hatte, die aber schon vor mir gestorben waren. Ich erblickte meine Großmutter und ein Mädchen, das ich aus meiner Schulzeit kannte, und viele andere Verwandte und Freunde. Ich sah wohl hauptsächlich ihre Gesichter und spürte ihre Gegenwart. Sie machten alle einen frohen Eindruck. Es war ein freudiges Zusammentreffen, und ich hatte das Gefühl, daß sie gekommen seien, um mich zu schützen und zu führen. Fast schien es so, als ob ich nach Hause gekommen wäre und sie mich nun begrüßen und willkommen heißen wollten. Die ganze Zeit über empfand ich alles als leicht und schön. Es war ein wunderbarer und herzerfreuender Augenblick.[24]

Allerdings weisen diese Erlebnisse gewisse Schwankungen auf. Viele der Wiederbelebten, aber nicht alle, berichten von ihnen, und sie können zu unterschiedlichen Zeiten während des Sterbens auftreten. Meistens werden die Sterbenden von Personen empfangen, denen sie im Leben nahestanden, die aber jetzt tot sind. In anderen Fällen treffen die Sterbenden Wesen, die ihnen fremd sind, sich aber als »geistige Helfer« zu erkennen geben. In wieder anderen Fällen sind die »Begrüßenden« für die Sterbenden nicht sichtbar und geben sich auch nicht zu erkennen. Das 65jährige Opfer eines Herzanfalls sagte: »Ich spürte die Anwesenheit eines anderen Wesens, doch sah ich nie eins.«[25] Ein anderer berichtet:

Als ich tot war . . . sich rings um mich Menschen befanden . . . Ich konnte ihre Gegenwart spüren . . ., obwohl ich niemals jemanden »gesehen« habe. Ich sprach immer wieder einmal mit einem von ihnen . . . Und jedesmal, wenn ich fragte, was eigentlich vorginge, sandte mir einer von ihnen getreulich einen Antwortgedanken zurück: Es sei alles in Ordnung, ich stürbe, es würde mir jedoch gutgehen . . . Auf jede Frage, die ich stellte, bekam ich ausnahmslos eine Antwort.[26]

Wie unglaublich derartige Begegnungen auch denen vorkommen mögen, denen sie nie widerfahren sind, die Sterbenden selbst sind nach der Rückkehr in ihren Körper ohne jeden Zweifel über deren Bedeutung: *daß sie willkommen sind im Tod.*

Aufstieg in das Licht

Für viele von uns ist der Tod etwas Furchtbares. Wir stellen uns vor, unentrinnbar im Dunkel zu versinken, im Dunkel des Grabes. Doch wenn wir die Erlebnisse derjenigen gelten lassen, die dieses schreckliche Tor durchschritten haben, werden wir entdecken, daß wir die falsche Metapher gewählt haben: Der Tod wird mit sehr viel größerer Wahrscheinlichkeit nicht als ein Absinken in das Dunkel, sondern als ein Aufstieg in das Licht erlebt. Als er gestorben war, merkte Charles Ritchie, daß sein Krankenzimmer sich mit Licht zu füllen begann. Leslie Sharpe, dessen Herz aussetzte und der seinen Körper verließ, entdeckte, daß er in einem strahlenden, blaßgelben Licht schwebte. John van Luyk, ein 52jähriger Designtechnologe in der Luftfahrtindustrie, der im Krankenhaus einen Herzstillstand erlitt und drei Minuten tot war, erzählte mir: »Ich schwebte, schwebte nach oben in einem leuchtenden, herrlichen Lichterbündel; überall war Licht, und meine Sinne nahmen alles auf!«

Die beiden Ereignisse, die die Sterbenden dann schildern, werden vielen Lesern in hohem Maße unglaublich erscheinen, weil sie nicht nur jenseits all unserer Erfahrungen mit normalem, körperlichem Bewußtsein liegen, sondern auch eine bemerkenswerte Ähnlichkeit mit einigen traditionellen, religiösen Vorstellungen über den Tod haben. Es gibt zwei Möglichkeiten der Deutung. Nach der ersten sind die Erlebnisse Halluzinationen und die religiösen Vorstellungen Trugbilder. Nach der anderen sind die Erlebnisse nicht nur echt, sondern waren, vor langer Zeit, die Grundlage der religiösen Vorstellungen. Als nächstes wird das Licht *personifiziert.* Es wird in ein »Wesen«, ein »Lichtwesen« verwandelt, das dem Sterbenden einen *»Film« über sein Leben zeigt.*

Dr. Kübler-Ross wie auch Dr. Moody haben viele Erzählungen reanimierter Personen über Begegnungen mit diesem Wesen gesammelt[27], und es zeigt sich, daß gerade dieses Vorkommnis beim Todeserlebnis den gewaltigsten Eindruck beim Sterbenden hinterläßt. Dieses zuerst meist fahle Licht wird in seiner Leuchtkraft schnell überirdisch, und trotz der Tatsache, daß im normalen, körperlichen Leben »Licht« nicht personifiziert wird, sagt Dr. Moody:

> ... keiner der Beteiligten (hat) auch nur den leisesten Zweifel daran geäußert, daß dieses Licht ein lebendes Wesen sei ... Und nicht nur das: Es hat personalen Charakter und besitzt unverkennbar persönliches Gepräge.[28]

Die Begegnung zwischen dem Sterbenden und dem Lichtwesen setzt Gefühle von einer Intensität und Macht frei, die jenseits körperlicher Erfahrung liegen: Die allumfassende Liebe, Gefühlswärme, das Mitgefühl und die totale Bereitschaft, die vom Lichtwesen auf den Sterbenden übergehen, sind so überwältigend, daß sie nicht zu beschreiben und jenseits aller Worte sind und der Sterbende sich unwiderstehlich zu dem Wesen hingezogen fühlt.

Das Wesen spricht dann mit dem Sterbenden, offensichtlich häufig »gedanklich« und nicht mit wahrnehmbarer Stimme, und fordert ihn auf, sein Leben zu überprüfen. In dieser Aufforderung liegt jedoch nicht die geringste Spur von Verurteilung, Drohung oder Anklage, denn das Wesen strahlt weiterhin uneingeschränkt liebevolles Entgegenkommen aus. Jemand, der nach einem Blinddarmdurchbruch zusammenbrach und dann seinen Körper verließ, schildert seine Begegnung mit dem Wesen:

Ich schwebte die Diele hinunter und zur Tür hinaus auf die mit einem Gitter umgebende Veranda ... und dann schwebte ich geradewegs durch das Gitter, so, als ob es überhaupt nicht vorhanden wäre, und weiter hinauf in dieses reine, kristallklare Licht – ein leuchtendweißes Licht. Es war wunderschön und so hell, so strahlend, aber es tat den Augen nicht weh. So ein Licht kann man hier auf Erden überhaupt nicht beschreiben. Ich sah das Licht eigentlich nicht als Person an, aber es hat doch unzweifelhaft eine persönliche Individualität ... Währenddessen fühlte ich mich die ganze Zeit in überwältigende Liebe und Barmherzigkeit eingehüllt.[29]

In einem anderen Erlebnis wird das »Licht« noch stärker personifiziert:

Ich wußte, daß ich starb und daß es nichts gab, was ich dagegen hätte tun können, weil mich doch keiner mehr hörte ... Ich befand mich außerhalb meines Körpers, ganz ohne Zweifel. Ich konnte ihn da auf dem Operationstisch liegen sehen. Meine Seele war ausgetreten! Zunächst drückte mich all das furchtbar nieder, aber dann erschien dieses gewaltig helle Licht. Im Anfang war es wohl ein bißchen matt, aber dann schwoll es zu einem Riesenstrahl – es war einfach eine enorme Lichtfülle ... Außerdem strahlte es Wärme aus; ich konnte sie deutlich spüren.

Das Licht war von einem hellen, gelblichen Weiß, jedoch mehr zum Weißen hin. Es war außerordentlich hell, einfach unbeschreiblich. Obwohl es alles zu bedecken schien, konnte ich doch meine ganze Umgebung deutlich erkennen – den Operationssaal, die Ärzte und Schwestern ...

Als das Licht erschien, wußte ich zuerst nicht, was vorging. Aber dann – dann fragte es mich ..., ob ich bereit sei zu sterben. Es war, als spräche ich mit einem Menschen – nur daß eben kein Mensch da war. Es war wahrhaftig das Licht, das mit mir sprach, und zwar mit einer *Stimme*.

... von dem Augenblick an, in dem das Licht mit mir zu sprechen begann, (habe ich mich) unendlich ... geborgen und geliebt (gefühlt). Die Liebe, die es ausströmte, ist einfach unvorstellbar, überhaupt nicht zu beschreiben.[30]

Mein Leben zog an meinen Augen vorbei

Die Vorstellung, daß der Mensch nach dem Tod für sein Handeln auf der Erde »verurteilt« und entsprechend entweder belohnt oder bestraft wird, erscheint uns heute vielleicht als eine etwas naive Phantasterei. Die Berichte vieler wiederbelebter Personen zeigen jedoch ganz deutlich, daß diese Vorstellung eine etwas verzerrte Betrachtungsweise irgendwelcher tatsächlicher Erlebnisse des Menschen ist.

Gibt es also wirklich einen Tag des Jüngsten Gerichts nach dem Tod? Es ist kaum zu glauben, aber die Antwort scheint »Ja« zu lauten, mit der Einschränkung, daß es nicht einen »Tag« dauern wird. Es dauert vielmehr nur Sekunden und ähnelt nur entfernt der traditionellen, religiösen Vorstellung. Diese Erlebnisse, so phantastisch sie uns erscheinen mögen, sind unter Bedingungen entdeckt worden, die uns zwingen, sie ernst zu nehmen: Sechs Forscher – Dr. Raymond Moody, Dr. Russell Noyes, Dr. Robert Crookall, Professor Albert Heim, Dr. R. C. A. Hunter und Vater Herbert Thurston[31] –, die alle völlig unabhängig voneinander arbeiten, haben zahlreiche, einander sehr ähnliche Berichte über dieses Erlebnis von vielen Personen gesammelt, die eine Begegnung mit dem Tod gehabt haben.

Nachdem das »Lichtwesen« den Sterbenden aufgefordert hat,

sein Leben zu überprüfen, hilft es ihm dabei auf die denkbar praktischste Weise: Es zeigt ihm einen »Film« seines Lebens – eine erstaunlich bewegte, optische Darstellung seiner Vergangenheit. Ein Beispiel:

Als das Licht erschien, sagte es als erstes zu mir: »Was hast du in deinem Leben getan, das du mir jetzt vorweisen kannst?« . . . Im selben Augenblick fingen die Rückblenden an. »Nanu, was ist denn jetzt?« dachte ich, als ich mich plötzlich in meine Kindheit zurückversetzt sah . . . als ich als kleines Mädchen unten am Bach bei uns in der Nachbarschaft spielte. Aus jener Zeit folgten noch mehrere Szenen – Erlebnisse, die meine Schwester und ich gemeinsam gehabt hatten, Einzelheiten über Leute aus der Nachbarschaft und reale Orte, an denen ich gewesen war. Dann kam die Zeit in der Vorschule, als ich ein Spielzeug, das mir besonders lieb war, entzweischlug und deswegen noch lange weinte . . .

Die vergangenen Ereignisse, die ich jetzt noch einmal vor mir sah, rollten in derselben Reihenfolge wie im Leben ab, und sie waren vollkommen lebensecht. Die Bilder wirkten so, als ob man sie draußen in Wirklichkeit vor sich sähe; sie waren ungemein plastisch und in Farbe – und sie waren bewegt. Bei der Szene, als ich mein Spielzeug zerbrach, konnte ich zum Beispiel alle meine Bewegungen sehen. Es war nicht so, daß ich alles aus meiner damaligen Perspektive beobachtet hätte, beileibe nicht. Das kleine Mädchen, das ich sah, schien jemand anderes zu sein, eine Gestalt aus einem Film, irgendeine Kleine unter all den anderen Kindern, die sich da auf dem Spielplatz tummelten. Und doch war ich es selbst. Ich sah mich selbst als Kind in all diesen Situationen, in genau denselben Situationen, die ich erlebt hatte und an die ich mich erinnern kann.

Ich hatte das Licht nicht mehr gesehen, während ich mit der Rückblende beschäftigt war . . . Dennoch . . . (war) es die ganze Zeit über bei mir . . . weil es ab und zu Bemerkungen machte. Es wollte mir . . . etwas zeigen . . ., es suchte ganz bestimmte Ereignisse aus und führte sie mir vor . . .

Es betonte immer wieder, wie wichtig die Liebe sei. Am deutlichsten zeigte es mir das an den Stellen, an denen meine Schwester vorkam . . . Erst führte mir das Wesen einige Beispiel vor, wo ich mich ihr gegenüber selbstsüchtig verhalten hatte, dann jedoch genauso viele Male, wo ich liebevoll und freigebig gewesen war. Es erklärte mir, ich solle versuchen, auch an andere zu denken und mich dabei nach Kräften bemühen. All das enthielt jedoch nicht den geringsten Vorwurf. Zu den Vorfällen, bei denen ich egoistisch gehandelt hatte, meinte das Wesen nur, daß ich auch aus ihnen gelernt hätte.

An Wissensfragen schien ihm ebenfalls sehr zu liegen. Wiederholt machte es mich auf Dinge aufmerksam, die mit dem Lernen zu tun hatten, und es erklärte ausdrücklich, daß ich auch in Zukunft weiterlernen würde.[32]

Eine blitzschnelle, visuelle Vorführung des eigenen Lebens scheint, auch wenn sie völlig anders als alles ist, das bei normalem, körperlichem Bewußtsein geschieht, einfach genug, wenn wir sie als wirklich anerkennen können. Tatsächlich zeigen die Untersuchungen dieser sechs Männer aber, daß dieser »Rückblick« viele Abwandlungen umfassen kann. Eine der erstaunlichsten davon ist, daß es nicht des klinischen Todes zum Auslösen dieses Rückblicks bedarf; er kann auch durch zwei andere Umstände herbeigeführt werden: dadurch, daß man dem körperlichen Tod sehr nahe oder felsenfest davon überzeugt ist, daß er bevorsteht. So beschreibt ein Mann, der, als er diesen »Rückblick« erlebte, sehr krank, aber nicht klinisch tot war:

Ich hatte mich schon seit etwa 14 Tagen nicht wohl gefühlt und leichtes Fieber gehabt, doch in dieser Nacht verschlechterte sich mein Zustand rapide ... Ich fand mich mit einemmal in absoluter Finsternis, im Leeren, wieder, und mein ganzes Leben rollte blitzartig vor mir ab. Es begann in der Zeit, als ich sechs oder sieben war ... Nach der Grammar School sah ich mich in der High School und im College, dann beim Studium der Zahnmedizin und schließlich in meiner zahnärztlichen Praxis ...

Diese Rückblende lief in Form von »geistigen Bildern« ab ... die jedoch, verglichen mit gewöhnlichen Bildern, ungleich lebendiger waren. Ich erlebte nur die Höhepunkte, und zwar so rasend schnell, daß es mir vorkam, als durchblätterte ich im Lauf von Sekunden mühelos das ganze Buch meines Lebens. Es zog wie ein ungeheuer rasch ablaufender Film an mir vorüber, doch ich war in der Lage, alles ... aufzunehmen und zu verarbeiten. Die Bilder riefen jedoch nicht die Gefühle der Vergangenheit noch einmal in mir wach ...

Während dieses Erlebnisses sah ich sonst nichts weiter. Abgesehen von den Bildern befand ich mich in äußerster Finsternis.

Doch fühlte ich die ganze Zeit über ganz deutlich die Gegenwart eines sehr machtvollen, schrankenlos liebenden Wesens in meiner Nähe.[33]

In den folgenden Fällen wurde fälschlicherweise angenommen, daß der Tod unmittelbar bevorstehe und unausweichlich wäre.[34] John Gerard, ein Priester, lief mit einem Freund Schlittschuh, als dieser im Eis einbrach. Bei dem Versuch, ihn zu retten, wurde auch Gerard unter das Eis gezogen. Er erzählte:

Gleichzeitig mit der Erkenntnis, daß der Tod offensichtlich unausweichlich war, zog blitzschnell ein vollständiger Film mit allen Einzelheiten meines vergangenen Lebens an mir vorbei ... Alles schien eingefangen zu sein, wie nebensächlich es auch sein mochte.[35]

Albert Heim, ein hervorragender Geologieprofessor aus der Schweiz, untersuchte das Phänomen des »Lebensrückblicks«, nachdem es ihm selbst widerfahren war. Er war ein erfahrener Bergsteiger. Als er einmal in den Alpen unterwegs war, fegte ihm eine Windbö den Hut weg. Automatisch griff er danach, rutschte auf dem steilen Fels aus und stürzte ab, in den ziemlich sicheren Tod, wie er glaubte:

Ich sah, wie sich mein ganzes vergangenes Leben in vielen Bildern abspielte, wie auf einer dicht vor mir befindlichen Bühne. Ich selbst war der Hauptdarsteller in der Aufführung. Es war ... eine schnelle, verschwenderische Folge klarer, bestimmter Bilder ... fast im gleichen Augenblick ... Als blickte ich aus dem Fenster eines hohen Hauses, sah ich mich als siebenjährigen Jungen zur Schule gehen. Dann sah ich mich im Zimmer der vierten Klasse mit meinem verehrten Lehrer Weiß. Ich führte mein Leben wie ein Schauspieler auf der Bühne vor, auf die ich vom obersten Rang des Theaters hinabblickte ... Ich erkannte mich bei eifriger Arbeit im Zeichensaal der Kantonsschule, beim Abnehmen von Prüfungen und bei Bergtouren ... und wie ich das erste Bild vom Zürichberg zeichnete.[36]

In seinem Beitrag »Erinnerung an den Tod« schreibt Herbert Thurston über diese Erlebnisse:

Fast immer kamen der Umfang, die Genauigkeit und unglaubliche Geschwindigkeit der Vision völlig überraschend. Keine der bisher bekannten Vorgänge im Gehirn hatte die Betroffenen darauf vorbereitet, eine solch blitzartige Erleuchtung für möglich zu halten.[37]

Eine Reihe anderer Abänderungen kann beim »Rückblick auf das Leben« eintreten:

Der Rückblick kann bei verschiedenen Stellen des Ablaufs der Ereignisse einsetzen, die mit dem Todeserlebnis zusammenhängen (oder auch überhaupt nicht stattfinden), und er kann in oder ohne Anwesenheit des »Wesens« erfolgen.

– Die Ereignisse, die er wiedergibt, können in chronologischer Reihenfolge erscheinen oder alle gleichzeitig erlebt werden.

– Der Einzelne kann das deutliche Empfinden haben, daß alles, was er vom Nebensächlichsten bis zum Wichtigsten je getan hat, dargestellt wurde, oder er sieht nur die bedeutendsten Ereignisse seines Lebens.

– Die Gefühle, die die Ereignisse begleiteten, können noch einmal erlebt werden, das Erlebnis kann jedoch auch ohne sie beinahe unpersönlich ablaufen.

– Wenn auch alle darin übereinstimmen, daß die Veranschaulichungen unglaublich lebendig wirken, können die Bilder doch flach wie auf eine Leinwand geworfen erscheinen, sie können aber auch dreidimensional und wie im Raum schwebend erlebt werden – als betrachteten die Personen ein Stück mit lebenden Schauspielern.

– Das Erlebnis kann als erzieherische Bemühung gedeutet werden, dem Betreffenden den Sinn des Lebens klarzumachen, er kann aber auch, was den Zweck des Erlebnisses angeht, völlig im dunkeln tappen.

– Wenn das »Wesen« während des Rückblicks zugegen ist, kann es dem Sterbenden in Bezug auf sein Leben eine »Lektion erteilen«, muß dies aber nicht – es tat dies beispielsweise im Fall jener Frau, der es sagte, daß das Erwerben von Wissen und das Lernen, andere zu lieben der Zweck des Lebens wären.[38]

Nach Moody besteht bei den von ihm Befragten eine bemerkenswerte Übereinstimmung darüber (nach ihren Todeserlebnissen), daß diese beiden letztgenannten Ziele der Hauptzweck des körperlichen Daseins sind. Die Liebe aber, zu der das Wesen auffordert, ist von einer etwas ungewöhnlichen Art: Sie ist von jener überwältigenden, mitfühlenden und bedingungslosen Güte, die es selbst den Sterbenden entgegenbringt.

»Der Tod ist das schönste Erlebnis, das man haben kann.«

Eine der unerwartetsten Erkenntnisse dieser Untersuchungen ist die Häufigkeit, mit der der Tod als ein *positives,* ja *überwältigendes Erlebnis* bezeichnet wird. Das ist so häufig der Fall, daß viele der Wiederbelebten zornig und enttäuscht sind, wenn sie sich wieder in ihrem Körper befinden. Es kann sogar vorkommen, daß sie bitten, sie sterben zu lassen, und daß sie starke Sehnsucht nach dem Reich empfinden, in dem sie sich nach dem klinischen Tod befanden. John van Luyk, der nach einem Herzstillstand drei Minuten tot war, sagte über sein Erlebnis mit dem Tod:

Ich kann kaum Worte dafür finden – das schönste Erlebnis meines Lebens. Es war das friedvollste, beglückendste Gefühl – ich wünsche mir nur, es gäbe mehr Worte, es zu beschreiben. Würde man »friedvoll hoch 10« sagen, würde man dem vielleicht nahe kommen. Als sie mich dort hinausstießen, war ich ganz verrückt. Das Erlebnis veränderte meine ganze Einstellung zum Tod. Ich denke jetzt ganz anders über ihn – ich habe überhaupt keine Angst mehr vor ihm. Übrigens erzähle ich meinen Kindern manchmal, daß Sterben das schönste Erlebnis ist, das man haben kann, doch sie sehen mich an, als ob ich nicht ganz da wäre. Was den Tod angeht, kann ich ihn jedem empfehlen.[39]

Ein Ertrinkender schilderte den Tod als

den vollkommensten Zustand behaglicher Freude, den ich je erlebt habe . . . nichts ist diesem Augenblick in meinem Leben an reinem Glück gleichgekommen.[40]

Ein anderer klinisch Toter, der überlebte, berichtet:

Nie in meinem Leben habe ich mich so glücklich gefühlt . . . ein Gefühl der Freude und Heiterkeit, wie ich es nie gekannt habe.[41]

Und eine junge Frau, die sich den Bemühungen, sie zu reanimieren, widersetzte, sagt:

Ich fürchte mich nicht vor dem . . . Tod. Nachdem ich einmal seine Schönheit und das Entzücken, das er auslöst, erlebt habe, ist die Angst vor dem Tod ein für allemal gewichen.[42]

Andere wiederbelebte Personen erklären einfach, daß sie ein durchdringendes Gefühl der Ruhe, des Friedens und Wohlbehagens empfanden, daß sie nicht aufgeben wollten, indem sie wieder in ihre Körper zurückkehrten. Dr. Kübler-Ross, die Hunderte reanimierter Patienten befragt hat, sagt sogar, daß diese positiven Empfindungen so oft mit dem Tod in Verbindung gebracht werden, daß sie schon befürchtete, darüber zu berichten, da das zum Selbstmord anregen könnte. Und diese positiven Erlebnisse können vorkommen, ohne daß der Betreffende klinisch tot ist: Aber auch *die Überzeugung, kurz vor dem Tod zu stehen, oder der Zustand, wenn man sich außerhalb seines Körpers befindet,* können sie oft hervorrufen.

Dr. Russell Noyes hat die Fälle von 59 Personen untersucht, die kurz vor dem Tod standen und fälschlicherweise glaubten, sie würden sterben. Er berichtet, daß sie anfänglich verzweifelte Anstrengungen unternahmen, um sich zu retten, den bevorstehenden Tod aber hinnahmen, als sie merkten, daß ihre Bemühungen vergeblich waren. Sehr zu Noyes' Überraschung folgte diesem sich in den Tod Ergeben ein tiefes Gefühl des Friedens und der Freude.[43] Ein Betroffener beschrieb den Frieden und die Ruhe, die ihn in der Nähe des Todes überkamen, als das »beglückendste Gefühl, das er je erlebt hat.«[44]

Out-of-the-body-Erlebnisse bewirken regelmäßig einen ähnlichen Zustand, wie sich leicht anhand der Literatur darüber feststellen läßt.[45] Celia Greens Übersicht über die Fälle von 400 Personen, die OBE gehabt haben, offenbarte, daß sie oft von Gefühlen freudiger Erregung und Verzückung begleitet wurden.

Ein Betroffener erklärt beispielsweise, »ein ungeheueres Gefühl der Heiterkeit« empfunden zu haben. Die folgenden Beschreibungen sind typisch für die Freude, die die Einzelnen erlebten:

Erregung und Verwunderung über das, was geschah, Freude über meine Freiheit und Kraft . . .

Beide Vorfälle waren so glücklich, beinahe überschwenglich, daß ich mir immer gewünscht habe, ich könnte es noch einmal erleben . . . Es war eine ganz außergewöhnliche Freude . . .

Das ganze Erlebnis war einfach wunderbar, und ich wünsche mir, ich könnte etwas Ähnliches noch einmal erleben . . .

Ich war nicht weiter an meinem materiellen Körper oder auch körperlichen Leben interessiert. Ich wollte nichts als diesen glücklichen Zustand weiter erleben und verlängern, in dem alles strahlender, lebendiger und wirklicher war als das, was ich bisher kennengelernt hatte.[46]

Viele Personen, die Moody befragt hat, haben äußerst angenehme Todeserlebnisse gehabt. Zum Teil waren sie so hingerissen, daß sie jedes Interesse daran verloren, in ihren Körper und ein körperliches Leben zurückzukehren; sie verspürten starke Sehnsucht nach dem postmortalen Zustand:

In der ersten Woche nach meiner Rückkehr weinte ich noch gelegentlich, weil ich nun jene Welt erblickt hatte, aber in dieser leben mußte. Ich wäre lieber nicht zurückgekommen.[47]

Es überrascht nicht, daß diese Begegnungen mit dem Tod ihn in einem völlig neuen Licht als ein positives oder sogar äußerst erfreuliches Erlebnis erscheinen lassen – als einen Übergang in einen höheren Bewußtseinszustand. Diese Auffassung vom Tod als eine wünschenswerte Umwandlung wurde von Personen geäußert, die das Sterben mit dem Erwachen verglichen, mit einer allmählichen Verwandlung und mit dem Ausbruch aus einem Gefängnis.

Beerdigungen sind mir nicht mehr zuwider. Ich fühle dabei sogar etwas wie Freude, weil ich weiß, was der Tote hinter sich gelassen hat.

Wenn man einmal den Tod erlebt hat, wie ich es getan habe, dann weiß man im Innersten: Es gibt gar keinen Tod. Man geht nur weiter vom einen zum nächsten – wie man weitergeht von der Grundschule zur Oberschule zur Hochschule.

Das Leben ist wie eine Gefangenschaft. In diesem Zustand befangen, können wir einfach nicht begreifen, was für ein Gefängnis unser Körper ist. Der Tod ist eine große Befreiung – gleichsam ein Ausbruch aus dem Kerker. Das ist der beste Vergleich, der mir einfällt.[48]

So beglückend diese positive Sicht des Todes sein kann, so offenkundig negativ sind einige Nebeneffekte. Wenn die Entdeckung, daß der Tod ein herrliches Erlebnis ist, einer großen Öffentlichkeit bekannt wird, was hält dann diese Millionen von Menschen, die sich nach einem glücklicheren Dasein sehnen, davon ab, es zu suchen, indem sie augenblicklich Selbstmord begehen? Die Antwort kann man in den postmortalen Erlebnissen derjenigen finden, die versucht haben, Selbstmord zu begehen. Die ausgedehnten Untersuchungen über Selbstmorderfahrungen zeigen, daß sie:

durchwegs als unangenehm dargestellt werden. Wie es eine Frau ausdrückte: »Wenn du eine gepeinigte Seele hier zurückläßt, wirst du auch dort drüben eine gepeinigte Seele sein.« Kurz gesagt, zeigen die Erfahrungen, daß die Konflikte, denen man durch den Selbstmord entfliehen wollte, nach dem Tod immer noch vorhanden sind und weitere Verwicklungen dazu. In ihrem körperlosen Zustand waren die Betroffenen unfähig, ihre Probleme anzupacken, und sie mußten auch die nachteiligen Folgen ihres Handelns mit ansehen. Ein Mann, der über den Tod seiner Frau verzweifelt war, erschoß sich, »starb« danach und wurde reanimiert. Er erklärt: »Ich ging nicht dorthin, wo meine Frau war. Ich kam an einen schrecklichen Ort . . . Ich erkannte sofort, was für einen Fehler ich gemacht hatte . . . Ich dachte: Ich wünschte, ich hätte es nicht getan.«

Andere, die diesen unangenehmen »Limbus«-Zustand mitgemacht haben, erklärten, sie hätten das Gefühl, dort sehr lange zu bleiben. Das war ihre Strafe dafür, daß sie die »Regeln verletzten«, indem sie versuchten, sich vorzeitig von dem zu lösen, was letztlich eine »Bestimmung« war – eine bestimmte Aufgabe im Leben zu erfüllen.[49]

Keiner der Wiederbelebten, mit denen Moody sprach, suchte von sich aus den Tod als Folge der Erfahrungen vor der Reanimation. Instinktiv schienen sie alle zu erkennen, daß, solange sie an ihren Körper gebunden waren und lebten, man von ihnen erwartete, daß sie dieses Leben weiterlebten und versuchten, daraus zu lernen. Deshalb betrachtete keiner von ihnen Selbstmord als einen Weg, in die Welt zurückzukehren, die sie bei ihrem vorübergehenden Tod betreten hatten.

Das kann doch nicht echt sein!

Was spricht bei einem Fall dafür, daß die Erlebnisse echt sind? Das Hauptargument der Skeptiker ist, daß die bei Todeserlebnissen geschilderten Ereignisse Halluzinationen sind, die durch die Auswirkungen des Todestraumas auf das Gehirn ausgelöst werden. Tatsache ist aber, daß Halluzinationen verschiedener Menschen sehr stark voneinander abweichen, wohingegen das bei den Todeserlebnissen nicht der Fall ist – sie ähneln sich in hohem Maß, sind oft praktisch identisch. Die große Schwierigkeit bei der Halluzinationstheorie ist jedoch, daß viele der dramatischsten frühen Ereignisse auf dem Gebiet der Todeserfahrung keine Halluzinationen sein können. Sinnestäuschungen sind nicht objektiv wirklich – sie *existieren nicht,* außer in der Vorstellung. Doch wenn klinisch tote Patienten Out-of-the-body-Erlebnisse haben, sehen sie, solange sie tot sind, typischerweise das, *was wirklich in unmittelbarer Nähe ihrer Körper passiert und von anwesenden lebenden Personen als richtig bestätigt wird.* Laut Definition können diese Wahrnehmungen schon keine Halluzinationen sein.

So haben Patienten ohne medizinische Ausbildung oder Kenntnisse ihre Ärzte in Erstaunen versetzt, wenn sie ihnen, dank der günstigen Position bei einem OBE, bis ins Detail beschrieben, was zu ihrer Wiederbelebung unternommen wurde, wo doch die Ärzte wußten, daß sie tot waren. *Wir haben es daher nicht mit Halluzinationen, sondern mit echten Wahrnehmungen zu tun.* Da man den OBE-Komplex bei den Todeserlebnissen als echt und nicht als trügerisch hinstellen kann, können auch die darauffolgenden Ereignisse echt sein.

Doch selbst wenn der Skeptiker den OBE-Komplex bei den Todeserlebnissen als wirklich anerkennt, wird er aber bestimmt sagen, daß das, was dem Sterbenden danach widerfährt, eine durch seine religiösen Vorstellungen verursachte Sinnestäuschung ist: Er sieht das, was man nach den Behauptungen seiner Religion in solchen Fällen sieht. Dieses Argument wird jedoch nicht durch die Tatsachen gestützt. Zum einen war das, was mit den Wiederbelebten geschah, als sie tot waren, überhaupt nicht das, was man aufgrund ihres religiösen Hintergrundes hätte erwarten können, was auch viele betonen. So berichtete z. B. eine Frau:

Das Komische war, daß ich im Religionsunterricht immer gehört hatte, daß man sofort nach dem Todeseintritt vor diesen herrlichen Toren stehen würde, diesen Perlenpforten. Statt dessen aber schwebte ich da herum über meinem eigenen Fleisch und Blut, und sonst war da nichts! Ich war zutiefst verwundert.[50]

Wenn darüber hinaus die Vorstellungen über den Tod die Erlebnisse Sterbender beeinflussen würden, könnten wir erwarten, daß die Erlebnisse der religiösen und der nichtreligiösen Personen ganz verschiedener Art sind. Doch das ist nicht der Fall – sie sind in beiden Gruppen identisch.

Prüfen wir den noch kritischeren Standpunkt, daß Wahrnehmungen über die nähere Umgebung des Körpers bei OBE zwar echt sind, der Rest des Todeserlebnisses aber nur eine Halluzination ist, die ihre Ursache in Medikamenten hat, die man dem Sterbenden gegeben hat, im Sauerstoffmangel des Gehirns, in Störungen des Nervensystems aufgrund des Todestraumas, in einer Psychose oder einer sonstigen geistigen Verwirrung des Sterbenden. Doch nicht einmal diese Argumente halten den Tatsachen stand. Durch Medikamente ausgelöste Halluzinationen erweisen sich, wenn man sie näher betrachtet, als völlig verschieden von Todeserlebnissen. Außerdem gab es viele solcher Erlebnisse bei Personen, die zuvor keine Medikamente bekommen hatten, so daß Medikamente auch nicht die Ursache sein konnten. Und wenn wir die Erfahrungen derjenigen, die Medikamente genommen haben, zusammenfassen und sie mit denen der Personen vergleichen, die keine Medikamente bekommen haben, stellen wir fest, daß sie kaum wahrnehmbar voneinander abweichen.

Doch dann sind diese Erlebnisse vielleicht die Halluzinationen eines unter Sauerstoffmangel leidenden Gehirns oder eines durch das Todestrauma beeinträchtigten Nervensystems? Wieder stellt sich heraus, daß das nicht möglich ist. Denn alle Todeserlebnisse, über die wiederbelebte Personen berichten – der Tunnel, das OBE, der Rückblick auf das Leben, das Lichtwesen –, sind auch in anderen Fällen vorgekommen, *bevor* es irgendwelche Körperverletzungen gab, oder bei Personen, die irrtümlicherweise glaubten, sie müßten sterben, aber am Ende überhaupt keine Körperverletzungen hatten.

Konnten sie dann nicht Trugbilder oder Sinnestäuschungen sein, die der Sterbende sich selbst schuf, um das Entsetzen des Todes zu mildern – eine Art vorübergehende Psychose? Die Schwierigkeit bei dieser Erklärung ist, daß die Erlebnisse der Sterbenden einfach nicht diese ungeheuere Vielfalt an Vorstellungen aufweisen, die für Halluzinationen charakteristisch ist. Es sticht vielmehr die große Ähnlichkeit der Ereignisse und ihr Verlauf hervor.

Die Skeptiker haben aber noch eine letzte, entscheidende Karte in der Hand. Diese Erlebnisse, so sagen sie, können uns, so interessant sie sind, nicht wirklich erzählen, was dem Menschen nach dem Tode widerfährt, weil diejenigen, die ein solches Erlebnis hatten, ja gar *nicht gestorben sind.* Angenommen, sie waren dem Tode nah, doch nur so lange, daß *man sie wieder reanimieren konnte,* dann waren sie nicht richtig tot, denn das ist ein Zustand, aus dem niemand mehr zurückgeholt werden kann. Daher können uns die Berichte der Wiederbelebten nichts über den wirklichen Tod sagen. Das ist ein Erlebnis, über das wir nie etwas erfahren können, denn wer ins Leben zurückkommen und uns erzählen kann, was mit ihm geschehen ist, der war nicht richtig tot. So gesehen wären die einzig mögliche Quelle für genaue Informationen über den Zustand nach dem Tod die Berichte derjenigen, die wirklich im Grab liegen. Wenn es, so sagen die Skeptiker, möglich wäre, Berichte von den Toten darüber zu erhalten, wie es für sie war zu sterben, und wenn die Berichte der Toten mit denen der Wiederbelebten übereinstimmten, dann und nur dann könnten wir behaupten, daß die Erlebnisse der vom Tod Zurückgeholten echt sind.

Nun ist das Faszinierende, daß es viele Kontakte gibt, von denen behauptet wird, sie kämen von den Toten. Sie werden den Lebenden durch Medien übermittelt und umfassen zahlreiche Beschreibungen der Todeserfahrungen derjenigen, zu denen eine Verbindung hergestellt wurde. Sie werden durch viele Medien weitergegeben und erheben den Anspruch, Ich-Erzählungen über den Tod Hunderter von Menschen zu sein. Untersucht man diese Verbindungen, zeigt sich etwas sehr Überraschendes: Trotz der Verschiedenheit der Kommunikatoren und der Medien *stimmen diese Erzählungen bis in Einzelheiten mit den Erlebnissen reanimierter Personen überein.* Nicht weniger als 13 gleiche Merkmale lassen sich bei den Todeserlebnissen der Toten und der Wiederbelebten feststellen: das Durchqueren eines Tunnels; Out-of-the-body-Erlebnisse; Verwirrung über das, was mit ihnen geschehen ist; Unfähigkeit, die Aufmerksamkeit der Lebenden zu erregen; Begegnungen mit Freunden oder Verwandten, die schon tot waren; Bemerkungen eines »Lichtes«; Begegnung mit einem geistigen »Wesen« oder »Führer«; bewegter »Rückblick« auf das vergangene Leben; Entdeckung, daß das Bewußtsein sich über die Fähigkeiten im körperlichen Leben hinaus entwickelt hat; Feststellung, daß der Tod ein äußerst positives Erlebnis ist; Aufenthalt in einer paradiesisch schönen Landschaft; Ablehnung, den postmortalen Zustand aufzugeben und in den eigenen Körper zurückzukehren; Überraschung darüber, daß der Tod nicht das war, was man erwartet hatte.[51]

Wären nur einige wenige Erlebnisberichte von einem überspannten und vielleicht getäuschten Forscher gesammelt worden, könnte man sie relativ schnell als erledigt betrachten oder zumindest übergehen. Aber statt dessen werden wir mit der Tatsache konfrontiert, daß einige oder alle der in diesem Kapitel beschriebenen Phänomene unabhängig von nicht weniger als acht Forschern festgestellt worden sind – von Dr. Kübler-Ross, Dr. Moody, Dr. Noyes, Dr. Garfield, Dr. Heim, Dr. Hunter, Dr.

Crookall und von Vater Thurston. Zusammengetragen wurden sie von Hunderten von Menschen unterschiedlichster Herkunft, Bildung und Religion. Ihre Geschichten wiederholen sich auf eine geradezu unheimliche Weise.

So haben sich die vereinten Anstrengungen der Skeptiker als vergeblich erwiesen. Aus dem vorgelegten Beweismaterial ergibt sich eindeutig, daß wir es nicht mit Halluzinationen, sondern mit echten Erlebnissen zu tun haben.

Na ja, diese ganze Geschichte liegt drei Jahre zurück, aber sie ist für mich noch immer so frisch wie damals. Es war das Phantastischste, was ich jemals erlebt habe . . . Ich will nicht Knall und Fall in Ihr Leben hineinplatzen, und herumprahlen will ich auch nicht. Mir geht es nach dieser Erfahrung nur so, daß ich keinerlei Zweifel mehr habe. *Ich weiß, es gibt ein Leben nach dem Tod.*[52]

Das bisher vorgelegte Material hat uns zwangsläufig zu dieser gewaltigen Schlußfolgerung geführt. Und wie der restliche Teil des Buches zeigen wird, gibt es noch sehr viel mehr Beweise, daß es der Wahrheit entspricht.

Kapitel 6
Ich brauche einen Körper: Besessenheitserlebnisse

Die Weigerung der modernen »Aufgeklärtheit«, »Besessenheit« als Hypothese zu nehmen, über die man überhaupt reden kann, und das trotz einer umfassenden menschlichen Tradition, die dank konkreter Erfahrung dafür spricht, ist mir stets als ein eigenartiges Beispiel für die Macht der herrschenden Meinung in wissenschaftlichen Fragen erschienen. Daß diese . . . Hypothese wieder zu ihrem Recht kommen wird, ist für mich so gut wie sicher.

William James

Meine Unterrichtsassistentin sah besorgt aus. Als sie mein Büro bei der Universität von Toronto betrat, blickte sie mich etwas unsicher an, ging zum Fenster und drehte sich um.

»Eine meiner Freundinnen hatte ein furchtbares Erlebnis. Sie ist außerordentlich beunruhigt, traut sich aber nicht, mit irgend jemandem darüber zu sprechen. Es hat irgendwie mit etwas ›Übersinnlichem‹ zu tun. Sie kennen sich doch in diesen Dingen aus und interessieren sich dafür. Wenn Sie mit ihr reden, gelingt es Ihnen vielleicht, sie zu beruhigen. Wären Sie bereit, am Freitag zu ihr zum Essen zu kommen?«

»Sicher, gerne. Aber was ist passiert?«

»Mir wäre es lieber, wenn sie es Ihnen erzählt. Sie ist übersinnlich veranlagt und hat schon einige Erlebnisse hinter sich. Bisher scheint sie damit zurechtgekommen zu sein. Aber diesmal sind die Dinge außer Kontrolle geraten.«

Am Freitag fuhr ich mit einem Pendelzug bis zu einer Vorortstation. Der Mann meiner Unterrichtsassistentin holte mich ab, und wir fuhren zu einer eleganten, modern eingerichteten Wohnung. Wir traten in ein versenkt liegendes Wohnzimmer, wo ich Ann traf, eine lebhafte, gutaussehende Blondine, deren Haare ihr bis auf die Schultern fielen. Kein Modeschmuck, keine Räucherstäbchen, keine Hippie-Kleidung. Jemanden, der weniger nach einem »Medium« aussah, hätte man sich kaum vorstellen können. Ann hatte ein Wirtschaftsdiplom und eine leitende Stellung in einem großen Unternehmen. Sie wirkte so normal wie jemand, der bei einem Schulsportfest für die eigene Mannschaft schreit. Lächelnd und kontaktfreudig plauderte sie mit uns, doch unter der Oberfläche schien sie nervös zu sein. Sie wich meinem Blick aus. Schließlich fragte ich sie, was passiert sei. Mit zitternder Stimme berichtete sie. Als sie begann, füllten sich ihre Augen mit Tränen. Noch bevor sie zum Ende gekommen war, weinte sie.

Ich saß nach dem Essen mit ein paar Freunden am Tisch. Wir unterhielten uns. Gedankenverloren beobachtete ich die Flamme einer auf dem Tisch stehenden Kerze und muß mich dabei in eine Art Trancezustand versetzt haben. Plötzlich wurde mir die »Anwesenheit« eines körperlosen männlichen Wesens bewußt, das zu mir hinabstieg. Es sagte: »Ich brauche einen Körper! Ich brauche einen Körper!« Ich erinnere mich, wie ein Gefühl sexueller Erregung in mir aufstieg. Dann wurde mir schwarz vor Augen. Als ich wieder zu mir kam, lag im Zimmer alles durcheinander, und meine Freunde hielten mich fest.

Ihre Freunde waren über den Zwischenfall entsetzt gewesen. Sie erzählten ihr, daß sich ihr Gesicht plötzlich in das eines Mannes verwandelt und sie mit männlicher Stimme gesprochen habe. Was die »Stimme« an schrecklichen Sachen gesagt hatte, wollten sie nicht wiederholen. Sie hatte getobt, die Wohnzimmerstühle umgeworfen und Tassen und Teller auf den Boden geschleudert. Ihr Gesicht war am Ende mit tiefen, blutenden Kratzern bedeckt, die sie sich selbst beigebracht hatte.

Ich war wie vom Schlag getroffen. Ann war auf ein Gebiet vorgestoßen, von dem ich praktisch nichts wußte. Ich fragte sie, was nachher geschehen sei. Hatte er es noch einmal versucht? Zornig und mit bebender Stimme berichtete sie, daß er es noch ein halbes Dutzend Mal versucht hatte. Jedesmal »erschien« er mit der gräßlichen Botschaft, er wolle einen Körper – ihren.

»Was taten Sie?«

»Ich wurde wütend und sagte ihm, er solle verschwinden.«

»Was tat er?«

»Er wurde noch aufsässiger. Aber ich widerstand ihm. Ich wurde wirklich wütend. Ich sagte ihm immer wieder, er solle verschwinden. Nach einer Weile gab er es auf und zog sich zurück. Er kann nicht in meinen Körper eindringen, wenn ich mich nicht entspanne und ihn hineinlasse. In den Wochen nach diesem ersten Erlebnis versuchte er es noch sechsmal. Schließlich gab er es auf. Er ist fort.«

Und so stieß ich zum erstenmal auf das Thema Besessenheit.

Dieses Besessenheitserlebnis war von einer ganz besonderen Art – kurz, gewalttätig und haßerfüllt. Doch wie wir sehen werden, gibt es viele andere Arten.

Es fiel mir nicht leicht, Besessenheit wirklich ernst zu nehmen. Wie kann jemand im ausgehenden 20. Jahrhundert ernsthaft glauben, daß »Geister« den Körper und das Leben lebender Personen beeinflussen? Es war keine Vorstellung, an die ich glauben *wollte.* Es war beängstigend, irrational, *verrückt.* Und als ich mich genauer damit befaßte, entdeckte ich, was auch andere schon vor mir herausgefunden hatten – es gibt sie wirklich.

Wie ist es, wenn man besessen ist?

Ann war bewußtlos, als sie besessen war. Sie weiß nicht, was in dieser Zeit geschah – in ihrer Erinnerung ist eine Lücke. Solche »Gedächtnisstörungen« sind bei Besessenheit nicht ungewöhnlich. Das eindringende Wesen treibt einen selbst »hinaus« und bemächtigt sich dann des Körpers. Im Fall von Ann war der Besuch dieses ungebetenen Gastes kurz. Doch viele, die besessen sind, bleiben bei Bewußtsein, während der »andere« sie ganz oder teilweise beherrscht, was kurz oder lange dauern kann. Wie ist es, wenn man besessen – und sich dessen auch bewußt ist?

1965 war der Autor und Herausgeber Alan Vaughan besessen. Es hinterließ bei ihm einen tiefgreifenden Eindruck. Das Erlebnis wird er nie vergessen:

Noch lange danach konnte ich es nicht ertragen, auch nur darüber zu sprechen. Sobald das Erlebnis in mir wieder lebendig wurde, entfachte es ein Gefühl des Entsetzens, und mein Inneres krampfte sich vor Angst zusammen. Unbewußt nahm ich wohl an, daß, wenn ich zu viel an *sie* dachte, sie vielleicht zurückkehren und erneut von mir Besitz ergreifen würde.[1]

Es fing alles 1965 an, als Vaughan als wissenschaftlicher Redakteur für einen New Yorker Verleger arbeitete. Er diskutierte oft mit einer Kollegin namens Delores über übersinnliche Phänomene, an die er nicht glaubte. Seine Skepsis beruhte, wie er heute zugibt, auf Unwissenheit, eine Unwissenheit, die ihn in größte Schwierigkeiten brachte. Eines Tages kam das Thema Oui-ja-Brett zur Sprache, und Delores beschrieb die eigenartigen »Botschaften«, die sie und ein Freund erhalten hatten, als sie mit dem Brett gespielt hatten. Vaughan war nicht sonderlich beeindruckt. Es sei eine Art Selbsttäuschung, sagte er ihr. Die »Botschaft« käme ganz einfach aus dem Unterbewußten der Beteiligten. Trotzdem war er neugierig. Er kaufte sich ein Brett und probierte es mit zwei Freunden aus. Nichts passierte – beim erstenmal. Sie versuchten es an einem Sonntagabend im November noch einmal, und diesmal funktionierte das Brett. Der Zeiger bewegte sich von Buchstabe zu Buchstabe und stellte die Antworten auf ihre Fragen zusammen. Dorothy Kilgallen, die Leitartiklerin der Zeitung, war vor kurzem offensichtlich an einem Herzanfall gestorben, und sie befragten das Brett, ob das stimme. Die Antwort war interessant. »Nein«, sagte das Brett, »Gift«. Das erwies sich als richtig – Alkohol zusammen mit einem Barbitursäurepräparat hatte den Tod verursacht, nicht ein Herzanfall. Vaughan war fasziniert. Wie konnte das Unterbewußtsein Informationen liefern, die ihm gar nicht bekannt waren?

Er hatte angebissen, und das Brett wurde zu seinem ständigen Begleiter. Eines Abends nahmen er und drei Freunde Kontakt zu einem »Geist« auf, der sich »Z« nannte. Z gab wenig über sich selbst preis. Er räumte ein, männlich zu sein, und hatte einen eigenartigen, altmodischen Wortschatz. Vaughan war erstaunt, als er merkte, daß er ein untrügerisches Gefühl von Z's Gegenwart hatte.

Am nächsten Morgen ... veranlaßte mich meine Begeisterung über das Oui-ja-Brett, es allein zu versuchen. Ich war nicht lange allein. Ein Geist erschien auf dem Brett, der sich »Nada« nannte. ... Sie erklärte ... 1919 gestorben zu sein ... Die übrigen Auskünfte über ihr Leben waren spärlich. Als ich sie fragte, wo ihr Mann begraben sei, antwortete sie »Friedhof«. Und ununterbrochen wiederholte sie den Satz: »Du lebst, ich bin ein Geist.« Sie schien auf meinen lebenden Körper eifersüchtig zu sein.

Ich staunte über die gewaltige Kraft, die sie auf die Planchette ausübte, und rief ... einen Freund an, um ihn zu bitten, doch zu mir zu kommen und sich dieses erstaunliche Phänomen anzusehen. Es meldete sich niemand. *Und dann tat ich das Dümmste, was ich je in meinem Leben getan habe. Ich bat Nada, in meinen Körper zu kommen und mich dorthin zu führen, wo mein Freund war.*

Ich hatte die Worte kaum ausgesprochen, als ich in meinem Gehirn ein seltsames Gefühl verspürte. Irgendeine Kraft stieß Worte hervor, die ich mit dem Verstand wahrnehmen konnte. »Du lebst, ich bin ein Geist«, wiederholte sie.

Von Nada geleitet, verließ ich das Haus auf der Suche nach meinem Freund. Mein Körper wurde ein Spielball ihrer Launen. Es konnte vorkommen, daß, wenn ich irgendwo entlangging, sie unvermittelt meine Richtung änderte und mich herumwirbelte. Die Empfindungen meines Gehirns kann ich nur mit dem eigenartigen Gefühl vergleichen, das man hat, wenn man Magnete mit den entgegengesetzten Polen zusammenhält. Wie eine Aufziehpuppe irrte ich ziellos durch die Nachbarschaft ... und suchte meinen Freund. Es dämmerte mir schließlich, daß Nada genauso wenig wußte wie ich, wo er war.[2]

Gelegentlich hörte er ihre Stimme in seinem Kopf. Am Abend nahm er das Brett mit zu einem Freund, und »Z« kam durch. Sofort buchstabierte das Brett eine Nachricht – eine Nachricht, bei der es ihm eiskalt den Rücken hinunterlief:

FURCHTBARE FOLGEN – BESESSENHEIT

Entsetzt stellte er fest, daß er Nada »herein«-gelassen hatte – daß er besessen war. Den ganzen nächsten Tag war sie in seinem Kopf. An dem Abend kam »Z« wieder durch:

Jeder von uns hat einen Geist, solange er lebt. Laß dich nicht mit den Geistern der Toten ein. Es kann zu katastrophalen Folgen führen.

Diese Botschaft versetzte ihn in Angst und Schrecken – doch sie rettete ihn. Er erkannte plötzlich, daß auch *er* einen Geist hatte.

Augenblicklich empfand ich ein seltsames, gewaltiges Gefühl . . . das in mir aufstieg. Ich kam mir wie ein Behälter vor, der mit . . . Energie gefüllt wird. Sie stieg immer höher, bis sie auch meinen Geist ausfüllte und sogar die Grenzen meines Körpers sprengte. Im gleichen Augenblick . . . war Nada . . . hinausgedrängt.[3]

Glücklicherweise war sie nicht in der Lage zurückzukehren. Vaughan war wieder Herr über seinen eigenen Körper und den Verstand. Aber wie wir noch sehen werden, gehen nicht alle Fälle so gut aus.

Robert Swain Gifford war ein amerikanischer Künstler, Frederic L. Thompson ein Goldschmied. Sie waren nicht näher miteinander bekannt, hatten sich bisher nur zweimal getroffen. Trotzdem entwickelte sich zwischen ihnen eine sehr enge Beziehung, und sie wurden echte »Partner« – *nach Giffords Tod.* Dr. James Hyslop, Professor für Philosophie an der Columbia Universität, untersuchte diesen Fall. Es war das erstemal, daß er einen Fall von Besessenheit erforschte, und er war ohne den geringsten Zweifel überzeugt, daß sie auftreten kann.

Im Sommer und Herbst des Jahres 1905 wurde Thompson, der kein Künstler war, von dem unwiderstehlichen Drang erfaßt, Bilder zu zeichnen und zu malen. Das erwies sich für seine Laufbahn als Goldschmied als äußerst abträglich und gefährdete beinahe seine Möglichkeiten, sich in seinem Beruf weiterhin seinen Lebensunterhalt zu verdienen. Er schien in der Tat nicht mehr Herr über seinen eigenen Willen zu sein. Bald stellte er fest, daß er nicht länger als Goldschmied arbeiten könne, da er sich, wenn er es tat, davor ekelte. Allerdings war auch sein Verlangen zu malen alles andere als normal: Es wurde begleitet von zahlreichen spukhaft intensiven Visionen von Bäumen und Landschaften, die zu malen er sich *gezwungen* fühlte. Diese Halluzinationen traten so häufig auf und waren so übermächtig, daß er Hyslop um Hilfe ersuchte. Er fürchtete um seine Gesundheit.

Wenn er diese Bilder malte, die trotz fehlender künstlerischer Ausbildung von Anfang an durchaus wie von einem Berufsmaler waren, hatte er oft das »Gefühl«, Mr. Gifford zu sein. Im Januar 1906 sah Thompson den Hinweis auf eine Ausstellung von Bildern von Robert Swain Gifford in einer Gallerie und ging dorthin. Erst da erfuhr er, daß Gifford tot war. Er war sechs Monate vor dem Zeitpunkt gestorben, an dem der mysteriöse »Drang« begonnen hatte. Und als er vor den Bildern Giffords stand, so erzählte er Hyslop, hörte er, wie ihm eine »Stimme« sagte:

Du siehst, was ich geschaffen habe. Kannst du mein Werk nicht fortsetzen und vollenden?[4]

Danach wurden die Bedrängnis und die Visionen immer stärker, so daß er schließlich fürchtete, verrückt zu werden. Und tatsächlich neigte Hyslop zu der gleichen Ansicht. Offensichtlich wurde Thompson wirklich verrückt. Doch da kam Dr. Hyslop eine verblüffende Idee. Sehr viel von dem Material, das die British Society for Psychical Research veröffentlicht hatte, schien die Vermutung zuzulassen, daß die Toten zeitweilig Verbindung zu den Lebenden aufnehmen und sie sogar beeinflussen konnten. Und falls die Halluzinationen Thompsons' wirklich vom toten Gifford ausgingen, war es sehr einfach, diese Theorie zu prüfen: Man brauchte Thompson nur zu einem Medium zu bringen. Wenn Gifford tatsächlich damit zu tun hatte, würde das Medium ihn wahrscheinlich »aufspüren«.

Und so gingen sie zu einem Medium, das Hyslop kannte. Sie sagten nichts über den Zweck des Besuches, sondern nur, daß Thompson, dessen Identität nicht enthüllt wurde, eine »Auslegung« wünschte. Nichts sonst wurde erklärt. Sie nahmen Platz, und die Sitzung begann. Fast sofort stellte das Medium fest, daß ein »Mann« hinter Mr. Thompson stände. Er »male gern«, wie sie sich ausdrückte. Sie beschrieb das Äußere dieses Mannes so genau, daß es Thompson leicht fiel, ihn als Gifford zu erkennen. Das Medium erläuterte dann bis ins einzelne eine Gruppe Eichen, eine gewaltige Vision, die Thompson in den letzten 18 Monaten immer wieder heimgesucht hatte. Als sie mit ihrer Beschreibung fertig war, sprach der Mann zu ihr. Er erzählte ihr, daß dieses Motiv, das er Thompson »aufgedrängt« hatte, auf einer Insel vor der Küste von Neuengland zu finden sei und daß Thompson dort hingehen sollte, um es zu malen. Er beschrieb die Lage der Insel, und Thompson fuhr später dorthin, fand die Eichengruppe und malte sie. Auf dieser Insel, die, wie er später erfuhr, einer der Lieblingsplätze Giffords gewesen war, entdeckte er mehrere der Motive, die ihm während seiner Halluzinationen erschienen waren. Als er die Umgebung des Giffordschen Hauses besuchte, entdeckte er noch mehr. Das erschütterte ihn, aber noch mehr das, was er entdeckte, als er Giffords altes Studio besichtigte, das ihm Mrs. Gifford zeigte. Dort standen auf Staffeleien drei Studien zu Ölbildern, die Gifford noch vor seinem Tode angefangen hatte. *Sie waren identisch mit drei »Visionen«, die Thompson gehabt und die zu zeichnen er sich gedrängt gefühlt hatte.*

Dr. Hyslop nahm Thompson zu mehreren anderen Sitzungen mit Medien mit, wobei der Zweck des Kommens immer geheimgehalten wurde. Jedesmal hieß es, Gifford sei anwesend. Und alle sagten von ihm, er habe Thompson zum Malen getrieben und tue es immer noch. Bei einer dieser Gelegenheiten sprach Gifford durch das Medium mit Thompson. Das Ergebnis war recht bemerkenswert. Gifford verwies auf die Anstrengungen, die er unternommen hatte, um Thompson zum Malen zu bringen, und sagte:

Frag ihn, ob er sich an einen Vorfall erinnert, bei dem er auf einer Brücke stand und hinuntersah; wie Spiegelungen erblickte er im Wasser Bilder, und es überkam ihn ein großes Verlangen zu malen. Ich war dort und folgte ihm eine Zeitlang.[5]

Tatsächlich erinnerte sich Thompson lebhaft an diesen Vorfall. Er hatte Landschaftsvisionen im Wasser gesehen und war von einem ekstatischen Verlangen zu malen überwältigt worden.

Dieses starke Erlebnis veranlaßte ihn, die Insel aufzusuchen, auf der sich das ereignet hatte. Als er das tat, entdeckte und malte er viele der Visionen, die ihn heimgesucht hatten. Es ist sicher überflüssig festzustellen, daß er die Bilder, wie alle anderen auch, im Stil Robert Swain Giffords malte.

Diese drei Fälle von »Besessenheit« bei einer leitenden Angestellten, einem Redakteur und einem Goldschmied deuten doch wohl mit einiger Sicherheit an, daß die Körper der Lebenden hin und wieder vom Geist der Toten übernommen werden. Aber selbst wenn so etwas *manchmal* passiert, wie diese Zwischenfälle vermuten lassen, dann doch sicher nicht sehr oft, oder doch?

Es gibt doch eine ganze Reihe von Zeugnissen dafür, daß Erlebnisse wie diese nicht allzu selten sind. In meinem Fall setzte sich diese Überzeugung aufgrund persönlicher Erlebnisse durch. Sobald es unter meinen Freunden, Bekannten und Studenten »bekannt« wurde, daß ich mich für die »übersinnlichen« Aspekte des Todes interessierte, traten die Leute an mich heran – stets sehr diskret und privat und bekümmert darüber, daß sie mir ihre Besessenheitserlebnisse anvertrauen mußten. Diese Erlebnisse belasteten ihr Privatleben erheblich. Wenn sie nicht offen entsetzt über das waren, was ihnen widerfuhr, dann waren sie furchtbar verängstigt. Obwohl alle verzweifelt nach Hilfe suchten, hatte niemand ernsthaft den Gedanken erwogen, einen Psychiater aufzusuchen, da alle den »Einfluß«, der sie beeinträchtigte, für von außen kommend hielten. Es hatte nichts mit ihrem Geist zu tun – der Ursprung war körperlos, aber sie hatten keine Hoffnung, irgendeinen Psychiater davon zu überzeugen. Sie wußten, man würde ihnen sagen, sie hätten Halluzinationen oder machten eine psychotische oder schizophrene Phase durch, und dann würde man sie mit Medikamenten und vielleicht stationär behandeln. Es war nicht so, daß sie kein Vertrauen in diese Diagnosen gehabt hätten; sie *wußten* vielmehr, daß sie falsch waren. Und einer der Betroffenen sagte mir etwas, das ich nie vergessen werde. »Das Schlimmste für mich«, so sagte er, »war, als Sie mir erzählten, das säße alles in meinem Kopf.« Ich war seine letzte Hoffnung auf eine nichtpsychiatrische Diagnose dessen, was mit ihm geschah und über das er sich im klaren war – daß er besessen war.

Bei einigen Erlebnissen, von denen mir berichtet wurde, schwang soviel Qual mit, daß sie mich verfolgten. Ich mußte mehr über dieses Problem wissen. Ich begann zu lesen und war verwundert über das, was ich entdeckte – daß die Exorzisten seit eh und je mitten unter uns waren. Von den sieben, deren veröffentlichte Werke ich erforschte, waren fünf entweder Ärzte oder promovierte Philosophen, und auch die restlichen zwei waren gebildet, intelligent und hatten eine gute Ausbildung. Ich hatte »Exorzismus« immer mit den dämonologischen Schauergeschichten der christlichen Theologie aus dem Mittelalter assoziiert, jenen phantastischen Geschichten über das Austreiben einer stattlichen Zahl von Teufeln, Dämonen und bösen Geistern. So etwas konnte ich einfach nicht ernst nehmen. Doch von diesen Männern bezog sich nie jemand auf Teufel oder Dämonen. Sie behaupteten lediglich, daß »Besessenheit« durch verschiedene Ursachen auf verschiedene Art und Weise *durch die Geister der verstorbenen Menschen* hervorgerufen wurde.

Zu diesen Männern kamen Menschen, die Hilfe suchten, Menschen, die ungeachtet dessen, wie »verrückt« es klang, ihnen anvertrauten, daß sie von Geistern verfolgt wurden, von Geistern, deren Stimmen sie in ihren Köpfen hörten, die sich manchmal ihrer Körper bemächtigten, sich in ihr Leben drängten und bei ihnen »Gedächtnislücken« verursachten, in deren Verlauf sie vielleicht Dinge taten, die sie nicht tun wollten. Weil sie einen ziemlich ungewöhnlichen intellektuellen Hintergrund besaßen, fanden einige dieser Männer solche Behauptungen glaubhaft; andere waren aufgrund ihrer wissenschaftlichen Ausbildung und nüchternen Veranlagung skeptisch. Alle aber waren bereit, dem Patienten das Recht einzuräumen, sie anzuzweifeln, und behandelten sie, *als sei das, was der Patient sagte, zutreffend.* Die Ergebnisse waren interessant, um das Mindeste zu sagen. Wenn diese modernen Exorzisten mit einem Medium arbeiteten, wie es fünf von ihnen taten, »sprachen« verstorbene menschliche Wesen, deren Existenz und Tod nachprüfbar waren, oft durch diese Medien. Ihre Motive und ihr Geisteszustand waren sehr unterschiedlich. Viele waren wegen dem, was *ihnen* widerfahren war, arg durcheinander. Doch ungeachtet ihres Geisteszustandes waren die meisten für die Exorzisten ansprechbar, ließen mit sich reden und sich dazu bringen, das Opfer in Ruhe zu lassen. Diese Gespräche, von denen viele aufgenommen worden sind, ähneln sehr stark denen, die man mit Spukgeistern geführt hat. *Doch die Toten, die von einem anderen Menschen Besitz ergreifen, suchen nicht wie die Spukgeister einen Ort heim, sondern eine Person.* Die Ergebnisse dieser Gespräche glichen sehr stark denen, die man bei Gesprächen mit umgehenden Geistern erreicht hatte. Die Phänomene hörten auf, und das Opfer war frei.

Wissen wir in etwa, wie verbreitet solche Erlebnisse sind? Eigentlich nicht. Aber wir können einige Anhaltspunkte finden, wenn wir uns näher mit den Erfahrungen dieser sieben modernen Exorzisten befassen. Zwei von ihnen beschäftigten sich nur mit wenigen Fällen, auf die sie im Verlauf ihrer Arbeit als Gelehrte oder Therapeuten stießen. Andere untersuchten Dutzende, z. T. sogar Hunderte von Fällen. Der im Ruhestand lebende anglikanische Geistliche John Pearce-Higgins befaßte sich in den 70er Jahren mit *mehreren 100* Fällen. Keiner dieser Männer glaubt, daß die Theorie der Besessenheit eine Erklärung für sämtliche Geisteskrankheiten ist – doch aufgrund ihrer persönlichen Erfahrungen glauben sie sehr wohl, daß sie einige erklären kann.

Viele halten Spiritualisten für dumm und leichtgläubig – und natürlich sind einige es auch. Doch aufgrund ihrer religiösen Überzeugung haben sie eine Menge Erfahrung im Umgang mit den »besitzergreifenden« Toten gesammelt. Und da diese Erfahrungen größtenteils denen der nichtspiritualistischen, wissenschaftlich ausgerichteten »Exorzisten« gleichen, sollten wir bereit sein, sie ernst zu nehmen.

Nach den Aussagen der Spiritualisten wird Besessenheit durch die »erdgebundenen« Toten hervorgerufen. Menschen, die sterben und »erdgebunden« sind, haben nicht die Erlebnisse, wie sie von reanimierten Personen geschildert worden sind. Sie »treffen« keinen Führer, der sie in die postmortale Welt geleitet. Sie werden »hier festgehalten«, und das in unterschiedlicher geistiger Verfassung. Wie oft kommt das vor? Spiritualisten, die »Rettungszirkel« gründen, um Kontakt zu diesen Wesen aufzunehmen und sie erlösen, versichern, daß es ziemlich häufig geschieht. Die Erfahrungen nichtspiritualistischer Exorzisten lassen das gleiche vermuten, ebenso wie einige äußerst bewegende persönliche Erlebnisse, die ich im folgenden schildern will.

Joy Snell, die übersinnlich veranlagt und in der Lage war, ihren Körper willentlich zu verlassen und das Reich der Toten zu betreten, beschreibt die bestürzten, erdgebundenen Toten, da sie sie selbst wahrgenommen hat:

Alle ... schienen sie unwiderstehlich getrieben, etwas zu suchen, das sie nicht finden konnten ... Sie hetzten hierhin und dorthin ..., blickten ... flüchtig umher ..., als sei eine schwache Hoffnung aufgekommen, daß sie sich dem Objekt ihrer Wünsche näherten, denn sie hörten dann auf ... zu jammern und zu seufzen ... Obwohl gelegentlich zwei oder drei von ihnen zusammenkamen, wenn sie ein kurzes Stück den gleichen Weg zurücklegten, ... hielten sie sich, soweit ich beobachten konnte, nie bei einem Gespräch auf. Jeder schien so mit seinem eigenen Leid beschäftigt, daß er von niemandem Notiz nahm.[6]

Andere Zeugnisse, mit denen wir uns noch befassen werden, legen die Vermutung nahe, daß es nicht am mangelnden Willen liegt, wenn diese Wesen keine Verbindung zueinander aufnehmen können, *sondern daran, daß sie sich aufgrund ihres Bewußtseinszustandes buchstäblich nicht sehen können.* Stünde Joy Snell mit ihrem Bericht allein, könnten wir ihn als den einer Geistesgestörten ad acta legen. Doch das ist sie nicht.

Bei seinen Befragungen reanimierter Patienten stieß Dr. Raymond Moody auf mehrere ähnliche Erlebnisse. Eine Reihe wiederbelebter Patienten erzählte ihm, sie hätten andere menschliche Wesen gesehen, die einen verworrenen Eindruck machten und in einem qualvollen postmortalen Zustand schienen. Ihre Berichte stimmten in mehreren Punkten überein. Die Patienten hatten den Eindruck, daß diese Geister noch an die körperliche Welt »gebunden« waren – an irgendwelche Personen, Objekte oder Verhaltensweisen. Diese »Knechtschaft« schien ein »Dahindämmern« oder »Abstumpfen« des Bewußtseins hervorzurufen. Eine Frau, die eine Viertelstunde klinisch tot war, erzählte Dr. Moody, daß eine »trübe« Atmosphäre diese Wesen umgab, ganz im Gegensatz zu dem »strahlenden Licht«, das sie sonst wahrnahm. Sie berichtete:

»Was man für ihren Kopf halten konnte, das hielten sie tief gesenkt. Ihre Gesichtszüge waren voller Trauer und Verzweiflung. Sie schienen sich schleppend zu bewegen, als wären sie ein Sträflingstrupp in schweren Ketten ... wirkten sie ausgemergelt, stumpf, grau. Und es sah so aus, als würden sie immer und ewig herumtrotten und wüßten nicht, wohin sie gehen, wem sie folgen oder wonach sie Ausschau halten sollten... nahm keiner den Kopf hoch, um zu sehen, was passierte ... In ihrem Verhalten lag nur diese absolute, niederdrückende Hoffnungslosigkeit ... Sie schienen ständig in Bewegung zu sein und nicht nur herumzusitzen. Aber sie kannten keine bestimmte Richtung. Erst liefen sie geradeaus, dann schwenkten sie nach links, machten ein paar Schritte und kehrten dann wieder nach rechts um ... Sie suchten nach etwas, wonach, das weiß ich nicht ...

Dr. Moody: Würden Sie sagen, diese Wesen befanden sich in der Mitte zwischen der Körperwelt und der anderen, in der Sie gewesen sind?

... nach meinem spirituellen Verlassen des Krankenhausgebäudes ... (schwebte ich) nach oben ... noch *vor* meinem Eintritt in die Geisterwelt, wo alles so durch und durch mit strahlendem Sonnenschein erfüllt ist – (kam es dazwischen) ... An diesem eigenartigen Ort herrschte dagegen ein denkbar trübes, trostloses Grau ... Sie blickten zurück. Sie wußten nicht, ob sie sich weiter vorwagen oder zurückkehren sollten in den Körper ... Es sah aus, als schwebten sie. Unverwandt schauten sie nach unten, niemals nach oben. Sie hatten nicht das Verlangen weiterzukommen und zu sehen, was sie erwartete ... *Es gab dort, wie es schien, ein ungeheures Gewimmel und Getümmel von diesen Wesen.*[7]

Andere wiederbelebte Personen erzählten Dr. Moody, sie hätten die gleiche Erfahrung gemacht, darüber hinaus aber gesehen, daß einige dieser Wesen versucht hätten, eine Verbindung zu Lebenden herzustellen, aber offensichtlich ohne Erfolg. Ein Mann hatte, als er für einen längeren Zeitraum »tot« war, viele derartige Fälle beobachtet. Beispielsweise:

... (hatte er) irgendeinen ganz gewöhnlichen Mann auf der Straße laufen sehen, und ohne daß es dem bewußt gewesen wäre, sei einer von diesen bekümmerten Geistern über seinem Kopf einhergeschwebt. Er sagte, es sei ihm so vorgekommen, als wäre dieser Geist zu Lebzeiten die Mutter des Passanten gewesen, die noch immer nicht von ihrer irdischen Rolle habe lassen können und nun ihrem Sohn zu sagen versuchte, was er tun solle.[8]

Moody fragte eine wiederbelebte Frau, die ähnliche Erlebnisse gehabt hatte, ob sie gesehen hatte, daß einer dieser »trüben« Geister versucht hatte, Kontakt zu den Lebenden aufzunehmen. Sie antwortete:

... man sah, wie sie sich um Kontakte bemühten, aber keiner hat gemerkt, daß sie da waren. Die Leute nahmen einfach keine Notiz von ihnen ... Sie wollten sich immer verständlich machen, aber es ging nicht, sie kamen nicht durch. Die Menschen schienen keine Ahnung zu haben von ihrer Existenz.[9]

All das läßt stark darauf schließen, daß es, zumindest für eine Zeitlang, überhaupt nicht ungewöhnlich ist, »erdgebunden« zu sein. Anscheinend kommen diejenigen, die von den Lebenden »Besitz ergreifen«, aus den Reihen dieser Toten.

Unser früheres Bild vom Tod, das wir von den Untersuchungen der Erlebnisse Wiederbelebter abgeleitet haben, stellte ihn als fesselnden, ekstatischen »Ausflug« auf eine weit faszinierendere Daseinsebene als die dar, die die körperliche Welt bietet. Das hatte zur Folge, daß jeder, der starb, sich auf diese beglükkende Kette von Ereignissen freuen konnte und daher die Angst vor dem Tod sowohl für den Sterbenden wie die Hinterbliebenen absurd war. Doch die Daten über den Spuk dämpften diesen Optimismus ein wenig. Sie machten deutlich, daß zumindest einige der Toten nach ihrem Tod »in der Luft hingen« und lange in diesem Zustand bleiben konnten – sogar Jahrhunderte lang –, wenn ihnen nicht durch verständige lebende Personen geholfen wurde, die bereit waren, Verbindung zu ihnen aufzunehmen und ihnen ihre Umstände zu erklären. Auf jeden Fall brauchte man keine Angst vor ihnen zu haben; wenngleich sie »Geister« waren, konnte man mit ihnen sprechen, sie verstehen und ihnen helfen. Jetzt muß man selbst diese Ansicht revidieren. *Wir werden sehen, daß die Toten, die von einem anderen »Besitz ergreifen«, tatsächlich zu fürchten sind.*

Exorzismus im 20. Jahrhundert

Die Vorstellung, daß es in diesem Jahrhundert geistig gesunde und verantwortungsbewußte Menschen gibt, die wirklich den Körper und den Geist Lebender von den Geistern der Toten befreit haben, mag unglaublich klingen. Um das zu ändern, möchte ich mehrere moderne Exorzismen bis ins einzelne schildern. Sie sind den veröffentlichten Werken der sieben Exorzisten entnommen, auf die ich schon hingewiesen habe. Wer sind diese mysteriösen Männer eigentlich? Vier sind Amerikaner: Dr. Carl Wickland, ein Arzt; Dr. Walter Franklin Prince, ein Psychologe; Dr. James H. Hyslop, ein Professor der Philosophie an der Universität von Columbia, und der kalifornische Psychologe Dr. Wilson van Dusen, heute Professor an der Kennedy Universität und früher Chefpsychologe am Mendocino State Hospital. (Obwohl Dr. van Dusen nur einen einzigen Exorzismus durchführte, der auch erfolgreich war, beziehe ich ihn mit ein, weil ihn seine Forschung über halluzinierende Geisteskranke zu der Schlußfolgerung brachte, daß viele der Halluzinationen seiner Patienten von körperlosen Individuen verursacht worden waren, die in das Bewußtsein ihrer Opfer eingedrungen waren.) Der fünfte ist ein brasilianischer Psychiater, Dr. Inacio Ferreira. Die letzten zwei sind Engländer: John Pearce-Higgins, ein anglikanischer Geistlicher, und Paul Beard, Präsident des College of Psychic Studies in London.[10]

Dr. Carl Wickland, ein Arzt, der in Chicago und Los Angeles praktizierte, veröffentlichte einen Bericht über seine Erfahrungen mit dem Exorzismus im Jahr 1924; er trug den Titel *Thirty Years Among the Dead* (Dreißig Jahre unter den Toten). Man muß von vornherein zugeben, daß vieles in Wicklands Buch allzu leichtgläubig und naiv ist. Wickland war ein autoritärer Spiritualist, der über Anna, seine Frau, mit den Toten in Verbindung stand; sie war ein Trance-Medium. Einen beträchtlichen Teil seiner Arbeit mit seiner Frau widmete er dem Kontakt zu »besessen machenden« Wesen, von denen er Körper und Geist ihrer Opfer befreite. Er war mit anderen Worten ein Exorzist. Wenn wir allerdings die bis ins Detail gehenden, mitstenographierten Gespräche mit den »Toten« lesen, kommt man oft nicht umhin, angesichts der vielen offensichtlichen Unwahrheiten betroffen zu sein. Die Geister, die oft identische Ausdrücke und Sätze gebrauchen, entwickeln treuherzig oft die Art von Dialog, den Wickland offenkundig hören wollte. Ordnungsgemäß werden sie von der Richtigkeit überzeugt, ihre Opfer in Ruhe zu lassen, und ziehen dankbar von dannen. Wir kennen die dramatisierenden Fähigkeiten von Trance-Medien zur Genüge: Oft werden, wie es scheint, geeignete Wesen produziert, wenn auch eher unbewußt als durch beabsichtigte arglistige Täuschung. Wickland, in mancher Beziehung ein naiv autoritärer Spiritualist, scheint sich bei zahlreichen Gelegenheiten nicht im klaren gewesen zu sein, daß das offensichtlich bei den in Trance hergestellten Kontakten seiner Frau geschehen ist.

Eine solche Kritik, von deren Richtigkeit ich überzeugt bin, scheint so vernichtend, daß sie jegliches Vertrauen in von Wickland veröffentlichte Berichte zerstört. Doch die Sachlage erweist sich hier als etwas komplizierter, denn *viele der Wicklandschen Fälle wirken absolut echt.* Der Dialog ist überzeugend individuell, und die Aktivitäten und der Geisteszustand des »Geistes« kommen den Ergebnissen der übrigen Exorzisten, deren Werke ich studiert habe, sehr nahe.

Wickland begann, sich für Besessenheit zu interessieren, nachdem ihm die Häufigkeit aufgefallen war, mit der Personen, die regelmäßig Oui-ja-Bretter benutzten oder sich mit »automatischem Schreiben« befaßten, drastische und schädliche Wesensveränderungen erlebten, die manchmal wegen Geisteskrankheit eine Einweisung in ein Krankenhaus erforderlich machten. Neugierig, warum das so oft geschah, befragte Wickland körperlose Wesen mit Hilfe der Medienfähigkeit seiner Frau. Er erfuhr, daß Besessenheit der Lebenden durch die »erdgebundenen« Toten die Ursache war und daß er die Lage der Opfer erleichtern konnte, wenn er den Anweisungen folgte. Man sagte ihm, er solle eine »Influenzmaschine« bauen, einen Apparat, der mit Hilfe von Glasscheiben statische Elektrizität erzeugt. Die elektrische Energie dieser Maschine wurde dem Körper, vor allem dem Rückgrat und dem Kopf, des Opfers zugeführt, während Mrs. Wickland sich in Trance befand. Und das machte Wickland etwa 30 Jahre lang mit verblüffenden Ergebnissen.

Oft sprach eine »Stimme«, die sich als die eines identifizierbaren Verstorbenen erwies, durch den Mund und den Körper der in Trance versetzten Mrs. Wickland und beklagte sich anfänglich über das beträchtliche Unbehagen, das die statische Elektrizität verursachte. Charakteristisch war, daß die »Stimme« nicht erkannte, daß sie »tot« war; manchmal beschwerte sie sich ernsthaft darüber, daß das Opfer, das »immer dabei« war, sie ständig »ärgerte«. Wickland hatte gewöhnlich größere Schwierigkeiten, die Verstorbenen davon zu überzeugen, daß sie tot waren, denn sich selbst schienen sie eindeutig sichtbar und körperlich zu sein. Das Unbehagen am Leben im Zustand der Besessenheit ist allerdings oft so groß, daß der Geist leicht überredet werden kann, sich zurückzuziehen, sobald er einmal über seinen wirklichen Zustand aufgeklärt ist. Wenn wir die stenographischen Aufzeichnungen dieser Gespräche lesen, erleben wir, wie sich der Doktor einer sehr eigenartigen Erfahrung unterzieht, indem er direkt mit einem Geist spricht, von dem jemand besessen ist.

Ein Geist namens Carrie Huntington

Das Opfer in diesem Fall, eine Mrs. Burton, wurde durch Ladungen statischer Elektrizität von ihrem ungebetenen Besucher befreit, von der der »Geist« unwissentlich angezogen wurde; er sprach durch den Körper von Anna Wickland. Falls man vom Tod sagen kann, daß er auch eine »leichtere« Seite hat, dann wird das sicher in diesem etwas lustigeren Gespräch deutlich. Weil solche Geister oft eine körperliche Beschränkung notwendig machten, hielt Wickland als Vorsichtsmaßnahme normalerweise die Hand seiner in Trance befindlichen Frau während des »Interviews«, eine Situation, die oft zu belustigenden Mißverständnissen führte. Carrie, der Geist, ist sich überhaupt nicht bewußt, daß sie den Körper von jemand anderem eingenommen hat:

Doktor: Sag uns, wer du bist.

Geist: Ich mag nicht, daß du meine Hand hältst.

Doktor: Du mußt ruhig sitzen.

Geist: Warum behandelst du mich so?
Doktor: Wer bist du?
Geist: Warum willst du das wissen?
Doktor: Du bist als Fremde hierhergekommen, und wir möchten gerne wissen, wer du bist.
Geist: Woran bist du so interessiert?
Doktor: Wir möchten gerne wissen, mit wem wir sprechen. Wenn ein Fremder zu dir nach Hause käme, würdest du dann nicht gerne seinen Namen erfahren?
Geist: Ich möchte gar nicht hier sein, und ich kenne niemanden von euch . . . als ich . . . mich auf den Stuhl setzte, hast du meine Hände ergriffen . . . Eine ganze Zeitlang war es furchtbar für mich. Ich bin zu Tode beunruhigt worden. Überallhin hat man mich gehetzt. Ich bin so wütend darüber, daß ich alles zusammenschmeißen möchte.
Doktor: Was haben sie dir getan?
Geist: Es scheint so furchtbar . . . Ich weiß nicht, was es ist . . . Es ist, als würde mir der Verstand ausgeprügelt. Etwas überkommt mich wie Donner und Blitz. (Der Patient wird mit statischer Elektrizität behandelt.) Es macht so einen Krach . . . Es ist schrecklich! Ich kann das nicht aushalten . . . und ich will auch nicht . . . Ich habe genug Elend erlebt.
Doktor: Seit wann bist du tot?
Geist: Von wem redest du so? Ich bin nicht tot . . .
Doktor: Erkennst du nicht, was mit dir los ist? Begreif deine Lage . . . daß du keinen materiellen Körper hast. Du bist gestorben . . .
Geist: Könntest du mit einem Geist reden?
Doktor: Sicher gibt es so etwas.
Geist: Ich bin kein Geist, weil Geister nicht reden können. Wenn man tot ist, liegt man da.
Doktor: Wenn der Körper stirbt, liegt er da. Aber nicht der Geist . . . Wenn du von hier weggehst, wirst du begreifen, daß du durch den Körper einer anderen Person gesprochen hast. Diese Person ist meine Frau.
Geist: Was für ein Quatsch! Ich hatte dich für vernünftiger gehalten, als so einen Blödsinn zu reden . . .
Doktor: Möchtest du in die Welt der Geister gehen?
Geist: Was für alberne Fragen du mir stellst . . .
Doktor: Du hast deinen Körper verloren.
Geist: Ich habe meinen Körper nicht verloren . . .

Doktor: Höre auf das, was dir gesagt wird ... du hast keine Ahnung von deiner Lage. Du hast deinen Körper verloren, offenbar ohne es zu wissen.

Geist: Woher weißt du das?

Doktor: Du beherrschst jetzt den Körper meiner Frau.

Geist: Ich hab' dich noch nie vorher gesehen, warum in aller Welt kannst du dann glauben, ich sollte deine Frau genannt werden? Nein, niemals!

Doktor: Ich verlange nicht, daß du es bist.

Geist: Ich von dir auch nicht.

Doktor: Carrie, sei vernünftig.

Geist: Ich bin vernünftig, und nenn mich nicht Carrie ...

Doktor: Carrie!

Geist: Ich bin Mrs. Carrie Huntington!

Mrs. Burton: Nun hör doch auf das, was der Doktor dir sagen will.

Geist: Ich will auf niemanden hören ...

Doktor: Weißt du, daß du durch den Körper meiner Frau sprichst?

Geist: So ein Unsinn. Ich glaube, was Verrückteres hab' ich noch nie in meinem Leben gehört.[13]

Das ist in vieler Hinsicht ein typischer Exorzismen-Dialog, wie Wickland ihn führte. Offenkundig war die Besessenheit unbeabsichtigt erfolgt: Carrie war in den »Bann« Mrs. Burtons gezogen worden und dort mehr oder weniger gefangen, eine Tatsache, die sie sehr übelnahm und nicht verstand. Sie war nicht in der Lage einzusehen, daß sie tot war und durch den Körper Anna Wicklands sprach. Carrie glaubte vielmehr, daß es *ihr* Körper sei, in den Mrs. Burton eindrang. Mrs. Burton ihrerseits wurde durch Carries Gegenwart und die Versuche, sie zu beeinflussen, ständig gequält.

In einer Reihe der Wicklandschen Fälle endeten die mit Unterbrechungen unternommenen Anstrengungen, den Körper des Opfers in dem verworrenen Glauben zu beherrschen, es sei der eigene, damit, daß man das Opfer für geistesgestört hielt. Eine seiner Patientinnen, eine Mrs. L. W., bekam »Anfälle«, bei denen sie sich die Kleider vom Leib riß, die Haare raufte, sich in Hände und Arme biß und mit einem Pantoffel ins Gesicht schlug. Verständlicherweise wurde sie für verrückt erklärt und in eine Anstalt für Geisteskranke gebracht, wo sie ein Jahr blieb, ohne Anzeichen für eine Besserung zu zeigen. Sie erwies sich als eine sehr beschwerliche Patientin, brach dreimal aus, und die Anstaltsleitung war bereit, daß die Wicklands die Verantwortung für sie übernahmen. Dr. Wicklands Exorzismus hatte Erfolg, wo die konventionelle Behandlungsmethode versagt hatte, und Mrs. L. W. wurde wieder gesund. In Gesprächen mit dem verworrenen Geist bekannte ein Mann namens John Sullivan, daß er sich sehr darüber ärgere, sich in den Kleidern und mit der Frisur einer Frau wiederzufinden, eine Situation, die ihn zu direkten, gewalttätigen Handlungen veranlaßte: Er riß sich die Haare aus und die Kleidung vom Leib. Er hatte sich in eifersüchtiger Wut wegen einer Frau erstochen, die ihn, wie er glaubte, betrogen hatte. Dieses Gefühlstrauma hatte bei ihm einen rachsüchtigen Haß auf Frauen hinterlassen, und da er es unerträglich fand, daß eine Frau (das Opfer) dauernd an ihm »hing«, attakkierte er sie hemmungslos (d.h. er brachte ihren Körper dazu, sich selbst anzugreifen).

Der Geist wehrte sich zunächst wie wild und mußte gebändigt werden.

Geist: Für wen zum Teufel haltet ihr mich? . . . Ich werde euch schön einheizen, bevor ich Schluß mache.

Doktor: Du kamst als Fremder zu uns und hast plötzlich angefangen zu kämpfen. Was hätte ich anderes tun sollen, als dich festzuhalten? . . . Erzähl uns, wer du bist, mein Freund. Du scheinst ein ganz schön starkes Mädchen zu sein.

Geist: Wenn du mich für ein Mädchen hältst, solltest du besser noch einmal hinsehen . . .

Doktor: Wie kommt es, daß du hier bist?

Geist: Ich weiß nicht . . .

Doktor: Was meinst du, wo du jetzt bist?

Geist: Wo? Mir ist egal, wo ich bin.

Doktor: Wo hast du gelebt?

Geist: . . . an verschiedenen Orten . . . von einer Stadt zur anderen, bis . . . mir alles zum Hals raushing. Ich würde am liebsten weglaufen, damit niemand mich findet . . . Ich hab's einer Frau gezeigt und sie gebissen und sie hinausgeschmissen, und trotzdem klammerte sie sich an mich. (Die Patientin Mrs. L. W.) Sie hat keinen Grund, so um mich herumzuschleichen, wie sie es tut. Irgendwann mach' ich sie fertig . . . Einmal hab' ich ihr ein Stück Fleisch aus dem Arm gerissen, aber sie hing an mir wie eine Klette . . . Ich konnte sie nicht loswerden . . . sie hat keinen Grund, sich so an mich zu hängen . . . Sie hat keinen Grund, mich in Frauenkleider zu stecken und Frauenhaare auf meinen Kopf zu setzen.

Doktor: Seit wann bist du tot?

Geist: Tot? Ich werd' dir zeigen, daß ich nicht tot bin . . . Mir zu kommen, ich sei tot! (Lacht heiser.)

Doktor: Du bist ein . . . erdgebundener Geist, der auf der Erde umherschwebt . . . und eine Frau belästigt. Du benutzt im Moment den Körper meiner Frau.

Geist: Ich benutze keinen Körper außer meinem eigenen. Warum hat sich diese Frau so an mich gehängt?

Doktor: Du hast dich »angehängt«. Seit man dich von ihr entfernt hat, kommt die Frau wunderbar zurecht . . . Du hast diese Frau drei oder vier Jahre lang gequält . . . Versuch zu begreifen . . . Wahrscheinlich bist du schon seit vielen Jahren tot . . . In welcher Stadt hast du gewohnt?

Geist: St. Louis.

Doktor: Weißt du, daß du in Kalifornien bist?

Geist: Ich weiß, wo ich bin. Ich bin in St. Louis . . .

Doktor: Was meinst du, welches Jahr wir haben?

Geist: 1910.

Doktor: Es ist der 13. Januar 1918 . . . Du bist inzwischen ein Geist. Sieh dich um und erzähl uns, was du siehst – sei ehrlich jetzt.

Geist: Ich sehe meine Mutter, aber ich habe Angst vor ihr.

Doktor: Wir haben keine Angst vor dir.

Geist: Nun ja, meine Mutter ist ein Geist . . .

Doktor: Sieht sie aus wie ein Geist?

Geist: Nein, aber ich habe Angst. Mein Gott, da ist ja auch mein Vater![14]

Es ist charakteristisch für besessen machende wie auch für Spukgeister, daß sie sich des Verstreichens der Zeit seit ihrem Tod überhaupt nicht bewußt sind, wie aus dem Fall oben klar wird. Der »bewußtseinserweiternde« Aspekt des Exorzismus wird ebenfalls deutlich: Dieses Wesen, John Sullivan, war anfänglich nicht in der Lage, etwas außer der körperlichen Welt zu sehen, konnte aber am Ende die körperlosen Wesen wahrnehmen, an die er gefühlsmäßige Bindungen hatte. Bei den Visionen auf dem Sterbebett haben die Sterbenden die Begegnung vor dem Tod, bei der Reanimation nach dem Tod. Und in den Fällen von Geistern, die spuken und besessen machen, kann der Exorzismus die Situation für die Verstorbenen »bereinigen«, indem er ihr »Bewußtsein« erweitert, so daß auch sie – endlich – ihre »Begegnung« haben.

Da Wickland von der Seriosität seines Vorgehens überzeugt war, machte er sich oft gar nicht die Mühe, die Identität der Geister zu klären, mit denen er in Verbindung stand; er *wußte,* daß es verstorbene Menschenwesen waren, und wenn die Welt ihm nicht glaubte, dann eben nicht. Doch in vielen Fällen, wie auch im folgenden, wurde die Identität geklärt; auch hier war sich der Geist, von dem der Betreffende besessen war, gar nicht dessen bewußt, daß er tot war:

Es ist schon einige Jahre her, daß sich einer unserer Freunde über das eigenartige und sprunghafte Verhalten eines Geschäftspartners, eines Mr. P., beklagte. Er war plötzlich äußerst reizbar und herrisch den Mitarbeitern im Büro gegenüber, ausgesprochen unvernünftig, nie zufriedenzustellen und fluchte fürchterlich.

Da alles auf eine Obsession (Besessenheit) hindeutete, befaßten wir uns mit dem Betreffenden, und nach einigen Wochen sprach ein zorniger Geist durch Mrs. Wickland, der freimütig zugab, diesen Mann gepeinigt zu haben, weil er sich für die Aufmerksamkeiten rächen wollte, die dieser angeblich seiner Frau erwiesen hatte. (Die Situation hatte zu seinen Leibzeiten bestanden, aber er hatte sie erst nach seinem Tode entdeckt.)

Der Geist gab sich als ein bekannter, örtlicher Geschäftsmann aus. Er war vor einiger Zeit gestorben, war sich dieser Tatsache aber nicht bewußt. Er erzählte, er sei lange krank gewesen, könne aber jetzt ohne Schwierigkeiten hingehen, wohin er wolle, weil es ihm wieder gutgehe.

Er konnte nicht begreifen, warum seine Frau nicht mehr mit ihm sprach, oder warum sein Kind, das stets so freundlich gewesen war, ihn jetzt so kalt behandelte (da er für sie jetzt unsichtbar war, wußten sie nichts von seiner Anwesenheit).

Er erklärte, einige seiner Freunde hintergingen ihn und machten seiner Frau seit einiger Zeit den Hof und schickten ihr

Geschenke und Blumen (im Zusammenhang mit seiner Beerdigung und um ihren Schmerz zu mildern). Er werde sich auch an ihnen rächen, sobald er mit seinem gegenwärtigen Opfer fertig sei.

Er sagte, er könne nicht ganz klar denken, führte das aber auf eine kürzlich erfolgte Betäubung zurück, die nach seiner Meinung auch die eigenartige Leichtigkeit seines Körpers und das Gefühl, kein Gewicht zu haben, erklärte.

Er war verwirrt dadurch, daß er, sobald er an jemanden dachte, sofort bei ihm war und sich in dessen Angelegenheiten mischte (»Fortbewegung durch Gedanken«, wie sie ähnlich bei Out-of-the-body-Erlebnissen vorkommt). Kürzlich hatte er sich bei Mr. P. aufgehalten, war aber nicht von ihm losgekommen (er war in dessen Bann »gezogen« worden, was anscheinend wie ein »Magnet« wirken kann). Das hatte ihn außerordentlich aufgebracht, er hatte »furchtbar viel geflucht«, den Mann nicht schlafen lassen, ihn veranlaßt, »früh« zur Arbeit zu gehen, und ihn auf alle nur denkbare Art geärgert.

Nach vielen Erklärungen erkannte er schließlich, daß er »gestorben« war, obwohl er im Anfang Schwierigkeiten hatte, das zu begreifen, denn er »hatte immer gedacht, daß mit dem Tod alles aufhöre«.

Als ihm versichert wurde, daß ihn Aktivität und Weiterentwicklung in der Welt der Geister erwarteten und daß ihm seine Lage dort zu seiner vollen Zufriedenheit erklärt würde, zog er sich zurück.

Am nächsten Tag stellte man im Verhalten von Mr. P. eine so grundlegende Wandlung fest, und er benahm sich so normal, daß das gesamte Büro die Veränderung bemerkte. Verständlicherweise wußte Mr. P. nicht, was geschehen war, und er hatte auch keine Ahnung von dem Experiment, das man in seinem Namen durchgeführt hatte.[15]

Obwohl im oben geschilderten Fall die Identität geklärt wurde, verschleierte man sie, um die Anonymität der betroffenen Parteien zu wahren. Im folgenden Fall eines »erdgebundenen«, wenn auch nicht besessen machenden Geistes lag sie offen zutage. Der Ort des Geschehens war Chicago am 15. November 1906, zu Beginn der Laufbahn Wicklands als Exorzist:

Bei einer unserer okkulten Zusammenkünfte fiel Mrs. Wickland, in die ein fremdes Wesen eingedrungen war, der Länge nach zu Boden und war einige Zeit bewußtlos. Man brachte den Geist schließlich zu Bewußtsein. Er benahm sich, als hätte er große Schmerzen, und sagte immer wieder: »Warum habe ich nicht mehr Karbolsäure genommen? Ich will sterben; ich hab' genug vom Leben.« Mit schwacher Stimme beklagte sich der Geist über die undurchdringliche Dunkelheit überall und war nicht in der Lage, ein elektrisches Licht wahrzunehmen, das ihr direkt ins Gesicht schien. Kaum hörbar flüsterte sie: »Mein armer Sohn.« Als man sie um Auskunft drängte, sagte sie, sie hieße Mary Rose und wohne in der South Green Street 202, eine Straße, die uns zu der Zeit vollkommen unbekannt war.

Zuerst konnte sie sich an gar kein Datum erinnern. Aber als wir fragten: »Haben wir den 15. November 1906?«, erwiderte sie: »Nein, das ist erst nächste Woche.« Das Leben war für sie eine schwere Enttäuschung gewesen. Ständig hatte sie unter chronischen Leibschmerzen gelitten und schließlich Gift genommen, um ihrem erbärmlichen Dasein ein Ende zu machen. Zunächst konnte sie nicht verstehen, daß sie ihren materiellen Körper erfolgreich zerstört hatte, denn wie die meisten Selbstmörder war sie in völliger Unkenntnis über die Unzerstörbarkeit des Lebens.

Man überzeugte sie schließlich, daß sie, obwohl sie tot war, immer noch existierte. Dieses Wissen vertrieb die »Dunkelheit«, in die sie getaucht war, und schwach sah sie die Gestalt ihrer verstorbenen Großmutter, die gekommen war, um sie zu begrüßen.

Die Wicklands stellten Nachforschungen bei der angegebenen Adresse an und fanden heraus, daß eine Frau dieses Namens dort gewohnt hatte, daß ihr Sohn immer noch dort wohnte und man sie in das Cook County Hospital gebracht hatte, wo sie in der vorigen Woche gestorben war. Nach weiteren Rückfragen im Krankenhaus erhielt man die zusätzliche Bestätigung dieser Angaben und eine Kopie der Aufzeichnung des Falles:

Cook County Hospital, Chicago, Illinois
Mary Rose.
Eingang: 7. November 1906
Gestorben: 8. November 1906
Karbolsäurevergiftung.
Nr. 341106.[16]

Fälle wie dieser stützen die Behauptung, daß die Zahl der »erdgebundenen« und »besessen machenden« Toten wahrscheinlich beträchtlich ist. Das Beispiel des Mr. P. läßt darüber hinaus vermuten, daß viele Opfer der Besessenheit sich überhaupt nicht des Einflusses bewußt sind, unter dem sie stehen. In einigen Fällen haben Hellseher Wesen, von denen andere besessen waren, gesehen und beschrieben, Wesen, die auch von ihren Opfern erkannt wurden, die sich sowohl ihrer Gegenwart wie des Einflusses überhaupt nicht bewußt gewesen waren. Der folgende Fall eines übersinnlich veranlagten Kindes ist ein gutes Beispiel:

Eine komisch aussehende Tante, die Miss Salt heißt, ist hier. Sie hat kurze Haare, Papa nennt das Rattenschwänze, und eine Männerstimme, und in ihr ist ein alter Mann (d.h. in ihrer Aura). Mir kam das ziemlich komisch vor, und als wir vor dem Tee mit unserer Kusine Agnes im Herrenzimmer saßen, sagte ich: »Warum schleppst du so einen alten Mann mit dir rum?« Sie sprang auf und rief: »Gott im Himmel! Was meint der Junge nur?« Und die Kusine Agnes wurde ganz rot, als hätte ich etwas Unanständiges gesagt, und lachte verlegen. Und da dachte ich, ich erzähle Miss Salt vielleicht, daß der alte Mann lustig angezogen ist, ein bißchen wie auf den Bildern von Mr. Pickwick, aber er sah längst nicht so nett aus und hatte einen häßlichen, roten Fleck auf der Backe. »Um Gottes willen!« schrie sie, »aber das ist ja Mr. . . .« Und sie nannte einen Namen, an den ich mich nicht erinnern kann.

Als ich William, dem netten Gärtner, zusah, der sagt, alles sei komisch, kam Miss Salt vorbei und sagte, sie würde einen kleinen Spaziergang zum See machen, und ob ich nicht mit ihr kommen wollte. Ich mußte ja sagen, um nicht ungezogen zu erscheinen. Als wir an das Ufer kamen, setzten wir uns in den Sand . . ., und sie sagte: »Sag mal, wieso wußtest du von dem alten Mann?« Ich erklärte ihr, daß ich sein Gesicht in ihren Lichtern sehen konnte. Dann fragte sie mich, was ich mit den Lichtern denn meinte, was mich sehr erstaunte, denn die alte Dame ist nicht blind und trägt auch keine Brille. Ich sagte: »Nun, das Scheinen um die Menschen herum natürlich.«[17]

Es leuchtet ein, daß sich der Junge noch nicht darüber im klaren war, daß die meisten Menschen eine Aura nicht wahrnehmen können.

Als Exorzist wirkte Prince, soweit ich festgestellt habe, in einem sehr viel bescheideneren Umfang als Wickland und hat nach meinem Wissen nur vier Exorzismen durchgeführt. Obwohl zwei offensichtlich erfolglos waren, sind die beiden, die er erfolgreich abschloß, ein erstaunliches Zeugnis für *bewußte, bösartige Besessenheit.* Hier ist einer der Fälle:

Im Mai des Jahres 1922 wurde Prince, ein Psychologe, von einer Mrs. Latimer konsultiert, die ihn anflehte, ihr zu helfen. Sie sagte, sie sei sicher, vom Geist eines Toten besessen zu sein.

Marvin, ein Vetter, der vor zwei Jahren gestorben war, hatte sie gut gekannt. Ein oder zwei Tage nach seinem Tod begann sie, eine Stimme zu hören, die wie seine klang und auch behauptete, es zu sein. Die Stimme war haßerfüllt und erklärte, sie werde ihr Leid zufügen und habe auch Gründe dafür. Zuerst klang die Stimme so, als käme sie von außen, als befände sich eine unsichtbare Person im Zimmer. Bald wurde sie jedoch zu einer inneren Stimme, wenn auch nicht weniger realistisch und quälend. Zwei Jahre lang peinigte sie sie und machte ihr das Leben zur Hölle. Oft hörte sie die Worte: »Du hast mir Leid zugefügt, und ich werde dir auch Leid zufügen.« Sie konnte keinen Grund dafür finden und fragte nach einer Erklärung, die schließlich auch kam. Die Stimme wollte sich für einen bestimmten Vorfall rächen, als Mrs. Latimer, ohne es zu bemerken, von Marvin beim Schreiben eines Briefes beobachtet worden war. Der Brief hatte eine Bemerkung über ihn enthalten, die seine Gefühle zutiefst verletzt hatte ... unmittelbar vor seinem Tod. Sie erinnerte sich ... an den Brief ...

Die Stimme schalt sie, weil sie keine Blumen zu seiner Beerdigung geschickt hatte. Sie hatte Rosen für den Sarg bestellt und angenommen, daß man sie auf ihm arrangieren werde. Als sie sich vergewisserte, entdeckte sie, daß man die Blumen an eine kaum sichtbare Stelle gelegt hatte. In kaum einer Nacht fand sie Ruhe ... Kaum ein Tag verging ohne diese Nachstellungen ... Prince diagnostizierte ihren Zustand als einen schweren Fall von Paranoia oder Verfolgungswahn. Er hatte durch Therapie Patienten mit den verschiedensten psychischen Erkrankungen helfen können, aber »in allen Fällen, in denen es um das geht, was man als Verfolgungswahn bezeichnet, der durch Gehörhalluzinationen begleitet wird, waren Aufklärung, Überzeugung, Analyse oder Suggestion ohne jeden Nutzen.« Er beschloß, eine völlig andere Behandlungsmethode zu wählen. Er erklärte ihr, er sei nicht davon überzeugt, daß es so etwas wie besessen machende Geister gäbe, auf der anderen Seite ließen die Fakten die Vermutung zu, daß sie vielleicht wirklich existieren.

Aus diesem Grund stimmte er einem Experiment zu, das auf ihrem Glauben aufbaute, wirklich besessen zu sein. In Gegenwart von Mrs. Latimer sprach Prince freundlich, aber ernsthaft direkt mit dem besagten »Geist«. Er bat das Wesen, seine Kusine von den Qualen, die sie litt, zu befreien und ihr zu vergeben. Dann sei er frei und könne in ein größeres Reich ziehen.

Betrachte die ganze Angelegenheit in dem Wunsch, dieser Frau Gerechtigkeit widerfahren zu lassen ... Versuche, es aus ihrer Sicht zu sehen ... Denke an ihre Leiden ... Und überlege, wie sich deine Bemühungen, ihr zu helfen und gut zu ihr zu sein, auf dich auswirken. Du wirst vielleicht Augenblicke des Glücks erleben, wie du sie nicht mehr erlebt hast, seitdem du diese Erde verlassen hast. Wenn das eintritt, wirst du sicher damit fortfahren, und es wird die Zeit kommen, da dein Leben sich so gewandelt hat, daß du dankbar sein wirst für den Vorschlag, den ich dir heute mache.[18]

Und was war das Ergebnis dieses Versuchs zur »Bewußtseinserweiterung?« Vom gleichen Augenblick an hörten die Phänomene auf und kamen nie wieder.

Das Oui-ja-Brett und der Fall des Gustav Adolf Biedermann

Einige Spiritualisten halten sogenannte Heimsitzungen ab, zu denen sie sich regelmäßig treffen, um mit den Toten in Verbindung zu treten. Man arbeitet mit Medien, automatischem Schreiben und Oui-ja-Brettern, und ein beträchtlicher Teil der Kommunikation wird der »Rettung« gewidmet, bei der »erdgebundene« Tote aufgespürt, instruiert und befreit werden. In einigen Fällen handelt es sich um Besessenheit durch die erdgebundenen Geister – entweder um bloße Versuche oder erfolgreiche Fälle. In diesem speziellen Fall wurde das Wesen, das in eine andere Person eindringen wollte, genau identifiziert, und die offenkundige Ursache für seine »Erdgebundenheit« kam in einem fesselnden Gespräch zutage, das mit Hilfe eines selbst gefertigten Oui-ja-Brettes geführt wurde, in das man die Buchstaben des Alphabets mit einem Brennstab eingebrannt hatte. Die Anwesenden legten ihre Finger leicht auf ein umgedrehtes Glas, das sich von Buchstabe zu Buchstabe »bewegte« und die Botschaft übermittelte. Zwei Mitglieder des Zirkels, Miss E. und Mrs. D., merkten, daß ein unbekanntes körperloses Wesen sie »ärgerte« und offensichtlich ein besonderes Vergnügen daran fand, ihr Oui-ja-Brett immer dann zu »belegen«, wenn sie mit ihm arbeiten wollten. Weil man das als lästig empfand, noch mehr aber, weil derartige Phänomene oft das Vorzeichen für Versuche sind, jemanden »besessen« zu machen, baten sie um Hilfe durch die übrigen Mitglieder des Zirkels, und man vereinbarte eine Sitzung. Am Brett saßen Mrs. W. G. und Mrs. G. J. Außerdem waren die »Opfer«, Miss E. und Mrs. D., und R. W. anwesend. Zunächst kam ein Wesen namens »Peter« durch, mit dem man über das Brett in regelmäßiger Verbindung stand. Seine Bemerkungen beziehen sich auf das »sich einmischende« Wesen. »Peter« rät ihnen, »mit ihm zu sprechen.«

Frage: Ist es denn ein Mann?

Antwort: Ja. Gebt ihm nach. Lernt ihn kennen. Wir können uns dann von hier aus weiter mit ihm beschäftigen . . . Ich gehe jetzt. Kein Ärger. Kein Schaden (das soll heißen, daß das lästige Wesen nicht als gefährlich anzusehen ist).

Frage: (an das unbekannte Wesen) Du weißt, daß du dich im Reich der Geister befindest?

Antwort: Ja. Ich bin . . .

Frage: Wie . . . heißt du, weißt du das noch?

Antwort: Ja, aber das sag' ich nicht.

Frage: Wir wollen dir doch helfen.

Antwort: Ich will eure Hilfe nicht. Mir hat es bei den Damen gefallen (die »Opfer« Miss E. und Mrs. D.), und mit euch werde ich mich bestimmt nicht anfreunden. Kümmert euch um eure eigenen Angelegenheiten. Ich bin nicht hierhergekommen, um mit euch zu sprechen.

Frage: Du mußt dich irgendwo anders betätigen und nicht diese netten Leute belästigen . . . Kannst du irgend jemanden sehen, der in deiner Nähe steht? (»Peter« hatte am Anfang erklärt, daß Stanley, R. W.s verstorbener Bruder, bei ihnen bleiben würde, um beim Kontakt mit dem Wesen behilflich zu sein).

Antwort: Ja, natürlich.

Frage: Das ist mein Bruder, ein prima Kerl. Er wird dir helfen . . . Und auch noch andere werden dir helfen.

Antwort: Nur Hitler kann mir helfen. Er hat am meisten Köpfchen.

Frage: Wie . . . heißt du?

Antwort: Was geht euch das an? Haltet die Klappe und verduftet. Ich hau' ab . . . Ihr geht mir auf die Nerven . . .

Frage: Ich würde dich viel lieber beruhigen.

Antwort: Sei ruhig.

Frage: Ich möchte, daß du damit aufhörst, unsere Freunde hier zu belästigen.

Antwort: Tut mir leid.

Frage: Das klingt schon besser. Das ist die Antwort eines einsichtigen Mannes, der du sicher bist.

Antwort: Ich geh' jetzt.

Frage: Geh mit dem Gedanken der Freundschaft zu uns . . . Was für ein Landsmann bist du?

Antwort: Deutscher . . . Ich bin Deutscher und heiße Gustav . . . Ich bin Gustav Adolf Biedemburg . . .

Frage: Wieso bist du zu uns gekommen? Warum nicht zu einem deutschen Zirkel?

Antwort: Ich habe in London gewohnt . . . Ihr begrüßt mich . . . Ich habe in meinem Haus Charnwood Lodge gewohnt . . .

Frage: Bitte . . . Peter, dir zu helfen.

Antwort: Ich gehe jetzt zu einem guten Freund, der mir zuhört und mit mir redet.

Drei Tage darauf hielten sie eine weitere Sitzung ab. »Peter« beginnt.

Frage: Nun zu Gustav. Einen Moment . . . (»Gustav« übernimmt die Kontrolle über das Glas:)

Antwort: Ich möchte mich aufrichtig entschuldigen und mich außerdem herzlich bedanken.

Frage: Es freut uns . . ., daß wir dir helfen konnten. Komm, wann immer du willst. Du wirst Freunde treffen, und auch Mrs. D. und Miss E. werden dich willkommen heißen.

Antwort: Ich möchte helfen. Ich bin nicht mehr einsam. Ich will euch sagen, wie ich richtig heiße. Adolf Biedebmann (ein Fehler beim Buchstabieren: »Biedermann« war der richtige Name). Ich wurde überall nur Gustav genannt.

Frage: Sollen wir dich auch Gustav nennen?

Antwort: Bitte. Ich war ein Rationalist.

Frage: Was ist das genau?

Antwort: Eine Art Religion, bei der man nur dem eigenen Verstand folgt. Sie umgibt einen mit einer Mauer.

Frage: Bist du deswegen so einsam gewesen und hast keine Begleiter gefunden?

Antwort: Ja, zum Teil.

Frage: Gibt es noch etwas, wobei wir dir helfen können?

Antwort: Peter wird mir helfen. Euer Stan zeigte mir, wie ich Verbindung zu ihm aufnehmen konnte. Ich bin so dankbar. Ich war gerade 70, als ich starb.

Frage: Wir haben geglaubt, du seist sehr viel jünger . . . Wahrscheinlich wegen deiner Anspielung auf Hitler. (Die Sitzungen fanden im Januar 1943 statt.)

Antwort: Das hab' ich gesagt, um euch zu verletzen. Das tut mir leid. Ihr vergebt mir und wir sind Freunde, nicht wahr?

Frage: Selbstverständlich.

Antwort: Danke. Gute Nacht.

(»Peter« schreibt:) Gar nicht so wild. Er hat ein sehr gutes Herz. Ein neuer Freund für Peter.

Dieses kontaktsuchende Wesen erschien zum letztenmal am 4. Februar 1943.

Antwort: Ich hoffe, ihr empfangt mich als Freund. Gustav.

Frage: Aber ja, Gus. Wie geht es dir?

Antwort: Ich bin glücklich, und das bedeutet mehr, als ich mit Worten ausdrücken kann . . .

Frage: Was tust du so?

Antwort: Ich arbeite an mir. Ich . . . erinnere mich an mein Erdenleben . . . Ich bin glücklich . . . Mein Fehler ist mir vergeben?

Frage: Ja, natürlich . . .
Antwort: Vielen Dank euch allen. Gute Nacht.[19]

Die Mitglieder dieses »Zirkels« bemühten sich nicht, die Idenität dieses Wesens zu klären. Sie glaubten ihm so und waren glücklich, ihm geholfen zu haben. Doch im Jahr 1964 beschloß der britische Forscher der S.P.R., Alan Gauld, nachzuprüfen, ob dieser Mann wirklich jemals gelebt hatte. Er hatte existiert. Biedermann war Psychologe gewesen, und buchstäblich alles, was er über sich gesagt hatte, erwies sich als richtig. Ein Mann, der ihn gekannt hatte, beschrieb ihn als »barsch, arrogant, aufsässig und aggressiv«, was in seinen Gesprächen wohl deutlich zum Ausdruck kommt.

Und tatsächlich ist dieser fast etwas rührende Dialog ein klassisches Beispiel für die »Bewußtseinserweiterung«, der man bei Exorzismen so oft begegnet. Und eine der Behauptungen Biedermanns stützt eine Theorie, die viele Spiritualisten vertreten, daß nämlich die persönliche Einstellung zum Tod einen großen Einfluß auf das haben kann, was uns tatsächlich nach dem Tod widerfährt. Biedermann erklärt, daß er zu Lebzeiten ein »Rationalist« war, also jemand, der die Vorstellung als ausgemachten Unsinn bezeichnet hätte, daß ein bewußtes Dasein nach dem Tod weiterexistiert. Dieser Glaube führte offenbar zu einer postmortalen »Blockade«, die ihn daran hinderte, die gegenständliche Welt zu verlassen. Viele ähnlich gelagerte Fälle sind verbürgt. Der postmortale Bericht Dr. Karl Novotnys über seinen eigenen Tod, der über ein Medium vermittelt wurde, liefert ein weiteres Beispiel. Er war spazierengegangen und fühlte sich sehr abgespannt und war ziemlich verwirrt, als er sich plötzlich »energiegeladen« und in bester körperlicher Verfassung fand:

Ich drehte mich nach meinen Begleitern um und stellte fest, daß ich auf meinen eigenen Körper hinunterblickte, der am Boden lag. Meine Freunde waren verzweifelt, riefen nach einem Arzt und versuchten, einen Wagen aufzutreiben, der mich nach Hause bringen konnte. Doch mir ging es gut, und ich fühlte keinerlei Schmerzen! Ich konnte gar nicht verstehen, was vorgefallen war. Ich beugte mich hinunter und fühlte den Herzschlag des auf dem Boden liegenden Körpers. Er hatte tatsächlich ausgesetzt – ich war tot. Aber trotzdem lebte ich noch! Ich sprach meine Freunde an, doch sie sahen mich nicht und gaben mir auch keine Antwort. Ich war sehr verärgert und ging . . . Als . . . man meinen Körper in den Sarg legte, erkannte ich, daß ich tot sein mußte. *Doch ich wollte es nicht wahrhaben, denn ebenso wenig wie mein Lehrer Alfred Adler glaubte ich an ein Leben nach dem Tod.*[20]

Aber, so fährt er fort, als er erst einmal die Tatsache begreifen konnte, daß er weiterhin existierte, obwohl er physisch tot war, »erhöhte« sich sein Bewußtsein, und er konnte seine Mutter sehen, die gekommen war, um ihn zu »begrüßen«.

Gefahren des Oui-ja-Brettes

Bei der Durchsicht veröffentlichter Berichte über Fälle von Besessenheit hat mich immer wieder verblüfft, wie oft derartige Fälle das Ergebnis von Versuchen mit dem Oui-ja-Brett und dem automatischen Schreiben sind. Sich aus freien Stücken ahnungslos und, ohne sich der Gefahr recht bewußt zu sein, der Verbindung zu den Toten zu »öffnen«, scheint viele Tote derart anzuziehen, denen man auf gar keinen Fall begegnen möchte. Denn der Tod verändert offensichtlich nicht den Charakter des einzelnen. Ein bösartiger, grausamer und zu seinen Lebzeiten von Haß verzehrter Mensch wird auch im Tod so sein. Spiritualisten und andere in der Kommunikation mit den Toten sehr erfahrene Personen behaupten seit langem, daß am ehesten diejenigen erdgebunden sind, die von negativen Gefühlen und Haß erfüllt sind, was das »Bewußtsein« der Toten davon abhält, irgend etwas anderes als die materielle Welt nach dem Tod wahrzunehmen. Außerdem kann es sehr entmutigend sein, sich ohne materiellen Körper im irdischen Bereich bewegen zu müssen. Körperliche Wünsche, so scheint es, existieren noch, *doch es fehlt der materielle Körper, der sie befriedigen kann.* Und daraus erwächst jenes starke Bedürfnis, den Körper eines anderen zu »besitzen«.

Erste persönliche Erfahrungen mit diesem Aspekt der Besessenheit machte ich durch einen jungen Mann namens David und seine übersinnlich veranlagte Freundin Sally. Nach einer Vorlesung, die ich an einer kanadischen Universität hielt und in der ich kurz auf Besessenheit zu sprechen kam, sprach er mich an und schilderte mir gequält, wie eine verstorbene junge Frau mehrere Jahre in der Lage gewesen war, zu bestimmten Zeiten sich seines Körpers zu bemächtigen. Das Ergebnis war eine homosexuelle »Orgie«, denn, so seltsam es klingt, war *sie* heterosexuell, und das offensichtlich unter Frustrationen.

Sie konnte seinen Körper benutzen und ihn veranlassen, sexuell mit Männern zu verkehren, was sie als angenehm empfand, er aber, später, als niederschmetternd. Seine Freundin Sally machte sich große Sorgen seinetwegen, wußte aber nicht, wie sie ihm helfen sollte. Sie erzählte mir, daß sie die Gestalt dieser Frau oft »in« oder »auf« seinem Körper »sehen« könnte und manchmal auch von ihm getrennt. Ich schlug vor, Sally sollte ihr, wenn sie sie das nächste Mal »sähe«, erklären, daß sie sehr viel glücklicher wäre, wenn sie ihr Bewußtsein erweitern und sich von der Ebene des Materiellen lösen würde, auf der sie gar nicht richtig handeln konnte; auf der nächsten Ebene würde sie alle angenehmen Möglichkeiten finden, die ihr offenstanden. Zwei Tage darauf rief Sally mich an. Sie hatte den Geist, von dem David besessen war, gesehen und mit ihm gesprochen. Mir wird unvergeßlich bleiben, was sie sagte. »Ich konnte sie einfach nicht davon überzeugen, daß das Leben nach dem Tod mehr bietet als das, was sie hier erlebt. Ich erzählte ihr, daß das so wäre, und sagte ihr (wie ich vorgeschlagen hatte), sie sollte jemanden, den sie liebte und der tot war, um Hilfe bitten, aber sie glaubte mir einfach nicht. Sie will leben und sagte, das könnte sie nur durch Davids Körper.«

Aber warum nur durch *seinen* Körper, wollte ich wissen. Wenn sie jemanden besitzen wollte, um ihre sexuellen Wünsche zu befriedigen, warum dann nicht eher eine Frau als einen Mann? Offensichtlich hatte auch Sally sie danach gefragt. Sie antwortete, sie und David wären auf irgendeine mysteriöse Art aufeinander »eingestimmt«, was sie nicht näher erklärte. Es sei daher für sie relativ einfach, in seinen Körper einzudringen, bei anderen aber sehr schwierig oder unmöglich – so »bediente sie sich« seiner.

Fälle von Besessenheit, die durch ein Oui-ja-Brett herbeigeführt werden, ähneln einander nach meinen Erfahrungen sehr stark. Bestenfalls ist das Wesen schelmisch, schlimmstenfalls teuflisch feindselig. Die Motive der Geister, von denen jemand besessen ist, erweisen sich oft als im wesentlichen sadistischer Natur. Sie geben sich die größte Mühe, den am Brett Sitzenden in die Enge zu treiben; sobald ihnen das gelungen ist, können sie eine Reihe sehr nachteiliger Ratschläge geben: Der Betreffende solle z. B. sofort sein Haus verkaufen und nach Australien auswandern, wo er einen großen geistigen Lehrer treffen, der ihn in die höheren Sphären des Wissens führen werde. Falls derjenige dumm genug ist, diesem Rat zu folgen, was vorkommt, stellt sich die Ankündigung als vollkommen falsch heraus. Oder es wird ihm geraten, seine Frau in drei Wochen umzubringen, oder er erfährt, daß sein Kind tödlich verunglücken wird, und so weiter. Jedesmal erweisen sich solche Behauptungen als absolut unzutreffend. Wenn man dem Wesen jedoch voll vertraut – und die Bemühungen, die es dazu unternimmt, können beträchtlich sein –, können solche Botschaften verheerend sein.

Wie führt das Empfangen derartiger Botschaften zur Besessenheit? Das Opfer verspürt oft einen unwiderstehlichen Drang, Tag und Nacht das Brett zu benutzen oder automatisch zu schreiben. Manchmal geschieht das als Antwort auf eine Art inneren »Druck«, oft jedoch als Folge einer ständigen Stimme, die von außen kommen kann, öfter aber im Kopf des Opfers wahrgenommen wird. Einige der Fälle sind so gefährlich, daß sie eine direkte Bedrohung für das Leben des Opfers darstellen: Das Wesen kann das Opfer drängen, »dich zu töten, damit du zu mir kommen kannst«. In einigen tragischen Fällen ist das tatsächlich passiert. Ein Beispiel lebensgefährlicher Besessenheit betraf das Medium Geraldine Cummins. Raymond Bayless schildert, was geschah:

Eine junge Frau wurde in einen Kreis eingeführt, der mit dem Oui-ja-Brett arbeitete. Miss Cummins saß bei ihr, und innerhalb weniger Augenblicke schrieb ihr »Führer« Astor[21], daß der am Brett Sitzende vorübergehend von außergewöhnlich bösartigen Geistern besessen wäre, die eine Bedrohung für Miss Cummins darstellten, falls sie die Sitzung mit dem neuen Mitglied fortsetzte. Die junge Frau und ihr Mann sahen die seltsame Botschaft nicht, und Miss Cummins lehnte es glücklicherweise ab, in der Sitzung fortzufahren.

Nachträglich wurde offenbar, daß die Frau des öfteren das Opfer irrsinniger Wutanfälle wurde, in deren Verlauf sie den abwegigen, gefährlichen Wunsch verspürte, Blut zu sehen, und dann versuchte, auf jeden einzustechen, der in ihrer Nähe stand.[22]

Im Frühjahr 1972 bekam Robert Ashby, damals Forschungsbeauftragter am College of Psychic Studies in London und heute Direktor der Spiritual Frontiers Fellowship, den verzweifelten Anruf einer in Tränen aufgelösten Frau.

Sie hatte einen Freund, der seit einigen Jahren mit einem Oui-ja-Brett herumspielte und ihrer Meinung nach schon Kontakt zu verschiedenen verstorbenen Verwandten, Freunden und schließlich zu einem »überlegenen Meister« gehabt hatte, der »höhere Wahrheiten« offenbarte. Zu Weihnachten schenkte der Freund der 17jährigen Tochter der Frau, Linda, ein Oui-ja-Brett und drängte sie, ihr Glück zu versuchen. Linda und Wendy, eine Freundin aus der Schule, beschäftigten sich in der Woche nach Weihnachten mit dem Brett, und nach einigen Tagen fing der Zeiger an, sich zu bewegen und einige zusammenhängende Botschaften zu buchstabieren – neben dem üblichen Kauderwelsch. Auf die Frage: »Wie heißt das kontaktsuchende Wesen?«, buchstabierte das Brett den Namen »Joe«. Gefesselt, versuchten sich die Mädchen jeden Tag und zogen sich in Lindas Zimmer zurück, sobald sie aus der Schule nach Hause kamen. Sie verbrachten zwei, drei Stunden damit, mit »Joe« zu »kommunizieren«.

Wie es typisch ist für solche Beispiele, zeigte es sich, daß Joe sehr genau über vertrauliche Einzelheiten der beiden Mädchen Bescheid wußte, was sie sehr erstaunte; dann wurde Joe witzig, und die Mädchen hielten ihn für richtig gescheit; von den harmlosen Witzeleien ging Joe zu leicht zweideutigen Ratschlägen über, was Linda und Wendy noch mehr reizte. Die nächste Stufe waren eindeutig sexuelle Anregungen, die die Mädchen bald durcheinanderbrachten; aber als sie ihn baten, damit aufzuhören, wurden die Botschaften drohend, wobei die Warnungen auch »geistige Vergewaltigung« umfaßten, wie Joe es nannte, falls sie seinen

Wünschen nicht nachkommen sollten. Wendy war zu dieser Zeit so verängstigt, daß sie sich nicht mehr an das Brett setzte. Linda aber war so gefangen, daß sie es für gefährlicher hielt, aufzuhören als weiterzumachen, da Joe ihr wütend befahl, das Ritual fortzusetzen. Schließlich ... sagte Joe Linda, mit der Schule Schluß zu machen und den ganzen Tag zu Hause zu bleiben, um mit ihm in Verbindung zu sein, denn sie seien, so versicherte er, »Seelengefährtinnen« aus früheren Leben. Als Strafe, falls sie seinen Wünschen nicht entsprach, drohte er körperliche Entstellungen und sogar den Tod durch seine Hand an.[23]

An diesem Punkt hatte Linda den Mut, das Oui-ja-Brett in die Ecke zu werfen, hatte aber keine Lust, in die Schule zu gehen oder irgendeine therapeutische Hilfe anzunehmen, weil Joe sie vor beidem gewarnt hatte. Die Mutter fragte Ashby, ob er helfen könne. Er war dazu bereit, bekam aber nie eine Gelegenheit. Linda lehnte es ab, ihn zu sehen – Joe hatte ihr zugeflüstert, er würde sie töten. Der Ablauf der Ereignisse am Beispiel dieses Falles ist ganz typisch.

Paul Beard, Präsident des College of Psychic Studies in London, hat viele derartige Fälle untersucht. Sie führten ihn zu einigen ganz nüchternen Schlußfolgerungen. Wie die in diesem Kapitel geschilderten Erlebnisse sehr stark vermuten lassen, gibt es zunächst einmal zwei grundsätzlich verschiedene Arten der Besessenheit: die beabsichtigte und die zufällige. Die meisten der Wicklandschen Fälle gehörten zur zweiten Art; das besessen machende Wesen war unbeabsichtigt von der Aura eines Lebenden angezogen und dort festgehalten worden und wußte nicht, wie es sich helfen sollte. Dagegen handelt es sich in den meisten Fällen, in denen Oui-ja-Brett und automatisches Schreiben vorkommen, um willentlich herbeigeführte Besessenheit, und das Motiv des betreffenden Geistes ist, wenn nicht Schadenfreude, Bösartigkeit. Laut Beard erzeugt der Astralleib eine schützende Energieausstrahlung, den Okkultisten als »Aura« bekannt. Der häufige Umgang mit einem Oui-ja-Brett oder automatischem Schreiben kann einen ausgedehnten Kontakt zu einem bösartigen Toten nach sich ziehen, der das tote Wesen in die Lage versetzt, die Aura des Opfers zu »spalten«. Ist das einmal geschehen, kann das Wesen im Kopf des Opfers Kontakt zu ihm aufnehmen, wann immer es will, indem es mit ihm »spricht«, durch eine »Stimme« oder durch »Gedanken«. Dann strebt es die totale Beherrschung des Opfers an und gibt praktisch ununterbrochen nachteilige Ratschläge, die sogar von visuellen Halluzinationen begleitet werden können. (Eine meiner Bekannten war eine Zeitlang das Opfer eines solchen Wesens. Er erzeugte bei ihr lebhafte halluzinatorische »Filme«, die zeigten, wie sie ihr Baby quälte und tötete. Ich fragte sie, was das Wesen damit bezweckte. Sie antwortete: »Er will, daß ich das tue, was er mir in dem Film zeigt.«) Die Motive sind offenkundig sadistisch, und die Opfer dieser Angriffe können in den Selbstmord getrieben werden oder psychisch zusammenbrechen. Charakteristisch für diese Wesen ist ein geradezu teuflischer Erfindungsreichtum, wenn es darum geht, den Kontakt aufrechtzuerhalten und die Opfer zu manipulieren. Beard schreibt:

Der erste Schritt zur Abwehr besteht darin, ... nicht ... mehr als eine Stunde in der Woche für das automatische Schreiben oder das Oui-ja-Brett zu opfern. Wenn der Einfluß dahingeht, daß das Opfer häufiger schreiben soll, sollte das als ... äußerstes ernstzunehmendes Warnsignal aufgefaßt werden ...

Um das Opfer dazu zu bewegen, weiterzuschreiben, wird das Wesen ... Tatsachen ... über ... Verwandte nennen, die zutreffen, oder über ... Dinge des täglichen Lebens, die nachzuprüfen es den Besessenen auffordert ... Warnungen betreffen oft den Gesundheitszustand Verwandter an weit entfernten Orten. Häufig wird der Betreffende dazu ermuntert, eine Reise zu machen, was sich dann als nutzlos herausstellt ... Das Wesen kann Handlungen vorschlagen, die der Gesundheit schaden, z. B. nichts zu essen oder nächtelang wachzuliegen; das ist ein Versuch, ... eine körperliche und nervliche Erschöpfung herbeizuführen.

Das Wesen wird nicht eher ruhen, bis es das Opfer vollkommen und zu dessen Nachteil beherrscht, selbst wenn es vorgibt, daß seine Eingriffe gutgemeint und hilfreich sind ...

Was das Opfer in solchen Fällen tun sollte, ist ganz einfach: Es muß dem Wesen jeglichen Zugang verwehren, es »aushungern« ... Alle Versuche, ... die zu verstärktem Schreiben führen, müssen strikt untersagt werden, selbst wenn ... die dringlichsten Begründungen genannt werden.[24]

Das »Aushungern« des Eindringlings geschieht nach Beard am besten dadurch, daß man sich den vielen Zerstreuungen des täglichen Lebens zuwendet: Kino, Fernsehen, Geselligkeit mit Freunden usw. Als letzten Ausweg kann das Wesen die Behauptung gebrauchen, es bedürfe der Hilfe. Doch diese dringenden Bitten sollten unbedingt abgelehnt werden, da es sich dabei um einen überlegten Schachzug handelt, die Verbindung aufrechtzuerhalten. Am Ende seiner Ratschläge erklärt Beard: »In besonderer Not kann das Opfer im Geist die Vorstellung haben, völlig von einer Hülle aus Licht umgeben zu sein.«[25] Gerade dieser Satz berührte mich sehr, da er mich an ein außergewöhnliches Erlebnis des Psychiaters Stanislav Grof erinnerte.[26]

Bei seinen Untersuchungen und der therapeutischen Arbeit am Maryland Psychiatric Research Center in Catonsville lernte Grof eine Patientin mit einer Reihe psychischer Probleme kennen. Sie sprach auf die konventionellen Therapien nicht an, und die Ärzte hatten als letzte Möglichkeit einer Behandlung mit LSD zugestimmt. Bei der ersten psychedelischen Sitzung mit Grof und anderen Mitgliedern des Stabes kam es zu einem wirklich verblüffenden Ereignis. Es traten bei ihr die klassischen Symptome der »Besessenheit« auf. Nach den Aussagen Grofs verwandelten sich ihre Gesichtszüge plötzlich in die eines mürrisch aussehenden Mannes, und ihre Stimme wurde tief und männlich. Dieses »Wesen« sprach wütend und drohend mit den verblüfften Therapeuten, erklärte, die junge Frau wäre »sein«, und ließ klar erkennen, daß ihre persönlichen und psychischen Schwierigkeiten seinem negativen Einfluß zuzuschreiben waren. In einer erschreckenden Demonstration übersinnlicher Fähigkeiten enthüllte er abträgliche und peinliche Einzelheiten aus dem Privatleben einiger anwesender Therapeuten, u.a. auch Dinge, die sie nie einem anderen mitgeteilt hatten. Er machte ihnen klar, daß die LSD-Forschung in einer ernsten Krise stecke, und drohte damit, ihre gesamte Forschungsarbeit zu zerstören, indem er diese Einzelheiten den Medien in der schädigendsten Weise mitteilen werde, falls sie die Patientin nicht ihm überließen und die Behandlung einstellten. Dieser Wortschwall hielt eine Zeitlang an. Versuche, vernünftig mit dem »Wesen« zu reden, erwiesen sich als vergeblich. In letzter Verzweiflung erinnerte sich Grof, wie er sagt, der okkulten Tradition, daß diese bösartigen Wesen kein »Licht« mögen. Er schloß daher die Augen, meditierte und vergegenwärtigte sich die Patientin, die ganze Gruppe und sich selbst von »weißem Licht« umgeben. Augenblicklich hörten die Phänomene auf; das Gesicht und die Stimme verschwanden. Und nach und nach sprach das Mädchen auf die Therapie an.

Unter denen, die an ein Leben nach dem Tod glauben, selbst aber kaum Erfahrungen im »Verbindung Aufnehmen« zu den Toten gesammelt haben, herrscht die weitverbreitete Annahme vor, daß der Tod, da er die Toten in »Geister« verwandelt, sie auch »geistig« macht – gütig, weise und allwissend. Die Fälle, die ich in diesem Kapitel angeführt habe, zeigen, daß diese Annahme als Verallgemeinerung über die Toten kaum falscher sein könnte. Das »Niemandsland« zwischen der Welt der Lebenden und der der Toten scheint eine Art übersinnlicher »Dschungel« oder »Reich der Ausgestoßenen« zu sein, das bevölkert ist mit tückischen Psychopathen. Wenn sie ein Opfer finden und sich darauf »einstimmen« können, kann sich ihre zerstörerische Natur noch ungezügelter ausleben, als das im Besitz eines Körpers möglich war.

Besessenheit ist möglich

Ich habe anhand der persönlichen Erlebnisse sehr unterschiedlicher Personen versucht darzulegen, daß Besessenheit nicht das Phantasiegebilde einer abergläubischen Vergangenheit ist. Es gibt sie auch noch heute, so, wie es sie immer gegeben hat. Und es ist meine Meinung, daß das Vermächtnis dieser Erfahrungen, die sich im Laufe der Jahrhunderte angesammelt haben, sehr viel zur Erklärung der äußerst weitverbreiteten Furcht des Menschen vor dem Tod beitragen kann. Wie die Erlebnisse dieses Kapitels beweisen, haben wir allen Grund, zumindest *einige* der Toten zu fürchten.

Können wir irgendwelche sinnvolle allgemeine Aussagen über die eigentliche treibende Kraft des Besessenseins machen? Die

Untersuchung einer großen Anzahl veröffentlichter Fälle läßt vermuten, daß wir dazu in der Lage sind.

Wer verursacht Besessenheit?

Besessenheit wird nicht durch Dämonen, Teufel oder »böse Geister« verursacht, sondern durch Tote.

In welchem »Zustand« sind die Besessenheit verursachenden Toten? Hier müssen wir zwischen beabsichtigtem und unbeabsichtigtem Besessensein unterscheiden. Unbeabsichtigte oder zufällige Besessenheit scheint im allgemeinen auch immer die Unwissenheit des eigenen Todes mit einzuschließen und kann von verschiedenen Stadien der Bewußtlosigkeit begleitet sein. Diese Besessenheit verursachenden Wesen können in einer unbewußten Benommenheit befangen sein, die mit Unterbrechungen dem Opfer aufgebürdet werden kann. Sie können aber auch bei Bewußtsein sein, gefühlsmäßig aber gar nichts oder nur minimal etwas aufnehmen. Teilweise beklagen sie sich dann, in »undurchdringlicher Dunkelheit« oder einem »Nebel« zu existieren. Wieder andere nehmen die gegenständliche Welt ganz normal wahr, die ihnen auch völlig vertraut ist. Diejenigen im Nebel oder in der Dunkelheit erklären häufig, von einem »Licht« angezogen worden zu sein. Dieses »Licht« scheint in den meisten Fällen die »Aura« einer für Übersinnliches empfänglichen Person zu sein, es kann aber auch die Aura von jemandem sein, von dem man nicht weiß, daß er übersinnlich veranlagt ist. Da das Licht Zuflucht vor der Dunkelheit zu bieten scheint und auch optisch wahrnehmbar ist, »dringt« das Wesen möglicherweise »ein«, eine Handlung, die es offensichtlich innerhalb der Aura festhalten kann. Das Wesen ist jetzt in der Lage, den Menschen aus Fleisch und Blut zu beeinflussen, der sich dieses Einflusses unter Umständen gar nicht bewußt ist. Da das »gefangene« Wesen jetzt mit dem Betroffenen »umhergehen« muß, werden eine ungeheure Wut und Enttäuschung auf diese Person gelenkt, die den Toten, so scheint es, »gefangenhält«. Das Gefangensein kann von der Aura fortschreiten und zu einem Verschmelzen mit dem Körper des Lebenden führen. Das die Besessenheit verursachende Wesen betrachtet dann den Körper unter Umständen als seinen eigenen. In anderen Fällen ist sich der »Geist« dessen bewußt, daß es noch einen anderen, unwillkommenen Bewohner gibt – den ursprünglichen Eigentümer –, den er möglicherweise zu vertreiben sucht. All das kann für den Lebenden äußerst quälend sein.

Beabsichtigte Besessenheit andererseits scheint normalerweise von Toten herbeigeführt zu werden, die *wissen*, daß sie tot sind. Dieses Wissen verhindert jedoch nicht, daß sie in der materiellen Welt »festgehalten« werden. Alles, was sie wahrnehmen können, ist das, was auch wir mit unserem Körper wahrnehmen, wenngleich einige auch andere Wesen sehen können, die sich in der gleichen Situation befinden wie sie selbst. Das Dasein in diesem Zustand erweist sich als außerordentlich enttäuschend, da es ihnen normalerweise unmöglich ist, die gegenständliche Welt in irgendeiner Weise zu beeinflussen. Da diese Unfähigkeit häufig begleitet wird von normalen körperlichen Bedürfnissen nach Liebe, Nahrung und ähnlichem, führt sie zwingend zu gezielten Anstrengungen, die Macht über einen Körper zu erlangen, um sich diese Wünsche erfüllen zu können. In den schlimmsten Fällen besteht das sadistische Verlangen, den Lebenden zu quälen, zu beherrschen und ihn in den Wahnsinn oder Selbstmord zu treiben, wobei nötigenfalls eine teuflische Fähigkeit zur Irreführung eingesetzt wird.

Warum enden einige Tote so?

Hier bewegen wir uns auf sehr viel unsichererem Grund, wenn auch engagierte Forscher einige allgemeine Erkenntnisse zur Diskussion gestellt haben. Es wird behauptet, daß jeder ausgeprägte Wesenszug oder Wunsch uns in einem der oben geschilderten Zustände »festhalten« kann:

– bohrender Haß auf Personen oder bestimmte Situationen;

– Liebe zu irgendeiner Person, einem Gegenstand oder einer bestimmten Lebensweise;

– irdisches Verlangen: nach Nahrung, Sex, Alkohol,

Rauschgift, Macht, Geld, Kleidung, Lebensgewohnheiten, Rache danach, andere körperlich oder seelisch zu quälen usw.

– jeder negative allgemeine Wesenszug wie Habgier, Wollust, Eigensucht, religiöser Fanatismus, übertriebene Beschäftigung mit sich selbst usw.

– Unwissenheit über die Tatsache des Lebens nach dem Tod oder verbohrte, aber falsche Vorstellungen darüber.

Es wird auch behauptet, daß die Opfer von Besessenheit sie sich in gewissem Sinn selbst zufügen, wenn sie Charaktereigenschaften haben, die denen ähneln, die der Tote »besitzt«; das »zieht« wesensgleiche Verstorbene »an« und begünstigt den Vorgang zur Besessenheit.

Für jede dieser allgemeinen Erkenntnisse lassen sich eine ganze Menge Fälle anführen. Doch können wir nicht sagen, daß sie die einzigen Ursachen sind, da derartige Merkmale in unterschiedlichen Kombinationen buchstäblich auf alle Toten und Lebenden anwendbar sind. Und da andere Zeugnisse beweisen, daß nicht alle Toten Besessenheit verursachen und nicht alle Lebenden besessen sind, müssen wir eingestehen, daß wir die wirklichen Ursachen der Besessenheit nicht kennen. Möglicherweise ist es eine Frage des Ausmaßes, der Stärke oder der Natur der Bindung an diese Charakteristiken sowohl für die lebenden wie die toten Opfer der Besessenheit, die sie hervorruft.

Was soll ich tun, wenn ich davon betroffen werde?

Wenn jemand Grund zu der Annahme hat, in schädlicher Weise dem Einfluß irgendeines Toten ausgesetzt zu sein, stehen ihm mehrere Handlungsweisen offen. Einige Priester und Geistliche sind bereit, Exorzismen durchzuführen, was helfen kann. Einige spiritualistische und okkulte Gruppen versuchen, sowohl den Opfern wie auch den toten Tätern zu helfen, manchmal mit Erfolg. Mir sind Beispiele bekannt, in denen Gebetsgruppen in der Lage waren, die Phänomene zu stoppen. Ich habe festgestellt, daß das College of Psychic Studies mit einem Büro am 16 Queensberry Place in London eine gut unterrichtete Quelle für

Rat und Hilfe ist. Und schließlich muß auch darauf hingewiesen werden, daß nicht jeder wirklich besessen ist, der das annimmt. Besessenheit kann ein Zustand sein, der von außen durch einen Toten verursacht worden ist. Sie kann aber auch eine rein subjektive Täuschung sein, eine Art Geisteskrankheit, die nichts mit den Toten zu tun hat und einzig vom Verstand des Opfers erzeugt wird. In beiden Fällen kann ein Psychiater wirksam helfen. Sie können Medikamente, z. B. Sedativa, geben, um den Patienten zu beruhigen und einige der störendsten Symptome, wie die »Stimmen«, auszuschalten. Sie können durchsetzen, daß das automatische Schreiben und der Gebrauch des Oui-ja-Brettes aufhören. Und unabhängig davon, ob die Besessenheit nun echt ist oder nicht, können sie dem Patienten zu der Einsicht verhelfen, daß das »alles in seinem Kopf« passiert. Und dadurch können sie, unbeabsichtigt, helfen, die Umklammerung der Toten zu brechen.

Und was tut man, wenn man sich *nach dem Tod* in einem dieser quälenden Zustände befindet? Wenn, dann sollte man versuchen zu begreifen, daß man das ist, was man auf der Erde »tot« nennt. Man sollte versuchen, die Verwirrung und Furcht zu dämpfen und Menschenwesen zu finden, die man im Leben geliebt hat und die jetzt tot sind. Man soll sie um Hilfe bitten und so viel Gefühl in diese Bitte legen, wie nur möglich. Das muß man wiederholen. Es ist ein telepathisches Rufen – das postmortale Gegenstück zum Aufnehmen des Telefonhörers. Es ermöglicht es den »Gerufenen«, den Betreffenden zu »lokalisieren«. Sie werden bald bei einem auftauchen und ihn in die nächste Phase seines Daseins führen.

Kapitel 7
Geburt ist kein Anfang: Wiedergeburt

> Eines Tages kam jemand . . . mit einer Filmkamera. Als er sie auf Robert richtete und die Kurbel mit einem klikkenden Geräusch drehte, schrie Robert: »Nein, nein! Beim letztenmal haben sie mich so umgebracht!« . . . er wurde so hysterisch, daß ich nach einem Arzt schicken mute.[1]
>
> *Ein kleiner Junge erinnert sich an seinen Tod im Maschinengewehrfeuer im 1. Weltkrieg*

> Zweimal geboren zu sein ist nicht bemerkenswerter, als einmal geboren zu sein.
>
> *Voltaire*

Wir wissen eine ganze Menge darüber, wie es ist, tot zu sein. Doch müssen noch einige Fragen gestellt werden. Oft sagt man: »Er ist schon lange tot.« Aber ist er es wirklich? Und bleibt er »für immer« tot? Überraschenderweise können wir diese Frage mit einiger Genauigkeit beantworten. *Man kann damit rechnen, etwa 52 Jahre lang tot zu bleiben.*

Die meisten Menschen im Westen betrachten die Idee der Wiedergeburt als überspannten Aberglauben und können sich nur schwer vorstellen, wie eine so fremdartige Lehre entstehen konnte. Die Grundlage dieser Lehre *kennen* wir jedoch. Es ist die gleiche wie die, von der alle Vorstellungen in diesem Buch abgeleitet sind: *tatsächliche Erlebnisse des Menschen.* Und es gibt nur eine Art menschliches Erlebnis, das die Grundlage für die Idee der Wiedergeburt sein konnte – Erinnerungen an vergangene Leben.

Die Frau im Behandlungszimmer der Psychologin war 1938 geboren. In tiefer Hypnose ging Anna in der Zeit zurück, Jahr um Jahr. Nichts – bis auf 1917. Sie sah sich plötzlich in einem Wohnzimmer und blickte aus dem Fenster. Ihre Stimme klang traurig. Sie wohnte in einer Kleinstadt, und das Leben dort langweilte sie. Aber wo war sie? Sie wußte es nicht. Nehmen Sie eine Zeitung und sehen Sie nach, sagte man ihr. Es war die Stadt Westfield in New Jersey.

Sie beschrieb ihre Bindungen an das Haus, in dem sie wohnte, und erzählte mir, wie sie . . . die Vorhänge angefertigt hatte, die an den Fenstern hingen. Ich führte sie zu Begegnungen mit Nachbarn und Freunden und in Geschäfte auf der Hauptstraße der Stadt, und sie konnte mir alles genau erklären . . . Sie . . . war unruhig und unzufrieden . . ., sehnte sich nach Abwechslung. Sie wurde in einen geheimen Plan verwickelt, Regierungsbestände aus dem 1. Weltkrieg auf dem Schwarzen Markt zu verkaufen . . . ihr Mann war in der Armee . . . in Übersee, aber sie empfand keine starke Bindung an ihn . . .

Ich drängte weiter auf Beweise, . . . die ich nachprüfen konnte, und wurde mit einem Überfluß an Einzelheiten belohnt . . . Der Name des Drogisten an der Ecke, die Beschreibung und der Name des Polizeichefs . . ., der Name des städtischen Polizisten, der die Geschichte mit dem Schwarzen Markt aufdeckte . . . Anna erzählte von ihrem Zuhause auf der Mud Lane und nannte die Namen anderer Straßen und Plätze. Sie schilderte das große Feuer von 1896 und berichtete, daß die Feuerglocke in ihrem Klassenzimmer läutete, obwohl das Feuer mehrere Häuserblocks entfernt war.

Ich erforschte, inwieweit sie in die Geschichte mit dem Schwarzen Markt verwickelt war. Ihre Stimme bebte vor Erregung, als sie ihre Angst schilderte, entdeckt zu werden, und die Scham bei dem Gedanken, wegen Schieberei vor Gericht zu kommen, während ihr Mann in Übersee kämpfte . . . Sie sprach über ihren Haß auf die Deutschen und die völlige Hingabe ihrer Gemeinschaft an die grandiose Vorstellung des Kriegsruhms. Es kam mir so vor, als würden die . . . Gefühle und Verhaltensweisen des amerikanischen Kleinstädtertums von 1917 in meinem Büro wieder lebendig. Als ich sie auf das Thema ihres Todes in jenem Leben brachte, erfuhr ich entsetzt, daß sie sich selbst getötet hatte.

»Ich setze die Pistole an meine Schläfe, und dann sehe ich nur noch herrliche Farben. Ich höre keinen Knall. Oh, ich bin nicht entschwunden – ich nehme noch alles wahr.«[2]

Die Psychologin fand heraus, daß es in New Jersey tatsächlich eine Stadt namens Westfield gab. Neugierig geworden, beschloß sie, dorthin zu fahren. Bei ihrer Ankunft stellte sie fest, daß sich das historische Archiv der Stadt in einem ungewöhnlich guten Zustand befand und sogar die Berichte der Lokalpresse bis zurück zum Jahr 1885 auf Mikrofilm aufgenommen worden waren. Mit wachsendem Erstaunen fand sie buchstäblich alles bestätigt, was Anna gesagt hatte. In der Ortszeitung stand, warum die Feuerglocke im Schulzimmer geläutet hatte – die Schulglocke war die einzige in der ganzen Stadt. Anna hatte behauptet, der Polizeichef von Westfield sei ein gutaussehender Mann namens O'Neil gewesen. Ein altes Foto in der Zeitung bestätigte es – da sah man ihn, wirklich gut aussehend mit seinem üppigen Moustache. Selbst der Name des Drogisten erwies sich als richtig – und so war es auch beim kleinsten Detail, das überprüft wurde. Aber Anna hatte behauptet, auf der Mud Lane zu wohnen, und die war im Straßenverzeichnis nicht aufgeführt. Eine genauere Nachprüfung ergab, warum – 1924 war die Straße gepflastert worden, und man hatte sie in Crestwood Drive umgetauft.

Zum Schluß war nur noch ein Detail ungeklärt, das am Ende jedes Lebens steht – ein Grab. Auf dem Ortsfriedhof entdeckte die Psychologin das Familiengrab und die Steine mit den Namen der Familienmitglieder, doch ein Grabstein für sie fehlte. Nun werden Selbstmörder manchmal in nicht gekennzeichneten Gräbern beigesetzt, und das Friedhofsverzeichnis wies ein solches Grab für die Parzelle der Familie aus. Der Name des Bestatteten war nicht genannt, aber man hatte das Datum festgehalten, an dem der Körper in das Grab gelegt worden war. *Es war das Jahr 1917.*

Am 19. Januar 1951 wurde Munna Prasad, der 6jährige Sohn von Jageschwar Prasad, eines Frisörs aus dem Distrikt Chhipatti der indischen Stadt Kanauj, von den beiden Nachbarn Jawahar und Chaturi fortgelockt und brutal ermordet. Man hatte ihm die

Kehle mit einem Rasiermesser durchgeschnitten, die Leiche enthauptet und Kopf und Körper an verschiedenen Stellen vergraben. Ein Zeuge hatte gesehen, wie Munna kurz vor seinem Verschwinden mit den Männern fortgegangen war, und als man den abgetrennten Kopf des Jungen fand, wurden sie eingesperrt.

Einer von ihnen legte inoffiziell ein Geständnis ab und gab als Motiv für das Verbrechen den Wunsch an, am Erbe Prasads teilzuhaben; einer der Mörder, ein Verwandter, hätte so den Besitz des Frisörs erben können. Nach der offiziellen Anklageerhebung widerrief er jedoch sein Geständnis, und da es für den Mord selbst keine Zeugen gab, konnte der Fall nicht weiterverfolgt werden, und die beiden Angeklagten wurden freigesprochen.

Einige Jahre später erreichte ... Jageschwar Prasad die Kunde, daß ein in einem anderen Distrikt von Kanauj im Juli 1951 (sechs Monate nach Munnas Tod) geborener Junge sich als Sohn Jageschwars ausgegeben hatte, eines Frisörs aus dem Distrikt Chhipatti. Er hatte Einzelheiten über »seinen« Mord, die Namen der Mörder, den Ort des Verbrechens und andere Umstände aus dem Leben Munnas und über seinen Tod genannt. Der Junge, der Ravi Schankar hieß und der Sohn ... Babu Ram Guptas war, ... identifizierte sich vollkommen mit Munna. Seine Familie und die Nachbarn bestätigten seine wiederholten Fragen nach dem Spielzeug Munnas, das, wie er sagte, im ... Haus seines früheren Lebens lag ..., und sie bestätigten auch seinen Wunsch, ihn dorthin zu bringen. Er behauptete, er brauche das Spielzeug. Er beklagte, daß das Haus, in dem er wohnte, nicht »sein Haus« wäre ... Als man ihn ausschalt, lief er davon und sagte, er würde zu seinem früheren Haus gehen. Oft sprach er spontan über den Mord an Munna zu Mitgliedern seiner Familie ... zu Nachbarn und anderen ... Die Mutter Ravi Schankars und seine ältere Schwester ... gaben an, daß er solche Behauptungen zum erstenmal im Alter zwischen zwei und drei Jahren gemacht hatte.[3]

Ravi Schankar zeigte äußerst genaue Kenntnisse über Munnas Leben, dessen Sachen, Verwandte und Mord. Er erklärte richtig, am Tag des Mordes einige Guajavas gegessen zu haben, bevor er zum Spielen nach draußen gegangen war, dann von den beiden Männern weggelockt und in der Nähe des Chintamini-Tempels in einem Obstgarten mit einem Schnitt durch die Kehle ermordet worden zu sein. Dann sei er im Sand vergraben worden. Er kannte Munnas Namen und Adresse und war mit dessen Spielzeug und den Orten im Haus, wo sie aufbewahrt waren, bestens vertraut. Er erkannte Munnas Armbanduhr wieder und fragte nach dessen Ring. Das Wiedererkennen mit Munnas Vater gestaltete sich sehr gefühlsbetont, und in einer Gruppe von Frauen erkannte er spontan Munnas Großmutter mütterlicherseits.

Ravi Schankar identifizierte Munnas Mörder, vor denen er sich sehr fürchtete. Er wurde auch sehr ängstlich, als man ihn in die Nähe des Chintamini-Tempels brachte, wo Munna ermordet worden war. Und Ravi Schankar wurde mit einem eigenartigen Muttermal am Hals geboren – es war länglich und ähnelte einer Narbe von einem Schnitt mit einem langen Messer. Als 1964 ein amerikanischer Arzt dieses Muttermal untersuchte, sagte er, es habe »die Punkte wie eine Narbe« und sehe »ganz wie eine alte Narbe einer verheilten Schnittwunde aus«.[4] Interessant ist, daß Ravi Schankar, wenn er über seine Ermordung in einem früheren Leben sprach, *erklärte, das Muttermal an seinem Hals habe seinen Ursprung in der Wunde dieses Mordes.*

Die Erinnerungen an ein vergangenes Leben können demnach, wie im Fall Ravi Schankars, völlig klar und bewußt erfolgen. Sie können aber auch im Unterbewußten verborgen sein. Wenn das so ist, wie im Fall Annas, können sie in aufregender Weise durch die Hypnose wieder aufgespürt werden.

Untersuchungen über Wiedergeburt sollten nicht leichthin unternommen werden. Die Behauptung, daß wir alle schon einmal gelebt haben, versetzt uns in äußerste Verwirrung und wird von einem verantwortungsbewußten Menschen nur nach einer peinlich genauen Prüfung aufgestellt werden. Solche Überprüfungen sind tatsächlich im letzten Jahrzehnt mit größter Gewissenhaftigkeit durchgeführt worden. Und alle Untersuchungen kamen zu einem einzigen Ergebnis: Wiedergeburt ist keine bloße Theorie, sie ist eine Tatsache.

Der führende Wissenschaftler auf dem Gebiet der *bewußten* Erinnerungen an vorangegangene Leben ist Dr. Ian Stevenson, ein geachteter Professor der Psychiatrie an der Universität von

Virginia. Er hat die Berichte von 1700 Personen gesammelt, die eindeutige Erinnerungen an ein Leben vor dem jetzigen haben. Die Erinnerungen sind, und das ist typisch, sehr bewegt, und natürlich sind diejenigen, die sie haben, von ihrer Echtheit überzeugt. Und wenn einige sich auch nicht an genügend Einzelheiten erinnern, die eine definitive Bestimmung ihres früheren Selbst zulassen, ist das doch bei vielen anderen der Fall.

In einem typischen Fall beginnt ein Kind mit zwei oder drei Jahren, wenn es alt genug ist zum Sprechen, damit, ständig zu behaupten, einmal jemand anders gewesen zu sein. Die meisten Eltern bemühen sich darum, diese Äußerungen abzuschwächen. Doch das Kind ist beharrlich. Es bleibt dabei, daß es die Wahrheit sagt, selbst wenn es wiederholt dafür gestraft wird, und bittet darum, zu seinem früheren Zuhause gebracht zu werden, das es allem Anschein nach sehr vermißt. Es schildert viele Einzelheiten seines früheren Selbst und nennt auch seinen Namen und die Anschrift. In den Fällen, in denen diese Behauptungen nachgeprüft wurden, erwiesen sie sich in der Regel als zutreffend. Eine solche Person hat so und dort gelebt und ist gestorben, wie es das Kind erzählt hat. Wenn das Kind in seine angeblich frühere Umgebung gebracht wird, ist es normalerweise in der Lage, die Erwachsenen zu seinem früheren Zuhause zu führen und genau alle Veränderungen festzustellen, die seit seinem »Tod« vorgenommen worden sind. Das damals weiße Haus ist heute grün; ein Baum ist gefällt worden; ein Laden auf der anderen Straßenseite existiert nicht mehr. Wenn zehn Freunde und Verwandte des toten Kindes zusammen mit zehn Personen, die es nie gesehen hatte, vor ihm aufgestellt werden, kann das Kind die erkennen, die es früher gekannt hat. Hand in Hand mit dieser Identifikation kommt es oft zu sehr bewegten Szenen. Es kann passieren, daß ein dreijähriges Kind seine frühere Frau korrekt mit ihrem Kosenamen ruft, auf sie zuläuft und es umarmt, zu ihr wie ein Mann mit seiner Frau spricht und erklärt, bei ihr bleiben und nicht mehr zu seinen Eltern zurück zu wollen. Begegnet es seinen Kindern, die natürlich ein gutes Stück älter sind als es selbst, spricht es sie an und verhält sich ihnen gegenüber genauso wie ein Vater. Und in den spektakulärsten Fällen hat das Kind ein Muttermal, dessen Form sehr stark einer Wunde ähnelt, die dem Verstorbenen entweder vor oder bei seinem Tod beigebracht wurde und das sich auch an der gleichen Stelle befindet.

Dr. Stevensons gewissenhafte Untersuchung von 30 der überzeugendsten Fälle hat jenseits aller Zweifel ergeben, daß sie echt sind. Die betreffende Person hat tatsächlich gelebt, ist gestorben und wurde wiedergeboren. Aber diese lebhaften, bewußten Erinnerungen an ein vergangenes Leben sind, wenn auch sicher nicht sehr selten, doch nicht die Regel. Die meisten von uns haben sie eindeutig nicht. Und das stellt uns offenkundig vor ein Problem. Warum erinnern sich nur einige Menschen an ihr früheres Leben? Wenn Wiedergeburt, wie ich behauptet habe, eine Tatsache ist, warum sollten dann nur ganze 30 oder selbst 1700 unter den Milliarden von Menschen sie erlebt haben? Die Antwort lautet, daß das gar nicht der Fall ist. Die Beweise, die man mit Hilfe von 1500 Hypnotisierten gesammelt hat, zeigen, daß es nicht den geringsten Zweifel gibt, *daß wir alle sie erlebt haben.*

Bewußte Erinnerungen an ein vergangenes Leben

Diese Erinnerungen können hinsichtlich der Klarheit und Detailliertheit große Unterschiede aufweisen. Meistens tauchen sie als bunte Bruchstücke auf, die nicht genügend Einzelheiten enthalten, um eine bestimmte historische Person zu identifizieren. Die Erinnerungen wecken aufwühlende Gefühle, oft seelische Qualen, treten aber nicht in gleicher Weise bei Eltern auf.

Als Kind hatte ich oft solche Erinnerungen und versuchte manchmal, mit Mutter darüber zu reden, die mir befahl, ruhig zu sein, und mir Schläge androhte, wenn ich weiter so dummes Zeug erzählte . . . Ich erinnere mich, wie es mich einmal mit ungeheuerer Klarheit überkam, daß ich erwachsen wäre und vier Kinder hätte, von denen ich das Neugeborene auf dem Arm hielt, während die anderen sich schreiend und schluchzend an mich hängten. Ich sah mich in der Kirche, umgeben von Menschen in eigenartiger, meist grauer Kleidung. Alle Frauen trugen lange, weite Röcke, die bis zum Boden gingen, und auch ich trug so einen Rock und eine weiße Bluse mit halbem Arm und ein Leibchen, das vorne geknöpft war, und auf dem Kopf hatte ich einen weißen Hut, dessen große Krempe vorne aufgestellt war. Einen ähnlichen Stil habe ich einmal auf Bildern aus Holland gesehen. Es war eine kleine Kirche auf einem Hügel, und die Menschen hatten sich dorthin geflüchtet, weil eine Schlacht tobte. Wir wurden ... mit Kanonen beschossen, und die Leute schrien ... Meine Kinder jammerten und klammerten sich an mich, und dann gab es einen furchtbaren Knall und alles war vorbei ... Ich erinnere mich, wie ich zitterte und meinen Kopf hielt. Ich wollte zu Mammi laufen und sie fragen, aber dann fielen mir die Schläge ein, die ich bekommen würde. Lange Zeit traute ich mich nicht nach Hause, wurde dann für krank erklärt und ins Bett gelegt. Da lag ich dann, erinnerte mich ganz deutlich an alles und wunderte mich und war nicht in der Lage, es zu begreifen. Selbstverständlich ... wagte ich nie, auch nur ein Wort mit irgend jemandem darüber zu sprechen ... doch ich wußte, daß ich schon einmal gelebt hatte, und behielt es für mich. Ich wollte nicht hören, ich würde nur dummes Zeug erzählen, und wollte auch keine Schläge haben ... Ich unterdrückte alles.[5]

Das ist ein ziemlich typisches Beispiel für diese Art von Erinnerung. Hier ein anderes:

Ich wurde 1915 geboren, und als erstes beherrschte ein Gefühl der Heimatlosigkeit meinen Geist. Das erlebte ich bewußt, die Bilder kamen erst später ... Ich weinte in mich hinein, und es dauerte mehrere Jahre, bis ich mich dahin gebracht hatte, zu lachen und glücklich zu sein. Es war in dieser Anfangsphase der Hilflosigkeit, als zum erstenmal der Verlust meines Sohnes an die Oberfläche kam. Er war ein Stück von mir, das weggerissen wurde – besser kann ich nicht erklären, wie ich fühlte.

Im dritten Jahr begann ich damit, ... mein Kissen zu glätten, mich hinzulegen und es zu streicheln, als wäre es die Wange meines Jungen. In den Bildern meiner Erinnerung war er vier Jahre alt, nie älter ... Ich hielt mich immer sehr sorgfältig aufrecht und streckte meinen Hals, und ich spürte, daß ich erwachsen war. Ich war so stark in der Vergangenheit verwurzelt, daß ich deutlich merkte, wie die Kleider mir bis über die Knöchel reichten und daß die Sandalen weich waren. Es war eine harte Zeit, bis ich lernte, auf einem Stuhl zu sitzen ...

Die Bilder aus der Vergangenheit ... kamen und gingen ... Nur meine Liebe zu diesem kleinen Jungen war stets gegenwärtig, zuerst als ein Schmerz in meiner Seele, später als eine Art Wissen über diese eine kleine Person. Seit frühester Kindheit sind die Bilder unverändert geblieben ... aber eines ... blieb mir wie in das Gedächtnis eingebrannt ...

Das Haus, in dem wir in diesem Bild der Erinnerung wohnen, muß sehr groß sein. Die Fenster sind hoch, wie normale Türen, haben tiefe Nischen, aber keine Scheiben. Ich kann zwar nicht genau sehen, daß sie keine Scheiben haben, aber ich weiß es definitiv. Der Boden besteht aus dicken, glänzenden Fliesen ... Sie sehen wie Marmor aus ... rötlichbraun und graugrün. Wenn ich auf dem Sofa läge und meine Hand ausstrecken würde, könnte ich eine Fliese mit einem ungewöhnlich großen, rotbraunen Muster berühren. Es hat den Anschein, als stünde mein Sofa fast mitten im Zimmer. Links, schräg hinter meinem Kopf auf der gleichen Seite wie die beiden Fenster, führen ein paar Stufen auf einen Dachgarten mit einer blendendweißen Einfassung. Es gibt keine Tür, aber man hat die eine Hälfte der Wand weggelassen, und vor dieser Öffnung spielt mein Sohn. Manchmal kommt er zu mir herüber und fährt spielerisch mit seinen Fingern über mein Gesicht. Das sind die Erinnerungen, die so quälen ... Er ist ganz in Weiß gekleidet, nicht nach der westlichen Art; seine Füße sind nackt. Meine Kleider sind dünn, ich liege auf der linken Seite und an meinem linken Fuß erkenne ich die weiche, löwenfarbene Sandale. Ich liege da und blicke auf mein braunes Handgelenk und den zarten, weichen Stoff. Obwohl ich sie nicht sehen kann, weiß ich, daß in meinen schwarzen Haaren weiße Perlen stecken. Selbst im jetzigen Leben »weiß« ich, daß mein Haar schwarz ist, obwohl es nie schwarz war ... Als Kind war ich immer sehr enttäuscht, wenn ich mein Spiegelbild erblickte – ich erkannte mich überhaupt nicht wieder ... In meiner Kindheit habe ich nie etwas von Wiedergeburt gehört ...

Langsam vermutete ich, daß ich in jenem früheren Leben vielleicht in Indien gelebt hatte. Eine Freundin riet mir, etwas über das Land zu lesen, weil sie in meinen Bildern und Wesenszügen so vieles fand, das man mit Indien in Verbindung bringen konnte. Dann fand ich mit der Freude des Wiedererkennens die Lotusblüte, die ich zu zeichnen begonnen hatte, noch bevor ich zur Schule ging. Aber auch OM, das heilige Zeichen, das Symbol Gottes, erkannte ich wieder ... und hatte, seit ich fünf Jahre alt war, vergeblich darüber nachgegrübelt, als ich eine sehr schön stilisierte »5« auf der Zigarrenschachtel meines Vaters sah und fest davon überzeugt gewesen war, daß es etwas anderes als eine Zahl sein mußte, wie mein Vater mir gesagt hatte ... Ich habe nie vergessen, wie ich die Zahl auf dem Holz mit dem Finger nachzog, während ich mich tief in meinem Innern bemühte, mich zu erinnern.[6]

In der Mehrheit der Fälle liefern solche Erinnerungen, auch wenn sie intensiv sind, nicht genügend Einzelheiten über die Identität der früheren Person, so daß man eine Verbindung zu einer bestimmten Einzelperson ziehen könnte, die in der Vergangenheit gelebt hat. In einigen wenigen Fällen wie dem Ravi Schankars ist das jedoch anders. Und weil sie so deutlich vor Augen führen, daß Wiedergeburt wirklich vorkommt, schildere ich drei Beispiele.

Robert

Joan Grant, das englische Medium, deren Erinnerungen an ihre früheren Leben so detailliert sind, daß sie darüber bemerkenswerte Bücher geschrieben hat, wurde vor einigen Jahren eingeladen, eine Freundin in Belgien zu besuchen. Deren Enkel, ein kleiner Junge von sechs Jahren namens Robert, wohnte bei ihr, da er das dem Aufenthalt bei seinen Eltern vorzog. Eines Morgens, kurz nach ihrer Ankunft, wachte Joan auf und sah den Jungen, der sie gründlich musterte. Abrupt, wie es in der Erregung vorkommt, erzählte er ihr, er wolle ihr etwas zeigen, und bat sie, sofort mit ihm zu kommen.

Er führte mich zu einer Rumpelkammer, in der eine große, ungeöffnete Kiste stand. Er wühlte in einer Schublade herum und gab mir einen Hammer und Meißel. »Öffne sie bitte. Ich kann es mit einer Hand nicht und habe versprochen, die andere erst wieder zu gebrauchen, wenn der Knochen völlig zusammengewachsen ist. Ich habe mir den Arm bei einem Sturz vom Pony gebrochen ...«

»Bist du sicher, daß deine Großmutter damit einverstanden ist? Es ist an sie adressiert und . . .«

»Bitte, öffne sie. Jetzt!« Er zitterte vor Ungeduld. »Ich selbst bin in der Kiste.«

Ich dachte, er meinte, die Kiste enthielt etwas, das ihm gehörte . . . Ich zog die Nägel aus dem Holz. Schließlich konnte ich den Deckel abheben und fand in der Kiste . . . ein großes Ölbild. Ich stellte es gegen die Wand und wischte die Sägespäne vom Glas. Es war das Porträt eines jungen Mannes in einer Khakiuniform. Wer war das? Offensichtlich jemand, den der Junge sehr gut kannte, denn er starrte das Bild mit äußerster Erregung und den Tränen nah an. Dann drehte er sich um und sah mich ernst an. »Wirst du nicht über mich lachen?« Ich wollte ihn in den Arm nehmen, aber ich merkte, daß der Anlaß zu bedeutend war. »Ich lache nie über Dinge, die wahr sind.« Er nickte. »Dann wirst du meiner Großmutter erzählen, daß das nicht ein Bild Onkel Alberts ist, sondern ein Bild von mir.«

Sofort ging ich zu ihr und erzählte es ihr. Ich glaube, sie hatte mich nur hergebeten, um sich das bestätigen zu lassen, was sie schon wußte. Es war eine große Erleichterung für sie, endlich volle Klarheit zu haben, wenn ihre Religion es ihr auch schwermachte, daran zu glauben, und sie erzählte vieles, was Roberts Geschichte untermauerte. Ihr älterer Sohn Albert hatte ihr immer sehr viel mehr als der jüngere Sohn John bedeutet. Sie hatte sich von ihrem Mann, einem Engländer, getrennt, als beide Kinder noch sehr klein waren. Albert war die meiste Zeit bei ihr in Belgien gewesen und 1915 als Hauptmann der belgischen Armee im Alter von 23 Jahren gefallen. John, der für den Krieg noch zu jung war, hatte man nach England auf eine Schule geschickt; er hatte eine Engländerin geheiratet. Er sah seine Mutter sehr selten; einmal einige Tage, als Robert zwei Jahre alt war und sie die Zeit zusammen verbrachten. Für die anderen Enkel war sie nur noch eine ältere Frau, die sie kaum kannten. Für Robert war sie der einzige Mensch, der zählte. War er bei ihr, blühte er auf. Bei seinen Eltern war er trotzig und ungezogen, bis sie dankbar waren, ihn nach Belgien zurückschicken zu können.

»Robert war immer ein braver kleiner Junge«, sagte sie . . . »Als er zum erstenmal ein Schwimmbecken sah, rannte er zum Sprungbrett und sprang hinein, obwohl er damals erst drei Jahre alt war. Auch Albert war ein guter Schwimmer. Eines Tages kam jemand mit einer Filmkamera. Als er sie auf Robert richtete und die Kurbel mit einem klickenden Geräusch drehte, schrie Robert: ›Nein, nein! So haben sie mich beim letztenmal getötet!‹ Ich versuchte, ihn zu beruhigen, aber er wurde so hysterisch, daß ich nach einem Arzt schicken mußte, der ihm ein Beruhigungsmittel gab. Nachts machte sich Albert allein in das Niemandsland auf, um einen deutschen Posten zum Schweigen zu bringen, der seine Männer mit einem Maschinengewehr in der Flanke angriff. Er hatte acht Kugeln im Körper, als sie ihn fanden, aber er starb nicht sehr schnell. Es wäre ihm fast gelungen, vor der Dämmerung bis zu den eigenen Linien zurückzukriechen . . .« Sie hatte Tränen in den Augen, fuhr aber gefaßt fort. »Es gab so viele andere Dinge, Kosenamen, mit denen Albert mich rief, Vorlieben und Abneigungen, mit denen wir uns gegenseitig aufzogen, Nebensächlichkeiten vielleicht, aber doch so sicher erkannt. Jetzt werde ich das Porträt aufhängen. Ich habe es in all den Jahren versteckt, weil selbst ein Foto von Albert Robert so – so seltsam werden ließ. Doch jetzt berührt es uns nicht mehr seltsam, daß Albert uns 1915 nur für kurze Zeit verlassen hat.«[7]

Alles in allem eine äußerst eigenartige Geschichte. Und wäre es die einzige, die uns bekannt ist, müßte man sie als Phantasterei einstufen und zu den Akten legen. Aber das ist sie nicht.

Der Fall Corliss Chotkin junior

Im Frühjahr 1946 starb in Angoon in Alaska Victor Vincent, ein echter Tlingit-Indianer. In den letzten Jahren seines Lebens hatte er ein sehr enges Verhältnis zu seiner Nichte, Mrs. Corliss Chotkin. Etwa ein Jahr vor seinem Tod sagte er ihr, er werde zu ihr als ihr nächster Sohn zurückkehren. Und damit sie ihn erkennen würde, hätte dieser Sohn zwei Narben, die er selbst jetzt hatte. Beides waren Operationsnarben, die eine rechts unterhalb der Nase, die andere auf dem Rücken, besonders auffallend durch einige runde Löcher, die von den Stichen zurückgeblieben waren. 18 Monate nach Victors Tod brachte seine Nichte einen Sohn zur Welt. Der Junge wurde nach seinem Vater Corliss Chotkin genannt. Bei seiner Geburt hatte er zwei Muttermale –

an der gleichen Stelle, wie sie Victor Vincent gehabt hatte, und auch im Aussehen völlig gleich.

Dr. Stevenson untersuchte diese Muttermale 1962. Sie sahen genau wie alte Narben aus. Die an Corliss' Nase war dunkler als die sie umgebende Haut und eindeutig gezahnt. Über das Muttermal auf dem Rücken sagte der Arzt:

Es war stark verfärbt und wulstig . . . etwa 2,5 cm lang und 0,5 cm breit. An den Rändern konnte man . . . deutlich mehrere runde Male neben der eigentlichen Narbe erkennen. Vier davon . . . lagen in einer Reihe wie die Stiche einer vernähten Wunde.[8]

Diese Muttermale waren interessant, um es bescheiden auszudrücken. Doch ihnen folgten einige noch außergewöhnlichere Vorfälle. Als Corliss 13 Monate alt war und anfing, etwas zu sprechen, versuchte seine Familie, ihm seinen Namen beizubringen. Und eines Tages, als seine Mutter damit beschäftigt war, geschah etwas äußerst Verwirrendes. Das kleine Kind öffnete plötzlich den Mund und sagte mit einem Tlingit-Akzent, der so deutlich bei Kindern dieses Alters völlig unerwartet ist: »Kennst du mich nicht? Ich bin Kahkody.« – *»Kahkody« war der Stammesname des toten Victor Vincent!* Doch das war erst der Anfang.

Als Corliss zwei Jahre alt war und bei den Docks spazierengefahren wurde, sah er plötzlich jemanden und wurde sehr aufgeregt. Er rutschte hin und her und sagte: »Da ist meine Susie.« Susie war die Stieftochter Victor Vincents, und Corliss hatte sie in seinem jetzigen Leben noch nie gesehen! Was dann kam, war genauso seltsam. Das zweijährige Kind streichelte Susie liebevoll, sprach (richtig) ihren Tlingit-Namen und sagte immer wieder ganz erregt: »Meine Susie, meine Susie!«

Einige Wochen darauf war die Mutter wieder mit Corliss draußen, als er plötzlich sagte: »Da ist mein Sohn William.« William Vincent war tatsächlich der Sohn Victor Vincents, und Mrs. Chotkin hatte gar nicht bemerkt, daß er ganz in ihrer Nähe war, bis Corliss es sagte. Mit drei Jahren nahm seine Mutter ihn mit zu einem großen Familientreffen. »Da ist die alte Dame«, erklärte Corliss, und: »Da ist Rose.« Rose war die Witwe Victor

Vincents, und Victor hatte sie immer »die alte Dame« genannt. Corliss hatte sie mitten in einer Gruppe erkannt, noch bevor seine Mutter bemerkt hatte, daß sie anwesend war.

Bei einer anderen Gelegenheit erkannte Corliss eine Freundin Victor Vincents wieder, eine Mrs. Alice Roberts, die zufällig ... am Haus der Chotkins vorbeiging, als Corliss auf der Straße spielte. Er rief sie richtig bei ihrem Namen, einem Kosenamen.[9]

Ähnlich spontan erkannte er mehrere Male andere Freunde Victor Vincents. Er näherte sich ihnen, nannte sie beim Namen und zeigte ihnen gegenüber eine Vertrautheit, die nicht nur deswegen höchst ungewöhnlich war, weil Corliss sie nie zuvor gesehen hatte, sondern auch, weil sie gar nicht zu einem Kind paßte. Darüber hinaus bewies er eine unerklärliche Vertrautheit mit anderen Bereichen aus Victor Vincents Leben. Wie beispielsweise bei der folgenden Gelegenheit:

Mrs. Chotkin und Corliss befanden sich in dem Haus, das Mrs. Chotkin und ihre Familie früher, zu Lebzeiten Victor Vincents, bewohnt hatten. Der Junge deutete auf ein Zimmer des Hauses und sagte: »Wenn die alte Dame und ich euch besuchten, haben wir in dem Schlafzimmer da geschlafen.« Diese Bemerkung schien um so außergewöhnlicher, als das Haus, das früher ein herrschaftlicher Wohnsitz gewesen war, inzwischen anders genutzt wurde und kein Zimmer ohne weiteres als Schlafzimmer erkenntlich war. Aber das Zimmer, das er erwähnt hatte, war tatsächlich von Victor Vincent und seiner Frau bewohnt worden, wenn sie die Chotkins besucht hatten.[10]

All diese Vorfälle ereigneten sich, bevor das Kind sechs Jahre alt war. Aber mit etwa neun Jahren begann Corliss, weniger über sein früheres Leben als Victor Vincent zu erzählen, und diese Erinnerungen wurden offensichtlich schwächer. Als Dr. Stevenson ihn 1962 traf, war er 15 und erklärte, er könne sich an nichts mehr aus seinem früheren Leben erinnern. (Die Nachforschungen Dr. Stevensons zeigen, daß diese Erinnerungen gewöhnlich im Alter von etwa sechs Jahren anfangen zu schwinden, wenngleich sie bis ins Erwachsenenalter behalten werden können.)

Wenn man viele Fälle wie diesen untersucht, merkt man sehr schnell, daß sie sich wiederholen. Doch Menschen, die mit den Zeugnissen der Wiedergeburt nicht vertraut sind, erscheinen sie so außergewöhnlich, daß ich noch ein Beispiel anführen möchte.

Der Fall Parmod

Parmod Scharma wurde am 11. Oktober 1944 in Bisauli in Indien geboren. Mit etwa zweieinhalb Jahren lernte er Sprechen und gab gleich einige sehr seltsame Behauptungen über sich ab. Er erzählte seiner Mutter, daß sie für ihn nicht zu kochen brauchte, da er eine Frau in Morabadad hätte, die das für ihn tun könnte. Er erklärte, einer der »Mohan-Brüder« zu sein, und behauptete, er besäße ein großes Geschäft in Morabadad, in dem Gebäck und auch Sodawasser verkauft würden. Er fügte hinzu, er wäre wohlhabend, beklagte sich über seine augenblickliche Armut und verlangte, nach Morabadad gebracht zu werden. Wie er sagte, wäre er in seinem früheren Leben gestorben, als er zu viel Quark gegessen hatte und krank geworden sei. Er wäre »in einer Badewanne« gestorben. Das waren seine Behauptungen zu Anfang. Mehr kam zutage, als er zwischen drei und vier Jahre alt war. Er hatte vier Söhne und eine Tochter und besaß ein Geschäft, ein Kino und ein Hotel in Saharanpur, wo seine Mutter lebte. Er sagte, sein Name wäre Parmanand. Vier Jahre lang, zwischen seinem vierten und achten Lebensjahr, identifizierte sich Parmod sehr mit seinem vermeintlichen früheren Leben als »Parmanand«. Er zeigte großes und ungewöhnliches Interesse für Backwaren und Sodawasser und sprach, bis in Einzelheiten gehend, über seine geschäftlichen Aktivitäten. Er hatte eine starke Abneigung gegen Quark und riet seinem Vater, ihn nicht zu essen, da das gefährlich wäre. Auch zeigte er eine ausgesprochene Aversion dagegen, unter Wasser getaucht zu werden, was er mit seinem »Tod in der Badewanne« in Verbindung brachte.

Obwohl die Eltern Parmods nichts unternahmen, diese Behauptungen aufzuklären, drang die Kunde davon zu den Mitgliedern einer Familie Mehra, die in Morabadad lebte und diese

Erklärungen äußerst interessant fand. Die Brüder aus dieser Familie besaßen ein Geschäft für Backwaren und Sodawasser in Morabadad (das Gebrüder Mohan hieß) und ein weiteres in Saharanpur. Sie hatten einen Bruder gehabt, Parmanand Mehra, der am 9. Mai 1943 an den Folgen einer Magen-Darm-Erkrankung gestorben war, die er sich durch das Essen von zu viel Quark zugezogen hatte. Er war ein vermögender Geschäftsmann gewesen und hatte zusammen mit drei Brüdern und einer Kusine das Geschäft für Backwaren und Soda und andere Läden in Morabadad und Saharanpur besessen, u. a. zwei Hotels, zwei Läden, ein Kino und einen Produktionsbetrieb für Backwaren und Sodawasser, den er selbst aufgezogen und geleitet hatte.

1949, als Parmod fünf Jahre alt war, nahm die Familie Mehra Kontakt zu Parmods Eltern auf und lud sie mit Parmod nach Morabadad ein. Sie nahmen die Einladung an, und es kam zu interessanten Ergebnissen.

Als die Familie am Bahnhof in Morabadad aus dem Zug stieg, führte Parmod sie zum Laden der Gebrüder Mohan, der einen Kilometer vom Bahnhof entfernt lag. Beim Eintreten bemängelte er (korrekt), daß das Innere verändert worden sei. Als man ihn zu der Sodawassermaschine führte, die aufgestellt worden war, um ihn zu testen, erklärte er sofort, was zu tun sei, damit diese äußerst komplizierte Maschine wieder arbeitete. Er erkannte eine Reihe Gegenstände wieder, die Parmanand gehört hatten, und äußerte sich zu Veränderungen, die im Haus der Familie seit seinem Tod vorgenommen worden waren. Als Mitglieder aus Parmanands Familie erschienen, erkannte er richtig Parmanands Mutter, die Frau, die Tochter und die beiden Söhne, aber auch seinen Bruder, Neffen und Vetter. Und das Wiedererkennen verlief alles andere als kühl – Parmod weinte, umarmte sie und nannte ihre Namen.

Sein Verhalten ihnen gegenüber paßte nicht zu seinem neuen Stand als Fünfjähriger. So erlaubte er Parmanands Sohn nicht, ihn Parmod zu nennen. Er bestand darauf, daß sie ihn mit Vater anredeten, und sagte: »Ich bin nur klein geworden.« Seine erste Unterhaltung mit Parmanands Frau verlief ebenso eigenartig. Er sagte zu ihr:

»Ich bin gekommen, aber du trägst kein Zeichen.« Diese Bemerkung bezog sich auf das runde Mal aus rotem Farbstoff, das die Frauen in Indien auf der Stirn haben, die Witwen jedoch nicht. Für einen kleinen Jungen war das eine höchst ungewöhnliche Bemerkung einer fremden, älteren Frau gegenüber, zwischen Mann und Frau aber völlig angemessen. Es macht deutlich, wie sehr Parmod daran glaubte, daß die Dame »seine« Frau sei. Er tadelte sie auch, weil sie einen weißen Sari trug, wie es bei den Hindu-Witwen üblich ist, und nicht einen bunten, wie die Frauen ihn tragen.[11]

Parmods Einwände gegen ihr Auftreten als Witwe waren ganz natürlich. Denn schließlich *war er nicht tot!*

Die Fälle Ravi Schankar, Robert, Corliss Chotkin und Parmod sind typisch für jene, bei denen die Erinnerungen an ein vergangenes Dasein bei vollem Bewußtsein erfolgen und nachprüfbar sind. Dr. Ian Stevenson selbst hat Dutzende dieser Fälle untersucht und über 30 davon ausführlich berichtet. Seine Nachforschungen waren peinlich genau, gewissenhaft und zeitraubend. Jede andere denkbare Erklärung, wie arglistige Täuschung oder Erinnerungsmängel, wurde berücksichtigt, sorgfältig geprüft und schließlich verworfen.

Eine beliebte Gegenerklärung der Skeptiker war die »genetische Erinnerung« – eine Vorstellung, derzufolge die Erlebnisse des früheren Individuums irgendwie genetisch gespeichert und auf das zweite Individuum übertragen wurden, das sie irrtümlicherweise als bewußte Erinnerungen seines eigenen, vergangenen Lebens erlebt. Bei der großen Mehrheit der Fälle Stevensons gab es jedoch keine wie auch immer geartete genetische Beziehung zwischen den beiden Individuen.

Wir können einige allgemeine Aussagen über das Einsetzen und die Dauer derartiger Erinnerungen machen. Kinder beginnen, Bezug auf Ereignisse eines vergangenen Lebens zu nehmen, sobald sie anfangen zu sprechen – im Alter zwischen zwei und drei Jahren. Die durchschnittliche Dauer der intensiven Identifizierung mit der früheren Person liegt bei sieben Jahren, wenngleich die Erinnerungen zwischen dem sechsten und elften Lebensjahr normalerweise schwächer werden. Im Verlauf der Zeit können die Erinnerungen völlig untergehen, in abgeschwächter

Form weiterbestehen oder sich in voller Klarheit erhalten. Nach den Erfahrungen Stevensons kommen diese drei Möglichkeiten etwa gleich häufig vor. Doch die wichtigste Schlußfolgerung aus der Arbeit Dr. Stevensons ist sehr viel aufregender. *Er hat jenseits aller Zweifel bewiesen, daß heute Menschen leben, die schon einmal gestorben sind.*

Unbewußte Erinnerungen an ein vergangenes Leben

Wir wissen nicht genau, wie verbreitet bewußte Erinnerungen an ein früheres Leben wirklich sind, da eine Familie genügend Gründe hat, sie zu verbergen und zu unterdrücken. Im Osten empfinden Eltern solche Erinnerungen normalerweise als Last und Qual; sie fördern die Angst, daß ihr Kind sie verlassen wird (ein Wunsch, den das Kind oft äußert), und viele halten sie für die frühen Vorzeichen eines baldigen Todes. Aus all diesen Gründen bemüht man sich gewöhnlich, das Kind davon abzubringen, darüber zu reden. Im Westen werden solche Behauptungen natürlich im günstigsten Fall als äußerst phantasiereich, schlimmstenfalls aber als ein Anzeichen für Geisteskrankheit angesehen. Aber trotz der hohen Wahrscheinlichkeit, daß derartige Erinnerungen von den Eltern weitestgehend unterdrückt werden, scheint es offenkundig, daß diejenigen, die behaupten, sie zu haben, definitiv in der Minderzahl sind. Das rechtfertigt jedenfalls nicht den zufriedenen Rückzug auf die Meinung, daß die meisten von uns »nur einmal leben«, *denn die Indizien der Regressionshypnose deuten sehr stark darauf hin, daß wir alle in unserem Unterbewußtsein Erinnerungen an frühere Leben mit uns herumtragen!*

Experimente von Psychologen haben enthüllt, daß die Hypnose die Menschen zeitlich zurückversetzen kann. Man muß ihnen lediglich sagen »zurückzugehen«. »Zurückgehen« bedeutet, vergangene Erinnerungen in lebhaften Einzelheiten noch einmal zu erleben, manchmal so ins Detail gehend, daß der jetzt lebende Einzelne buchstäblich jünger zu werden scheint: »mit sechs Jahren« schreibt ein Hypnotisierter seinen Namen vielleicht, wie er es als Erstkläßler tat; »mit vier Jahren« kann er ein kindliches Gekritzel liefern, das eine Vorstufe des Schreibens ist. Und wo sich diese Erinnerungen nachprüfen lassen, erweisen sie sich als erstaunlich genau, bis hin zum Tapetenmuster über dem Bettchen eines zwei Wochen alten Babys. In den Mutterleib zurückversetzt berichten die Betroffenen von Wärme und Dunkelheit; einige nehmen die Haltung eines Fötus ein. Kommt man zur Geburt, werden die Erinnerungen teilweise schmerzlich: Die Menschen winden und drehen sich, ringen nach Luft, fühlen sich gedrückt, gepreßt und stranguliert, treten ein in blendendes Licht, völlig naß und frierend, beklagen sich darüber, mit dem Kopf nach unten hochgehalten zu werden, und bedauern, daß ihre Mütter nicht daran denken oder nicht dazu in der Lage sind, sie in den Arm zu nehmen. Und wenn sie in die Zeit *jenseits* des Mutterleibes zurückversetzt werden, *beginnen sie, ganz genau über das frühere Leben zu berichten.*

Neun von zehn Menschen können hypnotisiert werden und erzählen bis ins einzelne gehend über das vergangene Dasein. Und als reine Phantasiegebilde kann man diese »Berichte« auch nicht abtun, da die Betreffenden äußerst genaue Kenntnisse selbst der ausgefallensten Einzelheiten aus weit zurückliegenden Zeiten und von entfernten Orten haben, wo sie gelebt haben, wie sie behaupten. Solche Erinnerungen zu überprüfen kann die Hilfe von Gelehrten erfordern, die sich auf die Geschichte der betreffenden Gesellschaft spezialisiert haben, und es kann auch die Beschäftigung mit seltenen Publikationen nötig machen, die nicht in einer Weltsprache verfügbar sind. *Und fast immer stellen sich diese Erinnerungen als richtig heraus!* Bewußte Versuche durch den Hypnotiseur, den Betroffenen dazu zu bringen, seine »Geschichte zu ändern«, sind im allgemeinen erfolglos. Personen im Zustand der Regression scheinen die Wahrheit zu sagen!

Und wenn man den einen unter den zehn, der nicht hypnotisiert werden »kann«, speziell behandelt, entdecken wir oft, daß sein Unterbewußtsein »Nein« gesagt hatte, und das aus einem durchaus verständlichen Grund. Versichert man ihm, daß ihm keine Gefahr droht und daß der Hypnotiseur ihn während der

Regression vor Unbehagen, Schmerz und Gefahr schützt, *kann* er am Ende manchmal doch hypnotisiert werden. *Und wenn das geschieht, zeigt es sich oft, daß er erst vor kurzem einen sehr schmerzhaften und durch Wunden verursachten Tod gestorben ist!*

Bei der Untersuchung der Arbeit von Hypnotiseuren, die an die Wiedergeburt glauben, hat mich die Tatsache verblüfft, daß sie offenbar oft aufgrund persönlicher Erlebnisse auf dieses eigenartige Forschungsgebiet gestoßen sind, die in ihnen den Glauben geweckt haben, daß sie und auch andere schon einmal gelebt haben. Der Hypnosetherapeut Arnall Bloxham kam zu diesem Schluß, als er noch ein Kind war. Man weiß, daß Träume das Unterbewußtsein anzapfen, und seine bewegtesten Träume beschäftigen sich mit der Vergangenheit, mit Menschen und Orten, die ihm im Wachen vollkommen unbekannt waren. Und eines Tages dann, als er Ferien in den Cotswolds machte, kam er an einen Ort, den er wiedererkannte. Es war eine Straße, die er vorher schon viele Male gesehen hatte – *in seinen Träumen*; eine steile, von Bäumen gesäumte Straße, gelb und staubig. Bloxham wußte, daß er zu einem Schloß kommen würde, wenn er ihr folgte. Und er tat es – und kam zum Schloß Sudeley. Bloxham erkannte es wieder. Er kannte sich im Innern so gut aus, daß er keinen Führer brauchte, denn er hatte früher dort gelebt – in einem anderen Leben![12]

Bloxham begann, sich mit Regressionen auf die Vergangenheit zu beschäftigen. Eines Tages kam ein Hypochonder zu ihm und suchte Rat. Er befand sich in einem beklagenswerten Zustand und bildete sich ein, unter den verschiedensten Krankheiten zu leiden. Bloxham hypnotisierte ihn mehrere Male und überzeugte ihn davon, daß diese Krankheiten nur in seiner Einbildung existierten. Er wurde geheilt, doch es blieb ein Problem: Er hatte so entsetzliche Angst vor dem Sterben, daß er nachts kaum einzuschlafen wagte – er befürchtete, nicht mehr aufzuwachen.[13]

Damit stellte sich ein ernsteres Problem, als eine Hypochondrie zu heilen. Der Mann würde bestimmt bald sterben, und Bloxham hielt es für unmoralisch, ihn unter Hypnose zu behandeln. Doch er fand einen Ausweg. Er hypnotisierte den Mann, versetzte ihn in ein früheres Leben zurück und zeigte ihm, daß er so, wie er schon einmal gelebt hatte, wieder leben werde. Und das half. Der Mann verlor jede Angst vor dem Tod.[14]

In den 20 Jahren, die seit jenem ersten Experiment mit der Regression auf ein früheres Leben vergangen sind, hat Bloxham den Rückgriff auf über 400 zurückliegende Leben auf Band aufgenommen.

Bis 1965 arbeitete Dr. Helen Wambach ganz konventionell als klinische Psychologin am Monmouth Medical Center in Long Branch in New Jersey und lehrte am örtlichen Gemeinschaftscollege. Ihr Leben war völlig normal verlaufen – ihr Bewußtsein hatte sich im Laufe der Jahre in den üblichen Bahnen entwickelt, und sie hatte nie ein »okkultes Erlebnis« gehabt. Doch 1966 änderten ein paar Augenblicke an einer Gedächtnisstätte der Quäker in Mount Holly in New Jersey alles von Grund auf.

Als ich das Haus zum erstenmal betrat, war ich ein gewöhnlicher Sonntagstourist, der eine obskure Gedächtnisfeier miterleben wollte. Ich ging die Treppen in den zweiten Stock hinauf, und ein Gefühl überkam mich, als wäre ich in einer anderen Zeit und an einem anderen Ort. Ich betrat das kleine Bibliothekszimmer und ging automatisch zu dem Bücherregal, aus dem ich ein Buch nahm. Ich schien zu »wissen«, daß dies das Buch für mich gewesen war, und als ich die Seiten überflog, erschien ein Bild vor meinem geistigen Auge. Ich ritt auf einem Maulesel über ein Stoppelfeld, und dieses Buch war vor mir am Sattel befestigt. Die Sonne brannte auf meinen Rücken, und meine Kleidung kratzte. Ich konnte spüren, wie sich das Pferd unter mir bewegte, während ich im Sattel saß und ganz versunken in das Buch vor mir war. Das Buch, das ich las, war der Bericht eines Geistlichen über ein Erlebnis, das er im Koma, im Zustand zwischen Leben und Tod, gehabt hatte. Ich schien den Inhalt des Buches zu kennen, bevor ich die Seiten umblätterte.[15]

Wenige Augenblicke darauf wurde Frau Dr. Wambach wieder »normal«. Sie war verstört, da sie nicht begreifen konnte, was mit ihr passiert war. Warum hatte sie plötzlich gemeint, dies sei »ihr« Buch? Und weit eigenartiger noch: Warum hatte sie sich unvermittelt in einem anderen Körper und einer anderen Zeit erlebt? Obwohl die Intensität des Erlebnisses sie sehr mitgenommen hatte, eröffnete es ihr doch eine neue, faszinierende Möglichkeit. Vielleicht war es nur ein Phantasiegebilde. Aber vielleicht war es auch *Wirklichkeit – die in ihrem Unterbewußtsein verborgene Erinnerung an ein früheres Leben!* Und möglicherweise trug jeder Mensch solche Erinnerungen mit sich herum, und sie ließen sich in irgendeiner Form erschließen. Seit 1955 war Frau Dr. Wambach als Psychotherapeutin tätig. Jetzt stellte sie fest, daß das seltsame Erlebnis ihr zu einem ganz neuen Verständnis von Fällen verholfen hatte, die sie einst vor große Rätsel gestellt hatten. Besonders gut erinnerte sie sich an Billy, der wegen Hyperaktivität und der Unfähigkeit, sich zu entspannen und in der Schule ruhig zu sitzen, in die Klinik gebracht wurde:

Billy hielt es im Spielzimmer bei keinem Spielzeug länger als zehn Sekunden aus. Wie gehetzt lief er von einem Gegenstand zum andern, und ich nahm ihn daher mit in mein Büro. Er war sehr leicht ablenkbar und nicht in der Lage, die psychologischen Tests bis zum Ende durchzustehen, und ich wollte eine Verbindung zu ihm herstellen, bevor ich die Tests wiederaufnahm. Schließlich war er bereit, sich auf meinen Schoß zu setzen und zu erzählen. Zu meinem größten Erstaunen berichtete er mir über sein Leben als junger Polizist. Er sprach darüber, wie er Basketball gespielt hatte, und sagte, er würde gerne rauchen. Früher, so erzählte er, habe er gerne Zigaretten geraucht, und er wisse nicht, warum er es jetzt nicht mehr konnte. Ich brauchte eine ganze Weile, bis ich begriff, daß Billy über ein vergangenes Leben sprach. Zuerst dachte ich, er erzähle irgendeine Geschichte, die er im Fernsehen gesehen hatte. Doch je mehr er in Einzelheiten ging, desto mehr hatte es den Anschein, als beschriebe er Erlebnisse, die er für seine eigenen hielt. Seine Erlebnisse als Polizist interessierten mich, und ich ermunterte ihn, mir mehr darüber zu erzählen. Das überraschte Billy, denn bis jetzt hatte ihm, wie er sagte, immer nur seine dreijährige Schwester zugehört, wenn er von »dem Polizisten« berichtet hatte.

Als ich Billys Mutter fragte, ob er jemals mit ihr über dieses vergangene Leben gesprochen hätte, sagte sie, er habe mit drei Jahren angefangen, davon zu erzählen. »Ich erklärte ihm, er solle keine Geschichten erfinden, und dann hat er nicht mehr viel darüber gesprochen«, berichtete sie. Ich arbeitete . . . drei Monate mit Billy. Seine Hyperaktivität blieb, obwohl er in der Lage war, ruhig zu sitzen und zu entspannen, wenn er mit mir über sein Leben als Polizist sprach. Er schien von diesem Thema besessen ... Eines Tages erzählte mir seine Mutter, daß ein Polizist ihn nach Hause gebracht hatte, weil er mitten auf der Straße gestanden und versucht hatte, den Verkehr zu regeln ... Er hatte mir über seine Arbeit als Verkehrspolizist in seinem früheren Leben berichtet ... Billys Verhalten zeigte keinerlei Anzeichen der Besserung, und seine Mutter ... nahm ihn aus der Behandlung ... Ich weiß nicht, was aus dem kleinen Jungen mit den strahlenden Augen geworden ist, der sich an sein vergangenes Leben erinnerte.[16]

Dr. Wambachs Erlebnis und andere rätselhafte, ähnlich gelagerte Fälle, auf die sie bei der Behandlung gestoßen war, bewirkten, daß sie sich immer mehr mit diesem Thema beschäftigte. *Sie mußte herausfinden, ob es sich um Sinnestäuschungen oder um Wirklichkeit handelte, was sie nie zuvor angenommen hätte.* Sie brauchte zehn Jahre und den hypnotischen Rückgriff bei über 1000 Personen auf etwa 1100 angeblich vergangene Leben, bevor sie eine Antwort fand. Die Untersuchung der verworrenen Einzelheiten dieser immensen Informationsfülle führte zu einem Schluß – ob es uns gefällt oder nicht und ob wir mit den beunruhigenden Auswirkungen fertig werden oder nicht, die Wiedergeburt ist eine Tatsache, und:

Wir haben alle schon einmal gelebt!

Denys Kelsey ist ein britischer Psychiater, der seine Patienten hin und wieder in Hypnose versetzt. Als er seine Praxis eröffnete, hatte er nicht das geringste Interesse an Wiedergeburt, und bestimmt glaubte er auch nicht daran. Aber in den ersten zehn Jahren als Therapeut zwang ihn eine Reihe von Fällen, auf die er stieß, zu einem ziemlich unorthodoxen Schluß: daß die Wiedergeburt keine Theorie, sondern eine Tatsache ist. Er war verblüfft durch die Entdeckung, daß Angstgefühle ihren Ursprung manchmal nicht im jetzigen, sondern in einem *vergangenen* Leben haben. Und er war zutiefst beeindruckt von der Farbigkeit der Erlebnisse und der Echtheit der Details, über die seine Patienten berichteten, wenn er sie in Hypnose in ein früheres Dasein zurückversetzte. Fasziniert versuchte er es schließlich bei sich selbst. Und dabei erreichte er eine ganze Menge mehr, als er erwartet hatte.

Ich hatte große Zweifel, ob ich in der Lage sein würde, irgend etwas herauszufinden, vor allem auch, weil es bekannt schwierig ist, einen Hypnotiseur zu hypnotisieren ... Ich heftete meinen Blick auf die Flamme einer Kerze und entspannte mich. Der Übergang vom skeptischen Psychiater, der auf seiner eigenen Couch liegt, zu einem Mann, der in einem zweirädrigen Streitwagen dahinraste, kam augenblicklich. Zu meiner Linken erblickte ich Barrieren, die eine Insel voller Zuschauer in der Mitte der Arena einschlossen. Rechts überholte mich ein anderer Streitwagen. Ich wußte, daß ich ihm hätte Platz machen sollen, aber statt dessen lenkte ich die Pferde in die enger werdende Lücke. Es gab einen furchtbaren Stoß, als sich unsere Räder ineinander verkeilten. Ich wurde nach vorne geschleudert und spürte, wie ein Rad über meine Brust rollte. Als sich der Streitwagen überschlug, wurden die Pferde gegen die Barriere geworfen. Das letzte, woran ich mich erinnerte, war ihr Wiehern.

An dieser Stelle holte mich Joan (seine Frau) in die Gegenwart zurück. Aber die schreckliche Erkenntnis, daß ich durch meinen Wunsch, mich hervorzutun, den Tod zweier geliebter Pferde verursacht hatte, beschämte mich in einem Maß, das ich in meinem gegenwärtigen Leben nicht gekannt habe. Es gab keine Möglichkeit, mich von diesem Vorfall zu lösen: Daß er sich vor 2000 Jahren ereignet hatte, war vollkommen unerheblich. Ich war derjenige, der es getan hatte; und es geschah *jetzt.*[17]

Das klingt bestimmt unglaublich. Doch ich bin der Meinung, daß Menschen, die solchen Behauptungen skeptisch gegenüberstehen, nicht zu laut höhnen sollten, bevor sie nicht selbst Regression in Hypnose erlebt haben; und diese Meinung stützt sich auf persönliche Erfahrung mit Regression in Hypnose. Und wenn sie sie erlebt haben, entdecken sie vielleicht auf ganz unmittelbare Weise, *daß einige ihrer eigenen Erinnerungen an ein vergangenes Leben genauso lebendig sind!*

Im übrigen hat es, wie der folgende Fall zeigt, keinen Einfluß auf die Regression in Hypnose, ob man an die Wiedergeburt glaubt oder nicht. An einem Abend kam ein junger Mann zum Essen zu den Kelseys. Er vertraute ihnen seine Angst an, Alkoholiker zu werden, und bat sie um Hilfe. Das war eine gewaltige Aufgabe, da er in 48 Stunden wieder fort mußte, doch Dr. Kelsey war damit einverstanden, es mit einer ersten Diagnosesitzung in Hypnose zu versuchen. Der junge Mann war hochintelligent und glaubte, wie der Arzt feststellte, nicht an Wiedergeburt.

Ich hatte angenommen, er wäre schwer zu hypnotisieren, doch er war sehr schnell tief versunken und verfiel augenblicklich in seltsame Krämpfe. Ich rief Joan, und in den wenigen Minuten, die es dauerte, bis sie kam, hatten sich die Zuckungen in ein heftiges Sichwinden verwandelt, das nur seinen Kopf und den Rumpf erfaßte. Es sah so aus, als bemühe er sich, sich von irgendwelchen Fesseln zu befreien, die seine Arme in ausgebreiteter Stellung festhielten. Er warf den Kopf in den Nacken, daß sich sein ganzer Körper in äußerster Anstrengung bog. Er gab herzzerreißende Laute von sich, halb ein Stöhnen, halb ein Schreien. In einem kaum verständlichen Durcheinander von Worten keuchte er: »Sie schneiden mir die Zunge heraus . . . mit einem Messer.«

Nur skizzenhaft konnten wir den Hintergrund erkennen, da wir beide voll damit beschäftigt waren, ihn zu halten, sonst wäre er von der Couch gefallen. Es war zur Zeit des spanischen Bürgerkrieges . . . 1938. Er hatte für irgendeine Widerstandsbewegung gearbeitet oder brachte eine Meldung hinter die feindlichen Linien . . . Man hatte ihn gefaßt und gefoltert, damit er die Namen der Leute nannte, für die er kämpfte. Er wurde schwer geschlagen und in eine Steinhütte gestoßen. Die vier Männer, die versuchten, Informationen aus ihm herauszupressen, mußten etwas gehört haben, das sie alarmierte, denn sie entschlossen sich plötzlich, sich schnellstens aus dem Staub zu machen. Seine Füße hatten sie bereits gefesselt; jetzt legten sie noch seine Arme in eiserne Ringe in der Wand. Zum Schluß kamen sie noch auf die Idee, ihm die Zunge herauszuschneiden . . . um sicherzugehen, daß er sein Geheimnis, da er es ihnen nicht erzählte, nicht anderen anvertrauen konnte. Verlassen starb er viele Stunden später, gequält nicht nur von Schmerzen, sondern auch von Durst . . . das Flehen nach Wasser wurde immer stärker . . .

Es war sehr schwer, ihn in die Gegenwart zurückzuholen. Als ich seine Hand ergriff, hielt er mich zunächst für einen seiner Häscher und wurde gewalttätig. Nach und nach brachte ich ihn dahin, meinen Anweisungen zu folgen: »Nimm meine Hand, laß sie los, nimm sie wieder . . .« Allmählich erlangte er seine jetzige

Identität zurück und erkannte uns und seine Umgebung. Als ich glaubte, daß er wieder bei normalem Bewußtsein wäre, bat ich ihn, von der Couch aufzustehen und sich auf einen Stuhl zu setzen. Dabei verlangte er nach einem Glas Wasser. Ich holte ihm ein großes Glas, das er hinunterschüttete, und dann bat er um ein zweites und drittes Glas. Ich sagte ihm, er habe jetzt genug getrunken, aber er schrie: »Bringen Sie mir einen *Krug*!«

Da erkannte ich, daß er noch nicht wieder ganz zurück in der Gegenwart war, sondern immer noch unter dem Durst litt, den er bei seinem Todeskampf gehabt hatte. Ich forderte ihn auf, sich auf den Rand der Couch zu setzen, und zählte währenddessen langsam von 20 rückwärts bis eins, was ihn völlig in die Gegenwart zurückbrachte. Als sei er verwirrt, sagte er: »Ich bin überhaupt nicht mehr durstig!«

Dann erzählte er mir zum erstenmal, daß er, solange er zurückdenken konnte, unter ungeheurem Durst gelitten hatte. Wo immer er sich befand, war er hochgradig ängstlich gewesen, bis er sich versichert hatte, daß er etwas zu trinken bekommen konnte, sobald er Durst bekam. In einem fremden Haus, einem Schulzimmer oder Kino war er krank vor Sorge, bis er herausgefunden hatte, wo er sofort ein Glas Wasser bekommen konnte. Als er älter wurde und Alkohol kennenlernte, konzentrierte sich sein Zwangsbedürfnis zu oft darauf.[18]

Die Auswirkungen dessen, daß man ihm seinen letzten Tod bewußt machte, waren äußerst interessant. Sein zwanghafter Durst verschwand augenblicklich und ebenso seine Sucht nach Alkohol, den er von dem Tag an in keiner Form mehr trank.

Bei Regressionen in Hypnose stößt man sehr häufig auf Angstzustände, die ihren Ursprung in einem vergangenen Leben haben. Doch einer der für mich aufregendsten Fälle eröffnete sich mir nicht durch die Hypnose, sondern durch die direkte Wahrnehmung von Joan Grant, einem begabten Medium. Dr. Alec Kerr-Clarkson, ein Psychiater, der ihre Bücher gelesen hatte, besuchte sie eines Tages. Sein Interesse an der Wiedergeburt war geweckt worden, als einige seiner Patienten in der Hypnose angefangen hatten, über ihr früheres Leben zu sprechen. Er wurde von Joan und ihrem Mann Charles eingeladen, und es wurde ein sehr nettes Wochenende. Als Dr. Kerr-Clarkson aufbrechen wollte, gab ihm Charles einige Fasane mit.

Wir waren sehr erstaunt, als Alec, anstatt die am Hals mit einer Schnur zusammengebundenen Vögel zu nehmen, ganz verstört zurückwich und darum bat, die Tiere gut zu verpacken. Charles erklärte verblüfft, daß man die Fasane besser uneingepackt transportierte, worauf Alec ausrief: »Aber ich kann doch keine Federn anfassen!«

Er hatte die Worte kaum ausgesprochen, als ich mich nachdrücklich sagen hörte: »Der Grund, warum Sie keine Federn anfassen können, ist, weil Sie einen Tod gestorben sind, der einem meiner Tode sehr ähnlich war. Man hat Sie auf einem Schlachtfeld bei den Toten liegen lassen ... Ich weiß nicht, wo oder wann ...; doch der Boden besteht aus unfruchtbarem, hellem Sand und bis an die Oberfläche tretendem, grauem Fels. Geier beobachten Sie ... sechs Geier. Sie sind sehr schwer verwundet, aber Sie können noch Ihre Arme bewegen. Jedesmal, wenn Sie sich bewegen, hüpfen die Geier etwas zur Seite. Doch dann kommen sie wieder näher ... Jetzt sind sie so nah, daß Sie sie riechen können ... Sie beginnen, an Ihrem Fleisch zu zerren ...«

Hier unterbrach Charles mich, denn Alec war offensichtlich sehr mitgenommen. Er war auf dem Sofa zusammengebrochen und schweißnaß. Er war eindeutig nicht in der Verfassung zu reisen und nahm dankbar unseren Vorschlag an, zumindest bis zum nächsten Tag zu bleiben. Er ging nach oben in sein Zimmer, rief mich aber bald. Obwohl er versucht hatte, sein starkes Zittern durch ein heißes Bad zu vertreiben, und sich ins Bett gelegt hatte, stand er immer noch unter dem Eindruck einer spontanen Erinnerung. Er drängte mich, die Geier zu verjagen, und fuchtelte mit den Armen, als könnte er immer noch sehen, wie sie unaufhaltsam immer näher kamen ... »Warum haben sie mich allein sterben lassen ... warum? ... warum? Alle anderen hatten einen Freund, der ihnen die Kehle durchschnitt ... warum haben sie mich betrogen ... Mich!« Sein Entsetzen war einem wachsenden Sturm der Entrüstung gewichen.

Und plötzlich erkannte ich, daß es dieses Gefühl war, das die Bindung an seinen Tod durch Geier hervorgerufen hatte. Er hatte das Gefühl, nicht nur einen schrecklichen Tod erlitten zu haben, sondern auch von seinen Kameraden hintergangen worden zu sein, die ihn allein hatten sterben lassen ... Fast die ganze Nacht verbrachte ich an seinem Bett. Er ... zitterte und schwitzte, als hätte er ... Malaria. Doch schließlich gelang es mir, dem Mann, der er einmal war, klarzumachen, daß man ihn nicht absichtlich allein gelassen hatte, und unendlich erleichtert sagte er: »Sie müssen gedacht haben, ich sei tot ... Ich bin nicht mehr zornig ... Ich habe keinen Grund, sie zu hassen, weil sie mich zwischen den Toten haben sterben lassen ...« Dann war er Alec und niemand sonst und schlief ruhig ein.[19]

Der Psychiater schlief tief bis zum nächsten Mittag. Als er erwachte, gestand er, seit seiner Kindheit eine krankhafte Angst vor Federn gehabt zu haben. Er hatte das als äußerst peinlich empfunden, vor allem wenn seine Kinder ihn hänselten, weil er nicht in der Lage war, die Vögel zu befreien, die sich in den Erdbeernetzen im Garten verfangen hatten. Vergeblich versuchte er, sich zu heilen, und konsultierte ohne Erfolg verschiedene Kollegen. Aber als er jetzt fortfuhr, trug er die Fasane am Hals. Später schrieb er Joan und ihrem Mann und bedankte sich:

Ich hoffe, keiner der Mitreisenden wußte, daß ich Psychiater bin, denn sie hätten mein Verhalten für total verrückt erklärt ... Ich konnte der Versuchung nicht widerstehen, die Fasane aus dem Gepäcknetz zu nehmen und sie zu streicheln ..., weil ich mich so freute, mir zeigen zu können, daß es mir jetzt wirklich Spaß macht, Federn anzufassen![20]

Wirklich eine ausgesprochen eigenartige Geschichte. Doch sie hat sich tatsächlich zugetragen. Ein übersinnlicher »Funke«, eine kleine Unterhaltung, und ein lebenslanger Angstzustand ist beendet. Vielleicht hat es überhaupt etwas mit der »Wiedergeburt« auf sich, wenn eine auf ihr aufbauende Behandlung einen so schnellen, drastischen und dauerhaften Erfolg verzeichnen kann!

Die ermordete Jüdin

Die meisten der 400 Tonbandaufzeichnungen Arnall Bloxhams über das frühere Leben der Befragten sind ziemlich eintönig, wenn man sie sich anhört. Sie enthalten genau die Dinge, die man erwarten würde, wenn es eine Wiedergeburt wirklich gibt – die etwas langweiligen, alltäglichen wie ausgefallenen Einzelheiten völlig normaler Lebensläufe. Einige dagegen sind recht aufregend und spiegeln einen Reichtum historischer Details wider, die sich im allgemeinen als unglaublich genau herausstellen. Und manchmal, wie im folgenden Fall, behauptet die zurückversetzte Person etwas, das die Historiker nicht glauben – das sich aber doch als zutreffend erweist!

Jane Evans, eine Waliser Hausfrau wie 1000 andere, führte ein Leben ohne besondere Ereignisse – im 20. Jahrhundert. Aber als sie in das 12. Jahrhundert zurückversetzt wurde, erlebte sie ihre Ermordung noch einmal so wirklichkeitsnah, daß sie ohnmächtig zusammenbrach, als sie nachher aus dem Behandlungszimmer Arnall Bloxhams herauskam.

Bloxham hatte die hypnotisierte Frau aufgefordert, »immer weiter« zurückzugehen, bis ins 12. Jahrhundert. Als sie nach dem Datum gefragt wurde, erwiderte sie, es sei »das Jahr 1189 christlicher Zeitrechnung«, und sie lebe in York in England. Sie heiße Rebecca, und ihr Mann sei ein wohlhabender, jüdischer Geldverleiher namens Joseph. Dies war eine äußerst gefährliche Zeit für einen Juden in York, denn im Jahr darauf brachten antisemitische Ausschreitungen, genährt durch den religiösen Eifer der Christen vor dem dritten Kreuzzug, 150 in York lebenden Juden einen grauenvollen Tod. Vom Anfang ihrer Erzählung an machte sich Rebecca große Sorgen um die Folgen des antijüdischen Klimas für sie und ihre Familie, und mit Bitterkeit berichtete sie von den Erniedrigungen, die sie erdulden mußten. Interessanterweise erwähnt sie in ihrer Geschichte nichts von den allgemein bekannten Einzelheiten dieses Massakers, über die man in den Geschichtsbüchern lesen kann; da sie nicht selbst bei diesen Ereignissen dabei war, berichtet sie darüber nichts. Sie spricht nur über ihr eigenes Schicksal und das der Familie.

Der Haß nimmt solche Formen an, daß Rebecca und ihre Familie erwägen, aus York zu fliehen. Doch sie sind nicht bereit, ihr Heim und ihren Besitz aufzugeben, und schieben diese schwere Entscheidung vor sich her. Und eines Abends wird sie ihnen aufgezwungen. Zusammengerotteter Pöbel dringt in das Judenviertel ein, bringt einige der Bewohner um und steckt Häuser in Brand. Als das Nachbarhaus in Flammen steht, flieht die Familie – Rebecca, Joseph, die Tochter Rachel und der Sohn. Doch der Mob ist ihnen auf den Fersen. Joseph streut aus einem

Sack Münzen auf die Straße. Eine wilde Balgerei um das Geld hält ihre Verfolger so lange auf, daß sie entwischen können. Erschöpft und verzweifelt suchen sie Schutz in einer Kirche. Sie fesseln den Priester und verstecken sich in der dunklen Krypta unter der Erde. Sie haben Hunger und Durst und drängen sich in der Kälte zusammen und wissen, daß sie umgebracht werden, wenn man sie findet. Aber sie brauchen etwas zu essen, und Joseph und sein Sohn gehen los, um etwas zu finden. Und nun mischt sich panische Angst in die Stimme Rebeccas, denn in ihrem dunklen Versteck hören sie und Rachel Pferde – die immer näher kommen.

Bloxham: Ich denke, Ihr Sohn und Ihr Mann werden bald wieder da sein?

Rebecca: Ja, sie müssen zurückkommen, sie müssen zurückkommen, wir machen uns Sorgen, wir haben Angst – wir hören sie (den Mob) kommen, wir hören, wie die Pferde näher kommen, wir können das Weinen und Rufen und Schreien hören: »Verbrennt die Juden, verbrennt die Juden, verbrennt die Juden!« *(Pause)* Wo ist Joseph? Warum kommt er nicht wieder, warum kommt er nicht wieder? *(Pause, dann fast ein Schreien.)* Mein Gott – sie kommen – sie – sie kommen – Rachel weint – weine nicht – weine nicht – weine nicht. *(Pause)* Oh, sie haben die Kirche betreten – wir können sie hören – sie haben die Kirche betreten – der Priester ist losgebunden – der Priester ist frei – er hat ihnen erzählt, daß wir hier sind – sie kommen – sie kommen nach unten – der Priester ist frei, und sie kommen nach unten. *(Pause, die Stimme überschlägt sich fast vor Entsetzen.)* O nein – nicht, nicht, nicht Rachel! Nein, laßt sie – nein – nicht – sie bringen sie um – sie – nein – nicht Rachel, nein, nein, nein, nein – nicht Rachel – oh, laßt Rachel los – nein, nein, nein, nein, nein, laßt Rachel los – nein!

Bloxham: *(entsetzt)* Sie bringen sie nicht weg, nicht wahr?

Rebecca: *(mit vor Schmerz brechender Stimme)* Sie haben Rachel weggebracht – sie haben Rachel weggebracht . . .

Bloxham: Ihnen werden sie nichts tun, nicht wahr? *(Schweigen)*

Bloxham: Geht es Ihnen gut? Sie haben Sie verlassen, nicht wahr?

Rebecca: Dunkel . . . dunkel.[21]

Rebecca war tot.

Als Jane Evans das Behandlungszimmer Bloxhams verließ, wurde sie ohnmächtig. Danach fühlte sie sich tagelang krank. War das ein Hirngespinst? Es gibt vieles im 12. Jahrhundert, das die Phantasie anregt – Ritter, Kreuzfahrer, Burgen. Aber ausgerechnet zu sehen, wie das eigene elfjährige Kind und man selbst in der dunklen Krypta einer Kirche umgebracht wird? Jeffrey Iverson, der ein Buch über die Tonbandaufzeichnungen Bloxhams geschrieben hat, gab das gesamte Tonbandmaterial über das Leben und den Tod Rebeccas Barrie Dobson, einem Professor für Geschichte an der Universität York und Fachmann für diese geschichtliche Periode. Wie reagierte er auf die Aufnahme? Er hörte sie sich an und sagte, Rebeccas Geschichte sei

»zutreffend, soweit wir die Ereignisse kennen und auch die Zeit.« Eine Menge Einzelheiten fand er »beeindruckend genau«, und einige der erwähnten Punkte »können ohne weiteres richtig sein«. Einige Aspekte hätten seiner Meinung nach nur Historikern bekannt sein können.[22]

Professor Dobson ist Experte auf dem Gebiet der Topographie des mittelalterlichen York. Und die Einzelheiten in der Erzählung Rebeccas brachten ihn zu dem Schluß, daß es nur eine Kirche in York gab, in der sich Rebecca möglicherweise versteckt haben konnte – St. Mary in Castlegate. Allerdings warf ihr Bericht ein entscheidendes Problem auf: *Diese Kirche hatte keine Krypta.* Tatsächlich hat keine der Kirchen Yorks aus dem Mittelalter eine Krypta. Die einzige Ausnahme ist die York Minster Cathedral, und Rebecca hatte ausdrücklich betont, daß sie sich nicht dort versteckt hatten. Wenn sie sich bei einem so wesentlichen Punkt ihrer Geschichte irrte, dann mußte auch alles übrige trotz der erstaunlichen Genauigkeit fragwürdig erscheinen. Etwas enttäuscht legten Iverson und Professor Dobson »Rebecca« zu Bloxhams übrigen Bändern.

Im Frühjahr 1975 bauten Arbeiter die St. Mary's Kirche in Castlegate in ein Museum um. Und bei den Arbeiten entdeckte einer von ihnen etwas, das keinem Lebenden bekannt war. *Unter dem Altar lag eine Krypta!*

Der Waffenmaat

Von besonderem Interesse ist noch ein anderer Aspekt der Bänder Bloxhams, der auch ein generelles Merkmal der Erlebnisse bei Regression in Hypnose zu sein scheint – die verblüffenden Wandlungen der Stimme und des Charakters. Männer und Frauen, die normalerweise gesittet und gebildet sind, machen die unglaublichsten Veränderungen mit, wenn sie in ein früheres Leben zurückversetzt werden. Ihre Sprache wird grob und grammatikalisch falsch, und mit nicht erkennbarer Stimme zeigen sie »ein Wissen in Umgangssprache und alten Formulierungen und eine allgemeine Vertrautheit mit dem Leben in der Gosse einer vergangenen Zeit, das einfach erstaunlich ist«.[23] In einem dieser Fälle sprach ein gebildeter Mann aus Swansea, der in das Jahr 1800 zurückversetzt worden war, plötzlich einen breiten, südenglischen Dialekt. Doch das, *was diese Stimme erzählte,* war so fesselnd – ein farbiger Bericht über das schmutzige und entwürdigende Leben als zwangsrekrutierter Kanonier an Bord einer britischen Fregatte. Graf Louis Mountbatten, Erster Lord der Admiralität, hörte sich das Band an und war so fasziniert, daß er Bloxham um eine Kopie für sich bat.

Als Graham Huxtable Arnall Bloxham 1965 traf, war er ein kultivierter, freundlicher Mann mit einer weichen, angenehmen Stimme, der nicht an die Wiedergeburt glaubte. Er war mit dem Versuch einer Regression einverstanden, legte sich in Bloxhams Behandlungszimmer auf die Couch und versetzte sich bei der Anweisung durch den Hypnotiseur in der Zeit zurück. Unvermittelt kam es zu einer bemerkenswerten Wandlung. Er begann mit einer Stimme zu sprechen, die sich vollkommen von seiner eigenen unterschied – eine tiefe Stimme mit einem stark ländlichen Akzent. Und was die Stimme sagte, wurde begleitet von rauhem Gelächter und einem hohl klingenden, tuberkulösen Husten. Die »Stimme« behauptete, die eines Waffenmaats der britischen Marine zu sein. Sie sprach einen altmodischen Marineslang, der z. T. so unverständlich war, daß er dem Zuhörer von heute nichts sagte und erst von Marinehistorikern des Nationalen Marinemuseums bei Greenwich übersetzt werden mußte. Bestimmte Einzelheiten auf dem Band ermöglichten es diesen

Historikern, die geschilderten Ereignisse zeitlich ziemlich genau festzulegen: Sie haben sich zwischen 1803 und 1809 zugetragen.

Der Waffenmaat fährt auf einer britischen Fregatte, die in den Napoleonischen Kriegen die französischen Häfen blockierten. Ungebildet, schmutzig und mit Narben aus vielen Schlachten, beklagt er sich angewidert über das Leben bei der Marine – über den Gestank auf dem Schiff, die Käfer im Essen und die Würmer im Wassertank. Eine Preßpatrouille hatte ihn eingefangen, als er noch ein junger Bursche gewesen war, und ihm dabei einen solchen Hieb auf den Schädel gegeben, daß er noch immer unter den Schmerzen litt. Es ist kurz vor Anbruch der Dämmerung, und die Fregatte liegt vor Calais, durch den Nebel vor den Küstenbatterien geschützt und so dicht am Land, daß er die Brecher hören kann. Sie warten auf ein französisches Schiff, das versucht, die Blockade zu durchbrechen. Es wird langsam hell, und der Nebel beginnt zu steigen. Huxtables Stimme klingt angespannt. Er überhört die Fragen Bloxhams und ruft seinen Leuten an den Kanonen Befehle zu. Und als plötzlich ein französisches Schiff aus dem sich lichtenden Nebel auftaucht, wird seine Stimme zu einem Brüllen.

Bloxham: Haben Sie schon gefeuert?

Huxtable: Warten, warten! Warten, bis der Befehl kommt – ruhig, Jung's, ruhig – Moment noch, Moment, Moment – Befehl abwarten, warten . . . alles klarmachen hinten – JETZT, ihr Trottel! Jetzt ab, Trottel, jetzt – JETZT! *(Schreit triumphierend, als der Schuß abgefeuert wird.)* Gut gemacht, Jung's – laßt sie hochgeh'n, laßt sie hochgeh'n, macht sie fertig, macht sie fertig – in die Seite – *(Schreie)* – zieht den Mann da raus, zieht ihn raus – schickt ihn zum Verbinden – jetzt wieder ran – los da vorne – die Keile her – Geschütze wieder auffahren! Laden – Ladestöcke – wischen, wischen, du Esel, zuerst wischen – laden, laden – los, Nummer vier, ihr könntet längst fertig sein – laden, hinein damit – Zündpulver . . . aye, aye Sir – fertig! Und weiter Jung's – ihr habt ihn doch schon gehabt – vorwärts, Leute – warte, du Hund – richtig zielen – so zielt man. Mein Gott, sie haben den alten Pearce erwischt, sie haben Pearce erwischt – *(plötzliches furchtbares Schreien)* – MEIN VERDAMMTES BEIN – *(wildes Schreien und Stöhnen)* – MEIN BEIN – MEIN BEIN![24]

Der kultivierte, freundliche Mann mit der angenehmen Stimme aus Swansea, der nicht an Wiedergeburt glaubte, schrie in Todesqualen, als sein Bein von einer Kanonenkugel zermalmt oder abgerissen wurde.

Bloxham machte sich Sorge wegen Huxtables Angst, hatte aber Schwierigkeiten, ihn aus der Trance wieder zurückzuholen. Er mußte ihm mehrmals auf die Wange schlagen und ihm versichern, daß mit seinem Bein alles in Ordnung sei. Es hatte sie beide so mitgenommen, daß Bloxham ihn nie wieder zurückversetzte.

Regression in Hypnose und historische Gestalten

Erinnerungen an ein früheres Leben können bewußt oder unbewußt sein, beide sollten aber, wenn sie überzeugend sein wollen, folgende Merkmale aufweisen: Erstens sollten sie sehr viele historische Einzelheiten enthalten, die sich bei eventuellen Nachforschungen als zutreffend erweisen. Zweitens sollte es möglich sein festzustellen, ob die betreffenden historischen Details nicht schon demjenigen bekannt waren. Sollte das der Fall sein, konnte die Regression eine Sinnestäuschung sein, die sich auf dieses Wissen stützte und in der Hypnose erfunden wurde. Drittens überzeugt es mehr, wenn die während der Regression beschriebene Gestalt vollkommen unbekannt ist und nicht schon so vertraut, daß Historiker Bücher und Aufsätze über sie geschrieben haben. Schließlich müßte sich durch historische Nachforschungen feststellen lassen, daß diese völlig unbekannte Person in der Vergangenheit *tatsächlich existiert hat.*

Im Fall *bewußter* Erinnerungen an ein vergangenes Leben kommt es oft vor, daß alle vier Voraussetzungen erfüllt sind; häufig erinnern sich Personen an eine ganze Menge authentischer Einzelheiten aus dem Leben eines Unbekannten. Und die geschichtliche Gestalt kann oft identifiziert werden, wenn auch nur wenige Jahre zwischen dem Tod der ersten und der Geburt der zweiten Person liegen.

Im Fall *unbewußter* Erinnerungen, die durch die Hypnose

hervorgelockt werden, sind die drei ersten Kriterien fast immer erfüllt – wir erhalten historische und authentische Einzelheiten über eine unbekannte Person. Tatsächlich handelte es sich bei etwa 1500 Berichten in Hypnose über frühere Leben fast ausschließlich um völlig unbekannte Individuen. Mit der letzten Voraussetzung allerdings, daß der Unbekannte auch wirklich gelebt hat, haben wir einige Probleme. Bei in Hypnose entlockten Erinnerungen liegt zwischen dem früheren Tod und der Geburt des jetzt Lebenden meistens ein längerer Zeitraum. Wenn er sich auch von nur wenigen Monaten bis zu mehreren Jahrhunderten erstrecken kann, beträgt die durchschnittliche Länge 52 Jahre. Liegt die Vergangenheit der betreffenden Person vollkommen im Dunkel, reichen die feststellbaren historischen Einzelheiten normalerweise nicht mehr aus, um Menschen aus einer Zeit zu identifizieren, die 75 Jahre und mehr zurückliegt.

Der Fall Jonathan Powell

Trotz dieser Schwierigkeiten sind dem Hypnotiseur Loring Williams, wie er behauptet, einige vorläufige Identifikationen gelungen. Sein am besten belegter Fall ist der von Jonathan Powell. 1965 versetzte Williams den 15jährigen Nachbarjungen George Field zurück.

In tiefer Hypnose berichtete der Junge von einem Leben als ungebildeter, zurückgezogener Bauer in der Nähe einer sehr kleinen Stadt namens Jefferson in Nord-Carolina. Er behauptete, 1832 geboren und 1863 von abtrünnigen Soldaten des Bürgerkriegs umgebracht worden zu sein, die von ihm Kartoffeln zu einem unannehmbaren Preis kaufen wollten. Man beschimpfte sich gegenseitig, und sie schossen ihm in den Bauch. Williams überprüfte alle Einzelheiten der Erzählung Jonathans, soweit die historischen Unterlagen das zuließen, und es stellte sich heraus, daß er vieles über die Stadt und den Teil der Gegend aus jener Zeit wußte, was vollkommen unbekannt war. Man nahm den Jungen mit zu Jefferson, der ihn hypnotisierte, und wo er ausführlich von einer Historikerin aus der Gegend befragt wurde. Sie wurde nicht enttäuscht. Sein Wissen über unbekannte örtliche Persönlichkeiten aus jener Zeit war erstaunlich. Er kannte Einzelheiten über ihre finanzielle Lage, ihr Aussehen, die Namen ihrer Kinder und die Lage und das Äußere ihrer Häuser.

Aber man fand keinerlei Unterlagen, die die Existenz Jonathans bewiesen. Die Geburten und Todesfälle wurden in dieser Gegend erst ab 1912 registriert, ein halbes Jahrhundert nach Jonathans Tod, und die meisten Grundstücksgeschäfte jener Zeit wurden nicht offiziell festgehalten. Doch es gab eine Spur. Jonathan hatte gesagt, seine Großmutter habe »Mary Powell« geheißen, und das war ein in dieser Gegend ungewöhnlicher Name. Eine Urkunde aus dem Jahr 1803 belegte, daß eine Mary Powell in dem Jahr eine Parzelle Land gekauft hatte. Das war das einzige Stückchen Papier, das die örtlichen Archive hergaben, und mit diesem zwar interessanten, aber wenig beweiskräftigen Hinweis verliefen die Bemühungen, die Existenz Jonathan Powells nachzuweisen, im Sande. Trotzdem war es ein eindrucksvoller Fall, und Williams schrieb und veröffentlichte einen Artikel darüber.[25]

Kurz nachdem der Artikel erschien, bekam George Field einen Brief. Er stammte von einer Frau, deren Mädchenname Powell war. Sie erklärte, sie sei eine Großnichte Jonathans und berichtete ausführlich über Einzelheiten aus Jonathans Leben, die durch mündliche Überlieferungen der Familie auf sie gekommen waren. Sie schrieb:

Jonathan Powell war mein Großonkel. Er wurde von den Yankees umgebracht.[26]

Xenoglossie

Wenn Menschen durch Hypnose zurückversetzt werden, sprechen sie von einem vergangenen Leben, das sie, wie sie behaupten, gelebt haben. Und manchmal tun sie mehr als nur das. *Sie sprechen in einer fremden Sprache, die sie in ihrem jetzigen Leben nicht beherrschen!* Und dabei geht es nicht nur um das Zitieren einiger Worte oder Sätze unter Hypnose, die sie vielleicht aufgefangen haben. Sie können sich fließend mit jemandem unterhalten, der diese Sprache beherrscht. Dieses Phänomen nennt man Xenoglossie.

Es erübrigt sich wohl festzustellen, daß die fremde Sprache genau in die Gegend paßt, in der der Betreffende in seinem vergangenen Leben behauptet, gelebt zu haben. Sie paßt auch in die Zeit – denn es zeigte sich, daß in den Fällen, in denen die Sprache von Experten untersucht wurde, es sich um eine *archaische* Form handelte. *Sie wird so gesprochen wie vor Jahrhunderten!* Es ist schon bemerkenswert genug, plötzlich in der Lage zu sein, eine neue Sprache zu sprechen, doch eine archaische Sprachform zu beherrschen ist sicher noch bemerkenswerter. Im übrigen haben diese Gespräche noch eine besondere Eigenart. Der Hypnotisierte versteht ohne Schwierigkeiten alle Fragen, die in seiner jetzigen Sprache an ihn gerichtet werden, und er kann auch in dieser Sprache antworten. Doch manchmal zieht er es vor, in der fremden Sprache zu antworten.

K. E., ein Arzt aus Philadelphia, griff in seiner allgemeinen Praxis hin und wieder auf Hypnose zurück. 1955 begann er mit hypnotischen Versuchen mit seiner 37jährigen Frau T. E. Er entdeckte, daß sie sofort in eine tiefe Trance fiel, und unternahm einige Regressionsexperimente mit ihr. Bei einem dieser Versuche sprach sie plötzlich mit tiefer, männlicher Stimme gebrochen Englisch; es schien ein skandinavischer Akzent zu sein. Diese männliche Gestalt bezeichnete sich als »Jensen Jacoby« und antwortete auf Fragen manchmal in einer offenbar skandinavischen Sprache. T. E. wurde achtmal in die Zeit dieses Mannes zurückversetzt. Bei einigen dieser Versuche waren Skandinavier anwesend, u. a. Dr. Nils G. Sahlin, ein Schwede und früher Direktor des Amerikanisch-Schwedischen Historischen Museums in Philadelphia.

Es zeigte sich, daß »Jensen« modernes Schwedisch verstand, selbst aber eine archaische Form sprach. Er schilderte ein Leben als einfacher Bauer in Schweden vor mehreren Jahrhunderten.

Er schien wenig über sein Land außerhalb seines Dorfes und des Handelsplatzes zu wissen, den er besuchte. Er hatte gehört, daß englische Seefahrer gelandet waren . . . Er hatte von Rußland gehört und teilte die allgemeine Furcht der Skandinavier vor den Russen. Abgesehen von diesen spärlichen Hinweisen auf die internationalen Beziehungen sprach Jensen nur vom engen Lebenskreis seines Dorfes, der aus harter Arbeit und einfachen, sinnlichen Zerstreuungen bestand. Nach seinen eigenen Worten lebte er an einem Ort namens Mörby Hagar . . . Das scheint der Name des Ortes gewesen zu sein, wo das Haus stand, ein winziges Dorf offensichtlich, mehr nicht . . . Weiter weg, ein oder zwei Tagesreisen mit dem Pferd, lag eine Stadt mit einem Hafen, die Haverö hieß. Dorthin brachte Jensen seine Erzeugnisse, um sie zu verkaufen . . .

Jensen . . . verehrte einen »Herrscher« namens Hansen. Es wird ein lokaler Held oder Anführer gewesen sein. Mehrere Male beschrieb Jensen Hansen als »förste man« *(erster Mann oder Anführer)*. Bei einer Sitzung erlebte Jensen noch einmal einen Vorfall, der sich zugetragen hatte, als er 62 Jahre alt war . . . Bei irgendwelchen Kämpfen mit Feinden watete er in ein Wasser (oder wurde hineingestoßen) und erhielt dann einen Schlag auf den Kopf, der ihn offenbar getötet hat . . . Jensen zeigte eine starke Abneigung gegen den Krieg. Er antwortete auf die meisten Fragen mit ziemlich ruhiger Stimme . . . Aber wenn ein Dolmetscher (Interviewer, der Schwedisch sprach) auf den Krieg zu sprechen kam, gab Jensen laut sein Mißfallen zu verstehen . . . Jensen ließ auch starke Emotionen erkennen, wenn es um seinen Helden oder Anführer ging, bei dessen Erwähnung er sich einmal wiederholt und kräftig mit beiden Fäusten auf die Brust schlug.[27]

Bei einer anderen Sitzung wurde Jensen aufgefordert, die Augen zu öffnen und einige Gegenstände und Bilder zu betrachten, die z. T. vom Amerikanisch-Schwedischen Historischen Museum in Philadelphia geliehen waren. Man bat ihn, sie zu identifizieren. Dr. Sahlin bemerkt dazu:

Es gab zahllose Hinweise, daß Jensen keinerlei Erfahrung mit modernen Gegenständen hatte . . . Auf der anderen Seite war er sofort vertraut mit . . . Dingen, die bis in das 17. Jahrhundert und die Zeit davor zurückgingen . . . Jensen . . . verstand zwar modernes Schwedisch . . . ohne Schwierigkeiten, hatte aber keine modernen Ausdrücke für Gegenstände, die erst aus neuerer Zeit stammten.[28]

Zehn Sprachwissenschaftler für Schwedisch untersuchten Abschriften der auf Band aufgenommenen und in Schwedisch gesprochenen Sitzungen mit Jensen.[29] *Es herrschte Einmütigkeit, daß Jensen ein Bauer aus dem 17. Jahrhundert war, der im Südwesten Schwedens in der Nähe der norwegischen Grenze lebte. Die Hausfrau aus Philadelphia sprach in einer Sprache, die 300 Jahre alt war!*

War es möglich, daß sie sie »nachgemacht« hatte? Konnte das eine arglistige Täuschung sein? Dr. Ian Stevenson führte eine äußerst gewissenhafte Untersuchung der Lebensumstände von T. E. durch. Sie dauerte rund sechs Jahre. Und Stevenson bewies überzeugend, daß T. E. keinerlei Kenntnisse einer skandinavischen Sprache hatte, geschweige denn eines ländlichen schwedischen Dialektes aus dem 17. Jahrhundert.

Umfassende Unterstützung für die These der Wiedergeburt durch die Forschung

Dr. Ian Stevenson hat bewiesen, daß es Wiedergeburt wirklich gibt – *daß heute Menschen leben, die schon einmal gestorben sind.* Und die Regressionen von Hypnotiseuren wie Arnall Bloxham und Loring Williams legen die Vermutung nahe, daß die Fälle Stevensons mehr als bloße Sonderbarkeiten sind und daß viele Menschen – vielleicht die meisten – tatsächlich schon wiedergeboren wurden und sich an ein früheres Dasein erinnern. Doch es sind die Tatsachen, die sich ableiten lassen aus den Regressionen Helen Wambachs bei über 1000 Personen, die jenseits aller vernünftigen Zweifel beweisen, daß wir alle schon einmal gelebt haben.

Die gewaltige Sammlung von Einzelheiten, die Frau Dr. Wambach zusammengetragen hat, zeitigt ein äußerst folgerichtiges und beeindruckendes Ergebnis. Wir erhalten in jeder Beziehung das, was wir erhalten sollten, wenn die Menschen sich wirklich an die Leben erinnern würden, die sie in der Vergangenheit schon einmal gelebt haben, und nicht einfach phantastische Geschichten erfinden, die auf normalen Wissensquellen wie

Büchern und Filmen beruhen. Und wie wir sehen werden, sind die Einzelheiten, die diese Behauptung unterstützen, so in sich schlüssig, daß man sie nicht einfach als Phantasiegebilde abtun kann.

Frau Dr. Wambach folgerte, daß selbst die überzeugendste *individuelle* Regression nicht als gültiger Beweis für die Wiedergeburt gelten konnte. Man konnte nicht die Möglichkeit ausschließen, daß das, was die Person von sich gab, Phantasterei war, der ein auf normalem Wege erlangtes Wissen über bestimmte Zeiten und Orte zugrunde lag. Wenn sie jedoch Hunderte von Menschen in die Vergangenheit zurückversetzte, und Hunderte in diesem Zustand behaupteten, zu einer bestimmten Zeit an einem bestimmten Ort gelebt zu haben, und wenn alle übereinstimmend die gleichen unbekannten Einzelheiten aus dem täglichen Leben schilderten, dann würde es allerdings schwierig sein, dieses Ergebnis als bloße Wahnvorstellung hinzustellen. Wie konnten z.B. 100 Menschen die *gleiche* Sinnestäuschung erleben?

Aus diesem Grund begann Frau Dr. Wambach, mit Gruppen zu experimentieren. Sie hypnotisierte die Gruppenmitglieder gleichzeitig und versetzte sie dann in eine bestimmte Zeit an einen bestimmten Ort zurück. Dabei wurden zwei Grundtechniken angewandt, eine zeitliche und eine geographische. Sie bot den hypnotisierten Personen verschiedene Zeiten der Vergangenheit zur Auswahl, und sie sollten die wählen, bei der sich bei ihnen die lebhafteste Vorstellung einstellte. Oder sie forderte sie auf, sich eine Karte der Erde vorzustellen, und sagte ihnen, sie würden sich zu einem ganz bestimmten Ort hingezogen fühlen. Dann stellte sie ihnen einige Fragen über das Leben, das sie gerade führten.

Ich erarbeitete eine Reihe Fragen, die mir helfen sollten festzustellen, wo sich die Personen befanden, und die auch eine Überprüfung der Stichhaltigkeit ihrer Erinnerungen ermöglichten. Ich fragte sie, welche Farbe ihre Haut hatte, ob das Haar gelockt oder glatt und wie seine Farbe war, und ich fragte sie nach der Landschaft und dem Klima, die sie vorfanden. Mein Ziel war zu sehen, ob sie zu der Rasse gehörten, die für den von ihnen ausgewählten

Ort geeignet war, und ob die Landschaft und das Klima mit dem übereinstimmten, was wir über das betreffende Gebiet wußten.

Ich war auf Informationen der Art aus, die ich in archäologischen Berichten und geschichtlichen Quellen nachprüfen konnte. Ich forderte die Personen auf, die Nahrung zu beschreiben, die sie aßen . . . weil es über die Art der Lebensmittel aus den verschiedenen Zeiten und von verschiedenen Orten viele Unterlagen gibt. Ich bat sie auch, sich die Eßgeräte und andere Haushaltsgegenstände anzusehen, die sie benutzten, weil auch das nachprüfbar war.

Ich beschloß, die Personen zum Markt zu schicken, um Vorräte zu besorgen, und den Markt und die Vorräte, die sie kauften, zu beschreiben. Auch das Geld ist ein Hinweis auf einen Ort und eine Zeit in der Vergangenheit, und ich ersuchte sie, sich das Geld anzusehen, das sie vielleicht für die Waren eingetauscht hatten.

Andere Gebiete, die überprüft werden konnten, waren die Architektur sowie die Kleidung und das Schuhwerk, die sie trugen. Ich konnte nicht nur erkennen, ob die Kleidung, die sie beschrieben, den geschichtlichen Vorbildern entsprach, sondern auch, ob andere Personen in der gleichen Zeit und am gleichen Ort ähnliche Kleidung trugen.[30]

Und diese Methode übertraf ihre kühnsten Erwartungen.

Keine Caesars und Cleopatras

Die meisten Menschen, die in der Vergangenheit lebten und starben, waren Unbekannte, die ein einfaches Leben führten. Die Kritiker der Wiedergeburt haben oft behauptet, daß Menschen, die angeblich Erinnerungen an ein vergangenes Leben haben, ganz einfach über ein Leben als bekannte, geschichtliche Gestalt phantasieren. In Wirklichkeit ist nichts weiter von der Wahrheit entfernt. In Frau Dr. Wambachs 1100 Berichten über ein früheres Leben treffen wir nicht auf Caesar, Cleopatra, Heinrich VIII., George Washington oder überhaupt jemanden von geschichtlicher Bedeutung. D. h., wir müssen diese Behauptung etwas einschränken: *Einen* Fall hat es gegeben. Eine Frau schilderte ein Leben, in dem sie James Buchanan gewesen war, der 15. Präsident der Vereinigten Staaten in den Jahren 1857 bis 1861. Sie nannte auch tatsächlich einige außergewöhnlich im Dunkel liegende Einzelheiten aus seinem Leben, die ihrer Behauptung einiges Gewicht verliehen. Und einige Personen gab es, die behaupteten, Könige oder Herrscher gewesen zu sein, die zwar in der Geschichte nicht völlig unbekannt waren, aber in sehr abgelegenen Gesellschaften regiert hatten, nicht gerade die Art Leute, über die historische Romane geschrieben werden.

Doch mit Ausnahme dieser Handvoll Personen war die überwältigende Mehrheit der Leben, von denen berichtet wurde, das einfacher Bauern, die schwerste Not litten, sich unablässig abrackern mußten und sich kärglich ernährten. Und in der Tat haben viele von ihnen später erklärt, wie hart und mühsam ihr Leben war; der Gegensatz zum relativen Luxus und der Freiheit ihres gegenwärtigen Daseins war drastisch. Freunde von Hamburgern und Gebratenem, nicht ganz durchgebratenem Roastbeef und in Pilzsaft geschmorten Schweinekoteletts waren mehr als erstaunt, einmal in ärmlichen Hütten gelebt und sich von zerstoßenen Eicheln und Getreide ernährt zu haben, die mit Wasser zu einem Brei vermischt waren. Diese äußerst schmale Kost wurde hin und wieder durch eine fette Ratte oder Maus belebt.

Die von Frau Dr. Wambach befragten Personen schilderten ein sehr begrenztes Leben innerhalb kleiner Gruppen und ohne große Bewegungsfreiheit. Meist wußten sie wenig oder gar nichts von der Welt außerhalb ihrer Gemeinschaft, und das größte Ereignis war die Ankunft von Fremden. Sehr oft berichteten sie auch, als Kinder gestorben zu sein, was auch wirklich vorkam, wenn es auch kaum die Art Leben ist, zu der einem Phantasiegebilde einfallen. Frau Dr. Wambach erklärt dazu:

Ich entdeckte, daß unter den Betroffenen kaum jemand war, der etwas darstellte. Ich habe festgestellt, daß die große Mehrheit der Personen in ihrem früheren Leben so ungebildet und ohne Verbindung zu dem war, worüber die Geschichtsbücher berichten, daß ich nicht einmal sagen konnte, zu welcher Zeit sie gelebt hatten, wenn ich nicht selbst einen bestimmten Zeitraum erwähnte. Wenn ich sie, sagen wir, in das Jahr 1600 zurückversetzte und bestimmte, daß sie in England lebten, und sie fragte, wer König sei, hatten sie nicht die geringste Ahnung, und es hätte ihnen auch kaum gleichgültiger sein können. Allgemein fand ich heraus, daß, wenn ich nach dem Papst, großen Schlachten oder anderen bedeutenden historischen Ereignissen fragte, diese Dinge sie nicht berührten. Sie lebten in ihrer eigenen, kleinen Gemeinschaft und kümmerten sich nicht um Menschen oder Ereignisse außerhalb ihres Gesichtskreises.[31]

Aber es gab noch mehr Überraschungen. Zwei der grundlegendsten Identitätsmerkmale sind das eigene Geschlecht und die Rasse. Untersuchungen von Nordamerikanern haben ergeben, daß die meisten, wenn sie frei wählen könnten, am liebsten weiß und ein Mann wären. Wenn Berichte über ein »vergangenes Leben« also Phantasiegebilde wären, könnte man erwarten, daß das Leben als Mann und als Weißer überwiegen würde. Doch dem ist nicht so. Wenn auch die meisten derjenigen, von denen Frau Dr. Wambach berichtet, Weiße sind, *erzählten viele von ihnen doch von einem früheren Leben als Mitglied einer anderen Rasse und eines anderen Geschlechtes als jetzt.* Es ist eine biologische Tatsache, daß in der menschlichen Geschichte etwa jeweils die Hälfte der Bevölkerung männlich bzw. weiblich war. Wenn eine Regression daher wirklich geschichtliche Realität widerspiegelt, müßten wir bei einer Auswahl zurückversetzter Personen in einer vernünftigen Größenordnung ungefähr auf einen weiblichen bzw. männlichen Anteil von je 50 Prozent kommen. Und genau das ist auch der Fall gewesen! Von 1100 vergangenen Leben, über die berichtet wurde, waren 49,4 Prozent das von Frauen und 50,6 Prozent das von Männern gewesen.

Frau Dr. Wambachs erste Auswahlgruppe zurückversetzter Personen bestand zu 78 Prozent aus Frauen:

Ungeachtet des Geschlechts in ihrem jetzigen Leben teilten sie sich, als ich sie in die Vergangenheit zurückversetzte, fein säuberlich in 50,3 Prozent Männer und 49,7 Prozent Frauen in ihrem früheren Leben auf. Nach diesem Ergebnis in der ersten Gruppe wollte ich natürlich feststellen, ob es sich ähnlich in einer anderen Auswahlgruppe wiederholen würde. Es konnte sein, daß 28 Prozent der Frauen der ersten Gruppe sich lieber als Mann sahen und ich deshalb das Verhältnis von 50:50 erhalten hatte. Bei meiner zweiten, aus 300 Fällen bestehenden Gruppe wählte ich ein sehr viel ausgeglicheneres Verhältnis zwischen Männern und Frauen nach ihrem augenblicklichen Leben, nämlich 45 Prozent Männer und 55 Prozent Frauen. Aber als ich sie zurückversetzte, kam ich wieder auf jene 50:50-Teilung – diesmal 50,9 Prozent Männer und 49,1 Prozent Frauen. *Ich glaube, dieses Ergebnis ist mein bisher stärkster objektiver Beweis dafür, daß die Menschen, wenn sie hypnotisiert und zu einem früheren Leben geführt werden, tatsächlich ein echtes Wissen aus der Vergangenheit anzapfen.*[32]

Im Zustand der Hypnose und Regression berichten die Menschen einfach nicht von jener sinnvollen Art Leben, wie das in den Einbildungen der Fall ist, bei denen sich Wünsche erfüllen. Als Frau Dr. Wambach z. B. ihre Untersuchungen über Regression begann, führte sie die ersten zwei, drei Dutzend Personen in verschiedene frühere Existenzen zurück. »Betty« war ein typischer Fall. Zurückversetzt ins 15. Jahrhundert, berichtete sie von einem Leben als armer Pakistani.

Auf der Jagd wurde er eines Tages von einem wilden Bären angegriffen, der ihn am Bein verwundete und ihn zum Krüppel machte. Da seine Familie sehr arm war und keinen Krüppel unterstützen konnte, wurde er zum Bettler und verhungerte einige Jahre später. Bettys jetziger . . . Gesichtsausdruck und die Bewegungen ihres Körpers waren verblüffend. Als sie den Angriff des Bären schilderte, verzog sie ihr Gesicht und zog ängstlich das Bein an. Während der ganzen Regression hielt sie es in dieser schmerzenden, verrenkten Lage.

In einem späteren Leben war Betty ein 15jähriges Mädchen im England des 17. Jahrhunderts.

Sie war verzweifelt, weil sie gerade einem Brand entkommen war, der ihr Haus und das vieler anderer zerstört hatte . . . Da alle Mitglieder ihrer Familie in den Flammen umgekommen waren, ging sie zu einem Gastwirt in die Lehre und führte danach ein sehr schweres Leben als Kellnerin. Obwohl ihr Charakter – ein lebhaftes Bauernmädchen, das wußte, was es wollte – sich durchsetzte, wurde sie wiederholt ausgenutzt und mißhandelt. Sie starb schließlich einen äußerst schmerzvollen Tod, nachdem mehrere Betrunkene sie vergewaltigt und geschlagen hatten.

Nach der Hypnose ... war Betty ziemlich aufgewühlt. »Wissen Sie, ich habe die Schnapsfahnen dieser Männer gerochen«, sagte sie. »Und ich habe das gleiche gefühlt wie auch schon in diesem Leben ... Ich habe immer ungewöhnliche Angst vor Leuten gehabt, die trinken. Jetzt verstehe ich, warum. Weil ich durch einige Betrunkene zu Tode gekommen bin.«

In das Jahr 1902 zurückversetzt, erzählte Betty, sie sähe Bäume.

Es stellte sich heraus, daß sie ein Kleinkind war, das in einem ledernen Korb festgebunden war, der an einem Baum lehnte. Als ich sie jedoch in das Jahr 1903 weiterführte, lebte sie nicht mehr. Ich merkte, daß sie in der Zwischenzeit gestorben war, und brachte sie zurück auf das Erlebnis ihres Todes. Ich bat sie, sich eine Landkarte vorzustellen, die zeigte, wo sie dieses Leben gelebt hatte. Sie sah Florida vor sich, und ihr wurde bewußt, daß sie bei einem Stamm der Seminolen geboren worden war.[33]

In keinem dieser drei Leben gibt es Hinweise auf eine Wunschdenken-Phantasie – ein verkrüppelter Bettler, der verhungert, eine Kellnerin, die vergewaltigt und geschlagen wird und an den Folgen stirbt, und ein Säugling, der nach einem kurzen Leben stirbt. Diese Lebensschilderungen tragen eher den Stempel geschichtlicher Echtheit als den der Einbildung.

Wenn etwas bei den Regressionen Frau Dr. Wambachs deutlich wird, dann die absolute Durchschnittlichkeit jener Leben und Tode. Eine junge Frau namens Frances wurde in das 18. Jahrhundert zurückversetzt. Zu ihrer großen Überraschung stellte sie fest, daß sie offensichtlich Männerstiefel trug.

Als ich mir dann meine Kleidung und meine Hände besah, erkannte ich, daß ich ein Mann war. Anscheinend war ich irgendein Arbeiter, da an meinen Stiefeln Lehm klebte und meine Kleidung grob wirkte. Meine Hände waren schwielig und von Arbeit gezeichnet. Ich stand auf einem ungepflügten Feld, konnte aber in der Ferne eine kleine Hütte sehen. Offensichtlich lebte ich dort, da ich in dieser kleinen, dunklen Hütte zu Abend aß. Ich aß mit einem Holzlöffel aus einer hölzernen Schale ... Mein Tod ... war die Folge irgendeines Unfalls mit Pferden ... Es ging sehr schnell, und ich hatte meinen Körper verlassen, bevor ich anscheinend begriff, was passiert war ... Ich war froh, daß dieses Leben vorbei war. Es war ein hartes ... Leben gewesen. Als Jahr meines Todes blitzte ganz kurz 1721 auf, und der Ort, wo ich lebte, lag in der Nähe von Arles in Frankreich.[34]

Ein junger Mann mit Namen Peter befand sich in Italien, als er in das 9. Jahrhundert zurückversetzt wurde.

Es war Norditalien ... in der Ferne erkannte ich einige hohe Berge. Ich arbeitete mit einer Mistgabel auf dem Land. Ich war klein und stämmig und hatte gedrungene, kleine Hände. Ich starb recht jung ... irgendeine Krankheit. Als ich starb ... schien es so, als verließe ich meinen Körper ... und ... schwebte über dieser kleinen, dunklen Hütte, in der mein Körper lag.[35]

Zwei Personen, Janet und Lynn, wurden in das Jahr 1000 v. Chr. zurückversetzt. Janet erlebte sich als ein weibliches Mitglied eines primitiven asiatischen Stammes.

Sie lebte in einer Art Höhle an einem Berg. Als erwachsene Frau sah sie sich Häute abkratzen. Sie starb im Wochenbett. »Ich war wirklich froh, dieses Leben hinter mir zu haben«, erklärte sie. »Ich rieche die Häute noch jetzt ... Ich hätte gedacht, daß das einfache Leben Spaß gemacht hat, doch es war ein hartes Leben. Ich war ... froh, zu sterben und daß es zu Ende war.«[36]

Auch Lynn war in jener Zeit eine Frau in Asien.

Sie lebte auf einer weiten Ebene nahe am Meer: »Wo ich lebte, gab es viele Häuser. Sie hatten flache Dächer und bestanden aus einer Art Lehmziegel. Als Erwachsene kochte ich anscheinend die meiste Zeit irgendein Getreide und kümmerte mich um meine Familie. Ich starb an Altersschwäche.«[37]

Diese Lebensschilderungen klingen nicht wie Phantastereien. Sie erwecken vielmehr den Eindruck der Echtheit.

Die Wambach-Regressionen sind voller verblüffender Übereinstimmungen zwischen Personen, die sich zur gleichen Zeit am gleichen Ort befunden haben. Eine junge Frau wurde in das Jahr 25 n.Chr. zurückversetzt und stellte fest, daß sie ein Mann in Norditalien in der Nähe des Adriatischen Meeres war. Sie war so etwas Ähnliches wie ein Zimmermann und arbeitete mit Holz und Werkzeugen. Sie entdeckte, daß sie Vorräte mit einer sehr alten Münze kaufte:

Person: »Sie war dunkelgrau und hatte in der Mitte ein Loch. Sie schien quadratisch geformt zu sein, und die Ecken hatte man mit einem Hammer bearbeitet, um ihr ein rundes Aussehen zu geben. Ich habe nie etwas Vergleichbares gesehen!«

Frau Dr. Wambach: »Schien sie an den Rändern nur grob bearbeitet worden zu sein?«

Person: »Ja, als hätte man sie mit einem Hammer bearbeitet und nicht gegossen.«

Frau Dr. Wambach: »Mindestens schon 20mal ist mir diese Münze beschrieben worden. Sie war am Mittelmeer zwischen 500 v.Chr. und 25 n.Chr. in Gebrauch.«[38]

Das ist ohne Frage außergewöhnlich. 21 Personen aus verschiedenen Gruppen gingen zu verschiedenen Zeiten an den gleichen Ort zur gleichen Periode, und alle verwendeten sie die gleiche eigenartige Münze.

Fünf Personen, die in verschiedenen Gruppen zu verschiedenen Zeiten zurückversetzt wurden, beschrieben das Leben zwischen 2000 v. Chr. und 1000 v. Chr. in einem Gebiet in der Nähe des Kaukasus nördlich des Iran und auf Pakistan zu, im heutigen Rußland. Alle schilderten sie es als gebirgig und unfruchtbar.

Es waren offensichtlich Nomaden. Sie sprachen von Zelten und Hütten mit Pultdach, nicht von Häusern . . . Alle fünf zeigten sich erstaunt, als sie auf ihre Hände schauten und entdeckten, daß ihre Haut weiß war. Drei schilderten ihr Haar als hellbraun, zwei als blond. Drei . . . hatten auf ihre Zettel geschrieben: »Das scheint mir nicht richtig zu sein. Ich war überrascht, als auf der Karte plötzlich Asien auftauchte . . . Ich dachte, ich hätte braune Haut und dunkle Haare haben müssen.«

Alle fünf . . . gaben an, eine Art kurze Hose aus Leder zu tragen. Bei Regressionen in die frühesten Zeiträume waren lange Hosen ungewöhnlich; nur in diesem Gebiet stellten die Personen fest, daß sie kurze Hosen trugen. Ich recherchierte, welche Kleidung zu jener Zeit getragen wurde, und fand eine Illustration von Skythen und Parthern in langen ledernen Hosen. Außerdem bestand die Bevölkerung dieses Gebietes aus den ursprünglichen Kaukasen und hatte helle Haut und blonde Haare. Wo also die Personen aufgrund ihres eigenen Geschichtsbildes geglaubt hatten, daß ihre Schilderungen falsch seien, bewiesen die Nachforschungen, daß ihr Unterbewußtsein ihnen ein genaueres Bild vom Leben im Kaukasus um 2000 v. Chr. geliefert hatte als ihr Bewußtsein.

Das passierte mir immer und immer wieder, als ich das Material der einzelnen Fälle nachprüfte, und für mich waren es die überzeugendsten Unterlagen, die ich während meiner Forschungsarbeit gesammelt habe. Wenn Erinnerungen an ein früheres Leben Phantasiegebilde wären, wäre anzunehmen, daß die uns bewußten Geschichtskenntnisse die Bilder lieferten. Wenn die Bilder dem widersprechen, was wir für richtig halten, sich bei genauer Untersuchung aber als korrekt herausstellen, dann müssen wir die Vorstellung, daß Erinnerungen an ein vergangenes Leben Trugbilder sind, neu überdenken.[39]

Man kann sich kaum eine gewichtigere Gültigkeitserklärung für die Behauptung vorstellen, daß die Erinnerungen unter Hypnose an ein früheres Leben echt sind. Betrachten wir das Beispiel einer Frau, die in das Jahr 1200 zurückversetzt wurde und sich als Ritter sah:

»Ich dachte bei mir, daß dies doch wirklich abgedroschen war und eine Einbildung sein mußte«, berichtete sie . . . »Ich sah hinunter auf meine Füße und bemerkte eine dreieckige Stoßplatte. Ich dachte bei mir, daß sie rund sein müßte, wie die Rüstung, die ich im Museum gesehen hatte.«[40]

In jenem Leben befand sich die Person in Italien und erlebte ihren Tod im Jahr 1254. Nachforschungen über die Geschichte der Rüstungen brachten etwas äußerst Interessantes zum Vorschein: Dreieckige Stoßplatten hatte es tatsächlich gegeben – aber nur in Italien und auch nur bis zum Jahr 1280!

Bei einigen der von Dr. Wambach befragten Personen stellte sich heraus, daß sie im 20. Jahrhundert bereits einmal gelebt hatten und im Bombenhagel des 2. Weltkrieges umgekommen waren. Viele von ihnen behaupteten, nicht direkt infolge der Bombenexplosionen gestorben zu sein, sondern durch das Einatmen von Rauch. Eingeschlossen unter den Trümmern wurden sie vergiftet vom Rauch der Brände, die die Bomben verursachten. *Die Wahrheit ist, daß diese Behauptung genau den Tatsachen hinsichtlich der Bombenopfer des 2. Weltkrieges entspricht. Und es ist eines jener bedeutsamen Details, das als Produkt bloßer Phantasie äußerst unwahrscheinlich ist.*

Diese erstaunliche Übereinstimmung zwischen Schilderungen von Personen, die behaupteten, zur gleichen Zeit und am gleichen Ort gelebt zu haben, war charakteristisch für das gesamte Material jener 4000 Jahre umfassenden Zeitspanne, das sie untersuchte – von 2000 v. Chr. bis ins 20. Jahrhundert. Frau Dr. Wambach achtete darauf, jedem einzelnen einige Standardfragen hinsichtlich seiner Lebensart zu stellen. Diese Fragen ermöglichten es ihr später, die Schilderungen über ein früheres Leben als die eines Lebens der Ober-, Mittel- oder Unterschicht in jeder Periode einzuordnen. Leben in der Oberschicht befanden sich in jedem Zeitabschnitt in der Minderzahl, die 10 Prozent nie überstieg. Leben in der Mittelschicht traten unterschiedlich oft auf, was vom allgemeinen zivilisatorischen Niveau abhing. Leben in der Unterschicht als Sklaven oder Bauern bildeten immer die große Mehrheit und lagen bei minimal 60 Prozent und maximal 77 Prozent. Dieser Querschnitt durch die sozialen Klassen war verblüffend. Die Statistiken machen auf dramatische Weise klar, daß hier über objektive Wirklichkeit und nicht über subjektive Phantastereien berichtet wird.

Beweisen die Bevölkerungsstatistiken nicht, daß eine Wiedergeburt unmöglich ist?

Zur Wiedergeburt ist ein menschlicher Körper nötig. Wenn es ihn nicht gibt, kann eine Wiedergeburt offensichtlich nicht stattfinden. Ist denn aber nicht die Weltbevölkerung in den letzten Jahrhunderten enorm angewachsen? Ohne Frage ja. Bevölkerungswissenschaftler schätzen, daß sich die Weltbevölkerung zwischen dem ersten nachchristlichen Jahrhundert und 1500 verdoppelt hat, sich bis zum 19. Jahrhundert noch einmal verdoppelte und sich seither vervierfacht hat. Ist eine Wiedergeburt aus diesem Grund nicht unmöglich?

Sicher ist das ein sehr gewichtiges Argument gegen die Wiedergeburt. Kamen, als Frau Dr. Wambach die von ihr befragten 1100 Personen aufforderte, die Zeit zu bestimmen, in die sie zurückversetzt waren, irgendwelche »Bevölkerungstrends« zum Ausdruck? Das war tatsächlich der Fall. Und die Trends zeigen exakt, was man erwarten würde, wenn Wiedergeburt wirklich vorkommt: Die Personen Frau Dr. Wambachs wählten, in verschiedene Perioden hineingeboren zu werden, und das mit einer Häufigkeit, die sich genau analog zu den Schätzungen der Wissenschaftler über die Größe der Bevölkerung zu jenen Zeiten verhielt. Ihre Wahl eines früheren Lebens in einer bestimmten Zeit verdoppelte sich vom ersten nachchristlichen Jahrhundert bis 1500, verdoppelte sich noch einmal bis zum 19. Jahrhundert und vervierfachte sich von da an bis zum 20. Jahrhundert. Wiedergeburt ist mit anderen Worten vollkommen abhängig vom Vorhandensein menschlicher Körper, und wenn wir die menschlichen Individuen Generation um Generation bis zum ersten Jahrhundert zurückversetzen würden, würden sie von vielen Leben berichten, wenn die Bevölkerung groß war, und von wenigen, wenn sie klein war.

Zwischen dem Regressionsmaterial und den Statistiken über die Weltbevölkerung bestehen daher keinerlei Widersprüche.

Wer bist du?

Das durch die Regressionen verfügbare Material eröffnet gewaltige Möglichkeiten, Möglichkeiten, die den meisten von uns überaus schockierend vorkommen werden, die aufgrund der Erfahrungen in diesem Leben absolut davon überzeugt waren, daß wir zu einem Geschlecht, einer Rasse, einer sozialen Schicht, einer Nationalität und einer ethnischen Gruppe gehören. Denn dieses Material macht offenkundig, daß die meisten von uns zu verschiedenen Zeiten Mann und Frau, schwarz, weiß, gelb und braun, reich und arm gewesen sind und den verschiedensten Nationalitäten und Volksgruppen angehört haben. Wenn jemand in eine ganze Abfolge vergangener Leben zurückversetzt wird (und das ist nur mit einer kleinen Auswahl geschehen), weisen diese Leben große Unterschiede hinsichtlich des Geschlechtes, der Rasse, der sozialen Schicht und der ethnischen Gruppe auf. So sagte Frau Dr. Wambach:

Einige waren in ihrem früheren Leben ziemlich wohlhabend, aber die Reichen sind in ihrem nächsten Leben nicht reich. Oft sind sie bettelarm. Waren sie in einem Leben bedeutende Persönlichkeiten, blieb das nicht so.[41]

Eine der Personen beispielsweise, im jetzigen Leben eine Frau, war im 15. Jahrhundert ein männlicher Athlet in Mittelamerika, der mit 40 Jahren starb; im 16. Jahrhundert dann ein Eingeborener auf Neuguinea, der jung starb; eine venezianische Hausfrau aus der Mittelschicht, die 1540 geboren wurde und in hohem Alter starb; eine Frau, die im frühen 18. Jahrhundert als Kellnerin in einem Gasthaus in der Normandie lebte; ein rothaariger Junge, der im frühen 19. Jahrhundert im Osten der Vereinigten Staaten lebte und mit acht Jahren an Pocken starb; und zwischen 1888 und 1916 ein norwegischer Matrose, der mit 28 Jahren an einer unbekannten Krankheit starb. Es wurde nicht versucht, eine vollständige Liste all ihrer Leben aufzustellen; die hier genannten sind wahrscheinlich nur einige davon.

Ein Geschäftsmann aus San Francisco versetzte sich von sich aus in 14 frühere Leben zurück. Um 2000 v. Chr. war er ein ägyptischer Priester, der sich mehr um kommerzielle Dinge, nämlich die Verwaltung des Handels mit den Nachbarvölkern, als um Religion kümmerte. Das nächste Leben, von dem er berichtete, lag im Jahr 1300 v. Chr., und er war wieder ein Mann, ein einfacher ägyptischer Kärrner. Als nächstes glitt er in das Jahr 400 v. Chr. Er befand sich wieder in Ägypten, diesmal als eine Frau aus einer Familie von Geschäftsleuten, die in eine Hofintrige verwickelt war. Sie war kalt berechnend, hatte mit ihren

Plänen, zu großem Reichtum zu kommen, keinen Erfolg und beging Selbstmord. Danach war er ein Käseproduzent und Händler im Libanon und im Jahr 100 n.Chr. eine griechische Waise, die eine homosexuelle Beziehung zu einem römischen Statthalter hatte und jung an einer Krankheit starb. Zwischen diesem Leben und dem nächsten im Jahr 1300 berichtete er spontan von keinem anderen Leben; 1300 war er eine Frau, die in einem einfachen Dorf in Mittelamerika lebte und mit 28 Jahren an einem Fieber starb. 1450 war er erneut eine Frau, die unter bescheidenen Umständen in einer portugiesischen Stadt wohnte und in jungen Jahren starb. Im 16. Jahrhundert schilderte er das nüchterne und unbefriedigende Leben eines italienischen Adligen. Von 1590 bis 1618 war er ein Mädchen aus Wales, das bei einer Entbindung starb. Als nächstes war er ein französischer Bauer, dessen wertvollster Besitz ein hölzerner Löffel war; dann ein englischer Kaufmann des 18. Jahrhunderts, der es beim Handel mit Wolle zu Reichtum brachte, und schließlich im 19. Jahrhundert ein ägyptischer Aufseher in einer Baumwollfabrik, der im Jahr 1870 an einem Herzanfall starb. Innerhalb von vier Monaten wurde er als Stadtstreicher wiedergeboren, der sich an den Londoner Docks herumtrieb und von seiner Pfiffigkeit lebte. Er wurde von einem Schiffskapitän unterstützt und mit elf Jahren Matrose auf dessen Schiff. Das nächste Leben war das einer Frau, die 1900 in Baltimore in Maryland geboren wurde und 1902 dort starb. Gefragt, warum er so jung gestorben sei, sagte er etwas ungewöhnlich Interessantes, das Frau Dr. Wambach später systematisch untersuchte:

»Nachdem ich geboren war, erkannte ich wohl, daß ich die falschen Eltern ausgesucht hatte«, gab er zur Antwort. »Anscheinend wußte ich, daß das nicht gut enden würde, und darum ging ich wieder.«[42]

In seinem jetzigen Leben war er 1930 in Kalifornien geboren worden.

Was fangen wir mit einer so verwirrend vielgestaltigen Lebenserfahrung an? Gab es einen Entwicklungsprozeß, der diese verschiedenen Leben miteinander verband? Wie wir gleich sehen werden, läßt sich ein gewisser Prozeß nachweisen. Zumindest aber können wir den Beweis für eine Behauptung sehen, die manchmal von körperlosen Wesen aufgestellt wird und besagt, der Sinn des menschlichen Leben sei es zu »lernen«, indem man die verschiedensten Erfahrungen in allen nur möglichen Epochen, Gesellschaften und Körpern macht. Und das führt uns zu einer überraschenden Entdeckung, die, würde sie ernstgenommen, den Beziehungen der Menschen miteinander einige völlig neue Dimensionen eröffnen würde. Die Identität und die feindselige Gesinnung des Menschen beruhen auf grundlegenden Unterscheidungsmerkmalen – auf Unterschieden im Geschlecht, der Schicht, Religion, Nationalität und Zugehörigkeit zu einer Volksgruppe. Doch die Regressionen machen deutlich, daß wir selbst all das, was wir jetzt nicht sind, schon einmal gewesen sind oder sein werden, und auch das, was wir jetzt verachten und hassen. Was könnte den Menschen tiefgreifender bilden, als in einem Leben Haß und Verachtung für andere zu empfinden und dann umzukehren und in einem späteren Leben als Mitglied eben dieser verachteten Gruppe diesen Haß und die Demütigungen selbst zu erdulden? Diese Überlegungen bringen uns auf die alte Lehre vom *Karma*.

Die Erforschung des früheren Lebens und die Lehre vom Karma

Die Lehre vom Karma ist einfach. Sie besagt, daß alle Menschen durch die Wiedergeburt schließlich auf mühsame Art die »goldene Regel« lernen, daß man für das Böse und den Schmerz, die man anderen angetan hat, in einem späteren Leben durch Leiden am eigenen Leib büßt, wohingegen Liebe und Mitleid anderen gegenüber als persönliche Erfüllung in einem späteren Leben »wiederkehren«.

Das Schwergewicht dieses Buches war empirischer Art: Es hat sich in erster Linie auf tatsächliche Erlebnisse von Menschen gestützt, die die gewaltigen Geheimnisse von Leben und Tod beleuchten. Haben dann Menschen Erlebnisse gehabt, die für eine

Überprüfung der Lehre vom Karma von Bedeutung sind? Nachforschungen in dieser Richtung gibt es tatsächlich, und die Ergebnisse reichen aus, die Aufnahme gerade einer solchen Überprüfung zu fördern. Drei Quellen gibt es dafür: die Regressionen in Hypnose von Loring Williams und Frau Dr. Helen Wambach und die »Lebensdeutungen« des bemerkenswerten amerikanischen Hellsehers Edgar Cayce.

Loring Williams

Williams, ein Hypnotiseur, der viele Menschen zurückversetzt hat, hat über das Karma ganz bestimmte Vorstellungen, die auf diesen Regressionen aufbauen. In einem Gespräch mit dem Schriftsteller Brad Steiger sagt er:

Das Karma ist schwer zu fassen, wenn man nicht sehr viel über den Hintergrund seines Patienten weiß und nicht in der Lage ist, . . . den Betreffenden ausreichend oft zurückzuversetzen. In den Fällen, in denen ich etwas über die Geschichte meiner Patienten in Erfahrung bringen konnte . . . und auch genügend Einzelheiten über ihre vergangenen Leben sammeln konnte, habe ich ein eindeutiges Muster des Karmas erkannt.[43]

Williams fuhr fort und illustrierte seinen Fall, indem er auf eine Regression zu sprechen kam, die er kürzlich durchgeführt hatte. Eine in das Jahr 1800 zurückversetzte Frau behauptete, eine Hauslehrerin in Frankreich zu sein.

In dieser Eigenschaft gelang es ihr, einen wohlhabenden, älteren Mann kennenzulernen und zu heiraten. Sie war äußerst selbstsüchtig und versessen auf Geld, Schmuck, Dienerschaft und Macht. Sie verwendete viele Jahre darauf, ihrem älteren Mann das Leben zur Hölle zu machen, und freute sich, als er schließlich starb und sie über den Besitz und das Geld verfügen konnte.

Sie tyrannisierte ihre Bediensteten so sehr, daß sie schließlich von einem ihrer Dienstmädchen umgebracht wurde, das sich weigerte, sich so erniedrigen zu lassen. Das jetzige Leben dieser

Frau trug deutlich die Züge des Karma-Konzeptes. Sie war als jüngstes von mehreren Mädchen in eine sehr arme Familie hineingeboren worden. Sie wuchs mit wenig Geld oder Annehmlichkeiten auf. Aus irgendeinem unerklärlichen Grund behandelten ihre Schwestern sie schlecht. Eine ihrer Schwestern erzählte mir: »Die arme Gloria mußte in ihrer Kindheit viel weinen. Ich weiß nicht warum, aber wir waren immer sehr gemein zu ihr. Selbst als sie schon ein Teenager war, schien es im Haus eine unausgesprochene Verschwörung zu geben, sie die schmutzigsten Arbeiten verrichten zu lassen und ihr das Leben schwer zu machen.«

Es hatte den Anschein, als erführe diese Frau in diesem Leben von allen die gleiche Behandlung, die sie in ihrem früheren Leben anderen hatte widerfahren lassen.

War jemand wie Gloria nach seinen Erfahrungen dazu verurteilt, ihr ganzes Leben hindurch solche Nachstellungen zu erdulden? Nicht notwendigerweise, wie sich zeigt.

Als dieses Mädchen größer wurde, konnte sie sich emotional anpassen, und das Verhalten ihrer Familie änderte sich. Heute ist sie ... glücklich verheiratet ... Man scheint demnach die Möglichkeit zu haben, die Umstände, in die man hineingeboren wird, verändern oder ausgleichen zu können. Gelingt das mit Erfolg, kommt es zu einer entsprechenden Verbesserung der Bedingungen, in die man beim nächsten Mal hineingeboren wird. In einigen Fällen, wie in dem Glorias, erntet man die Früchte dieses Ausgleichs noch im gegenwärtigen Leben.[44]

Das sind faszinierende Vorstellungen, die außergewöhnliche Möglichkeiten in sich bergen. Bedauerlicherweise belegt Williams sie in seinem veröffentlichten Werk nicht sehr sorgfältig, wenn er auch klar zu verstehen gibt, daß sie auf umfangreichem Material aufbauen, das er allerdings nicht nennt.

Edgar Cayce

Edgar Cayce wurde 1877 auf einer Farm in der Nähe von Hopkinsville in Kentucky geboren. Er verließ die Schule nach der neunten Klasse, arbeitete als Angestellter bei einer Buchhandlung und dann als Versicherungskaufmann. Doch ein seltsames Leiden setzte seiner Laufbahn als Kaufmann ein Ende. Durch eine Kehlkopfentzündung verlor er seine Stimme. Die Umstände machten eine medizinische Behandlung unmöglich. Cayce war schon ein Jahr stumm, als ein umherreisender Hypnotiseur namens Hart nach Hopkinsville kam. Hart hörte von Cayces Leiden und bot an, ihn durch Hypnose zu behandeln. In der Hypnose erlangte Cayce seine normale Stimmkraft zurück, die jedoch wieder verschwand, als er aus der Hypnose erwachte. Da begann ein Mann aus der Gegend mit Namen Layne, der sich mit Hypnose beschäftigt hatte, sich für den Fall zu interessieren, und machte einen ausgefallenen Vorschlag – Cayce solle in Hypnose seinen Zustand selbst diagnostizieren. Das Ergebnis war verblüffend. In Hypnose sprach der ungebildete Bauernjunge wie ein Medizinprofessor.

»Ja«, so begann er, »wir können den Körper sehen . . . In normalem Zustand ist dieser Körper nicht in der Lage zu sprechen, da die inneren Kehlkopfmuskeln infolge eines eingeklemmten Nervs partiell gelähmt sind. Das ist ein psychologischer Zustand, der sich körperlich auswirkt. Er kann beseitigt werden, wenn die Durchblutung der betroffenen Partien durch Suggestion im Zustand der Bewußtlosigkeit angeregt wird.«

Layne erklärte Cayce augenblicklich, daß die Durchblutung der betroffenen Partien gesteigert und sich sein Zustand bessern würde. Nach und nach wurde Cayces Brust oben rosa, dann leicht und schließlich brennend rot. Nach ungefähr 20 Minuten räusperte sich der hypnotisierte Cayce und sagte: »Es ist jetzt alles in Ordnung. Das Übel ist beseitigt. Veranlassen Sie, daß der Blutkreislauf wieder normal arbeitet und der Körper dann aufwacht.« Layne handelte wie verlangt. Cayce wachte auf und begann zum erstenmal seit mehr als einem Jahr wieder normal zu sprechen. In den darauffolgenden Monaten erlitt er einige Rückschläge. Jedesmal veranlaßte Layne eine erhöhte Durchblutung, und prompt verschwand die Beeinträchtigung.[45]

Natürlich war Cayce überglücklich, wieder sprechen zu können, und wollte nichts, als seinem normalen Leben wieder nachgehen. Und er hätte es auch getan, wäre Layne nicht gewesen. Denn der

Hypnotiseur erkannte, daß, wenn Cayce sich in Hypnose selbst eine so gute Diagnose stellen und sich heilen konnte, er vielleicht in der Lage war, das gleiche für andere zu tun. Widerstrebend stimmte Cayce zu, den Versuch an Layne selbst zu unternehmen, der seit einiger Zeit an einem Magenleiden erkrankt war. Es geschah genau das, was vorher geschehen war. In Hypnose diagnostizierte Cayce die Krankheit und verordnete Layne eine recht ausgefallene Behandlung mit Medikamenten, einer Diät und Übungen. Die Diagnose traf genau auf die Symptome Laynes zu und deckte sich mit der der Ärzte; seine Behandlung allerdings erreichte etwas, was die der Ärzte nicht erreicht hatte – sie half. Innerhalb weniger Wochen fühlte sich Layne besser.

Das Gerücht über die außergewöhnlichen medizinischen Gaben von Cayce breitete sich aus, und am Ende diagnostizierte und behandelte er in Hypnose die Krankheiten Hunderter von Menschen, worunter es sehr viele gab, denen die klassische Medizin nicht hatte helfen können. Wenn er auch im Normalzustand nicht das geringste von Medizin verstand, zeigten seine in Trance gestellten Diagnosen doch profunde medizinische Kenntnisse, und die von ihm verordneten Behandlungen erwiesen sich als erstaunlich wirksam:

Ein katholischer Priester in Kanada wurde von Epilepsie geheilt; einem Schüler aus Dayton in Ohio verhalf er in einem schweren Fall von Arthritis zu Linderung; ein New Yorker Zahnarzt wurde innerhalb von zwei Wochen von einer Kopfmigräne befreit, die ihn schon seit zwei Jahren quälte; eine junge Musikerin aus Kentucky, die in einer berühmten Klinik in Tennessee schon als hoffnungslos aufgegeben worden war, wurde in einem Jahr von der selten vorkommenden Sklerodermie geheilt; ein Junge aus Philadelphia, der schon mit einem grünen Star geboren wurde, der allgemein als unheilbar gilt, gewann seine normale Sehkraft zurück, als ein Arzt ihn nach den Anweisungen von Cayce behandelte.[46]

Mehr als 20 Jahre, von 1901 bis 1923, befaßte sich Cayce in Trance mit den medizinischen Problemen von Tausenden. Und dann, an einem Oktobernachmittag des Jahres 1923, wurden seine hellseherischen Fähigkeiten in eine völlig andere Richtung gelenkt. Arthur Lammers, ein reicher Drucker aus Ohio, war davon überzeugt, daß man Cayces Hellsehen bedeutenderen Zwecken zuführen konnte als dem Funktionieren des menschlichen Körpers. Vielleicht fand Cayce auch die Antwort auf einige brennende Fragen nichtmedizinischer Art. Lammers interessierte sich seit einiger Zeit für Astrologie. Er wollte wissen, ob etwas daran war. Würde Cayce bereit sein, sich in Trance zu versetzen und Lammers ein Horoskop zu stellen? Er willigte ein. In Hypnose erklärte Cayce auf die eifrigen Fragen von Lammers, daß die Astrologie, wie sie gegenwärtig betrieben wird, durchaus in einigen Punkten stichhaltig sei. Und er ließ sich in einigen rätselhaften Sätzen darüber aus. Und dann, fast am Schluß dieser Unterhaltung, sagte Edgar Cayce beiläufig etwas über Lammers. »Er war einmal ein Mönch«, erklärte er. Diese Behauptung traf Lammers wie ein Schlag. Spielte Cayce auf Wiedergeburt an? War er der Meinung, daß diese alte Lehre wirklich Gültigkeit hatte? Weitere Fragen an den hypnotisierten Cayce machten es unmißverständlich klar: Die Antwort lautete »ja«.

Den Worten Cayces zufolge war die Verkörperung des Menschen für sein geistiges Wachstum notwendig; wenn schließlich durch mehrere Wiedergeburten ein ausreichendes Wachstum erreicht war, war die sich entwickelnde Seele nicht länger auf einen menschlichen Körper angewiesen, und das körperliche Leben auf der Erde konnte seinem Ende zugehen. Dann erwarteten größere Möglichkeiten die Seele in einem nichtkörperlichen Reich. Die Wiedergeburt, so sagte er, werde gelenkt durch das Gesetz des Karmas. Das Böse mußte gesühnt werden, und das Gute kehrte in immer erfüllteren Leben wieder. Und manchmal ließ er durchblicken, daß das größere »Gewissen« des Selbst sehr viel mit dem Wirken des Karmas zu tun habe; in den Zwischenleben konnte das Selbst erkennen, was es zu sühnen hatte, und fühlte sich dann gedrängt, sich eine angemessene Buße aufzuerlegen.

Lammers war fasziniert von diesen Enthüllungen und überredete den widerstrebenden Cayce, ihm etwas auf eine völlig neue Art zu deuten, was dann später als »Leben«-Deutung bekannt wurde, im Gegensatz zu den ursprünglichen »körperlichen« Diagnosen, die auf medizinische Probleme eingingen. Die

»Lebens«-Deutungen konzentrierten sich auf den Einfluß der vergangenen Leben auf das gegenwärtige und erörterten ins Detail gehend das Wirken des Karmas im Leben des Einzelnen. Als die Kunde dieser neuen, ungewöhnlichen Deutungen die Runde machte, wurde Cayce von Anfragen danach überschwemmt. 2500 Deutungen führte er bis zu seinem Tod im Jahr 1945 durch. Sie enthalten Hunderte von Beispielen für das, was Cayce als Auswirkungen des Karmas bezeichnete oder als Einflüsse vergangener Leben, die im jetzigen wirksam wurden. Da die meisten, die zu Cayce kamen, sorgenbeladen waren und Hilfe suchten, haben wir sehr viel mehr Beispiele für das negative, sühnende Karma in den Lebensdeutungen als für die positiven Auswirkungen der Vergangenheit.

Cayce behauptete, er erhalte sehr viele seiner Informationen über die früheren Leben der Menschen aus tief in ihrem Unterbewußten vergrabenen Erinnerungen: Er griff mit anderen Worten auf die gleiche Quelle zurück wie die Regression in Hypnose.

Aber, so wurde er gefragt, führte der Glaube an das Karma nicht zu einer fatalistischen Lebensauffassung? Wenn Menschen aus Gründen des Karmas Leiden »brauchten«, was für eine Motivation gab es dann noch für Bemühungen, anderen zu helfen, denen es weniger gut ging? Cayce gab eine eindeutige Antwort. Er sagte, daß es denjenigen, die durch Leiden eine Buße für das brauchten, was sie anderen angetan hatten, gelingen werde, in einer Zeit und an einem Ort geboren zu werden, wo sie sie bekommen konnten. Aber er fügte hinzu, daß ihr Leiden gleichzeitig eine gute Gelegenheit für das persönliche Wachstum anderer in einer besseren Karmasituation sei. Wenn die auf dem Weg zum Karma weiter Fortgeschrittenen so töricht wären, ihre Lage zu mißbrauchen und diejenigen in einer weniger günstigen Situation entweder zu übergehen oder bewußt auszunutzen, würden sie dafür in späteren Leben zahlen müssen. Durch das Karma auferlegtes Unglück und Leid boten somit allen eine Gelegenheit; denen, die davon betroffen waren, aber auch den anderen. Es gäbe also, wie er sagte, keinerlei Rechtfertigung dafür, nicht zu versuchen, menschliches Elend zu lindern.

Der Leser, der versucht ist, solche Behauptungen als Unsinn

abzutun, sollte sich daran erinnern, daß die hellseherischen Fähigkeiten von Cayce in medizinischen Fragen von allen bezeugt wurden, die sie geprüft haben. Vielleicht sollten wir seine Bemerkungen über andere Aspekte menschlichen Daseins daher doch nicht voreilig abqualifizieren.

Cayce behauptete auch, das Karma wirke auf verschiedene Weise und sein Einfluß könne körperlicher wie auch psychologischer Art sein. Er erklärte, daß eine ungerechtfertigte negative Einstellung anderen gegenüber – beispielsweise körperliche oder seelische Grausamkeit – immer gesühnt werden müsse. Hohn und verächtliche Herabsetzung anderer z.B. waren eine unwürdige Form von Geltungsbedürfnis, denn keine Eigenpersönlichkeit ist einer anderen wirklich überlegen, und für gegenteilige Behauptungen muß man »zahlen«. Betrachten wir den Fall eines 18jährigen Mädchens, das hübsch gewesen wäre, wenn es nicht so unmäßig dick gewesen wäre.

Die Ärzte diagnostizierten eine Überfunktion der Hypophyse. Die Diagnose von Cayce ging in die gleiche Richtung und sprach von einer Drüsenangelegenheit, aber ... es wird erklärt, daß die Drüsen selbst Brennpunkte für den Ausdruck der Vererbung der Seele oder ihres Karmas sind ... der Drüsenbefund dieses Mädchens und sein ... Übergewicht hatten ihren Ursprung im Karma ... In ihrem vorvorigen Leben war sie eine Sportlerin gewesen, ... die sowohl durch ihre Schönheit wie ihr überragendes Können bestach, sich aber oft über die lustig machte, die wegen ihres Gewichtes weniger gewandt waren als sie selbst.[47]

Dieser fortgesetzte Spott über andere schuf eine Karma-Situation, in der sie das zu ertragen hatte, worüber sie sich bei anderen lustig gemacht hatte.

In einem anderen Beispiel mit einem ähnlich ablaufenden Karma litt ein junger Mann unter einem ausgeprägten homosexuellen Trieb, der ihm sehr zu schaffen machte und zum zentralen Problem seines Lebens wurde.

Die bei diesem jungen Mann auf seinen Wunsch vorgenommene Lebensdeutung zeigt, daß er in einem früheren Leben ein Satiriker und Klatschmaul war ... dem es besonderen Spaß machte, über Skandale Homosexueller zu berichten ... und sie zu bespötteln. »Verdamme nicht«, schließt die Deutung, »damit du nicht selbst verdammt wirst. Denn das Maß, mit dem du mißt, wird auch bei dir angelegt ... *Und was du bei einem anderen verurteilst, das wirst du selbst.*«[48]

Wie eigenartig solche Behauptungen immer klingen mögen, man muß doch zugeben, daß, wenn sie zutreffen, man sich kaum eine wirksamere Form der Erziehung zu Gleichheit und menschlichem Mitgefühl vorstellen kann – man muß das werden und ertragen, was man selbst verachtet und peinigt. Intoleranz anderen gegenüber, so scheint es, ist, wenn es um das Karma geht, eine gefährliche Angelegenheit.

Nehmen wir die Deutung von Cayce für einen 11jährigen Jungen, der seit seinem zweiten Lebensjahr ein chronischer Bettnässer war. Cayces Diagnose und seine Behandlung waren gleichermaßen faszinierend wie außergewöhnlich. Das nächtliche Bettnässen hatte die Eltern veranlaßt, einen Psychiater zu konsultieren, als der Junge drei Jahre alt war, aber ohne Erfolg. Das Bettnässen hielt ohne Unterbrechung während der nächsten fünf Jahre an. Der Junge war inzwischen acht Jahre alt, und man suchte erneut Hilfe bei einem Psychiater, doch wieder konnte er das Problem nicht lösen.

Als der Junge elf Jahre alt war, hörten die Eltern von Edgar Cayce, und der Vater beschloß, den seltsamen Fall seines Sohnes deuten zu lassen. Nach der Lebensdeutung des Jungen zu schließen, war er in seinem vorigen Leben ein Geistlicher in den frühen Tagen der Puritaner gewesen, zur Zeit der Hexenprozesse; er hatte sich an der Bestrafung vermeintlicher Hexen beteiligt und die auf einen Stuhl gebundenen Frauen in einen Teich getaucht (eine gebräuchliche Foltermethode für Hexen in jener Zeit).[49]

Das gab den Ansatz für eine Erklärung in Richtung Karma, doch Cayce verordnete darüber hinaus noch eine Behandlung. Er erklärte den Eltern, dem Jungen, bevor er ins Bett ging, eine bestimmte Botschaft mitzuteilen, die auf dem Karma beruhte, das diesen Fall prägte. Am Abend befolgte die Mutter die Vorschrift von Cayce. Sie wartete an seinem Bett, bis er fast eingeschlafen war. Und dann sprach sie langsam und ruhig diese Worte:

»Du bist gut und freundlich. Du wirst viele Menschen glücklich machen. Du wirst allen helfen, mit denen du in Berührung kommst . . . Du bist gut und freundlich . . .« Der gleiche Gedanke wurde in unterschiedlicher Form etwa fünf bis zehn Minuten lang dem inzwischen schlafenden Kind vorgetragen.

In jener Nacht machte der Junge zum erstenmal seit neun Jahren nicht ins Bett. Mehrere Monate setzte die Mutter die Suggestion fort, immer in der gleichen Stimmung; nicht ein einziges Mal wiederholte sich in dieser Zeit das Bettnässen. Nach und nach war es möglich, dem Jungen nur noch einmal in der Woche die Worte zu suggerieren, und auch das erübrigte sich schließlich. Der Junge war völlig geheilt.

Die Suggestion, die sich als so wirksam erwies, erwähnte mit keinem Wort das Bettnässen. Sie richtete sich nicht an das körperliche Bewußtsein des Jungen, eher an das, wie man es nennen könnte, geistige Bewußtsein . . . an das Bewußtsein seiner Schuld, an dem er noch aus seiner Zeit als Geistlicher trug und das symbolisch durch seinen eigenen Körper zum Ausdruck gekommen war. Er hatte einmal andere unter Wasser getaucht . . . Jetzt empfand er . . . das Bedürfnis, sich selbst dafür zu strafen.

Obwohl das Kind in seinem Leben niemandem etwas zuleide getan hatte, bezweifelte eine bestimmte Schicht seines Wesens immer noch seine eigene Liebenswürdigkeit, seine gesellschaftliche Eignung, weil er sich stets an die grausame Folter erinnerte, mit der er andere verfolgt hatte. Die Suggestion erreichte diese spezielle Schicht, versicherte ihm, daß seine Schuld . . . gesühnt werden konnte, wenn er der Gesellschaft diente und liebenswürdig war, und . . . löschte die Notwendigkeit einer weiteren symbolischen Strafe aus.[50]

Dieses faszinierende Karmamuster bewirkte noch etwas anderes. Als der Junge schließlich erwachsen war, stellten die Eltern als einen seiner ausgeprägtesten Charakterzüge eine große Toleranz anderen gegenüber fest. Für jeden charakterlichen Mangel bei einem anderen hatte er eine Rechtfertigung bereit, sagte etwas über diese Person, was das wieder wettmachte. Die grausame Rechtschaffenheit dieses puritanischen Geistlichen hatte sich in ihr Gegenteil verkehrt.

Es wäre sicher nicht übertrieben, die Botschaft der Deutungen von Cayce als eine enorm reinigende zu bezeichnen und hinzuzufügen, daß, wenn sie ernst genommen würde, ihre Auswirkungen auf das menschliche Verhalten gewaltig wären.

Helen Wambach

Loring Williams sammelte die Beweise für das Karma durch Rückschlüsse: Er erkannte, daß das Verhalten in einem früheren Leben, von dem seine Patienten in der Regression berichteten, in einer offensichtlich mit dem Karma zusammenhängenden Weise logisch mit den Umständen ihres jetzigen Lebens in Verbindung stand. Edgar Cayce behauptete, sein Wissen vom Karma durch den hellseherischen Zugang zum Unterbewußtsein seiner Patienten zu erhalten. Zu Anfang ihrer Forschungsarbeit versetzte Helen Wambach einen jungen Mann in ein Leben zurück, in dem er im Alter von zwei Jahren gestorben war. Während er noch unter Hypnose stand, fragte sie ihn, warum. Seine Antwort lieferte den Ansatz für eine völlig neue Seite der Regressionsforschung. Er erklärte, er habe erkannt, die falschen Eltern ausgesucht zu haben, und sei deshalb wieder »gegangen« – gestorben.

Diese Bemerkung eröffnete einige faszinierende Möglichkeiten – war es möglich, daß Menschen wirklich das Leben »wählten«, das sie führen sollten, und daß sie tief in ihrem Unterbewußtsein das Wissen darum bewahrten, wie diese Wahl getroffen worden war? War es möglich, daß Menschen wirklich das Wissen darum besaßen, warum sie hier auf der Erde waren, und daß man auf dieses Wissen in der Hypnose zurückgreifen konnte? Sie entschloß sich, das herauszufinden. Sie begann, Personen zu hypnotisieren, und fragte sie, wie sie gerade in den Körper gekommen waren, in dem sie sich jetzt befanden. Zu ihrer Überraschung antworteten sie ihr!

Wenn man Menschen bei normalem Bewußtsein fragt, warum sie geboren wurden und warum sie sich hier auf der Erde in einem Körper befinden, werden die meisten überhaupt keine Antwort haben, und viele werden die Frage für absurd halten. Wenn man sie aber hypnotisiert und ihnen dann diese Fragen stellt, antworten sie vollkommen anders. Sie geben Antworten. Sie scheinen etwas zu »wissen«.

»Hast du dir ausgesucht, geboren zu werden?«

»Ja, das habe ich.«

»Hat dir jemand dabei geholfen?«

»Viele Wesen haben geholfen, aber ... die Wahl mußte ich selbst treffen.«

»Wie findest du es, in ein anderes Leben hineingeboren zu werden?«

»Irgendwie habe ich mich damit abgefunden.«[51]

Das ist die Stimme eines zurückversetzten Patienten, der in die Zeit zwischen seinem letzten Tod und der jetzigen Geburt geführt wurde. Er war gebeten worden zu erklären, wie er in seinen gegenwärtigen Körper gekommen war. In einer Voruntersuchung hatte Frau Dr. Wambach herausgefunden, daß 38 Prozent ihrer Patienten solche Fragen nicht beantworten konnten. Sie »verloren« sie während der Hypnose und fielen in einen schlafähnlichen Zustand, oder sie wußten einfach keine Antwort, wenn man ihnen derartige Fragen stellte. Sie vermutet, daß diese Personen denen ähneln, die ein »Loch« haben und nichts aus ihren früheren Leben wissen, weil sie vor nicht allzu langer Zeit einen traumatischen Tod gestorben sind. Sie wissen keine Antwort, so glaubt sie, weil ihr Unterbewußtsein nicht glaubt, »bereit« für sie zu sein. Für die jedoch, die bereit sind, erlangt das Karma in ihrem gegenwärtigen Leben große Bedeutung.

Frau Dr. Wambach sprach mit 402 zurückversetzten und hypnotisierten Personen über die Abläufe, die zu ihrem gegenwärtigen Leben geführt hatten. Und als disziplinierte Wissenschaftlerin, die sie ist, brachte sie die Ergebnisse dieser Gespräche in Statistiken zusammen. Aber das sind nicht die üblichen, langweiligen Statistiken über wissenschaftliche Arbeiten. Es sind Statistiken, bei denen sich einem der Kopf dreht.

Hast du es dir ausgesucht, geboren zu werden?

Fünf Prozent verneinten diese Frage und sagten, sie seien einfach ein Fötus gewesen, der geboren wurde. Die übrigen 95 Prozent erklärten, sie hätten sich ihr gegenwärtiges Leben »ausgesucht«.

Die große Mehrheit . . . sagte, sie habe ihre Entscheidung, geboren zu werden, aufgrund des Rates anderer Wesen während des Zwischenlebens getroffen. Sie wurden manchmal als Lehrer, Führer oder Gurus bezeichnet, öfter aber war die Rede von Freunden und einer Gruppe verwandter Geister. Einer . . . berichtete: »Es ist eine große Gruppe . . . Wir arbeiten alle zusammen . . . Einige von uns wollen in materieller Verkörperung leben – rund ein Drittel –, die anderen wollen im Moment nicht geboren werden.«[52]

Willst du geboren werden?

Während eine Mehrheit, 81 Prozent, das *Bedürfnis* hatte, geboren zu werden, um ihre persönliche Entwicklung durch die Erfahrungen eines körperlichen Lebens voranzutreiben, genossen nur 30 Prozent das materielle Leben und wollten es aus diesem Grund. Einer verglich die Entscheidung damit, sich auf das höchste Brett eines Sprungturms zu stellen, sich dann aufzuraffen und hinunterzuspringen:

Geboren zu werden ist, wie wenn man auf einem hohen Sprungbrett steht. Man weiß, man tut es, um noch besser zu werden, doch wenn man an das Ende des Brettes kommt, möchte man umkehren, zurückgehen und es an einem anderen Tag versuchen. Aber dann sieht es so aus, als seien Leute dort, die einen antreiben, und schließlich wird man einfach hinuntergestoßen, und da ist man dann, wieder hineingeboren in ein Leben.[53]

Andere gaben ihrem Widerwillen mit unterschiedlichen Worten Ausdruck.

Ich spüre eine große Abneigung . . . Ich möchte nicht so eingeengt sein. Ich wäre lieber . . . im Stadium des Zwischenlebens . . . als in diesem kleinen, begrenzten Körper, aber . . . ich muß es tun.[54]

Tränen liefen mir über die Wangen, als du uns auffordertest, uns zu entscheiden, ob wir geboren werden wollten. Es ist nicht so sehr Traurigkeit ... Ich bin nicht traurig ... Es ist mehr – nun ja, das Leben in einem Körper ist hart.[55]

Bei Personen, die zurückversetzt wurden und ihre Geburt noch einmal erlebten, kam es häufig vor, daß sie unmittelbar nach der Geburt sagten:

»Ich möchte wieder zurück nach Hause!« Mit »nach Hause« ... meinten sie das Leben außerhalb ... eines materiellen Körpers.[56]

Einer drückte seine Gefühle sehr beredt aus:

Es war ein Gefühl ... tiefen Mitleids. Ich empfand nicht nur Mitgefühl für den Säugling, der ich selbst war, sondern auch für meine Mutter und eigentlich alle im Kreißsaal ... Ich verließ einen herrlichen ... Ort, wo mir vieles offenstand, um hinunterzukommen in eine beengte ... Umgebung. Es schien so, als würde ich all die Mühen kennen, die vor mir lagen, und ich begriff, was für eine Verschwendung es war, daß wir Menschen nicht verstehen ... Ich weiß, das klingt seltsam ... *Was* ... nicht verstehen? Ja ... in der Hypnose schien es mir so selbstverständlich, daß in einem Körper zu leben bedeutet, von unserem eigentlichen Selbst getrennt zu sein und weit weg vom ... Wissen, das uns zur Verfügung steht, die wir uns nicht in einem Körper befinden. Mir war klar, daß es notwendig war, diese Erfahrung durchzumachen ... Aber mir schien es so tragisch, daß meine Mutter, der Arzt und die anderen gar nicht wirklich begriffen, was das Leben ist.[57]

Doch die 30 Prozent, die der Verkörperung mit Freude entgegensahen, gaben sehr viel optimistischere Kommentare von sich; viele betrachteten das kommende Leben als ein Abenteuer. Einer sagte:

Es ist, als unternähme man eine Expedition in ein fremdes Land. Es ist aufregend.[58]

Wann bist du in deinen Körper eingedrungen?

Als man den Betreffenden diese Frage stellte, antworteten sie, und die Antworten waren ziemlich verblüffend. Allgemein bestand eine Abneigung dagegen, sich mit dem Fötus zu vereinen. Nur ein Prozent berichtete, sie seien vor dem vierten Schwangerschaftsmonat in ihn eingedrungen, und nur 14 Prozent erklärten, das zwischen dem vierten und achten Monat getan zu haben. D.h., 85 Prozent vereinten sich mit ihrem neuen Körper erst nach dem achten Schwangerschaftsmonat. Sehr viele (33 Prozent insgesamt) gaben an, das erst unmittelbar vor der eigentlichen Geburt getan zu haben, und 15 Prozent, die eine Abneigung gegen die Wiederverkörperung hatten, sagten, sie hätten sich erst mit dem Fötus vereint, nachdem die Geburt abgeschlossen war!

Warum wirst du geboren?

Die Antworten auf diese Frage waren einfach faszinierend. 85 Prozent erklärten, daß sie bereits ihre Eltern und andere für sie wichtige Leute in ihrem gegenwärtigen Leben aufgrund verwandtschaftlicher Beziehungen zu ihnen in früheren Leben kannten! Noch außergewöhnlicher aber ist, daß sich diese Verwandtschaftsbeziehungen zwar von einem Leben zum anderen übertragen, aber nicht unverändert bleiben, sondern alle nur denkbaren geschlechtlichen wie auch gradmäßigen Veränderungen durchmachen. Die Eltern und Kinder des Betreffenden im jetzigen Leben waren in der Vergangenheit somit etwas ganz anderes gewesen: Die Mütter und Väter heute waren vielleicht früher Schwestern, Brüder, Freunde, Liebhaber oder Kinder gewesen; die Kinder des Betreffenden im jetzigen Leben waren, wie sich herausstellte, in einem früheren Leben oft die Eltern. Änderungen im Verwandtschaftsgrad und Geschlecht waren die Regel. So erklärte z.B. ein Patient:

Meine Mutter war früher meine Schwester, mein Vater und mein Kind gewesen.[59]

Ein anderer berichtete:

Meine Mutter war in einem meiner früheren Leben meine Schwester, und mein Vater war ein Liebhaber. Mein erster Sohn war einmal ein Großvater, mein zweiter Sohn ein Vater und meine erste Tochter eine Freundin. Meine zweite Tochter erkannte ich ganz deutlich als meine Mutter in einem früheren Leben.[60]

Das plötzliche Wissen um diese verworrenen Verwandtschaftsbeziehungen löste sehr starke Gefühle aus. Viele Eltern bemerkten an sich eine ganz neue Einstellung zu ihren Kindern, die sie zum erstenmal als unabhängige Individuen sahen, die auf verworrene Weise durch immer wiederkehrende Leben mit ihnen verbunden waren, auch wenn sie zum gegenwärtigen Zeitpunkt im jetzigen Leben von ihnen abhängig waren:

Meine Tochter ist eine meiner alten Freundinnen aus einem anderen Leben. Ich fühle, . . . daß ihr noch ungeborenes Kind eine weitere gute Freundin wird.[61]

Welch gewaltige Aussichten das eröffnet! Welch besseren Weg gibt es, jemanden zu »kennen«, als ein dutzendmal unterschiedlich mit ihm verwandt gewesen zu sein – als Eltern, Kind, Geschwister. Und genau das, wenn man es in Begriffen des Karmas ausdrückt, war der erklärte Zweck dieser Übertragungen. Die Mehrheit derjenigen, die sich ihrer Aufgabe bei der Wahl ihrer gegenwärtigen Eltern und anderer, mit denen sie eng zusammenleben würden, bewußt waren, erklärte, daß diese Aufgabe darin bestand, Probleme des Karmas auszutragen, die sich in den Beziehungen in früheren Leben entwickelt hatten, und vor allem darin, die anderen lieben zu lernen und der Liebe zu ihnen Ausdruck zu verleihen.

Jetzt wußte ich, warum ich geboren worden war, warum ich meine Eltern gewählt hatte. Um ihnen in ihrem Karma zu helfen.[62]

Ein anderer Patient stellte fest:

Dieses Leben schien sehr mühsam zu sein. Ich begann es mit

einer großen Last, die ich abzutragen hatte, vor allem ... bei meiner Mutter. Ich muß lernen, sie zu lieben, ihnen zu vertrauen, meiner ganzen Familie. Eine meiner Prüfungen bestand darin, daß ich von meiner Mutter abhängig war.[63]

Die Entscheidung zur Wiedergeburt in einem bestimmten Verwandtschaftsverhältnis erfolgte, wie sich zeigte, nach einer Aussprache mit geistigen »Beratern« und/oder mit anderen Personen, die betroffen waren. *Auf dem Karma beruhende Bande zu anderen waren damit das wichtigste Einzelmotiv für die Wahl, in einen bestimmten Körper hineingeboren zu werden.* Einige wählten aber auch eine Umgebung, die dem entsprach, was sie im gegenwärtigen Leben zu erreichen hofften:

Einige wählten aufgrund der Möglichkeiten ihre genetische, umweltmäßige und emotionale Lage so, daß in ihrer Kindheit für sie gesorgt war. Die Personen, die diese Wahl trafen, hatten im allgemeinen eine klarere Vorstellung von der Aufgabe, die sie in diesem Leben durchführen wollten als diejenigen, die ihre Familie auserwählten, um ein früheres Karma zu bewältigen.[64]

Einer von ihnen erklärte beispielsweise:

Dieses Leben ist eine Bewährung, eine Herausforderung: Ich baue ganz gezielt etwas auf, um das zu lernen, was ich wissen will.[65]

Jemand anders berichtete:

Es widerstrebte mir geboren zu werden ... Ich wollte nicht hinuntergehen und das Zwischenleben aufgeben ... und mich kalt und herabgesetzt fühlen. Als ich durch den Geburtsgang kam, ... war ich verängstigt, schutzlos, allein. Viele unbekannte Menschen und blendendes Licht. Meine Mutter schlief, und niemand hielt mich oder begrüßte mich, und ich spürte jene bekannte Sehnsucht nach Liebe. Aber was den Zweck angeht ... es galt hinunterzugehen und etwas von jenem ... Frieden und Licht (aus dem Zwischenleben) mitzunehmen und zu verbreiten. In die Wirren dieses Lebens zu gehen, aber zu einer Zeit, wo mein Hauptanliegen nicht war zu überleben. Meine Aufgabe ist es, in jeder

Situation, in die ich gerate, so viel Liebe auszustrahlen wie möglich.[66]

Einige der Patienten, die ihr gegenwärtiges Leben in erster Linie wegen der »Umwelt« und weniger wegen auf dem Karma beruhender Bande ausgewählt hatten, erklärten, diesen Zeitraum – die zweite Hälfte des 20. Jahrhunderts – deshalb gewählt zu haben, weil es ungeahnte Möglichkeiten für die persönliche Entwicklung bot:

Ich empfand das Bedürfnis, den weiblichen Teil meines Wesens herauszuarbeiten. Ich wählte diese Zeit, weil die Frauen zu meinen Lebzeiten große Fortschritte machen werden, und ich will ihnen dabei helfen.[67]

Und jemand anders stellte es so dar:

Das wird mein übernatürliches Leben sein, wenn ich in der Lage bin, die körperliche und nichtkörperliche Wirklichkeit zu erfahren, während ich mich noch in meinem Körper befinde.[68]

Ist unser Leben vorausbestimmt?

Die Vorstellung, daß man vorab ein Leben »wählt«, um bestimmte Dinge zu erledigen, wirft eine sehr beunruhigende Frage auf. Bedeutet das, daß das Leben in allen Einzelheiten bereits festgelegt ist, daß es letztlich ein Buch ist, das schon geschrieben wurde – für einen »Roboter«? Wenn man seine »Wahl« vorab trifft, ist dann jedes ihrer Elemente in diesem Leben gegenwärtig, oder bewegt man sich nur aufgrund eines vorherbestimmten Antriebs? Glücklicherweise ermöglichen die von Frau Dr. Wambach gesammelten Daten, diese so bedeutende Frage zu beantworten. Denn aus den Bemerkungen ihrer Patienten geht klar hervor, daß das, was sie »gewählt« haben, nicht im geringsten vorherbestimmt ist, sondern lediglich eine »Situation« mit einer gewissen Auswahlmöglichkeit, mit bestimmten Gelegenheiten, die der Einzelne verwirklichen kann oder nicht.

Die Patienten hatten oft große Zweifel, ob sie das durchführen könnten, was sie sich für das gegenwärtige Leben vorgenommen hatten. Sie berichteten, wie sie das jetzige Leben geplant hatten, aber wenn sie in die Zeit unmittelbar nach der Geburt zurückversetzt wurden, erkannten sie oft mit einem Gefühl der Bestürzung, die Schwierigkeiten unterschätzt zu haben, die sie überwinden mußten, wenn sie die Ziele erreichen wollten, die sie sich gesetzt hatten. Ihr Mut verließ sie, und sic sehnten sich danach, in den Zustand zurückzukehren, in dem sie sich während ihres Zwischenlebens befunden hatten. Immer wieder sprachen sie von ihren gegenwärtigen, gewählten Leben als »Herausforderung«, »Test«, die sie zu bestehen hatten, *was eindeutig einschließt, daß am Ende ihrer Anstrengungen sowohl ein Mißerfolg wie ein Erfolg stehen konnte.*

Ich habe die Kraft, es zu tun . . . Ich kann die Herausforderung annehmen. Es ist nötig, meine Stärke zu entwickeln, indem ich in einem Körper lebe.[69]

Sie (die »Berater« im Zwischenleben) sagten . . . ich solle warten, bis eine bessere Zeit käme, bei einer kleineren Familie, mit mehr Zeit für mich. Aber ich hatte das Gefühl, es müsse jetzt sein. Einer muß den Anfang machen, aber ich sagte meinen Freunden: »Wartet nicht zu lange.«[70]

Es ist schwer, Worte zu finden, die den Offenbarungen gerecht werden, die aus der Forschungsarbeit erwuchsen, auf der dieses Kapitel aufbaut. Sie sind von größter Tragweite, verblüffend, sinnverwirrend. Und für diejenigen, die offen genug sind, sie ernst zu nehmen, verändert sich die Welt.

Kapitel 8
Brückenschlag zwischen den Welten: Berichte aus dem Reich jenseits des Todes

Eine dunkle Geschichte aus dem Land der Furcht,
Für nicht Eingeweihte schwer verständlich.

John Keats

Das siebente Stadium ... widersetzt sich jeder Beschreibung. Schon der Versuch, darüber zu schreiben, zerreißt einem das Herz ... der Übergang ... zum siebenten Stadium bedeutet ... ein Flug aus dem materiellen Universum ... Man verweilt nicht nur außerhalb der Zeit, sondern auch außerhalb des Universums auf dieser letzten Ebene des Seins.

23 Jahre nach seinem Tod beschreibt Frederic Myers, einer der Gründer der British Society for Psychical Research, die höchste Daseinsebene in der Welt jenseits des Todes.

Die in den vorangegangenen Kapiteln vorgelegten Beweise haben jenseits aller vernünftigen Zweifel gezeigt, daß der Mensch den Tod seines Körpers überlebt. Und das Material aus 1500 Regressionen belegt, daß der jetzige Körper nicht unser letzter ist. Nach etwa 52 Jahren bekommt man einen anderen. In der Zeit dazwischen *ist man tot*. Und jetzt ist es endgültig an der Zeit, darüber zu sprechen: *Wie ist es wirklich, wenn man tot ist?* Da wir es alle selbst schon viele Male erlebt haben, könnten wir uns in Hypnose eigentlich selbst fragen, wie es ist. Doch wenn man es tut, ist das Ergebnis meistens unbefriedigend. Der Hypnotisierte behauptet, sich in einem äußerst angenehmen Seinsbereich zu befinden, und erklärt, dieses Reich für eine Wiedergeburt nur äußerst widerwillig zu verlassen. Aber außer diesen allgemeinen Ausdrücken der Freude oder des Bedauerns erfährt man gewöhnlich keine weiteren Einzelheiten. Aus noch unbekannten Gründen kann der Hypnotisierte in der Regel keine klare Beschreibung seines Zustandes nach dem Tod geben. Ein solches Wissen würde, wenn man sich daran erinnerte, das jetzige Leben in einem Körper möglicherweise zu entbehrungsreich machen. Aber dieses Wissen scheint, aus welchen Gründen auch immer, normalerweise »blockiert« zu sein. So bleibt uns nur eine Quelle, an die wir uns wegen Informationen wenden können: *diejenigen, die jetzt tot sind.*

Das Vorhandensein einer besonderen Gruppe von Menschen, die für sich die Fähigkeit reklamiert, mit den Toten in Verbindung zu stehen, ist in der Geschichte des Menschen außerordentlich weit verbreitet. Diese Individuen, ob man sie nun Schamanen, Seher, Propheten, Medien oder übersinnlich Veranlagte nennt, hat es zu allen Zeiten an buchstäblich allen Orten gegeben. Wissenschaftlich sind sie aber erst im letzten Jahrhundert untersucht worden. Und die Frage, die ein Jahrhundert der Forschung ihnen gestellt hat, lautet einfach: *Leben die Toten noch?*

Einige behaupten, die Toten nach außen projiziert im Raum zu sehen und telepathisch mit ihnen zu sprechen. (Wie es ein kleines, übersinnlich veranlagtes Mädchen ausdrückte, als man es fragte, wie es das »mache« – »wir reden mit unserem Denken«.) Andere sehen die Toten in geistigen Bildern und werden durch graphische Vorstellungen »angesprochen«, die die Toten produzieren, mit denen sie in Verbindung stehen. (Diese Methode erfordert offensichtlich einige Übung seitens des Verstorbenen und ist nicht ganz ohne Komik. So haben beispielsweise einige Medien unerfahrene Tote, die eine Verbindung suchten, beschrieben und erklärt, sie hätten bei der Anwendung dieser Methode gelegentlich Botschaften buchstabiert, indem sie einzelne Buchstaben des Alphabets geschaffen und »hochgehalten« hätten.) Andere hören die Toten reden. Einige empfangen Botschaften in Halbtrance durch automatisches Schreiben oder ein Oui-ja-Brett, während andere es zulassen, daß die Toten vorübergehend ihren Körper einnehmen, die dann offensichtlich oft erfolgreich versuchen, direkt mit den Bewohnern der materiellen Welt mit einer Stimme zu sprechen, die der eigenen unheimlich ähnelt. Aber wie auch immer diese Verbindungen erfolgen – durch Gedanken, sichtbar oder hörbar –, diejenigen, die sie empfangen, sind aufgrund ihrer wiederholten Erlebnisse davon überzeugt, daß die Antwort auf die Frage »ja« lautet. *Die Toten leben noch!*

Tatsächlich sind die Toten für einige Medien »lebendiger«, als denen lieb ist. Personen mit der Fähigkeit, die Toten nach außen projiziert im Raum zu sehen, empfinden es nicht immer als einfach, sie von den Lebenden zu unterscheiden, und ein Kind mit dieser Gabe kann in seiner Unschuld eine Bemerkung über die Anwesenheit eines »toten« Verwandten machen. Schon mehr als ein für Übersinnliches empfängliches Kind hat etwas hinter die Ohren bekommen, wurde ohne Essen ins Bett geschickt oder ungehalten ermahnt, nicht solch einen Unsinn zu reden. Erst nach mehreren solch schmerzlichen Erfahrungen lernt das Kind, sich zurückzuhalten und zu schweigen über die, die andere nicht wahrnehmen können.

Übersinnlich Veranlagte können ungewollt zu Medien werden, gezwungen, den Gastgeber für den unbekannten und unwillkommenen Toten zu spielen, der in seinem Bestreben, Kontakt zu bekommen, schnell begreift, daß einige Menschen ihn sehen und sich mit ihm unterhalten können. Aus diesem Grund brauchen die meisten Trancemedien einen körperlosen »Pförtner«, jemanden auf der anderen Seite, der sie schützt, denn ein Medium, das den Toten »offensteht« – wenn es z. B. hypnotisiert ist –, kann eine große Anziehungskraft auf die ängstlichen und verwirrten Toten ausüben. Und Medien, die bei normalem Bewußtsein solcher Wesen gewahr sind, müssen Mittel und Wege finden, sich zu schützen, und ihre ungebetenen Besucher häufig aussperren. Eine ganze Reihe von denen, die das nicht geschafft haben, haben den Rest ihres Lebens in Nervenheilanstalten verbracht.

Das also sind die Personen, die mit den Toten reden, und wir wollen zwei solche Gespräche im folgenden untersuchen. Wenngleich beide bedeutsam sind, unterscheiden sie sich ihrer Art nach sehr. Der erste Verbindung suchende Tote ist vor allem an einem seiner Beine interessiert. Der zweite, der an einer Stelle erklärt: »Alles, . . . was wir uns vorgestellt haben, ist nicht halb so schön wie in Wirklichkeit«, befaßt sich mit der Natur der menschlichen Existenz jenseits des Grabes.

Hafsteinn Bjornsson und Runolfur Runolfsson

Hafsteinn Bjornsson lebt in Reykjavik auf Island, wo er für eine Rundfunkstation arbeitet. Außerhalb seines Landes kennt ihn kaum jemand, lediglich eine Handvoll Wissenschaftler hat von ihm gehört. Aber einige von ihnen halten ihn für eines der größten heute lebenden Medien. Seit seiner frühen Kindheit kann er die Toten sehen, und seit 40 Jahren reden sie durch ihn, wenn er in Trance ist. Im Winter des Jahres 1937/38, als er erst 23 Jahre alt war, gab er seinen Gesprächen mit den Toten zum erstenmal eine Form, denn in dem Jahr begann er damit, regelmäßig Sitzungen mit einem interessierten Kreis in Reykjavik abzuhalten.

Einer der ersten toten Besucher war, was Eingeweihte solcher Sitzungen ein »hereingeschneites«, kontaktsuchendes Wesen nennen. Diese »hereingeschneiten« Wesen tauchen »aus heiterem Himmel« auf. Sie sind allen Anwesenden vollkommen unbekannt, und es hat daher nie Bemühungen gegeben, mit ihnen Verbindung aufzunehmen. Sie erscheinen einfach unaufgefordert, gleiten in den wartenden Körper des Mediums und beginnen zu sprechen. In diesem Fall erwies sich das unbekannte Wesen als eine ziemlich ausgefallene Persönlichkeit. Zunächst einmal weigerte er sich, sich zu erkennen zu geben. »Was, zum Teufel, geht es euch an, wie ich heiße?« wollte er wissen. Genau so unkonventionell war er, als es darum ging, den Zweck seines Besuchs zu erklären. Als er gefragt wurde, was er wolle, antwortete er: »Ich suche mein Bein.«

Später wurde er präziser und verringerte das Ausmaß seiner Ansprüche: Es stellte sich heraus, daß er einen seiner Oberschenkelknochen suchte. Er tauchte mit Unterbrechungen im Lauf des nächsten Jahres auf, und sein Verhalten blieb unverändert. Er gab sich nicht zu erkennen. Und immer verlangte er nach seinem »Bein«. Das war nicht nur verwirrend, sondern wurde auch langweilig.

So blieb es bis zum Januar 1939, als Ludvik Gudmundsson, ein Neuankömmling, zur Gruppe stieß. Gudmundsson besaß ein Haus in Sandgerdi, 60 km entfernt. Sehr zu seiner Überraschung war der anonyme Besucher hoch erfreut, ihn zu sehen, weil sein Bein, wie er sagte, sich in dem Haus in Sandgerdi befinde. Mit dieser vollkommen unsinnigen Behauptung trieb er die Dinge auf die Spitze. Die Geduld aller war am Ende, und die Mitglieder des Zirkels stellten dem Eindringling ein Ultimatum: Falls er ihnen nicht augenblicklich sagte, wer er war, würden sie nicht mehr mit ihm sprechen. Das lehnte er ab und zog sich zurück, nur um nach einigen Wochen besänftigt zurückzukehren. Und schließlich enthüllte er nicht nur seine Identität, sondern erzählte ihnen auch, wie er gestorben war, und nannte den Grund für sein eigenartiges Begehren. »Ich heiße Runolfur Runolfsson«, erklärte er. »Und ich war 52 Jahre alt, als ich starb.« In seiner Erzählung kam er zurück auf den Tag seines Todes.

... (er) war betrunken gewesen an jenem folgenschweren Tag, als er sich auf den Heimweg nach Klappakot machte. Das Wetter war schlecht, und als er bei Freunden haltmachte, bestanden sie darauf, daß er in dem Zustand nur weiterfahren konnte, wenn jemand ihn begleitete. Lächerlich, vor allem für jemanden in betrunkenem Zustand, denn zu seinem Haus waren es nur 15 Minuten zu Fuß. Er wurde zornig und sagte, er würde überhaupt nicht gehen, wenn er nicht allein gehen könnte. Sie ließen ihn gehen.

Durchnäßt und ermüdet machte er sich auf. Aber als er schon fast zu Hause war, setzte er sich auf einen Stein, nahm eine Flasche heraus und trank noch ein paar Schluck. Die Flut kam, und er wurde hinaus auf das Meer gezogen. Als seine Leiche wieder ans Ufer gespült wurde, kamen die Hunde und Raben und rissen sie in Stücke. Das war im Oktober des Jahres 1879. Die Überreste seines Körpers wurden erst im Januar entdeckt. Man bestattete sie auf dem Friedhof von Utskalar, nicht weit von Sandgerdi entfernt.

Es wurde nie festgestellt, daß die, die die Überreste fanden, das Fehlen eines Oberschenkelknochens bemerkt hatten, aber Runki (der isländische Spitzname für Runolfur) behauptete, daß es so sei. Er sagte: »Er wurde ins Meer hinausgespült, später aber bei Sandgerdi wieder angeschwemmt. Dort ging er von einem zum andern und befindet sich jetzt in Ludviks Haus.« Den Beweis könne man, wie er sagte, im Kirchenbuch von Utskalar finden.[1]

Gebannt sahen die Mitglieder des Zirkels das Kirchenbuch ein, das inzwischen im Nationalarchiv in Reykjavik liegt, und fanden folgende Eintragung:

Am 16. Oktober 1879 wurde Runolfur Runolfsson aus Klappakot einem Bericht zufolge nach einem Unfall ... auf seinem Heimweg ... während eines Sturms ... mitten in der Nacht vermißt ... das Meer spülte ihn fort ... Seine Gebeine fand man sehr viel später in großer Unordnung.

Eine weitere Eintragung besagte, daß er am 8. Januar 1880 beerdigt worden war, erwähnte aber nicht den fehlenden Oberschenkelknochen.

Bei Ludvik löste das einige Erinnerungen, aber auch Nachforschungen aus. Er wußte noch, daß, als er sein Haus in Sandgerdi kaufte, es geheißen hatte, es spuke dort. Und als er ein paar ältere Männer im Dorf gefragt hatte, erinnerten sich einige daran, daß man einen menschlichen Oberschenkelknochen gefunden hatte, der von einem zum anderen weitergegeben worden war. Aber sie wußten nicht, was mit ihm geschehen war, wenn auch einer glaubte, er sei schließlich in der Nordwand von Ludviks Haus beerdigt worden.

Ludvik gab seine Nachforschungen nicht auf. Es gelang ihm, einen der Zimmerleute aufzuspüren, der an dem Haus mitgebaut hatte. Konnte er sich an irgendeinen Knochen erinnern? Er wußte es noch. Der Oberschenkelknochen eines Menschen war am Ufer angespült worden, und sie hatten ihn schließlich in einer Wand des Hauses zur Ruhe gebettet. Er erinnerte sich auch, wo, und zeigte die Stelle. Die Wand wurde aufgebrochen, und da lag er wirklich. Er war sehr lang, was Runkis Behauptung bestätigte, er sei ein ungewöhnlich großer Mann gewesen. Ludvik fertigte einen kleinen Sarg an, und der Oberschenkelknochen des Mannes, der vor 60 Jahren im Meer umgekommen war, wurde in einer stillen Feier beigesetzt. Ein Priester würdigte den seit langem Toten, ein Chor sang an dem kleinen Sarg, und alle, die an dieser seltsamen Beerdigung teilgenommen hatten, zogen sich in das Haus des Priesters zurück und tranken einen Schluck.

Hafsteinn befand sich nicht unter den Anwesenden, aber er hielt unmittelbar nach der Begräbnisfeier für den Knochen eine Sitzung ab. Selbstverständlich machte sich Runki bemerkbar, drückte seine Dankbarkeit aus und erzählte, er sei bei der Feier auf dem Friedhof und dem anschließenden Umtrunk dabeigewesen. Er schilderte alles ... ganz genau und erwähnte sogar die verschiedenen Sorten Gebäck, die man im Haus des Priesters gereicht hatte.[2]

Jetzt, da sein lange verlorener Oberschenkelknochen endlich zur letzten Ruhe gelegt worden war, wurde der wilde Runki sanfter. Er wurde umgänglich und erscheint seit Jahren auf den Sitzungen Hafsteinns, um anderen, weniger erfahrenen Wesen, die Kontakt suchen, zu helfen.

Ähnlich überzeugende Fälle wie dieser sind in der jüngeren Geschichte der Medien nicht selten. Und bestimmt lohnt es sich, sie zu sammeln, um zu beweisen, daß jemand, der einmal gelebt hat und jetzt tot ist, doch weiterlebt. Aber wir wollen es nicht dabei belassen. Wenn sie wirklich weiterleben, können wir sicher mehr von ihnen erfahren als die bloße Tatsache ihres weiteren Daseins. *Was wir natürlich wissen wollen, ist, wie dieses Dasein aussieht.*

Frederic Myers

Frederic Myers war Professor für klassische Philologie in Cambridge in England. Er wurde 1843 geboren und starb 1901. Ein alles überragendes Interesse war für diesen Mann charakteristisch: eine leidenschaftliche Neugier über die Bedeutung des menschlichen Lebens. Fast sein ganzes Leben lang versuchte er, diese Neugier zu befriedigen, aber er tat es auf eine recht ungewöhnliche Weise. Er brütete nicht über theologischen Schriften und philosophischen Spekulationen. Er glaubte, daß, wenn das menschliche Leben einen Sinn hatte, man ihn nur auf eine Art finden konnte: durch das Studium der tatsächlichen, menschlichen Erfahrungen. Diese Überzeugung ließ ihn im Jahr 1882, zusammen mit einigen seiner Kollegen aus Cambridge, die erste Society for Psychical Research gründen.

Myers und seine Freunde widmeten sich dem Studium der Art Erlebnisse, mit denen sich auch dieses Buch befaßt. Sie wollten vor allem wissen, ob der Mensch den Tod seines Körpers überlebt. Wenn das der Fall war, dann mußte das Leben in einem Körper einen feststellbaren Zweck haben. Myers war ein Mann mit enormer Energie und großen geistigen Fähigkeiten. Nach 20 Jahren intensiven Forschens kam er zu dem Schluß, daß er eine Antwort auf die Frage gefunden habe. Er schrieb ein Buch über das, was er gelernt hatte, ein Buch, das ein Klassiker wurde und wahrscheinlich das wichtigste Werk, das je über dieses eigenartige Gebiet verfaßt worden ist. Es hat den Titel *Human Personality and Its Survival of Bodily Death* (Die Persönlichkeit des Menschen und ihr Weiterleben nach dem Tod des Körpers).

Myers interessierte sich sehr für Medien und rang bis zum Ende seines Lebens mit den Problemen, die sich aus der Deutung der Resultate ergaben. Die Schwierigkeiten lagen nicht in den Grenzen der Kraft eines Mediums, sondern in dessen Wirkungskreis. Wenn sich ein Medium in Trance befand und eine Stimme aus seinem Mund sprach, die sehr stark der einer verstorbenen Person ähnelte, die außerdem behauptete, diese Person zu sein und umfassende Kenntnisse aus ihrem Leben besaß, dann schien es Myers, daß man Kontakt zu einem Toten hergestellt hatte. Oder wenn ein Medium in Halbtrance mit jemandem zu sprechen schien, der schon einige Zeit im Grab lag, aber in der Lage war, gezielte Fragen über sein Leben zu beantworten, kam Myers zu dem Schluß, daß der Tote noch lebte.

Aber letztlich erwies sich seine Arbeit als doch nicht ganz so einfach. Denn er erfuhr von Fällen, in denen man denjenigen, die an einer Sitzung teilnahmen, Einzelheiten über eine Person mitgeteilt hatte, von der sie wußten, sie würde in der Sitzung behaupten, tot zu sein. Später dann enthüllten die Betreffenden, *daß diese Person noch lebte.* Und in einigen Fällen, Experimenten, hatte jemand ein Medium aufgesucht und sich geistig auf eine frei erfundene Person konzentriert, nur um von dieser »Person« »Mitteilungen« zu erhalten, die angeblich von jenseits des Grabes kamen. Mit anderen Worten, wenn ein Medium sich in Trance versetzte, konnte es manchmal korrekte Mitteilungen über lebende oder fiktive Personen auf telepathischem Weg auffangen und übermitteln, als kämen sie von einem Toten. Und das schuf ein Problem, denn wenn ein Lebender solche Mitteilungen über noch lebende Personen empfangen konnte, konnte er sie grundsätzlich auch über Tote empfangen.

Die Medien taten so etwas offensichtlich nicht in betrügerischer Absicht; sie waren manchmal nicht in der Lage zu sagen, ob eine Botschaft von einem Lebenden oder einem Toten kam. *Mit anderen Worten, diese ausgefallene Fähigkeit machte es unmöglich, sicher zu sein, daß eine Mitteilung von einem Toten und nicht von einem Lebenden kam.* Vielleicht lebte der Tote nicht.

Myers konnte das Problem zu seinen Lebzeiten nicht lösen. Aber ihm gelang etwas noch Beeindruckenderes: *Er löste es, nachdem er tot war!*

Die Zusammensetzkorrespondenz

Einige Wochen nach Myers' Tod 1901 empfingen Medien in England, den Vereinigten Staaten und Indien einige äußerst seltsame Botschaften. Sie wurden durch automatisches Schreiben übermittelt und gingen an insgesamt ein Dutzend übersinnlich veranlagte Personen – über einen Zeitraum von 30 Jahren. Das Eigenartigste daran war, daß sie keinen Sinn ergaben. Oder vielleicht taten sie es doch – denn sie waren so rätselhaft abgefaßt, daß es fast so schien, als sei ihr Sinn bewußt entstellt worden. Und die meisten Mitteilungen waren mit »Myers« unterzeichnet.

Aber wenn auch der Text der Botschaften nicht entzifferbar schien, waren doch die »Anweisungen«, die sie oft begleiteten, verständlich. Diese Anweisungen wiederholten eine Reihe von Punkten. Das »Geschriebene« sollte an eine bestimmte Person geschickt werden (die, wie sich herausstellte, eines der anderen, betroffenen Medien war) oder an die Society for Psychical Research. Und obwohl der Inhalt vielleicht unsinnig schien, bedeutete er in Wirklichkeit doch etwas: Es war ein Versuch des verstorbenen Verbindung Suchenden, zu beweisen, daß er weiter existierte. Die Anweisungen und Erklärungen waren zahlreich und exakt: »Hebt die einzelnen Stücke auf«, schrieb ›Myers‹, »und wenn man sie zusammenfügt, bilden sie ein Ganzes.« Und wieder: »Ich teile den Text unter euch auf, so daß keiner allein etwas damit anfangen kann, aber zusammen ergibt es einen Sinn.«

Es dauerte allerdings einige Zeit, bevor die betroffenen Personen richtig erkannten, was vor sich ging. Als sie es erkannt hatten, sammelten sie die Bruchstücke und entdeckten, daß sie Mitteilungen in Händen hielten, die eindeutig, zusammenhängend und fortlaufend waren. Die meisten bestanden aus Hinweisen auf die klassische und moderne Literatur sowie aus Zitaten daraus. Teilweise waren sie so unbekannt, daß nur ein Wissenschaftler, und auch dann nur ein auf ein bestimmtes Gebiet spezialisierter, sie erkannte.

Den schriftlichen Mitteilungen zufolge bestand ihr Zweck darin, diese Fragmente für das einzelne Medium zufällig und ohne Sinn erscheinen zu lassen . . ., um keine Hinweise auf den Gedankengang zu geben, der dahintersteckte. Sie bekamen erst einen Sinn und ließen einen Plan erkennen, wenn sie zusammengesetzt wurden von einem unabhängigen Wissenschaftler . . . Der Reiz liegt in der Frage: Wer wählte sie aus und vermittelte den Gedanken, der sich aus keinem der Textfragmente ableiten ließ?[3]

Die Antwort lautete: *Der tote Verbindung Suchende!* Myers wollte beweisen, daß nicht das Medium diese Botschaft hatte hervorbringen können; wie hätte das möglich sein sollen, wenn die Botschaft nur aus einem Fragment bestand, das keinen Sinn ergab, wenn man es nicht mit anderen, gleichermaßen »unsinnigen« Bruchstücken zusammenbrachte? Myers war ganz klar in dem, was er tat. Er veranlaßte nicht weniger als ein ganzes Dutzend Medien in verschiedenen, weit auseinanderliegenden Teilen der Welt, sich nicht nur auf das gleiche Thema zu beziehen – das dazu oft noch äußerst verworren war –, sondern das auch auf eine Art zu tun, die sich mit dem Vorgehen der anderen ergänzte. Wie die Teile eines Puzzles taten diese »Stücke« mehr, als sich auf das gleiche Thema zu beziehen; sie taten es auf verschiedene Arten, die eng miteinander verflochten waren. Diejenigen, die diese Puzzleteile studierten und versuchten, sie zu deuten, nannten sie die *Zusammensetzkorrespondenz*.

In den einfachsten Fällen wurden bestimmte Themen aus verschiedenen Sprachen und literarischen Quellen wiederholt. Am 24. April 1907 artikulierte ein amerikanisches Medium namens Mrs. Piper in Trance dreimal das Wort »thanatos«, ein griechisches Wort, das »Tod« bedeutet, obwohl sie nicht griechisch sprach. Derartige Wiederholungen waren oft das Zeichen dafür, daß eine Zusammensetzkorrespondenz begann. In Wirklichkeit hatte sie schon begonnen. Eine Woche davor hatte Mrs. Holland in Indien automatisch geschrieben; in der Niederschrift war folgende rätselhafte Mitteilung erschienen: »Mors (lateinisch: Tod) Und damit fiel der Schatten des Todes auf seine Glieder.« Am 29. April brachte Mrs. Verrall in England beim automatischen Schreiben die Worte hervor: »Wärmte beide Hände am Feuer des Lebens. Es erlischt, und ich bin bereit zum Aufbruch.« Das ist ein Zitat aus einem Gedicht des englischen Dichters Walter Savage Landor, der im 19. Jahrhundert lebte. Dann zeichnete Mrs. Verrall ein Dreieck. Das konnte Delta bedeuten, der vierte Buchstabe des griechischen Alphabets. Sie hatte es immer als ein Symbol des Todes angesehen. Dann schrieb sie: »Manibus date lilia plenis« (verteilt Lilien mit vollen Händen). Das ist ein Zitat aus Vergils Äneis, in dem ein früher Tod vorausgesagt wird. Es folgte der Satz: »Hinfort, hinfort, pallida mors« (lateinisch: bleicher Tod), und schließlich ein klar verständlicher Hinweis des Verbindung Suchenden: »Du hast den Satz in deiner Schrift vollständig niedergeschrieben. Überprüfe es.« Der »Satz« oder das »Thema« wurde offenkundig, als man die Fragmente, die im gleichen Monat auch noch drei anderen Medien einige tausend Kilometer entfernt übermittelt wurden, zusammensetzte und untersuchte. Und wenn man das Interesse, das den Übermittler ein Leben lang fesselte, betrachtet, war es ohne Zweifel ein angemessenes Thema: der Tod.

Das zeigt in etwa, wie komplex selbst die einfachste Zusammensetzkorrespondenz war. Und die meisten, die sich damit befaßt haben, sind zu dem Schluß gekommen, daß sie genau das war, was sie vorgab zu sein: ein Versuch von jenseits des Grabes, der beweisen sollte, daß Myers noch lebt.

Myers verfolgte diese Aufgabe mit dem für sein Leben charakteristischen Eifer. Von 1901 bis 1932 wurden mehr als 3000 Niederschriften übermittelt. Das Empfangen und Deuten einer solchen Unmenge an Material war für die Betroffenen oft beschwerlich. Aber für Myers war das ganze Unterfangen eine Quelle der Qual. Er hatte den Tod seines Körpers überlebt, wie andere auch. Und jetzt war er verzweifelt bemüht, diese Tatsache seinen noch lebenden Kollegen auf eine Art mitzuteilen, daß es sie überzeugte. Aber da er keinen Körper besaß, mußte er den Geist anderer Personen benutzen. Er mußte darum kämpfen »durchzukommen«. Und in den Mitteilungen, die er schickte, weist er immer wieder auf die Mühen hin, die ihn das kostete.

Wenn ich euch doch nur ... den Beweis erbringen könnte, ... daß ich noch existiere. Und noch ein Versuch, die Blockade zu durchbrechen – ein Kampf, eine Botschaft durchzubringen – Wie kann ich eure Hand gefügig machen – wie kann ich sie überzeugen? ... Ich bemühe mich ... unter unsäglichen Schwierigkeiten ... Es ist mir nicht möglich festzustellen, wieviel von dem, was ich euch mitteile, bei euch ankommt ... Ich komme mir vor, als hätte ich mein Empfehlungsschreiben vorgelegt – die Beweise meiner Identität immer und immer wieder bis zum Überdruß erbracht ... Sicher habe ich das übermittelt, was ich wollte ... Der beste Vergleich, der mir einfällt, die Schwierigkeiten zu erklären, die das Übermitteln einer Botschaft bereitet, ist, daß ich hinter einer zugefrorenen Scheibe zu stehen scheine – die das Gesehene verschwimmen läßt und die Geräusche unterdrückt – leise diktieren – einer widerwilligen und irgendwie beschränkten Sekretärin. Ein Gefühl schrecklichen Unvermögens belastet mich ... Oh, es ist ein sehr dunkler Weg.[4]

Myers war trotz seiner unterschiedlichen Interessen ein sehr bescheidener Mann. Und er ging sehr systematisch vor. Diese beiden Eigenschaften erklärten ausgezeichnet die Art und zeitliche Abstimmung seiner Mitteilungen nach seinem Tod. Als erstes mußte er seinen Freunden beweisen, daß er noch lebte. Darauf verwandte er 30 Jahre. Von natürlich noch größerer Bedeutung war, sobald das erste erledigt war, mitzuteilen, *wie es ist, tot zu sein.* Myers, der immer Wissenschaftler blieb, hatte nicht vor, sich auf eine überhastete Diskussion über ein so bedeutendes Thema einzulassen. Er war auch in diesem Punkt sehr planvoll und vorsichtig. *Er war schon 23 Jahre tot, bevor er schließlich damit begann, Mitteilungen über diese geheimnisvollste aller Welten zu machen – die Welt der Toten.*

Natürlich war Myers nicht der erste, der das Leben nach dem Tod beschrieb. Viele andere Wesen hatten das schon auf spiritistischen Sitzungen getan. Aber obwohl ihre Berichte zuerst mit gespannter Erwartung untersucht worden waren, wurden sie bald mit einer Geste der Verachtung abgetan.

Denn der »Himmel«, das »Leben nach dem Tod«, hatte dem Menschen stets etwas Besonderes bedeutet – ein leuchtendes Paradies, in dem der Schmerz und die Mühen dieser Welt überwunden und die Geheimnisse des menschlichen Lebens und Todes am Sitz Gottes zumindest enthüllt wurden. Aber was dann geschildert wurde, war etwas ganz anderes. Den Vernünftigsten schien es der Gipfel an Trivialität, der dümmlichste und kläglichste Selbstbetrug, den man sich vorstellen konnte. Denn was die »Übermittler« schilderten, war nichts anderes als ein Erdenleben. Es war wahnsinnig schön, und die Toten fühlten sich sehr glücklich und waren auch sehr aktiv. Und was genau taten sie dort? Nun, ziemlich genau das, was sie schon immer getan hatten. Sie spielten z.B. Golf und tranken Scotch. Sie erlebten sexuelle Abenteuer und rauchten Zigarren. Sie spielten Karten, wohnten in Häusern wie denen, die sie auf Erden besessen hatten, und sie gingen sogar zur Arbeit! Nein, das konnte offenbar nicht der Himmel sein; es war eindeutig eine spiritistische Selbsttäuschung. Aber Myers zeigte, daß diese verbindungsuchenden Wesen recht hatten – zumindest teilweise. Denn den Kritikern war nie in den Sinn gekommen, daß, wenn der Mensch nach dem Tod über die Grenzen seines irdischen Lebens hinausging, es sicher ein Freundschaftsdienst für ihn war, ihn mit etwas Vertrautem zu umgeben – wie dem Leben und der Umwelt, die er von der Erde her kannte.

Die Welt der Toten

Der Hades

Der Hades, die Unterwelt, die Welt der Schatten, ist das Reich, wo der niedrigste nach dem Tod mögliche Bewußtseinszustand auftritt. Über den Hades hatte Myers nicht viel zu sagen, denn er interessierte ihn nicht sonderlich. Doch wenn die Bemerkungen, die er machte, mit denen anderer Forscher zusammengebracht wurden, ergab sich ein einigermaßen klares Bild dieser postmortalen Welt. Den Toten, die auf dieser Stufe bleiben, ist der Übergang in die normale Welt des postmortalen Daseins mißlungen. In diesem Reich wohnen Spukgeister und Geister, die besessen machen.

Der niedrigste nach dem Tod mögliche Zustand ist der völliger Bewußtlosigkeit, ein komatöser, schlafähnlicher Zustand. Oft folgt einem erschöpfenden Tod eine kurze Periode der Bewußtlosigkeit, die stärkend und normal ist. Wo sie jedoch zu lange dauert, ist der Grund gewöhnlich ein »verkehrtes Vertrauen« – ein Glaube oder eine intensive Hoffnung, daß nach dem Tod nur das Nichts, das völlige Erlöschen folgt. Dieser Glaube kann einen verlängerten, komatösen Zustand bewirken. Wenn solche Geister von »hilfreichen« körperlosen Wesen zum Körper eines Mediums geführt werden, das sich für die »Rettung« Toter einsetzt, kommt es bei ihnen typischerweise zu einem sofortigen Bewußtseinsverlust im Medium, und sie können nur schwer wieder erweckt und aufgeklärt werden.

Der nächsthöhere Zustand umfaßt Bewußtsein ohne Sinnesaufnahme. Die Geister auf dieser Stufe beklagen, daß sie im Dunkel oder dichten Nebel umhergehen. Falls sie in die Nähe einer für Übersinnliches empfänglichen Person mit einer strahlenden Aura kommen, werden sie zu diesem »Licht« hingezogen und können das Opfer unbeabsichtigt zu einem »Besessenen« machen. Es leuchtet ein, daß der unmittelbare Grund für diese Verfassung ein sehr niedriger Bewußtseinszustand ist. Personen auf dieser Ebene können weder die normale postmortale noch die normale körperliche Umgebung wahrnehmen. Die am häufigsten für diesen Zustand genannten Gründe sind charakterliche Mängel, wie z.B. überzogener Egoismus, doch das scheint mir reine Spekulation. Auf jeden Fall muß nur eine kleine Minderheit der Toten diesen Zustand ertragen.

Eine Stufe über dem Zustand der »Dunkelheit« liegt die normale materielle Umgebung der Lebenden. Die Toten, die diese Ebene betreten, empfinden sich bei den mit einem Körper versehenen Personen »richtig hier«. Die große Mehrheit derjenigen, die in Spuk oder Besessenheit verwickelt werden, wohnen auf dieser Ebene. Die Wut und Rachsucht, die diese Geister so oft zeigen, sind verständlich, denn sie müssen sich im materiellen Bereich bewegen, haben auch noch ihre alten körperlichen und irdischen Interessen und Wünsche, aber nicht mehr den Körper, der deren Befriedigung ermöglichen könnte. Und oft ist ihnen auch gar nicht bewußt, daß sie tot sind. Dieser Zustand kann sich lange hinziehen; der Kontakt zu Spukgeistern bei Exorzismen zeigt, daß er tatsächlich Jahrhunderte dauern kann. Eine Reihe Verhaltensweisen ist als Grund für diesen Zustand genannt worden – Liebe, Haß, irdische Wünsche u. a. m. Aber die Wahrheit ist, daß wir wirklich nicht wissen, warum einige Menschen nach dem Tod so enden. Es kann sein, daß besonders starke, gefühlsmäßige Bindungen – Liebe, Haß, Schmerz – an körperliche Personen oder Orte auf der Erde oder irdische Lebensweisen der Grund dafür sind.

Erfreulicherweise müssen die meisten von uns nach dem Tod nicht Bewußtlosigkeit, Dunkelheit oder Enttäuschungen aufgrund ihrer Körperlosigkeit auf der Ebene des Gegenständlichen erdulden. Wir gelangen unmittelbar zur ersten, normalen, postmortalen Ebene – der »Ebene der Illusion«. Myers nannte dieses Reich auch das »Lotusblütenparadies«. Die beiden Bezeichnungen geben genau seine Gefühle wider, die äußerst wiedersprüchlich waren. Er hatte es geliebt, denn es konnte über alle Maßen schön sein. Es war offensichtlich, daß dieses Paradies der Himmel war, nach dem sich die Menschen sehnten und von dem ihre Religionen ihnen immer erzählt hatten. Doch er entdeckte, daß es noch ein Reich jenseits davon gab. Und als er sich so weit entwickelt hatte, daß er dort wohnen konnte, beurteilte er das erste Paradies negativ: Es wurde jetzt zur »Ebene der Illusion«.

Aber Myers entdeckte noch mehr. Obwohl weit davon entfernt, unbescheiden sein zu wollen, behauptete er, nicht weniger als den *grundsätzlichen Sinn des Universums* gefunden zu haben. Würde er als einziger die Meinung vertreten, daß gerade dieser Zweck der Existenz des materiellen Universums zugrunde läge, gäbe es weniger Veranlassung, ihn so ernst zu nehmen, wie das der Fall ist. Denn die Wahrheit ist, daß gleichlautende Behauptungen auch schon von anderen aufgestellt worden sind, von Wesen ohne Körper und lebenden Personen.

Myers' Theorie verknüpft perfekt all die Erfahrungen, über die dieses Buch berichtet, und ist leicht zu erklären. Die Wirklichkeit hat zwei grundlegende Eigenschaften – eine geistige und eine körperliche. Die körperliche wird dargestellt durch das Universum der Materie. Die geistige bildet eine andere, dazu komplementäre Welt. Jeder von uns beginnt als ein extrem rudimentäres geistiges Wesen, das nur zu einer ganz einfachen materiellen Verkörperung fähig ist. Durch wiederholte Verkörperungen wird die Psyche immer vielschichtiger und steigt auf der Kette der Materie nach oben. Die Wiedergeburt umfaßt demnach nicht nur den menschlichen Körper, sondern jede Art von Materie!

Demzufolge gibt es auch zwei grundlegende Arten von »Lernen« – das verkörperte oder »körperliche« Lernen und das körperlose oder »geistige« Lernen. Zwischen zwei körperlichen Leben gibt es jeweils ein körperloses. Und ein menschliches Wesen zu sein, ist nach Myers keineswegs ein Endzustand. In einem menschlichen Körper lernt man eine Zeitlang und ist danach völlig jenseits der materiellen Verkörperung. Das höchste, für den Geist des Menschen wahrnehmbare Dasein ist das »Gottes«, und den Worten Myers' zufolge ist genau das unser Ziel. Wir sind »Götter in der Vorbereitungsphase«, und diese Vorbereitung führt uns durch alle Formen des Daseins – vom Mineral zur Pflanze, von der Pflanze zum Tier, vom Tier zum Menschen, vom Menschen zum Göttlichen.

Dieses gewaltige Konzept verleiht einem sehr eigenartigen Gedicht Sinn. Die Mystiker haben immer behauptet, direkte Erfahrung mit dem Wesen höchster Wirklichkeit zu haben. Und vor sieben Jahrhunderten schrieb Rumi, ein persischer Mystiker, die folgenden rätselhaften Zeilen:

Ich starb als Mineral und wurde eine Pflanze;
Ich starb als Pflanze und wuchs zu einem Tier.
Ich starb als Tier, und ich war ein Mensch.
Warum sollte ich mich fürchten? Wann war ich weniger nach dem Tod?
Doch einmal noch werde ich als Mensch sterben, um aufzusteigen
Mit seligen Engeln; selbst vom Engeldasein
Muß ich weiterziehen ...
Wenn ich meine Seele als Engel geopfert habe,
Werde ich das, was kein Geist bisher erblickt.[5]

700 Jahre später erleben wir das bemerkenswerte Medium Joan Grant, die genau diese Gedanken bestätigt, die sie aus ihren eigenen übernatürlichen Erfahrungen ableitete:

Ich ... habe genügend empirische Erfahrung gesammelt, um die großen Züge der Entwicklung eines Individuums während der anfänglichen vier Phasen dieser Entwicklung erkennen zu können. Es beginnt mit gerade soviel Energie, daß es ein einzelnes Molekül bilden kann. Da diese Energie wächst und sein Bewußtsein sich auszuweiten beginnt, braucht es höherentwickelte Formen, durch die es sich ausdrücken kann ...

Wenn es zu komplex geworden ist ... und die mineralische Existenz es nicht mehr fassen kann, tritt es in das ... Pflanzenreich ein und steigt dann, durch eine Reihe von Wiedergeburten als verschiedene Tierarten, zu seiner ersten Verkörperung als Mitglied der menschlichen Rasse auf.[6]

Myers stellt fest, daß Menschenwesen von der Ebene der Illusion wiedergeboren werden, daß sie aber, sobald sie genug aus den periodischen Existenzen in den Grenzen der Materie gelernt haben, über diese Ebene hinauswachsen und keine Verkörperung mehr brauchen.

Eine gleichlautende Behauptung stellt »Seth« auf, ein unkörperlicher Lehrer, der sich über das Medium Jane Roberts mitteilt. Den Worten Seths zufolge muß sich jedes einzelne Bewußtsein durch wiederholte Verkörperungen einer langen Periode der Ausbildung und des Lernens unterziehen. Ein Mensch zu sein ist lediglich eine »Stufe« in diesem Entwicklungsprozeß, und wenn man sie durch wiederholte Verkörperungen durchlaufen hat, bewegt man sich zu anderen Daseinsebenen weiter, die für die Entwicklung anspruchsvollere Möglichkeiten bieten. Die wichtigste zu lernende »Lektion« beruht auf dem Karma oder der Ethik. In wiederholten Verkörperungen behandelt der unentwickelte Einzelne andere mit Grausamkeit und Haß und ist dann seinerseits selbst, in Übereinstimmung mit dem Karmaprozeß, Grausamkeit und Haß ausgesetzt. Das Endergebnis dieses harten Lernens ist eine geistige Entwicklung und das Wachsen über die materielle Verkörperung hinaus, das Zugang zu gottähnlichen, schöpferischen Kräften gewährt, sobald das Wesen weit genug entwickelt ist und sie in einer im Sinne des Karmas verantwortlichen Weise gebrauchen kann. Solange es noch nicht entwickelt genug ist und diese Kräfte einsetzen würde, um andere zu verletzen, zu beherrschen, auszunutzen oder zu vernichten, hat es keinen Zugang zu ihnen.

Bei einigen Sitzungen in Trance hatte Seth Jane Roberts und ihrem Mann Rob ein paar »Lektionen« über die Natur der Wirklichkeit gegeben, wie er sie von seiner höheren als der menschlichen Ebene aus wahrnahm. Jane schreibt:

Bei alldem, was Seth ... uns über die Möglichkeiten des Menschen erzählte, ... wunderten wir ... uns, warum die Rasse moralisch und geistig nicht höher entwickelt war.

An einem Abend vor unserer regelmäßigen Mittwochs-Sitzung waren wir, Rob und ich, ganz schön außer uns über die Zustände auf der Welt ganz allgemein. Wir saßen da und unterhielten uns, und Rob überlegte laut, warum die Menschen sich so wie jetzt verhielten. »Was für ein Sinn und Zweck steckt eigentlich hinter alldem?« sinnierte er. »Ich weiß es nicht«, warf ich ein. Mir war genauso unwohl wie ihm.

Das war am 6. November 1968, und ... an dem ... Abend ... kam Seth ... mit seiner deutlichen, klaren Stimme durch. Unter anderem ... sagte er: »Die menschliche Rasse ist ein Stadium, in dem man verschiedene Formen des Bewußtseins durchläuft ... Bevor man Zugang zu den Systemen der Wirklichkeit erhält, die umfassender und offener sind, muß man ... durch das körperliche Leben lernen ... Wie ein Kind einen Kuchen aus Schlamm formt, so formt man sich kulturell ...

Wenn man das materielle System nach den Wiedergeburten verläßt, hat man seinen Stoff gelernt – und man ist buchstäblich kein Mitglied der menschlichen Rasse mehr, da man sich entschieden hat, sie zu verlassen ... In höheren Systemen werden Gedanken und Gefühle automatisch und unverzüglich ... in die Materie übertragen, die ihnen am nächsten kommt. Daher muß der Stoff gut gelehrt und gelernt werden.

Man muß die Verantwortung für die Schöpfung ganz begreifen. (Im körperlichen Leben auf der Erde) ... befindet man sich in einem schalldichten und isolierten Raum. Haß schafft Zerstörung in diesem ›Raum‹, und der Zerstörung folgt die Zerstörung, bis man alles gelernt hat ... Man spürt ... die Seelenqualen schmerzlich ... Es muß einem beigebracht werden, ... Verantwortung zu schaffen. Das Leben auf Erden ... ist ein Übungssystem für ein sich erweiterndes Bewußtsein.

Wenn die Sorgen und Schmerzen in eurem System nicht als wirklich empfunden würden, würde niemand etwas begreifen ... Es ist wie ein Erziehungsspiel.[7]

In den Bereichen jenseits des Menschlichen können Gedanken und Gefühle demnach augenblicklich eine konkrete und objektiv wirkliche Umwelt und Situation schaffen; den Wesen kann daher nicht erlaubt werden, diese Bereiche zu betreten, bevor sie hoch genug entwickelt sind und »Verantwortung« schaffen können.

Die Vorstellung, daß wir alle seit ungezählten Jahrhunderten einen unendlich langen Weg der Entwicklung hinaufgestiegen sind, vom unklaren Bewußtsein der Verkörperung in anorganischen Molekülen bis zu den unvorstellbaren Höhen eines gottähnlichen Bewußtseins, ist außerordentlich fesselnd. Nicht in meinen kühnsten Träumen hätte ich erwartet, Beweise von Lebenden zu finden, die einen so schwer faßbaren Gedanken stützten. Und dann las ich Stanislaw Grofs Buch *Realms of the Human Unconscious: Observations from LSD Research* (Das Reich des menschlichen Unbewußten: Beobachtungen aus der

LSD-Forschung). Dr. Grof, ein aus der Tschechoslowakei gebürtiger Psychiater, der heute in den Vereinigten Staaten lebt, ist der Welt führender Experte für Therapie unter Anwendung des stark wirkenden Rauschgifts LSD. Es hatte mich schon verblüfft, welche Ergebnisse die Hypnoseforschung erbracht hatte, die zeigten, was alles im Unterbewußtsein gespeichert ist – nicht nur eine unglaublich umfassende und genaue Ansammlung von Erlebnissen aus dem gegenwärtigen Leben, sondern Ähnliches für die gesamte Phalanx *früherer Existenzen.* Bei ihnen handelte es sich natürlich ausschließlich um Leben in einem *menschlichen* Körper. Über ein nichtmenschliches Dasein wurde in Hypnose nicht berichtet.

Aber wie das Buch von Dr. Grof deutlich gemacht hat, kann LSD die Erinnerungsspeicher des Unterbewußtseins noch tiefer ausloten, als dies möglicherweise in Hypnose geschehen kann. Die Ergebnisse und die daraus ableitbaren Schlußfolgerungen sind erstaunlich. Wenn ein Patient mehrere Male mit LSD behandelt wird, gibt sein Unterbewußtsein von Mal zu Mal weiter in der Zeit zurückliegende Erinnerungen preis. Als erstes kommen Erinnerungen aus dem jetzigen Leben, die bewegt noch einmal vorbeiziehen und die oft das Leben des Fötus im Mutterleib und das Erlebnis der Geburt mit umfassen. Sobald diese Erinnerungen aufgespürt und noch einmal durchlebt worden sind, verschwinden sie und kommen nicht wieder. Der Patient erlebt dann noch einmal die Stationen seiner vergangenen Leben als Mensch, von denen viele eine große Bedeutung im Sinne des Karmas haben. Grof schreibt:

Der Erschließung der Erlebnisse aus der Zeit früherer Verkörperungen bei LSD-Sitzungen gehen manchmal komplizierte Anweisungen voraus, die auf nichtverbalem Weg empfangen werden (z.B. auf einer intuitiven Ebene). Sie machen das Individuum mit der Tatsache der Wiedergeburt bekannt, lassen es seine Verantwortung für seine Handlungen in der Vergangenheit erkennen und erläutern das Gesetz des Karmas als einen wichtigen Teil der kosmischen Ordnung, die für alle empfindungsfähigen Wesen verbindlich ist ... Den Berichten der LSD-Patienten nach ... erfolgt die Festlegung eines individuellen geistigen Wesens auf einen bestimmten materiellen Körper ... gemäß seiner unter Gesichtspunkten des Karmas betrachteten Vergangenheit.[8]

Wenn das auch außergewöhnlich genug ist, sind wir doch durch die Regression in Hypnose darauf vorbereitet. Aber bei Regressionen unter Einwirkung von LSD gelangen wir in ein noch fremdartigeres und sinnverwirrenderes Gebiet, denn LSD-Patienten berichten darüber hinaus nicht selten von *Erlebnissen als Tiere, Pflanzen und Mineralien!* Und damit wir nicht versucht sind, was uns natürlich trotzdem passiert, das als die abenteuerlichsten Phantastereien abzutun, möchte ich hinzufügen, daß diese Erlebnisse *typischerweise begleitet werden von einer unwahrscheinlich genauen Kenntnis des Wesens dieser Kreaturen und Strukturen.* Bezüglich der Tiererlebnisse schreibt Grof:

Evolutionäre Erinnerungen haben besondere, erfahrungsmäßige Eigenschaften, die sie . . . eindeutig von menschlichen Erlebnissen unterscheiden und oft den Bereich und die Grenzen menschlicher Phantasie und Vorstellungskraft übersteigen. Der Einzelne kann beispielsweise einen aufschlußreichen Einblick in das haben, was eine Schlange fühlt, wenn sie hungrig ist, eine Schildkröte, die sexuell erregt ist, ein Kolibri, der seine Jungen füttert, oder ein Hai, der durch die Kiemen atmet. Patienten haben berichtet, den Trieb verspürt zu haben, der einen Aal oder . . . einen Lachs bei seinem heldenhaften Zug gegen die Strömung eines Flusses bewegt, die Empfindungen einer Spinne, die ihr Netz spinnt, oder den geheimnisvollen Ablauf der Metamorphose vom Ei über die Raupe und die Puppe zum Schmetterling . . .

Es ist nicht ungewöhnlich, wenn Personen berichten, . . . daß diese Erfahrungen ein umfassendes Wissen der Tiere darstellen, mit denen sie sich identifiziert haben – ihrer körperlichen Eigenschaften, Gewohnheiten und Verhaltensmuster –, wobei dieses Wissen bei weitem ihre naturwissenschaftlichen Kenntnisse überschreitet . . . die Patienten haben exakt Balztänze, komplizierte Fortpflanzungszyklen, Nestbautechniken, Aggressions- und Demutsgebärden und viele andere zoologische Tatsachen der Tiere geschildert, die sie erlebt haben . . . Um das zu verdeutlichen, . . . wollen wir ein Beispiel aus einer fortgeschrittenen LSD-Sitzung anführen . . .

Irgendwann in der Sitzung hatte Renata (die Patientin) ein

Gefühl völliger Übereinstimmung mit einem Weibchen einer Art von großen Reptilien, die schon seit Millionen von Jahren ausgestorben waren. Sie fühlte sich schläfrig und faul, als sie an einem großen See im Sand lag und sich wohlig in der Sonne wärmte. Als sie das in der Sitzung erlebte, öffnete sie die Augen und sah den Therapeuten an (Dr. Grof), der in ein gutaussehendes Männchen der gleichen Tierart verwandelt worden zu sein schien; das Gefühl der Trägheit verschwand augenblicklich, und sie verspürte eine starke sexuelle Erregung. Laut ihrer Schilderung hatten diese Gefühle nichts mit menschlicher Erotik und sexueller Anziehung zu tun; es war eine ganz eigene und besondere »reptilische« Neugier am anderen Geschlecht, das sie darüber hinaus anzog. Jeder Hinweis auf den Mund, die Geschlechtsorgane oder andere Körperteile, die sie vielleicht an einem menschlichen Partner interessierten, fehlte völlig. Sie war vielmehr gebannt von schuppenartigen Facetten, die sie seitlich am Kopf des Therapeuten bemerkte. Eine davon schien in der Form und der Farbe unwiderstehlich auf sie zu wirken; es hatte den Anschein, als strahlte sie gewaltige sexuelle Ströme aus.

Da bestimmte Züge dieses Erlebnisses so ungewöhnlich und konkret waren, beschloß ich, einen guten Freund aufzusuchen, der Paläontologe mit der Fachrichtung Zoologie war und sich gut in tierischem Verhalten auskannte. Wie ich erwartet hatte, besaß er keinerlei ... Informationen über die Paarungsgewohnheiten antediluvianischer Reptilien. Er zeigte mir jedoch Artikel in zoologischen Fachbüchern, in denen darauf hingewiesen wurde, *daß bei bestimmten Reptilien aus dieser Zeit farblich deutlich hervorgehobene Flächen am Kopf eine wichtige Rolle als Auslöser sexueller Erregung spielten.*[9]

Diese Erlebnisse bieten eine fesselnde Parallele zu den Erinnerungen an ein früheres Leben in Hypnose: Die Erinnerungen werden nicht nur noch einmal erlebt, sie sind auch in einer Weise genau, die weit über das normale Wissen des Betreffenden hinausgeht.

Zu den Pflanzenerlebnissen sagt Grof:

Die Beispiele, in denen ... Pflanzenformen erlebt werden, sind ... nicht so häufig wie die, in denen es um Tierleben geht. Das ... Individuum ... hat das einzigartige Gefühl, ... an den grundlegenden physiologischen Prozessen der Pflanzen teilzunehmen. Es kann sich als keimender Samen erleben, als ein Blatt bei der Photosynthese oder als eine Wurzel, die sich auf der Suche nach ... Nahrung ausbreitet ... Eine Person kann ... Plankton im Meer werden und die Bestäubung oder Zellteilung während des pflanzlichen Wachstums erleben.

Die Erlebnisse eines pflanzlichen Bewußtseins ... lassen sich, wie phantastisch und absurd ihr Inhalt unserem normalen Empfinden auch vorkommen mag, ...nicht einfach ... als reine Sinnestäuschungen abtun. Sie ereignen sich unabhängig bei verschiedenen Individuen in einem fortgeschrittenen Behandlungsstadium und haben einen ganz besonderen, empirischen Einschlag, der sich nicht leicht mitteilt.[10]

Und diese Erlebnisse von Daseinsformen, die einfacher sind als die des Menschen, sind keineswegs auf die Welt biologischen Lebens beschränkt!

Sie können sich auch ... auf die anorganische Natur erstrecken. Patienten haben wiederholt berichtet, das Bewußtsein des Meeres erlebt zu haben ... Viele LSD-Patienten haben erklärt, das Bewußtsein einer bestimmten Materie ... wie Diamanten, Granit oder Gold gehabt zu haben ... Ähnliche Erlebnisse können sogar die Welt des Mikrokosmos erfassen und die dynamische Struktur der Atome, die Natur der dabei auftretenden elektromagnetischen Kräfte, die Welt der interatomaren Verbindungen oder die Brownsche Bewegung der Moleküle schildern.[11]

Nach solchen Erlebnissen, schreibt Grof,

erwägen die LSD-Patienten oft die Möglichkeit, daß das Bewußtsein ein grundlegendes, kosmisches Phänomen ist ... und daß es im gesamten Universum existiert ... Das menschliche Bewußtsein scheint nur eine seiner vielen Abarten zu sein.[12]

Aber kehren wir zu Myers zurück. Seine Ansichten decken sich fast mit den hier zitierten und werden ausdrücklich bestätigt. Er erklärt, daß sich entwickelnde übersinnliche Wesen

zahllose Erfahrungen ... sammeln und sich in unzähligen Formen offenbaren und ausdrücken müssen, bevor sie Vollkommenheit erlangen ... Sobald sie erreicht ist, ... nehmen diese Wesen göttliche Eigenschaften an ... Der Grund des Universums und ... der Sinn des Daseins ... liegt somit in der Entwicklung des Geistes in der Materie.[13]

Je tiefer man natürlich in der Kette der Materie geht, desto größer ist die Zahl der existierenden »Formen«. Wie können so viele zu so wenigen werden? Myers antwortet:

Bringe Pflanzen, Insekten, Fische, Vögel und vierfüßige Säugetiere in ihren verschiedenen Klassen unter. Sie ähneln den ... Klassen in der Schule. Die ... Seelen der Pflanzen sammeln sich, wenn sie gestorben sind, zu Myriaden und ... bilden ... größere psychische Einheiten. Diese zahllosen kleinen Wesen ... steigen dann eine Stufe höher und ... dringen als ein einziges, psychisches Wesen ... in den Körper eines Insekts ein. Unmengen von Insektenleben bilden sich wieder zu einem Wesen, das rechtzeitig den Körper eines Fisches oder Vogels einnimmt. Und so setzt sich der Prozeß fort ...[14]

Schließlich ... entwickeln sich die embryonalen Seelen der Tiere so weit, ... daß viele, die ein Wesen bilden ..., am Ende menschliche Seele werden.[15]

Jede materielle Form und die ganze Vielfalt des Lebens im Universum befindet sich, mit anderen Worten, auf unterschiedlichen Stufen des gleichen, langen Prozesses geistiger Entwicklung. Mehr als die »Menschen« sind die »Brüder«!

Die Ebene der Illusion

Nach Myers ist der erste normale Daseinszustand nach dem Tod das »Lotosblütenparadies«, die »Ebene der Illusion«. Er nannte sie auch die »dritte« Ebene, wobei die ersten beiden die materielle Welt und ein kurzer Zwischenzustand waren. Die meisten von uns können damit rechnen, sofort nach dem Tod in dieses Reich zu gelangen. Obwohl diese Welt außergewöhnlich ist, wird sie uns nicht fremd vorkommen, denn unsere Träume und das irdische Leben haben uns darauf vorbereitet. Träume scheinen, obwohl unser Gehirn sie auf geheimnisvolle Weise erzeugt, völlig real. Die Welt der dritten Ebene ist ähnlich, mit der Ausnahme, daß die »Träume« *vollkommen konkretisiert* sind. Die dritte Ebene besteht laut Myers aus einer leichten Form von Materie, die *vollkommen empfänglich für menschliche Gefühle und Gedanken* ist. Und weil Menschenwesen nach Jahren geistiger und gefühlsmäßiger Vertiefung in das irdische Leben dorthin kommen, sind die Welten, die ihr Geist dort aufbaut, gänzlich auf irdischen Erinnerungen und Wünschen gegründet.

Mit anderen Worten, die Welten der dritten Ebene werden durch Gedanken erzeugt, und dieser Prozeß kann bewußt oder unbewußt ablaufen. Auf jeden Fall beruht das, was geschaffen wird, auf den eigenen, sehnlichsten Wünschen – nach Vergnügungen, Schönheit und dem Vertrauten. Myers zufolge kommen Menschen, die einander nahestehen und einen ähnlichen Lebensstil haben, in kleinen Gemeinschaften zusammen, wo sie sich gemeinsam ihre Welten errichten. Diejenigen, die mehr einzelgängerisch veranlagt sind, können sich ihre eigenen Welten bauen. Oft ist die wahre Natur dieser Gedankenschöpfungen ihren Erzeugern völlig unbekannt, die sich ganz einfach in einer atemberaubend schönen und außergewöhnlich angenehmen Welt befinden, wo jeder Wunsch durch einen Gedanken erfüllt wird. Diese Welt ist dann wirklich der wahre »Himmel« oder das »Paradies« der alten Religionen.

Manchmal haben Lebende vorab einen Blick auf diese Ebene bei Out-of-body-Erlebnissen geworfen. In der Narkose bei einer Operation befand sich Mrs. Geraldine Tuke plötzlich außerhalb ihres Körpers bei ihrer Nichte Eileen. Es stellte sich heraus, daß Eileen in einem Haus wohnte, das vollkommen auf ihren Geschmack abgestimmt war, da sie es, wie sie erklärte, mit ihrem Geist geschaffen hatte, und es werde genauso lange weiterbestehen, wie sie wollte. Das Innere dieses Hauses war allerdings nie festgelegt, da sie häufig »umdekorierte«, indem sie gedanklich existierende Gegenstände, die sie nicht mehr haben wollte, auflöste und andere dafür schuf. Mrs. Tuke war von diesen erstaunlichen Enthüllungen so fasziniert, daß sie fragte, ob auch sie so etwas »machen« könnte. Sie konnte es. Alles, was der Prozeß erforderte, war, daß der Schöpfer ein deutliches »Gedanken-Bild«

dessen entwickelte, was er sich wünschte. Mrs. Tuke stellte sich eine schön geformte, farbige Vase vor, die sie augenblicklich in Händen hielt.[16]

Aber da diesem »Himmel« irdische Wünsche zugrunde liegen, ist es ein weiter Weg vom farblosen und verklärten Leben nach dem Tod, wie es auf herkömmlichen, religiösen Bildern dargestellt wird. So kann sich z.B. ein erst seit kurzem toter Trinker auf der dritten Ebene umgeben von Alkohol in einer von ihm besonders geschätzten Umgebung wiederfinden, wo er mit Gleichgesinnten zusammen ist, vielleicht anderen verstorbenen Alkoholikern oder einfach selbst geschaffenen Gedankengestalten. Weil sich so jemand ständig nach Zechgelagen sehnt, wird er genau das erleben.

Die dritte Ebene ist somit ein Paradies für ausschweifende Menschen. Wer ausgiebige sexuelle Neigungen verspürt, kann sich jeden Wunsch erfüllen, umgeben von Lüstlingen, die ähnlich den sexuellen Vergnügen frönen. Feinschmecker können ausgiebig dinieren, und Asketen werden – durch ihren eigenen Willen – großzügig mit Brot und Wasser versorgt.

Wer noch nicht lange tot ist, ist von diesem Paradies aufs äußerste entzückt. Er ist hingerissen, begeistert. Und da das, was geschaffen wird, völlig vom irdischen Geschmack abhängt, der von der Weite und Stärke der Vorstellungskraft des Schaffenden bestimmt wird, kann eine beinahe grenzenlose Vielfalt verschiedener Welten ohne Mühe errichtet und bewohnt werden. Und das erklärt natürlich die ungeheuren Unterschiede in den postmortalen Schilderungen, die von den Medien empfangen werden; es kann so viele Leben nach dem Tod geben, wie es Tote gibt!

Doch dieser Welt sind eigenartige Grenzen gesetzt. Die mühelose und augenblickliche Befriedigung jedes Wunsches kann eine Zeitlang begeistern, aber irgendwann wird es langweilig. Ein Gefühl der Unzufriedenheit entsteht, der Wunsch nach irgendeiner Anstrengung oder Herausforderung als Gegensatz zu diesem Traumland. *Und das erweist sich tatsächlich als der eigentliche evolutorische Sinn der dritten Ebene – die schöpferischen Möglichkeiten und Wünsche auf dem weltlichen Niveau teilweise aufzubrauchen.* Hier kann der Einzelne wählen, ob er zur vierten Ebene aufsteigen will, und wenn er weit genug fortgeschritten ist, kann er sie betreten.

Als Alternative bietet sich ihm die Wiedergeburt auf der Erde. Doch bevor das Individuum zur Erde zurückkehrt, erlebt es eine Art Karma-»Rückblick« – ähnlich dem »Lebensrückblick«, den es unmittelbar nach seinem Tod hat, und doch in einem entscheidenden Punkt anders. Beim zweiten Rückblick sind zwei zusätzliche, wesentliche Kriterien erforderlich. Zum einen erlebt das Individuum neben den Ereignissen seines vorigen Lebens diesmal auch die *Gefühle* mit, die es bei der jeweiligen Gelegenheit empfunden hat. Zum zweiten erlebt es die *Gefühle der anderen, jeweils betroffenen Personen.* Der Peiniger wird mit anderen Worten gleichzeitig auch zum Opfer. Es fällt schwer, sich eine lehrreichere und läuternde Erfahrung als diese vorzustellen. Über jemanden, der in seinem Erdenleben sehr grausam zu anderen gewesen war, schreibt Myers:

(Das Individuum) ist ein Beobachter und nimmt ... die Ereignisse im vergangenen Dasein war ... Es wird sich all der Gefühle bewußt, die es durch seine Handlungen bei den Opfern ausgelöst hat ... Keine Not und kein Schmerz, die es verursacht hat, sind vergangen. Alles wurde festgehalten ... Seine Seele ... wird nach und nach durch die Identifizierung mit den Leiden seiner Opfer geläutert.[17]

Dieses Erlebnis schlägt sich anscheinend in vom Karma beeinflußten Entscheidungen über die Art des nächsten Erdenlebens nieder, das der Einzelne zu führen beabsichtigt.

Wenn eine Seele in einen unvollkommenen Körper hineingeboren wird, geschieht das aufgrund der Tatsache, daß sie in einem früheren Dasein Irrtümer begangen hat, von deren Folgen sie sich nur dadurch befreien kann, daß sie sich gerade diesem Erlebnis unterwirft.

Die Seele ... eines Schwachsinnigen beispielsweise ... sammelt in ihrem Erdenleben bestimmte Erfahrungen. Tatsächlich werden solche Männer wie Tyrannen und Häscher oft als Dummköpfe oder Schwachsinnige wiedergeboren. Sie haben auf der anderen Seite des Todes gelernt, mit den Leiden ihrer Opfer zu fühlen und sie zu verstehen. Sie sind manchmal so erschreckend, daß das Vorstellungszentrum ihres Verursachers beeinträchtigt wird und er verurteilt ist, bei seiner nächsten Wiedergeburt im Zustand geistiger Verwirrung zu existieren.[18]

Und ein anderes kontaktsuchendes Wesen, das ein ziemlich selbstsüchtiges Leben geführt hatte, schildert diesen Karmarückblick wie folgt:

Ich habe die unangenehmsten Erlebnisse gehabt. Ich weiß gar nicht genau, wie ich das durchgehalten habe ... Mir wurden die Auswirkungen meiner sämtlichen Handlungen auf andere Menschen gezeigt ... Es war ein äußerst demütigendes, schreckliches Erlebnis ... Ich habe ... die Gefühlsreaktionen auf mein Tun gesehen ... Ich habe mich geändert. Ich bin jetzt sehr viel sanftmütiger.[19]

Die höheren Ebenen

Jenseits der dritten Wirklichkeitsebene liegen weitere, aber Myers hält es fast für unmöglich, sie angemessen zu schildern. Der Grund dafür ist einfach: Sie liegen jenseits menschlicher Erfahrung auf irdischem Niveau, und es gibt daher keine Worte, mit denen man sie skizzieren könnte. Doch er macht einen mutigen, wenn auch hoffnungslosen Versuch.

Die vierte Ebene nennt er *die Welt der vergeistigten Form,* und wenn man diese Ebene erreicht, ist jedes Verlangen nach einem irdischen Dasein verschwunden. Hier wohnt man in einem Reich, aus dem keiner zur Erde zurückkehrt. Bewußtsein und Dasein sind intensiver und vitaler als alles, was wir kennen. Es ist eine Welt strahlender, unvorstellbarer Schönheit, in der der Geist die letzte Beherrschung der Form lernt. Der Geist benutzt Substanzen, Licht und Farben, die auf der Erde unbekannt sind. Er ist jetzt gottähnlich in seiner Macht und lernt, eine unendliche Vielfalt an Formen schaffen, die in ihrer Schönheit unerreichbar und unübertrefflich sind. Die Schönheit auf Erden ist nichts als ein schwacher, farbloser Abklatsch. Der Sinn des Daseins auf dieser Ebene ist es, alle Möglichkeiten der Form zu erleben, so daß die sich entwickelnde Seele über jede Verstrickung in sie hinauswachsen kann.

Jenseits der Ebene der Form liegt die Ebene des Feuers, auf der die Seele das materielle Universum außerhalb der Erde erforscht und so ihr Wissen um die Materie vervollständigt. Jenseits der Ebene des Feuers liegt die Ebene des Lichts. Eine Seele auf dieser Ebene hat in jeder Art Materie gelebt und die ganze Vielfalt gedanklich geschaffener Formen erarbeitet. Nach ungezählten Jahrhunderten der Entwicklung ist sie daher bereit, *Materie und Form hinter sich zu lassen.* Von diesen vollendeten Seelen sagt Myers:

Die Seele, die dieses letzte, gewaltige Königreich der Erfahrung betritt, ... besitzt die Weisheit der Form, jene unschätzbare, geheime Weisheit, die man nur durch Beschränkung erreicht, die Ernte zahlloser Jahre, angesammelt aus Leben in unendlich vielen Formen ... Sie ist jetzt in der Lage, ohne Form zu leben, als weißes Licht zu existieren, als ... reiner Gedanke.[20]

Doch ein Schritt bleibt noch zu tun – der letzte Übergang zur höchsten Seinsebene, das Erreichen des letzten Ziels auf einem unendlich langen Weg persönlicher Entwicklung. An dieser Stelle ist es wichtig, sich daran zu erinnern, daß Myers kein religiöser Mensch war. Sein Leben lang war er der praktischen Erfahrung verpflichtet und der Lehre dieser Erfahrung. Als er seinen Bericht über die höheren Welten jenseits des Todes übermittelte, war er persönlich bis zur vierten Ebene gelangt. Was er von jenseits des Grabes erzählt, hat er entweder selbst erlebt, oder es ist ihm von denen erzählt worden, die entwickelter waren als er. Myers nannte dieses letzte Ziel die siebente Ebene. Wenn man sie beträte, so sagte er, *werde man ein Teil Gottes.* Er schreibt:

Der Zustand auf der siebenten Ebene ... entzieht sich jeder Beschreibung. Selbst der Versuch, ihn zu schildern, geht über die eigenen Kräfte ... der Übergang zur ... siebenten Ebene bedeutet ... Flug aus dem materiellen Universum ... Auf dieser letzten Seinsebene ist man nicht nur jenseits der Zeit, sondern auch außerhalb des Universums ... Man könnte es als den »Übergang von der Form zur Formlosigkeit« bezeichnen. Aber man verstehe bitte den Ausdruck »Formlosigkeit« nicht falsch. Ich möchte damit lediglich auf ein Dasein hinweisen, das sich nicht selbst in einer Form ausdrücken muß, wie zart und fein diese auch immer sein mag. Die Seele, die diese siebente Ebene betritt, geht ins Jenseits ein und wird eins mit Gott.[21]

Die traditionelle medizinische und wissenschaftliche Sicht des Todes ist äußerst einfach und geradlinig. Sie stellt fest, daß *man tot ist,* wenn das Herz den letzten Schlag macht, die Lunge zum letztenmal die Luft einzieht, der Blutdruck so weit sinkt, daß er nicht mehr meßbar ist, die Körpertemperatur zu fallen beginnt und die Pupillen starr und geweitet sind. Mit »man« ist das *wirkliche man* gemeint, das, was beobachtet und hört, das bewußt ist, denkt und fühlt. Wie einem jeder Physiologe erklären wird, hängen das Bewußtsein und das persönliche Sein von einem Körper und einem Gehirn ab, von einer Neurophysiologie, und wenn diese aufhören zu existieren, dann ist »man« nicht mehr.

Was könnte eine solch offensichtliche Wahrheit eventuell in Zweifel ziehen? Die Antwort lautet: die Forschung, über die dieses Buch berichtet. Denn sie macht überdeutlich, daß die orthodoxe medizinische und wissenschaftliche Sicht des Todes völlig falsch ist, *ein gewaltiger Irrtum!* Die wirkliche Bedeutung der menschlichen Verkörperung und des Todes ist eine ganz andere.

Wenn wir, die wir uns jetzt in einem menschlichen Körper auf der Erde befinden, erklären würden, daß wir noch viel vor uns haben, wäre das wohl eine leichte Untertreibung – denn wenn wir die dritte Ebene überschritten haben, werden wir, was die Menschen einst Götter nannten.

Anhang

Anmerkungen

Kapitel 1

1. Nils O. Jacobson, M.D., *Life Without Death?*, (New York: Dell Publishing Co. Inc., 1974), pp. 129–130.
2. Edmund Gurney, F.W.H. Myers and Frank Podmore, *Phantasms of the Living,* Vol. 1, (London: Trubner and Co., 1886), pp. 532–534.
3. Celia Green and Charles McCreery, *Apparitions,* (London: Hamish Hamilton Ltd., 1975), p. 52.
4. Jacobson, *op. cit.,* pp. 137–139.
5. Andrew M. Greeley, *The Sociology of the Paranormal: A Reconnaissance,* Sage Research Papers in the Social Sciences (Studies in Religion and Ethnicity Series, No. 90–023), (Beverley Hills and London: Sage Publications, 1975).
6. Dr. E. Haraldsson, et al., »National Survey of Psychical Experiences and Attitudes Towards the Paranormal in Iceland,« in: W.G. Roll, R.L. Morris and J.D. Morris, eds., *Research in Parapsychology 1976,* (Metuchen, New Jersey: Scarecrow Press, 1977).
7. Allen Spraggett, *The Case for Immortality,* (Scarborough, Ontario: New American Library of Canada Ltd., 1975), p. 58.
8. W. Dewi Rees, »The Hallucinations of Widowhood,« *British Medical Journal,* Vol. 4, 1971, pp. 37–41.
9. Earl Dunn, M.D., and Janice Smith, »Ghosts: Their Appearance During Bereavement,« *Canadian Family Physician,* October 1977, pp. 121–122. Also, Sidney Katz, »Seeing Ghosts of Loved Ones ›Normal‹ for Bereaved,« *Tronto Daily Star,* December 20, 1977, p. D1.
10. P. Marris, *Widows and Their Families,* (London: Routledge and Kegan Paul Ltd., 1958).
11. Green, *op. cit.,* pp. 190–191.
12. Sir Ernest Bennett, *Apparitions and Haunted Houses: A Survey of*

Evidence, (London: Faber and Faber Ltd., 1939). Republished by Gryphon Books, Ann Arbor, Michigan, 1971, pp. 135–136.
13. Andrew MacKenzie, *Apparitions and Ghosts: A Modern Study,* (London: Arthur Barker Ltd., 1971), pp. 26–27.
14. Green, *op. cit.,* pp. 82–83.
15. *Ibid.,* p. 154.
16. *Ibid.,* p. 163.
17. MacKenzie, *op. cit.,* pp. 38–39.
18. Green, *op. cit.,* p. 137.
19. Bennett, *op. cit.,* pp. 382–383.
20. *Ibid.,* p. 382.
21. William Brougham, *Life and Times of Henry, Lord Brougham, 1871.* Cited in Raynor C. Johnson, *The Imprisoned Splendour,* (A Quest Book; Wheaton, Illinois: Theosophical Publishing House, 1971), pp. 198–199.
22. Bennett, *op. cit.,* pp. 131–132.
23. MacKenzie, *op. cit.,* pp. 116–117.
24. *Ibid.,* pp. 94–95.
25. *Journal of the Society for Psychical Research,* Vol. 7. Cited in D. Scott Rogo, *An Experience of Phantoms,* (New York: Taplinger Publishing Co., Inc., 1974), pp. 16–17.
26. Spraggett, *op. cit.,* pp. 45–46.
27. MacKenzie, *op. cit.,* p. 21.
28. Green, *op. cit.,* p. 98.
29. *Ibid.,* p. 190.
30. *Ibid.,* p. 191.
31. *Ibid.,* pp. 188–189.
32. *Ibid.,* pp. 52–53
33. *Fate,* April, 1972. Cited in Susy Smith, *Life Is Forever,* (New York: Dell Publishing Co. Inc., 1974), pp. 47–48.
34. MacKenzie, *op. cit.,* pp. 350–351.
36. Green, *op. cit.,* pp. 144–145.
37. G.N.M. Tyrrell, *Apparitions,* (New York: Collier Books, 1963), p. 23.
38. Green, *op. cit.,* pp. 123, 49–50, 135.
39. Tyrrell, *op. cit.,* p. 39.
40. Greeley, *op. cit.*
41. Bennett, *op. cit.,* pp. 156–158.
42. *Ibid.,* pp. 62–73.
43. Raymond Bayless, *Apparitions and Survival of Death,* (New Hyde Park, N.Y.: University Books Inc., 1973), pp. 27–38.
44. Bayless, *loc. cit.,* and Hornell Hart (with Ella B. Hart), »Visions and Apparitions Collectively and Reciprocally Perceived,« *Proceedings of the Society for Psychical Research,* Vol. 41, 1933, p. 221.
45. MacKenzie, *op. cit.,* p. 56.

46. Isaac Kaufmann Funk, *The Psychic Riddle,* (New York: Funk and Wagnalls, Inc., 1907). Cited in Hornell Hart, »Six Theories About Apparitions,« *Proceedings of the Society for Psychical Research,* Vol. 50, Part 185, May 1956, p. 176.
47. Hornell Hart, »Six Theories About Apparitions,« *Proceedings of the Society for Psychical Research,* Vol. 50, Part 185, May 1956, pp. 153–239.

Kapitel 2

1. *Proceedings of the Society for Psychical Research,* Vol. 2, pp. 144 ff. Cited in Camille Flammarion, *Haunted Houses,* (London: T. Fisher Unwin, Ltd., 1924), p. 141.
2. *Ibid.,* pp. 141–142.
3. *Ibid.,* p. 143.
4. *Loc. cit.*
5. *Ibid.,* p. 144.
6. *Ibid.,* p. 145.
7. *Ibid.,* pp. 148–149.
8. Dr. Robert Morris, *Theta,* 33, 34, (1971–1972). Cited in D. Scott Rogo, *An Experience of Phantoms,* (New York: Taplinger Publishing Co., Inc., 1974), p. 50.
9. Edmund Gurney, *Proceedings of the Society for Psychical Research,* Vol. 3, pp. 126ff. Cited in Flammarion, *op.cit.,* pp. 265–266.
10. *Ibid.,* p. 266.
11. *Ibid.,* pp. 267–268.
12. Andrew MacKenzie, *Apparitions and Ghosts: A Modern Study.* (London: Arthur Barker Ltd., 1971), pp. 43–44.
13. Hans Holzer, *Tomorrow,* Vol. 1, No. 3. Cited in Hans Holzer, *Ghost Hunter,* (New York: The Bobbs-Merrill Co., Inc., 1963), p. 218.
14. Flammarion, *op.cit.,* p. 210.
15. John Pearce-Higgins, »Poltergeists, Hauntings and Possession,« chapter in Canon J.D. Pearce-Higgins and Rev. G. Stanley Whitby, eds., *Life, Death and Psychical Research,* (London: Rider & Co. Ltd., 1973), pp. 178–179.
16. Pearce-Higgins, *op. cit.,* pp. 168–169.
17. Sir William Barrett, »Poltergeists, Old and New,« *Proceedings of the Society for Psychical Research,* Vol. 25, August 1911. Cited in A.R.G. Owen, *Can We Explain the Poltergeist?,* (New York: Garrett/Helix, 1964), p. 251.
18. Sir Ernest Bennett, *Apparitions and Haunted Houses: A Survey of Evidence,* (London: Faber and Faber Ltd., 1939). Republished by Gryphon Books, Ann Arbor, Michigan, 1971, p. 86.
19. *Ibid.,* pp. 86–87.

20. *Ibid.*, 87–88.
21. R.C. Morton, »Record of a Haunted House,« *Proceedings of the Society for Psychical Research,* Vol. 8, pp. 311–332. Cited in Bennett, *op. cit.*, pp. 188–190.
22. *Ibid.* Cited in Bennett, *op. cit.*, pp. 191–192.
23. Nils O. Jacobson, M.D., *Life Without Death?, (New York: Dell Publishing Co. Inc., 1974), pp. 128–129.*
24. *Proceedings of the Society for Psychical Research,* Vol. 2, pp. 383ff. Cited in Flammarion, *op. cit.*, p. 258.
25. Brian Lumley, *Yorkshire Evening Press,* October 10, 1953. Cited in Eric J. Dingwall and Trevor H. Hall, *Four Modern Ghosts,* (London: Gerald Duckworth & Co. Ltd., 1958), pp. 29–30.
26. W.H. Salter, *Ghosts and Apparitions,* (London: G. Bell and Sons Ltd., 1938), p. 105.
27. Andrew MacKenzie, *Frontiers of the Unknown,* (London: Arthur Barker Ltd., 1968). Cited in Susy Smith, *Life Is Forever,* (New York: Dell Publishing Co. Inc., 1977), pp. 48–50.
28. Denys Kelsey, M.D., and Joan Grant, *Many Lifetimes,* (New York: Doubleday & Co. Inc., 1967), pp. 221–224.
29. Celia Green and Charles McCreery, *Apparitions,* (London: Hamish Hamilton Ltd., 1975), p. 65.
30. *Ibid.*, p. 149.
31. Hans Holzer, *Ghost Hunter,* (New York: The Bobbs-Merrill Co., Inc., 1963), pp. 134–137.
32. *Ibid.*, p. 138. – 33. *Ibid.*, pp. 138–141.
34. *Ibid.*, pp. 141–142.
35. *Ibid.*, pp. 224–229.
36. Eileen J. Garrett, *Adventures in the Supernormal,* (New York: Creative Age Press, 1949), pp. 207–210.
37. Pearce-Higgins, *op. cit.*, pp. 175–176.
38. *Ibid.*, pp. 177–178.
39. Garrett, *op. cit.*, pp. 115–116.
40. Eileen J. Garrett, *Many Voices,* (New York: G.P. Putnam's Sons, 1968), pp. 77–80.
41. Pearce-Higgins, *op. cit.*, p. 179.
42. Hans Holzer, *Ghosts I've Met,* (New York: The Bobbs-Merrill Co., Inc., 1965), pp. 52–56.
43. Pearce-Higgins, *op. cit.*, pp. 176–177.
44. Garrett, *Adventures in the Supernormal,* pp. 219–220.

Kapitel 3

1. Carl Jung, *Memories, Dreams, Reflections,* (New York: Vintage Books, 1963), p. 295.

2. »Psychiatrist says he has seen heaven,« *Toronto Daily Star,* October 24, 1970; Allen Spraggett, »People who died, but lived to tell the tale,« *Toronto Sunday Sun,* March 31, 1974; *Fate,* Vol. 23, No. 12, December, 1970. Cited in John Pearce-Higgins, »The Nature of Life After Death,« Part 2, in Canon J.D. Pearce-Higgins and Rev. G. Stanley Whitby, eds., *Life, Death, and Psychical Research,* London: Rider & Co. Ltd., 1973), pp. 229–231.
3. Dr. Eugene Osty, *Revue Métapsychique,* May-June, 1930. Cited in C.J. Ducasse, *A Critical Examination of the Belief in a Life After Death,* (Springfield, Illinois: Charles C. Thomas, Publisher, 1961), pp. 161–162.
4. Robert Crookall, »Out-of-the-Body Experiences and Survival,« in Pearce-Higgins and Whitby, *op. cit.,* p. 73.
5. Sir Auckland Geddes, M.D., »A Voice from the Grandstand,« *The Edinburgh Medical Journal,* N.S., (IVth), Vol. 44, 1937, p. 367.
6. Rosalind Heywood, »Attitudes to Death in the Light of Dreams and Other ›Out-of-the-Body‹ Experience,« in Arnold Toynbee, et al., *Man's Concern With Death,* (London: Hodder & Stoughton, 1968), p. 191.
7. Herbert Greenhouse, *The Astral Journey,* New York: Avon Books, 1976), pp. 15–16, 18, 179.
8. *Ibid.,* pp. 16–17, 24.
9. Heywood, *op. cit.,* p. 200.
10. *Loc. cit.*
11. Greenhouse, *op. cit.,* p. 330.
12. Crookall, *op. cit.,* p. 13.
13. Crookall, *The Study and Practice of Astral Projection,* (London: Aquarian Press, 1961). Cited in D. Scott Rogo, *The Welcoming Silence,* (Secaucus, New Jersey: University Books, Inc., 1973), p. 15.
14. Celia Green, *Out-of-the-Body Experiences,* (London: Hamish Hamilton Ltd., 1968), pp. 120, 122.
15. Sylvan Muldoon and Hereward Carrington, *The Phenomena of Astral Projection,* (New York: Samuel Weiser, 1970), pp. 186–187.
16. *Ibid.,* p. 177.
17. L. Landau, »An Unusual Out-of-the-Body Experience,« *Journal of the Society for Psychical Research,* Vol. 42, 1963, pp. 126–128. Cited in D. Scott Rogo, *An Experience of Phantoms,* (New York: Taplinger Publishing Co., Inc., 1974), p. 120.
18. Greenhouse, *op. cit.,* p. 55.
19. Muldoon and Carrington, *op. cit.,* p. 79.
20. Oliver Fox, *Astral Projection: A Record of Out-of-the-Body Experiences,* (Secaucus, New Jersey: Citadel Press, 1975), pp. 57–59.
21. Sylvan Muldoon and Hereward Carrington, *The Projection of the Astral Body,* (New York: Samuel Weiser, 1970); Oliver Fox,

(Hugh Callaway), *Astral Projection: A Record of Out-of-the-Body Experiences;* Yram (Marcel Louis Forhan), *Practical Astral Projection,* (New York: Samuel Weiser, 1967); Robert A. Monroe, *Journeys Out of the Body,* (New York: Doubleday & Co. Inc., 1971).

22. Charles T. Tart, »A Psychophysiological Study of Out-of-the Body Experiences in a Selected Subject,« *Journal of the American Society for Psychical Research,* Vol. 62, No. 1, January, 1968, p. 21.
23. Charles T. Tart, »A Second Psychophysiological Study of Out-of-the-Body Experiences in a Gifted Subject.« *Parapsychology,* Vol. 9, December, 1967.
24. Dr. Karlis Osis, in »Proceedings of the First Canadian Conference on Psychokinesis,« *New Horizons,* Vol. 1, Number 5, January, 1975, p. 231.
25. *Loc. cit.*
26. *Ibid.,* p. 232.
27. Greenhouse, *op. cit.,* p. 334.
28. David Black, *Ekstasy,* (New York: The Bobbs-Merrill Co., Inc., 1975), pp. 73, 75, 76, 80.
29. Greenhouse, *op. cit.* pp. 279–292.
30. *Ibid.,* pp. 301–303; Black, *op. cit.,* p. 113.
31. Muldoon and Carrington, *The Phenomena of Astral Projection,* pp. 82–83.
32. Yram (Marcel Louis Forhan), *Practical Astral Projection,* (New York: Samuel Weiser, 1967), p. 58.
33. Green, *op. cit.,* 31.
34. *Loc cit.*
35. *Loc. cit.*
36. *Ibid.,* p. 44
37. *Ibid.,* pp. 85–86.
38. *Ibid.,* p. 30.
39. Landau, *op. cit.,* Cited in Rogo, *op. cit.,* p. 120 (See note 17.)
40. Rogo, *op cit.,* p. 163.
41. Green, *op. cit.,* p. 32.
42. Robert A. Monroe, *Journeys Out of the Body,* (New York: Doubleday & Co. Inc., 1971), p. 171.
43. Raymond Bayless, *Apparitions and Survival of Death,* (New Hyde Park, N.Y.: University Books, Inc., 1973), p. 153.
44. Green, *op. cit.,* p. 36.
45. Monroe, *op. cit.,* p. 170.
46 .Fox, *op. cit.,* p. 129.
47. Douglas M. Baker, *The Techniques of Astral Projection,* printed and published by the author, not paginated, no date.
48. Monroe, *op. cit.,* p. 183.
49. F.W.H. Myers, *Human Personality,* Vol. 2, (London: Longmans, Green & Co., 1903), p. 316.

50. Green, *op. cit.*, p. 30.
51. Muldoon and Carrington, *The Projection of the Astral Body,* pp. 284–285.
52. Caroline D. Larsen, *My Travels in the Spirit World,* (Rutland, Vermont: Charles E. Tuttle Co., 1927). Cited in Muldoon and Carrington, *The Projection of the Astral Body,* pp. 308–309.
53. Fox, *op. cit.*, pp. 77–78.
54. Muldoon and Carrington, *The Phenomena of Astral Projection,* p. 80.
55. Cited in Muldoon and Carrington, *The Phenomena of Astral Projection.*
56. Muldoon and Carrington, *The Projection of the Astral Body,* p. 52.
57. Green, *op. cit.*, p. 69.
58. George H. Hepworth, *Brown Studies,* (no date or publisher given), pp. 243–279. Cited in Muldoon and Carrington, *The Phenomena of Astral Projection,* p. 178.
59. Muldoon and Carrington, *The Phenomena of Astral Projection,* p. 115.
60. Muldoon and Carrington, *The Projection of the Astral Body,* pp. 290–291.
61. Monroe, *op. cit.*, p. 63.
62. *Ibid.*, p. 172.
63. Fox, *op. cit.*, pp. 83–84.
64. Muldoon and Carrington, *The Phenomena of Astral Projection,* p. 151. – 65. Green, *op. cit., p. 89.*
66. Ibid., p. 116.
67. Robert Crookall, *Out-of-the-Body Experiences: A Fourth Analysis,* (New York: University Books, Inc., 1970), p. 120.
68. D. Scott Rogo, *The Welcoming Silence,* (Secaucus, New Jersey: University Books, Inc., 1973), p. 45.
69. Monroe, *op. cit.*, pp. 108–111.
70. Raymond Bayless, *The Other Side of Death,* (New Hyde Park, N.Y.: University Books, Inc., 1971), pp. 108–120.
71. Muldoon and Carrington, *The Phenomena of Astral Projection, p. 215.*
72. Ibid., pp. 119–120.
73. George P. Hare, *Revue des Etudes Psychiques,* 1902. Cited in Muldoon and Carrington, *The Phenomena of Astral Projection,* p. 168–169.
74. Muldoon and Carrington, *The Phenomena of Astral Projection,* p. 125.
75. Monroe, *op. cit.*, pp. 160–161.
76. James H. Hyslop, *Journal of the American Society for Psychical Research,* August, 1919. Cited in Rogo, *The Welcoming Silence,* p. 44.

77. Brad Steiger, *In My Soul I Am Free,* (New York: Lancer Books, 1968).
78. Monroe, *op. cit.,* p. 189.
79. *Ibid.,* p. 83.

Kapitel 4

1. Wilma S. Ashby, »My Personal Miracle,« *Fate,* June, 1972, p. 102.
2. Dr. Karlis Osis and Dr. Erlendur Haraldsson, *At the Hour of Death,* (New York, Avon Books, 1977), p. 99.
3. Sir William Barrett, *Death-Bed Visions,* (London: Methuen & Co. Ltd., 1926), p. 28.
4. Osis and Haraldsson, *op. cit.,* p. 169.
5. *Ibid.,* p. 164.
6. Osis and Haraldsson, *op. cit.,* p. 127.
7. Francis Power Cobbe, »The Peak in Darien: The Riddle of Death,« *Littell's Living Age and New Quarterly Review,* Vol. 134, 1877, pp. 374-379; Dr. James H. Hyslop, *Psychical Research and the Resurrection,* Chapter 4: »Visions of the Dying,« (Boston: Small, Maynard & Co., 1908); Sir William Barrett, *Death-Bed Visions;* Dr. Karlis Osis, *Deathbed Observations by Physicians and Nurses,* (New York: Parapsychology Foundation, 1961); Dr. Karlis Osis and Dr. Erlendur Haraldsson, »Deathbed Observations by Physicians and Nurses: A Cross-Cultural Survey,« *Journal of the American Society for Psychical Research,* Vol. 71, No. 3, July, 1977, pp. 237-259; Osis and Haraldsson, *At the Hour of Death.*
8. E. H. Clarke, *Visions, A Study of False Sight,* (Boston: Houghton, Osgood and Co., The Riverside Press, Cambridge, 1878), p. 277.
9. Dr. E. H. Pratt, *Journal of the American Society for Psychical Research,* 1918, Vol. 12, p. 623. Cited in Barrett, *op. cit.,* pp. 67-69.
10. Dr. James H. Hyslop, *Psychical Research and the Resurrection,* (Boston: Small, Maynard & Co., 1908), pp. 97-98.
11. Osis and Haraldsson, *At the Hour of Death,* p. 34.
12. M. Pelusi, *Luce e Ombra,* 1920, 20. Cited in Barrett, *op. cit.,* pp. 75-76.
13. Osis and Haraldsson, *At the Hour of Death,* pp. 66-67.
14. *Journal of the Society for Psychical Research,* February, 1904, pp. 185-187.
15. *Proceedings of the Society for Psychical Research,* Vol. 6, p. 20.
16. Dr. Walter Franklin Prince, *Noted Witnesses for Psychic Occurrences,* (Boston: Boston Society for Psychical Research, 1928), pp. 144-150.
17. Susy Smith, *Life Is Forever,* (New York: Dell Publishing Co., Inc., 1974), pp. 67-68.

18. Dr. Minot J. Savage, *Psychic Facts and Theories*. Cited in Hyslop, *op. cit.,* pp. 88-89.
19. Barrett, *op. cit.,* p. 14.
20. Smith, *op. cit.,* p. 74.
21. R. DeWitt Miller, *You DO Take It With You,* (New York: Citadel Press, 1955), p. 193.
22. Dr. Karlis Osis, *Deathbed Observations by Physicians and Nurses,* (New York: Parapsychology Foundation, 1961), p. 44.
23. Osis and Haraldsson, *At the Hour of Death,* p. 185.
24. J. Palmer and M. Dennis, »A Community Mail Survey of Psychic Experiences,« in W. G. Roll, R. L. Morris, and J. D. Morris, eds., *Research in Parapsychology 1974,* (Metuchen, New Jersey: Scarecrow Press, Inc., 1975), pp. 130-133; H. Sidgwick, et al., »Report on the Census of Hallucinations,« *Proceedings of the Society for Psychical Research,* Vol. 10, 1894, pp. 25-422; D. J. West, »A Mass Observation Questionnaire on Hallucinations,« *Journal of the Society for Psychical Research,* Vol. 34, 1948, pp. 187-196.
25. Osis, *op. cit.,* p. 37.
26. Osis and Haraldsson, *At the Hour of Death,* pp. 64-65.
27. *Ibid.,* p. 109.
28. *Ibid.,* p. 91.
29. Osis, *op. cit.,* p. 84.
30. Osis and Haraldsson, *At the Hour of Death,* p. 162.
31. *Loc. cit.*
32. *Ibid.,* pp. 162-163.
33. *Ibid.,* p. 165.
34. *Ibid.,* p. 169.
35. Joy Snell, *The Ministry of Angels,* (London: G. Bell and Sons Ltd., 1918). Cited in Barrett, *op. cit.,* pp. 109-110.
36. Die Erforschung übersinnlicher Erlebnisse zeigt, daß sie aus einem Reich jenseits der fünf Sinne kommen, mit denen der Körper ausgestattet ist. Wenn sie daher in sichtbare Bilder »umgesetzt« werden, sind diese Bilder möglicherweise nur Spiegelungen oder symbolische Darstellungen der darunter liegenden Wirklichkeit, die sie wiedergeben (vgl. Osis und Haraldsson, At the Hour of Death, S. 54). Obwohl also die Sterbenden den »Himmel« übersinnlich als schön wahrnehmen, wird diese Schönheit ihnen in einer Vielfalt von Bildern übermittelt.

    Auch das dritte Totenbett-Phänomen, ein Stimmungsaufschwung ins Heitere und Unbeschwerte kurz vor dem Tod, läßt sich leicht als übersinnlich in seinem Ursprung erklären. Die Forschung zeigt, daß durch übersinnliche Fähigkeiten aufgenommenes Wissen das Bewußtsein des Empfängers u. U. nicht erreicht, sondern nur seine Gefühle beeinflußt (vgl. Osis und Haraldsson, S. 139). Wird also jemand unbewußt einer erschütternden Begebenheit gewahr, kann das zu äußerst starker Angst und Depression führen, während das gleiche Bewußtsein um ein glückliches Ereignis Heiterkeit auslöst. (So kann sich z.B. eine Mutter, deren Sohn weit entfernt von ihr gerade getötet worden ist, sehr bedrückt fühlen, noch *bevor* man ihr von seinem Tod erzählt.) Die anscheinend unerklärliche heitere Gelöstheit der Sterbenden wird also durch die unbewußte Kenntnis der Schönheit der Welt nach dem Tod ausgelöst, die zu betreten sie im Begriff sind.

37. Osis, *op. cit.,* p. 84.
38. *Ibid.,* p. 48; Osis and Haraldsson, *At the Hour of Death,* pp. 71, 187.
39. Osis, *op. cit.,* p. 48; Osis and Haraldsson, *At the Hour of Death,* p. 71.
40. Osis and Haraldsson, *op. cit.,* pp. 72, 171.
41. Osis, *op. cit.,* p. 53; Osis and Haraldsson, *At the Hour of Death,* pp. 73, 134.
42. Mit Visionen vom »Leben nach dem Tod« meine ich drei Arten von Erlebnisse, die vermuten lassen, daß es ein Leben nach dem Tod gibt: Erscheinungen verstorbener naher Verwandter oder religiöser Gestalten, die kommen, um den Sterbenden mitzunehmen, Landschaftsvisionen von überirdischer Schönheit und medizinisch nicht erklärbare Stimmungsaufschwünge unmittelbar vor dem Tod.
43. Osis and Haraldsson, *At the Hour of Death,* p. 188.
44. *Ibid.,* p. 85, 174.
45. *Ibid.,* p. 174.
46. *Ibid.,* pp. 86-87.
47. *Ibid.,* pp. 75, 123.
48. *Ibid.,* p. 170.
49. *Ibid.,* pp. 94, 173-174.
50. *Ibid.,* p. 173.
51. *Ibid.,* pp. 117, 193.
52. *Ibid.,* pp. 189-190.

Kapitel 5

1. Raymond A. Moody, Jr., *Life After Life,* (Atlanta: Mockingbird Books, 1975), p. 65.
2. Robert Crookall, *The Supreme Adventure,* (London: James Clarke & Co. Ltd., 1961), pp. 8-9.
3. Moody, *op. cit.,* p. 17.
4. Caresse Crosby, *The Passionate Years,* (New York: The Dial Press, 1953), pp. 18-19. Cited in Russell Noyes, Jr. »The Experience of Dying,« *Psychiatry,* Vol. 35, May, 1972, pp. 176-177.
5. Russell Noyes, Jr., and Roy Kletti, »Depersonalization in the Face

of Life-Threatening Danger: An Interpretation,« *Omega,* Vol. 7 (2), 1976, pp. 105-106.
6. David R. Wheeler, *Journey to the Other Side,* (New York: Ace Books, 1977), pp. 54-56.
7. *Ibid.,* pp. 97-98.
8. *Ibid.,* pp. 94-106.
9. Tom Harpur, »I floated away from my body, says man who ›died‹ in hospital,« *The Toronto Star,* April 2, 1977, pp. A1, A4.
10. Wheeler, *op. cit.,* p. 42.
11. Dr. B. Kirkwood, *Light,* Vol. 55, 1935, p. 226. Cited in Crookall, *op. cit.,* p. 108.
12. Moody, *op. cit.,* p. 29.
13. *Ibid.,* p. 31.
14. *Ibid.,* p. 32.
15. *Ibid.,* p. 34.
16. *Loc. cit.*
17. Kenneth L. Woodward, »There Is Life After Death,« *McCall's,* August, 1976, p. 134.
18. Moody, *op. cit.,* pp. 35-36.
19. *Ibid.,* p. 37.
20. *Loc. cit.*
21. Woodward, *op. cit.,* p. 136.
22. Moody, *op. cit.,* p. 41.
23. Wheeler, *op. cit.,* pp. 150-151.
24. Moody, *op. cit.,* p. 44.
25. Wheeler, *op. cit.,* p. 42.
26. Moody, *op. cit.,* p. 45.
27. Genauer gesagt berichten viele, aber nicht alle Sterbenden über dieses Erlebnis. In einigen Fällen scheint es vernünftig anzunehmen, daß dieses Wesen zwar anwesend, aber nicht ganz sichtbar war. So erklärte z.B. Arthur Sanders zu seiner Begegnung mit dem Tod: »Es hatte den Anschein, als würde ich von einer Art leuchtendem Nebel geführt, der neben mir schwebte.«
28. Moody, *op. cit.,* p. 46.
29. *Ibid.,* p. 48.
30. *Ibid.,* p. 48-49.
31. Dr. Crookall ist ein anerkannter englischer Geologe, der zahlreiche Bücher über die Erforschung des Übersinnlichen geschrieben hat. Heim, ein hervorragender schweizer Wissenschaftler und ebenfalls Geologe, und Vater Thurston, ein römisch-katholischer Priester mit einem wissenschaftlichen Interesse an der Erforschung okkulter Phänomene, haben beide Artikel über das Thema »Lebensrückblick« beim Tod veröffentlicht. Dr. Hunter, ein Psychiater, veröffentlichte eine Fallstudie eines Todeserlebnisses, die einen Lebensrückblick mit einschloß. Vgl. Moody . . .

32. Moody, *op. cit.,* pp. 50-51.
33. *Ibid.,* pp. 52-53.
34. Noyes und Kletti befragten 59 Personen, die sich in dieser Situation befunden hatten. Sie kamen u. a. zu dem Ergebnis, daß 54 Prozent Out-of-the-body-Erlebnisse gehabt hatten, 47 Prozent den »Lebensrückblick« erlebten und 37 Prozent das Gefühl hatten, sich in der Gegenwart oder unter der Herrschaft einer äußeren Kraft zu befinden (Noyes und Kletti, »Depersonalization in the Face of Life-Threatening Danger: a Description«, S. 20). Daß diese »Kraft« wahrscheinlich das »Lichtwesen« ist, läßt sich anhand der Bemerkungen von Personen vermuten, die ihm begegnet sind.
35. Father John Gerard, *The Month,* 1913, p. 126. Cited in Crookall, *The Supreme Adventure,* p. 89.
36. Oscar Pfister, »Shockdenken und Shock – Phantasien bei Höchster Todesgefahr«, *Internat. Z. Psychoanal.,* Vol. 16, 1930, p. 434. Cited in Noyes, »The Experience of Dying,« p. 175; Albert Heim, *op. cit.,* p. 50.
37. Father Herbert Thurston, S. J., »Memory at Death,« *The Month,* Vol. 165, 1935. Cited in Crookall, *The Supreme Adventure,* pp. 89-90.
38. Moody, *op. cit.,* pp. 49-54.
39. Personal interview.
40. Crosby, *op. cit.,* pp. 18-19.
41. Harpur, *op. cit.,* p. A1.
42. Noyes and Kletti, »Depersonalization in the Face of Life-Threatening Danger: An Interpretation,« p. 112.
43. *Ibid.,* pp. 108, 111.
44. *Ibid.,* p. 111.
45. Oliver Fox, *Astral Projection: A Record of Out-of-the-Body Experiences,* p. 144; Muldoon and Carrington, *The Phenomena of Astral Projection,* pp. 178, 218; Muldoon and Carrington, *The Projection of the Astral Body,* pp. 28-29, 233; Monroe, *Journeys Out-of-the-Body,* pp. 123-125; Yram, *Practical Astral Projection,* pp. 49-50, 63, 84-85, 119; Janet Bord, *Astral Projection,* (New York: Samuel Weiser, 1973), p. 47; Nils O. Jacobson, M. D., *Life Without Death?* (New York: Dell Publishing Co. Inc., 1974), pp. 115, 121, 122; Crookall, *Out-of-the-Body Experiences: A Fourth Analysis,* pp. 13, 124; Celia Green, *Out-of-the-Body Experiences,* (London: Hamish Hamilton Ltd., 1968), pp. 83, 87.
46. Celia Green, *Out-of-the-Body Experiences,* (London: Hamish Hamilton, 1968), p. 87.
47. Moody, *op. cit.,* p. 61.
48. *Ibid.,* pp. 69-70.
49. *Ibid.,* p. 127.
50. *Ibid.,* p. 98.

51. Crookall, *The Supreme Adventure.*
52. Moody, *op. cit.*, p. 76.

Kapitel 6

1. Alan Vaughan, »Phantoms Stalked the Room . . .«, in Martin Ebon, ed., *The Satan Trap: Dangers of the Occult,* (Garden City, N. Y.: Doubleday & Co. Inc., 1976), pp. 155-156.
2. *Ibid.*, pp. 158-159.
3. *Ibid.*, p. 160.
4. Dr. James H. Hyslop, *Contact With the Other World,* (New York: The Century Company, 1919), p. 204.
5. *Ibid.*, p. 226.
6. Joy Snell, *The Ministry of Angels,* Greater World Association, p. 97. Cited in Cynthia Pettiward, *The Case for Possession,* (Bucks, England: Colin Smythe Ltd., 1975), pp. 77-78.
7. Raymond A. Moody, Jr., M. D., *Reflections On Life After Life,* (New York: Bantam/Mockingbird Books, 1977), pp. 19-21.
8. *Ibid.*, p. 21.
9. *Ibid.*, pp. 21-22.
10. Carl A. Wickland, M. D., *Thirty Years Among the Dead,* (London: Spirtualist Press, first published in 1924, this edition 1971); Dr. Walter Franklin Prince, »The Cure of Two Cases of Paranoia,« *Bulletin 6,* 1927, Boston Society for Psychical Research; Dr. James H. Hyslop, *Contact With the Other World,* Chapter 14; Robert Swain Gifford, and Chapter 24: Obsession; Dr. Wilson Van Dusen, »The Presence of Spirits in Madness,« *New Philosophy,* 70, 1967, pp. 461-477 and Chapter 10: »Hallucinations,« in *The Natural Depth in Man,* (New York: Harper and Row, Publishers, Inc., 1972), pp. 136-153; Dr. Inacio Ferreira, *Novos Rumos à Medicina, [New Pathways in Medicine],* A. Flama, Brazil, Vol. 1, 1946, Vol. 2, 1949, cited in Pettiward, *op. cit.,* John Pearce-Higgins, »Poltergeists, Hauntings and Possession,« in Canon J. D. Pearce-Higgins and Rev. G. Stanley Whitby, eds., *Life, Death and Psychical Research,* (London: Rider and Co., 1973), pp. 164-192, and John Pearce-Higgins, »Just Don't Call Me an Exorcist!« in Martin Ebon, *The Devil's Bride: Exorcism: Past and Present,* (New York: Harper and Row, Publishers, Inc., 1974), pp. 200-218; Paul Beard, »How to Guard Against Obsession,« in Ebon, *The Satan Trap: Dangers of the Occult,* (Garden City, N. Y.: Doubleday & Co. Inc., 1976), pp. 187-190, (originally appeared under the title »How to Guard Against Possession,« in *Spiritual Frontiers,* Autumn, 1970).
11. Wickland, *op. cit.*
12. Beim »automatischen Schreiben« versucht jemand, sich möglichst

vollständig zu entspannen; dabei hält er locker einen Kugelschreiber, Bleistift oder eine Planchette (ein kleines Brett auf Laufrollen mit einem daran befestigten Bleistift) über ein Stück Papier. In der Regel tut sich einige Zeitlang nichts, doch wenn man genügend Geduld aufbringt, beginnt der Bleistift anscheinend fast von selbst zu schreiben. Psychiater schreiben die empfangene »Botschaft« dem Unterbewußtsein zu, wohingegen die Spiritualisten behaupten, sie stamme von den Toten. Beide haben möglicherweise recht. Personen mit beträchtlicher Erfahrung dieses Phänomens scheinen dem zuzustimmen, daß es potentiell äußerst gefährlich ist: Wie wir noch sehen werden, führt es häufig zu Besessenheit. Auf der anderen Seite muß auch gesagt werden, daß mit dieser Methode einige offensichtlich authentische und hochinteressante Botschaften von Verstorbenen empfangen worden sind. Am interessantesten sind vielleicht die umfassenden Berichte über das Wesen postmortalen Daseins.

13. Wickland, *op. cit.,* pp. 43-47.
14. *Ibid.,* pp. 95-101. – 15. *Ibid.,* pp. 102-103.
16. *Ibid.,* pp. 39-40.
17. Cyril Scott, ed., *The Boy Who Saw True,* (London: Neville Spearman), pp. 42-44. Cited in Cynthia Pettiward, *The Case for Possession,* (Bucks, England: Colin Smythe Ltd., 1975), pp. 75-76.
18. Dr. Walter Franklin Prince, »The Cure of Two Cases of Paranoia,« *Bulletin 6,* 1927, Boston Society for Psychical Research. Cited in Nils O. Jacobson, M. D., *Life Without Death?,* (New York: Dell Publishing Co. Inc. 1974), pp. 184-187.
19. Alan Gauld, »A Series of ›Drop In‹ Communicators,« *Proceedings of the Society for Psychical Research,* Vol. 55, Part 204, July, 1971, pp. 306-309.
20. *Mediale Schriften,* (Therese Krauss Publishers, 1968). Cited in *Light,* Spring, 1972, p. 31. Cited in Pettiward, *op. cit.,* pp. 47-48. (Adler was an Austrian psychiatrist and pupil of Freud.)
21. Ein Führer ist ein unkörperliches Wesen, das mit einem Lebenden zu wohltätigen Zwecken verbunden ist. Im Falle von Medien wie dem von Miss Cummins besteht eine der Hauptaufgaben des Führers darin, das Medium vor unkörperlichen Wesen zu schützen, die versuchen können, ihm einen Schaden zuzufügen.
22. Raymond Bayless, *The Other Side of Death,* (New Hyde Park, N. Y.: University Books, Inc. 1971), pp. 161-162.
23. Robert H. Ashby, »The Guru Syndrome,« in Martin Ebon, ed., *The Satan Trap: Dangers of the Occult,* (Garden City, N. Y.: Doubleday & Co. Inc., 1976), pp. 38-39.
24. Paul Beard, »How to Guard Against Obsession,« in Ebon, *op. cit.,* pp. 187-189; originally appeared under the title »How to Guard Against ›Possession‹« in *Spiritual Frontiers,* Autumn 1970.

25. *Ibid.,* p. 190.
26. Dr. Grof, der in der Tschechoslowakei geboren wurde und dort aufwuchs, ist wohl mit Sicherheit der Welt führender Fachmann auf dem Gebiet der LSD- und der »psychedelischen« Therapie, die diese starken Drogen therapeutisch einsetzt, um verdrängtes Material freizulegen und dem Patienten zu ermöglichen, sein Unterbewußtsein auszuloten. Der Vorfall wurde bei einem Vortrag erwähnt, den er über »psychedelische Therapie« bei einer Tagung über »Bewußtsein und Heilung« an der Universität Toronto im Oktober 1976 gehalten hat. Da ich Grofs Erlebnis aus dem Gedächtnis wiedergebe, ist meine Fassung in unwesentlichen Details möglicherweise nicht ganz korrekt.

Kapitel 7

1. Joan Grant, *Far Memory,* (New York: Harper & Row, Publishers, Inc., 1956), p. 155.
2. Helen Wambach . . . S. 43-44. (Da diese Paginierung von vorveröffentlichten Fahnen stammt, stimmt sie vielleicht nicht mit der des veröffentlichten Textes überein.)
3. Ian Stevenson, M. D., *Twenty Cases Suggestive of Reincarnation,* Second Edition, (Charlottesville: University Press of Virginia, 1974), pp. 91, 103. For further examples of this type of case, see also Stevenson, *Cases of the Reincarnation Type, Volume I, Ten Cases in India,* (Charlottesville: University Press of Virginia, 1975).
4. *Ibid.,* p. 101.
5. Nils O. Jacobson, M. D., *Life Without Death?,* (New York: Dell Publishing Co. Inc., 1974), pp. 209-210.
6. *Ibid.,* pp. 207-209.
7. Grant, *op. cit.,* pp. 154-155.
8. Stevenson, *op. cit.,* p. 260.
9. *Ibid.,* p. 261.
10. *Ibid.,* p. 262.
11. *Ibid.,* p. 117.
12. Jeffrey Iverson, *More Lives Than One? The Evidence of the Remarkable Bloxham Tapes,* (New York: Warner Books, Inc., 1977), p. 18.
13. *Ibid.,* p. 23.
14. *Loc. cit.*
15. Wambach, *op. cit.,* p. 2.
16. *Ibid.,* pp. 9-10.
17. Denys Kelsey, M. D., and Joan Grant, *Many Lifetimes,* (New York: Doubleday & Co. Inc.), pp. 157-158.

18. *Ibid.,* pp. 100-102.
19. *Ibid.,* pp. 72-74.
20. *Ibid.,* pp. 74-75.
21. Iverson, *op. cit.,* pp. 66-67.
22. *Ibid.,* p. 75.
23. *Ibid.,* p. 39.
24. *Ibid.,* pp. 202-203.
25. Loring G. Williams, »Reincarnation of a Civil War Victim,« *Fate,* December, 1966. Cited in Brad Steiger and Loring G. Williams, *Other Lives,* (New York: Award Books, 1969), p. 7.
26. Brad Steiger and Loring g. Williams, *Other Lives,* (New York: Award Books, 1969), pp. 52-53.
27. Ian Stevenson, M. D., *Xenoglossy: A Review and Report of a Case,* (Charlottesville: University Press of Virginia, 1974), pp. 27-28.
28. *Ibid.,* p. 32.
29. *Ibid.,* pp. v-vi.
30. Wambach, *op. cit.,* pp. 89-90.
31. James Crenshaw, »Hang-ups from Past Lives,« *Fate,* April, 1978, pp. 57-58.
32. Wambach, *op. cit.,* p. 125.
33. *Ibid.,* pp. 68-69.
34. *Ibid.,* p. 101.
35. *Ibid.,* p. 107.
36. *Ibid.,* p. 108.
37. *Loc. cit.*
38. *Ibid.,* p. 104.
39. *Ibid.,* p. 115.
40. *Ibid.,* p. 192.
41. Crenshaw, *op. cit.,* p. 58.
42. Wambach, *op. cit.,* p. 80.
43. Steiger and Williams, *op. cit.,* p. 127.
44. *Ibid.,* pp. 140-141.
45. Gina Cerminara, Ph. D., *Many Mansions,* (New York: New American Library, 1967), pp. 20-21.
46. *Ibid.,* p. 26.
47. *Ibid.,* pp. 58-59.
48. *Ibid.,* p. 59.
49. *Ibid.,* p. 51.
50. *Ibid.,* p. 52.
51. Helen Wambach, Ph. D., »Life Before Life,« *Psychic,* January/February, 1977, Vol. 7, No. 6, p. 10.
52. *Ibid.,* p. 11.
53. *Loc. cit.*
54. *Loc. cit.*
55. Helen Wambach . . . S. 20. (Dieses Zitat stammt aus einem vorver-

öffentlichten Manuskript; Wiedergabe mit freundlicher Genehmigung des Autors.)
56. Wambach, »Life Before Life,« p. 11.
57. Wambach, *Life Before Life: Choosing To Be Born,* Chapter 9, pp. 19-20.
58. Wambach, »Life Before Life,« p. 11.
59. Wambach, *Life Before Life: Choosing To Be Born,* Chapter 5, p. 22.
60. *Ibid.,* Chapter 5, pp. 22-23.
61. Wambach, »Life Before Life,« p. 12.
62. *Ibid.,* p. 13.
63. *Loc. cit.*
64. *Ibid.,* p. 11.
65. *Loc. cit.*
66. *Ibid.,* p. 13.
67. *Loc. cit.*
68. *Loc. cit.*
69. *Ibid.,* pp. 11-12.
70. *Ibid.,* p. 12.

Kapitel 8

1. Geraldine Cummins, *Mind in Life and Death,* (London: The Aquarian Press, 1956), p. 163.
2. Naomi A. Hintze and J. Gaither Pratt, Ph. D., *The Psychic Realm: What Can You Believe?,* (New York: Random House, 1975), pp. 211-214.
3. Rosalind Heywood, *Beyond the Reach of Sense,* (New York: E. P. Dutton, 1961), pp. 71, 74, 79.
4. *Ibid.,* pp. 84-85.
5. Jalaluddin Rumi, *The Mathnawi,* R. A. Nicholson, translator (London: Cambridge University Press, 1926). Cited in Nils O. Jacobson, M. D., *Life Without Death?,* (New York: Dell Publishing Co. Inc., 1974), p. 334.
6. Denys Kelsey, M. D., and Joan Grant, *Many Lifetimes,* (Garden City, N. Y.: Doubleday & Co. Inc., 1967), p. 2.
7. Jane Roberts, *The Seth Material,* (Englewood Cliffs, N. J.: Prentice-Hall Inc., 1970), pp. 275-277.
8. Stanislav Grof, M. D., *Realms of the Human Unconscious: Observations from LSD Research,* (New York: E. P. Dutton, 1976), p. 176.
9. *Ibid.,* pp. 171-173.
10. *Ibid.,* pp. 181-182.
11. *Ibid.,* p. 184.

12. *Loc. cit.*
13. Geraldine Cummins, *The Road To Immortality,* (London: Psychic Press, originally published 1932, this edition 1967), pp. 31-32.
14. *Ibid.,* p. 189.
15. Geraldine Cummins, *Beyond Human Personality,* (London: Ivor Nicholson & Watson, 1935), p. 67.
16. *Quarterly Review of the Churches' Fellowship for Psychical and Spiritual Studies,* Autumn, 1972. Cited in Allen Spraggett, *The Case for Immortality,* (New York: New American Library, 1974), pp. 91-92.
17. Geraldine Cummins, *Beyond Human Personality,* p. 29, and Geraldine Cummins, *The Road To Immortality,* p. 47.
18. Geraldine Cummins, *Beyond Human Personality,* p. 79.
19. *Light,* Vol. 55, 1935, p. 100. Cited in Robert Crookall, *The Supreme Adventure,* (London: James Clarke & Co. Ltd., 1961), p. 45.
20. Cummins, *The Road To Immortality,* p. 71.
21. *Ibid.,* pp. 72-73.

Literaturnachweis

Der Autor dankt den nachstehend genannten Personen und Firmen für die Erlaubnis zum Abdruck von in diesem Buch enthaltenem Material: Doubleday & Company, Inc. für Auszüge aus *The Guru Syndrom* von Robert H. Ashby in *The Satan Trap,* herausgegeben von Martin Ebon. Copyright © 1976 Lombard Associates, Inc. *Fate Magazine* für Auszüge aus »My Personal Miracle« von Wilma S. Ashby. University Books, Inc., für Auszüge aus *Apparitions and Survival of Death* und aus *The Other Side of Death* von Raymond Bayless. Sir Frederic Bennett für Auszüge aus *Apparitions and Haunted Houses: A Survey of Evidence* von Sir Ernest Bennett. Der Bobbs-Merrill Company, Inc., für Auszüge aus *Ekstasy* von David Black. Samuel Weiser, Inc., für Auszüge aus *The Phenomena of Astral Projection* und aus *The Projection of the Astral Body* von Hereward Carrington und Sylvan Muldoon. William Moorow & Company, Inc., für Auszüge aus *Many Mansions* von Gina Cerminara. Copyright © 1950 Gina Cerminara. *Fate Magazine* für Auszüge aus »Hang-Ups From Past Lives« von James Crenshaw. James Clarke & Co. Ltd. für Auszüge aus *The Supreme Adventure* von Robert Crookall. Psychic Press Ltd. für Auszüge aus *The Road to Immortality* von Geraldine Cummins. Citadel Press für Auszüge aus *You Do Take It With You* von R. DeWitt Miller. Charles C. Thomas, Verleger, für Auszüge aus *A Critical Examination of the Belief in a Life After Death* von C. J. Ducasse. University Books, Inc., für Auszüge aus *Astral Projection: A Record of Out-of-the-Body Experiences* von Oliver Fox. Der Society for Psychical Research für Auszüge aus *Proceedings, Juli 1971,* »A Series of ›Drop-In‹ Communicators«, von Alan Gould. *Scottish Medical Journal* für Auszüge aus »A Voice from the Grandstand« von Sir Auckland Geddes. Howard Moorepark für Auszüge aus *Far Memory* von Joan Grant. Copyright © 1956 Joan Grant. Stanislav Grof, M. D., für Auszüge aus *Realms of the Human Unconsciousness: Observations from LSD Research.* Dem Institute of Psychopsychical Research für Auszüge aus *Apparitions* von Celia Green und Charles McCreery. Dem Institute of Psychopsychical Research für Auszüge aus *Out-of-the Body Experiences* von Celia Green. Doubleday & Company, Inc., für Auszüge aus *The Astral Journey* von Herbert Greenhouse. Copyright © 1974 Herbert B. Greenhouse. *The Toronto Star* für Auszüge aus »I Floated Away From My Body« von Tom Harpur, und für Auszüge aus »Psychiatrist Says He Has Seen Heaven«. Chatto and Windus Ltd. für Auszüge aus *Beyond the Reach of Sense* von Rosalind Heywood. Den Autoren und ihren Agenten, James Brown Associates Inc. für Auszüge aus *The Psychic Realm: What Can You Believe* von Naomi Hintze und J. Gaither Pratt, Ph. D., Copyright © 1975 Naomi A. Hintze und J. Gaither Pratt, Ph. D. Hans Holzer für Auszüge aus *Ghost Hunter.* Copyright © 1963 Hans Holzer. Hans

Holzer für Auszüge aus *Ghosts I've Met.* Copyright © 1965 Hans Holzer. Hodder & Stoughton Ltd. für Auszüge aus *The Imprisoned Splendor* von Raynor C. Johnson. Harold Matson Company, Inc., für Auszüge aus *Many Lifetimes* von Denys Kelsey, M. D., und Joan Grant. Copyright © 1967 Denys Kelsey und Joan Grant. Der Society for Psychical Research für Auszüge aus *Journal 1963,* »An Unusual Out-of-the Body Experience« von L. Landau. *The Yorkshire Evening Press* für Auszüge von Brian Lumley. A. M. Heath & Company Ltd. für Auszüge aus *Apparitions and Ghosts: A Modern Study* und aus *Frontiers of the Unknown* von Andrew MacKenzie. Doubleday & Company, Inc., für Auszüge aus *Journeys Out of the Body* von Robert A. Monroe. Copyright © 1971 Robert A. Monroe. Rowohlt Verlag für Auszüge aus *Leben nach dem Tod* und aus *Nachgedanken über das Leben nach dem Tod* von Dr. Raymond Moody. Delacorte Press/Seymour Lawrence für Auszüge aus *Life Without Death: On Parapsychology, Mysticism and the Question of Survival* von Nils-Olof Jacobson. Übersetzt von Sheila LaFarge. Übersetzung Copyright © 1974 Dell Publishing Co. Inc. Avon Books, New York, für Auszüge aus *At the Hour of Death* von Karlis Osis, Ph. D., und Erlendur Haraldsson, Ph. D. Copyright © 1977 Dr. Karlis Osis und Dr. Erlendur Haraldsson. Hutchinson Publishing Group Ltd. für Auszüge aus *Life, Death and Psychical Research,* herausgegeben von Canon J. D. Pearce-Higgins und Rev. G. Stanley Whitby. Dem College of Psychic Studies für Auszüge aus einem Artikel in *Light* von Wyatt Rawson. Prentice Hall Inc. für Auszüge aus *The Seth Material* von Jane Roberts. Copyright © 1970 Jane Roberts. Cambridge University Press für Auszüge aus *The Mathnawi* von Jalaluddin Rumi, übersetzt von R. A. Nicholson. Neville Spearman Ltd. für Auszüge aus *The Boy Who Saw True* von Cyril Scott. *Toronto Sun* für Auszüge aus »People Who Died« von Allen Spraggett. Hawthorn Books Inc. für Auszüge aus *Other Lives* von Brad Steiger und Loring G. Williams. Doubleday & Company, Inc., für Auszüge aus »Phantoms Stalked the Room . . .« von Alan Vaughan aus *The Satan Trap,* herausgegeben von Martin Ebon. Copyright © 1976 Lombard Associates, Inc. Harper & Row, Publishers, Inc., für Auszüge aus *Reliving Past Lives: The Evidence Under Hypnosis* von Helen Wambach. Copyright © 1978 Helen Wambach. *New Realities Magazine* für Auszüge aus »Life before Life« von Helen Wambach. Grossett & Dunlap, Inc., für Auszüge aus *Journey to the Other Side* von David R. Wheeler. Copyright © 1976 David R. Wheeler. Psychic Press Ltd. für Auszüge aus *Thirty Years Among the Dead* von Carl A. Wickland, M. D. *McCall's* für Auszüge aus »There is Life After Death« von Kenneth Woodward.

Danksagung

Mein aufrichtiger Dank gilt Betty Robinson, meiner Frau Margaret, meinem Sohn Chris sowie Allan Stormont, Carolyn Brunton und Carolyn Tanner von Jonathan-James Books für ihre großzügige Hilfe und Unterstützung. Folgenden Personen bin ich für ihre tiefe und hilfreiche Freundschaft in einem Maß zu Dank verpflichtet, wie ich es nie in Worte werde fassen können: Shirley Arbuthnot, Kay Bachman, Kenny Benko, Michael und Barbara Cowan, Beverley Janus, Monica Oliver, Dolores Nord, Danny Gerrard, Jackie Goodman, Frederic Sweet, Steve Iron, David und Margaret Sherman sowie Kie und Lynn Delgaty. Unentbehrlich war die großzügige Hilfe von Patricia Fysh und Marjorie Horsley von der Robarts-Bibliothek der Universität Toronto.